1682
J.B. METZLER

Catrin Misselhorn / Hauke Behrendt (Hg.)

Arbeit, Gerechtigkeit und Inklusion

Wege zu gleichberechtigter gesellschaftlicher Teilhabe

J. B. Metzler Verlag

Die Herausgeber
Catrin Misselhorn, Inhaberin des Lehrstuhls für Wissenschaftstheorie und Technikphilosophie und Direktorin des Instituts für Philosophie der Universität Stuttgart.
Hauke Behrendt, wissenschaftlicher Mitarbeiter am Lehrstuhl für Wissenschaftstheorie und Technikphilosophie der Universität Stuttgart.

Bibliografische Information der Deutschen Nationalbibliothek
Die Deutsche Nationalbibliothek verzeichnet diese Publikation in der Deutschen Nationalbibliografie; detaillierte bibliografische Daten sind im Internet über http://dnb.d-nb.de abrufbar.

ISBN 978-3-476-04373-3
ISBN 978-3-476-04374-0 (eBook)

J. B. Metzler ist Teil von Springer Nature
Die eingetragene Gesellschaft ist Springer-Verlag GmbH Deutschland
www.metzlerverlag.de
info@metzlerverlag.de

Einbandgestaltung: Finken & Bumiller, Stuttgart (Foto: iStock, Bim)
Satz: Dörlemann Satz, Lemförde

J. B. Metzler, Stuttgart

Inhalt

Einführung VII

I Zur Bedeutung der Arbeit

1 Spaltung in zwei Realitäten Oskar Negt 1
2 Grenzen der Arbeit Andreas Arndt 10
3 Arbeit, Technik und gutes Leben. Perspektiven für Menschen mit und ohne Behinderung auf Industrie 4.0 Catrin Misselhorn 19

II Theoretische Grundlagen der Inklusionsforschung

4 Soziale Kooperation und technische Organisation Volker Gerhardt 39
5 Was ist soziale Teilhabe? Plädoyer für einen dreidimensionalen Inklusionsbegriff Hauke Behrendt 50
6 Tief unten: Klassenbildung durch Abwertung Klaus Dörre 77

III Inklusion von Menschen mit Behinderungen in die Arbeitswelt

7 Inklusion und Arbeit: Was steht auf dem Spiel? Franziska Felder 99
8 Das Hilfsmitteldispositiv bei Behinderung. Reflexion paradoxer Verhältnisse der Inklusion Miklas Schulz 120

IV Die UN-Behindertenrechtskonvention

9 Inklusion und Arbeit – ein ganz dickes politisches Brett Gerd Weimer 135
10 Das gleiche Recht von Menschen mit Behinderungen auf Arbeit nach Art. 27 UN-Behindertenrechtskonvention Felix Welti 146
11 Recht auf Arbeit qua Ausgleichsabgabe? Anerkennungstheoretische Analysen der Inklusion von Menschen mit Behinderungen in die Arbeitswelt Katja Stoppenbrink 166

V Gerechte Teilhabe am Arbeitsleben

12 Die Güter der Arbeit (jenseits des Geldes!) Anca Gheaus und Lisa Herzog 189
13 Gerechte Teilhabe durch Arbeit? Die Decent Work Agenda für eine weltweit inklusive gesellschaftliche Entwicklung Eva Senghaas-Knobloch 211
14 Arbeit, Exklusion und Ungerechtigkeit Martin Kronauer 229

Autorinnen und Autoren 239

Personenregister 241

Einführung

In diesem Band geht es darum, den systematischen Zusammenhang zwischen den zentralen Kategorien *Arbeit, Gerechtigkeit und Inklusion* zu untersuchen. Die hier versammelten Beiträge verbindet das gemeinsame Ziel, dieses Themenfeld einer strukturierten Klärung zu unterziehen. Dadurch sollen konzeptuelle und theoretische Grundlagen sowie gesellschaftliche Perspektiven für eine gerechte und inklusive Arbeitswelt geschaffen werden. Unter Berücksichtigung neuer Entwicklungen in Recht und Praxis behandelt das Buch aktuelle Themen der Inklusionsforschung, wie die Bedeutung der Arbeit für das individuelle gute Leben und das Zusammenleben in der Gesellschaft, Standards guter oder zumindest menschwürdiger Arbeit und Arbeitsbedingungen, die Verbesserung der Inklusion bisher marginalisierter Personengruppen in die Arbeitswelt sowie Fragen nach den Grenzen sozialer Teilhabe.

Ein besonderes Anliegen des Bandes ist es, die Frage anzusprechen, inwieweit auch neuere technologische Entwicklungen einen Beitrag zur Inklusion leisten können. Im Vordergrund stehen hierbei künstliche Systeme, die mit dem Menschen kooperieren (vgl. Misselhorn 2015). Zum Beispiel gibt es neue technische Möglichkeiten zur Effizienzsteigerung und Assistenz am Arbeitsplatz, die zur Inklusion von Menschen mit Behinderung in die Arbeitswelt beitragen können (vgl. Behrendt et al. 2015). Es ist allerdings zu bedenken, dass diese Technologien den Begriff der Arbeit und die Arbeitswelt unter Umständen nachhaltig verändern. Daher ist es wichtig, die ethischen und sozialen Implikationen solcher Entwicklungen zeitnah zu antizipieren sowie mögliche Folgen kritisch zu reflektieren.

Der Band besteht aus fünf Teilen. Im ersten Teil steht die Bedeutung der Arbeit im Vordergrund. Die umfassende gesellschaftliche Teilhabe aller Bürgerinnen und Bürger gehört zu den erklärten politischen Zielen der Bundesrepublik. Eine wichtige Dimension ist dabei die gleichberechtigte »Teilhabe am Arbeitsleben«, wie sie in § 33 Sozialgesetzbuch IX eindeutig als zentrale sozialpolitische Forderung verankert ist (vgl. Bieker 2005). Dahinter steht die feste Überzeugung, dass in unserer heutigen Gesellschaft »soziale Zugehörigkeit und Anerkennung [...] wesentlich über die Teilhabe am Arbeitsleben in der Leistungsrolle des Erwerbstätigen vermittelt werden« (Wansing 2012:385). Jeder Mensch sollte daher die Möglichkeit haben, seinen Lebensunterhalt eigenverantwortlich durch selbstgewählte Arbeit zu bestreiten.

Doch noch immer ist für einige Personengruppen, beispielsweise für Menschen mit körperlichen, geistigen oder seelischen Beeinträchtigungen, eine adäquate und gerechte Teilhabe an der Arbeitswelt nicht verwirklicht. Im Gegenteil: Wie Oskar Negt (Kap. 1 in diesem Band) eindrucksvoll verdeutlicht, ist das weit verbreitete Gefühl einer tiefreichenden Zweiteilung unserer Gesellschaft besonders in Hinblick auf die gesellschaftliche Ausgrenzung am Arbeitsmarkt einschlägig. Negt diagnostiziert eine generelle Spaltung der Gesellschaft in einen Teil von Teilhabenden und einen Teil von Exkludierten. Letztere sieht er besonders von Langzeitarbeitslosigkeit und daraus resultierender Perspektivlosigkeit geprägt. Die Betroffenen würden »zu Fürsorgeobjekten degradiert«, für die sich mit der beruflichen Ausgrenzung mehr als nur die »materiellen Lebensrisiken« erhöhen würden. Diese Spaltung gefährde außerdem, so Negt, den nötigen gesellschaftlichen Zusammenhalt. Er schließt mit dem provokanten Verdikt, die Zerrissenheit der Gesellschaft ließe sich dauerhaft nur aufheben, indem man die »kapitalistische Zivilisation« überwindet.

Ob diese radikale Einschätzung überzeugen kann, hängt nicht zuletzt davon ab, ob es gelingt, die These von der internen Widersprüchlichkeit der kapitalistischen Arbeitsgesellschaft nachvollziehbar zu begründen. Wenn es stimmt, dass die permanente Ausgrenzung aus dem Arbeitsleben nicht nur für eine tiefgreifende gesellschaftliche Spaltung verantwortlich ist, sondern umgekehrt ihrerseits als eine notwendige Folge struktureller Beschränkungen dieser Gesellschaft begriffen werden muss, dann stellt sich die Frage, wie mit diesem Spannungsverhältnis umzugehen ist. In seinem Beitrag nimmt sich Andreas Arndt (Kap. 2 in diesem Band) eines wichtigen Aspekts dieser Problemstellung an, indem er sich mit den inneren »Grenzen der Arbeit« auseinandersetzt. Für Arndt steht fest, dass die Naturverhältnisse nicht nur die Ausführbarkeit individueller Zwecke begrenzen. Wie er vor dem Hintergrund der natürlichen Bedingtheit gesellschaftlicher Arbeit entwickelt, ist »auch das Subjekt selbst als ein natürliches von dieser Grenze betroffen und [somit] selbst Grenze der Arbeit.« Arbeit lässt sich für ihn zwar als eine Naturnotwendigkeit auffassen, doch ihre gesellschaftlichen Ausprägungen hält er nicht für naturgegeben, sondern für kulturell und historisch variabel. Nur die Ressource Zeit stellt für ihn im Anschluss an Karl Marx eine Grenze der Arbeit von kulturübergreifender Konstanz dar. An ihr macht er schließlich auch mit der Freizeit ihre vierte Grenze aus. Diese sei allerdings »nur dann wirklich frei«, so Arndt, »wenn die gesellschaftlichen Individuen in ihr frei von gesellschaftlichem Zwang agieren können.«

Rückt man den Aspekt der individuellen Freiheit stärker ins Zentrum der Aufmerksamkeit, wird deutlich, dass eine adäquate Teilhabe am Arbeitsleben auch aus einer individualethischen Perspektive Bedeutung erlangen kann. So muss jenseits der wichtigen Diskussion gesellschaftlicher Wirtschaftsmodelle und ihrer Probleme auch die Bedeutung der Arbeit für den Einzelnen thematisiert werden. Diesen Themenkomplex greift Catrin Misselhorn (Kap. 3 in diesem Band) auf, indem sie den Stellenwert der Arbeit für ein individuell gelingendes Leben für Menschen mit und ohne Behinderung in den Blick nimmt und untersucht, welchen Einfluss die Technisierung der Arbeit darauf hat. Sie plädiert für eine Sichtweise, wonach die Erwerbsarbeit eine grundlegende Dimension eines guten Lebens für Menschen mit und ohne Behinderung darstellt. Zugleich besteht sie darauf, dass nicht jede Arbeit besser ist als keine Arbeit, und entwickelt Anhaltspunkte dafür, wann eine Arbeit als so entfremdet zu gelten hat, dass sie nicht mehr zu einem guten Leben beiträgt. Unter diesem Blickwinkel betrachtet sie die Auswirkungen von Industrie 4.0 auf die Arbeitswelt von Menschen mit und ohne Behinderung und wägt ab, ob für Menschen mit Behinderung im Hinblick auf die Rolle, die Arbeit in einem guten Leben spielt, eine Arbeit auf dem ersten Arbeitsmarkt einer Arbeit in einer Behindertenwerkstatt stets vorzuziehen ist. Schließlich erweitert sie die individualethische Perspektive hin zu einem sozialphilosophischen Argument für die zentrale Rolle der Politik im Hinblick auf die Gestaltung der Arbeitswelt, damit die Arbeit ihrer Bedeutung für ein gutes Leben gerecht werden kann. Das gilt nicht obwohl, sondern gerade weil es Aufgabe des Staates ist, »den Bürgern zwar nicht vorzuschreiben, wie sie leben sollen, aber Bedingungen zu schaffen, unter denen sie selbst frei entscheiden können, wie sie leben wollen.«

Der zweite Teil widmet sich den theoretischen Grundlagen der Inklusionsforschung. Wer zu einem tragfähigen Verständnis gesellschaftlicher Teilhabe gelangen möchte, ist gut beraten, sich auch mit den einschlägigen Grundlagen der menschlichen Zivilisation und zwischenmenschlichen Zusammenarbeit vertraut zu machen. Aus der Perspektive einer »Theorie des Lebens« stellt Volker Gerhardt (Kap. 4 in diesem Band) in dieser Hinsicht einige grundsätzliche Überlegungen zum Stellenwert von sozialer Kooperation und technischer Organisation an. Das vergesellschaftete Individuum wird in seinem eigentümlichen Vermögen und spezifischen Leistungen genau unter die Lupe genommen. Ausgehend von der Feststellung einer fundamentalen Instrumentalität des Lebens entwickelt Gerhardt in sieben Schritten zentrale Gesichtspunkte, die dem Verhältnis des einzelnen Menschen zu sich selbst und anderen seiner Art wesentlich sind. Gesellschaft ist für ihn dort zu finden, »wo sich das durch und durch instrumentelle Leben im Medium der Repräsentation vollzieht und eine über die Vorstellungen vermittelte, schon mit der Technik praktizierte Distanz zu sich selbst gewinnt.«

Wenn man diesen Befund akzeptiert, stellen sich verschiedene grundsätzliche Fragen, was die Umsetzung, aber auch das angestrebte Ziel gerechter sozialer Teilhabe betrifft: Wer wird eigentlich vom Sozialen ausgeschlossen? Warum genau ist dieser Ausschluss schlecht? Wie können wir das gegebenenfalls ändern? Hauke Behrendt (Kap. 5 in diesem Band) spricht sich dezidiert dafür aus, eine Antwort auf diese zentralen Fragen der Inklusionsforschung von einem praxistheoretischen Zugang her zu entwickeln. Er konstatiert, dass die wichtige Voraussetzung einer sinnvollen Begriffsbildung in der gegenwärtigen Theorielandschaft keineswegs erfüllt sei. Und selbst dort, wo von einer akzeptablen begriffsanalytischen Auseinandersetzung mit ›Inklusion‹ gesprochen werden könne, so Behrendt, fehle der Theoriebildung bislang ein hinreichend komplexer Inklusionsbegriff. Er unterscheidet in diesem Zusammenhang eine sozialwissenschaftliche, eine sozialethische sowie eine sozialpolitische Dimension von Inklusion, die ein umfassender sozialphilosophischer Inklusionsbegriff einfangen müsse, um das Ideal einer inklusiven Arbeitswelt vernünftig in den Blick zu bekommen. Erst auf dieser umfassenden begrifflichen Grundlage werde ein angemessener wissenschaftlicher Umgang mit Inklusionsphänomenen sinnvoll und erfolgversprechend. »Denn nur eine in diesem Sinn holistische Perspektive auf den Phänomenbereich der Inklusion erlaubt eine vollständige Thematisierung all ihrer Eigenarten.«

Dass soziale Exklusion, wo sie besonders drastische Formen annimmt, zu einer Zerreißprobe moderner Gesellschaften werden kann, nimmt Klaus Dörre (Kap. 6 in diesem Band) zum Anlass, um den belasteten Begriff der ›Unterklasse‹ als analytische Kategorie für eine kritische Gesellschaftswissenschaft zu rehabilitieren. Um stigmatisierende Ausgrenzungen wissenschaftlich akkurat einfangen zu können, erarbeitet er einen Klassenbegriff, der von seinen »vorurteilsbeladenen Konnotationen« befreit ist. Anschließend analysiert er Mechanismen der Unterklassenbildung in entwickelten kapitalistischen Gesellschaften. Danach entstehen Unterklassen, so Dörre, »indem soziale Großgruppen durch Verknappung von Sozialeigentum und symbolische Abwertung dauerhaft unter die Schwelle sozialer Respektabilität gedrängt werden.« Mit seiner Analyse verbindet er die Hoffnung, »Klassenbildung mittels Distinktion und Abwertung kritisch hinterfragen« zu können und so einen inklusiven »demokratischen Klassenkampf« mit einem geeigneten Begriffsapparat auszustatten.

Gegenstand des dritten Teils dieses Buchs sind schließlich die besonderen Probleme, die sich bei der Inklusion von Menschen mit Behinderung in die Arbeitswelt stellen. So springt beispielsweise ins Auge, dass der spezielle Wert, den berufliche Inklusion für die besonders stark von Arbeitsmarktexklusion bedrohte Gruppe der Menschen mit Behinderung besitzt, bislang in vielen Hinsichten unterbestimmt ist. Franziska Felder (Kap. 7 in diesem Band) vertritt in ihrem Beitrag diesbezüglich die These, »dass sich die Bedeutung von Inklusion primär durch die Werte der Anerkennung und der Freiheit ergibt.« Vor dem Hintergrund dieser These schlägt Felder eine Brücke zu zeitgenössischen Exklusionsdiagnosen und diskutiert, was bei der beruflichen Inklusion von Menschen mit Behinderung konkret »auf dem Spiel steht.« Ihre Einschätzung lautet, »dass durch Arbeitslosigkeit wichtige Quellen individueller Entwicklung verbaut« werden. Berufliche Exklusion besitzt für sie allerdings auch eine gesamtgesellschaftliche Dimension, deren problematischer Charakter sich im Zusammenhang mit Behinderung besonders deutlich zeigen lasse. Kurzum: Das angestrebte Ziel einer vollständigen Inklusion stelle eine bis heute ungelöste Herausforderung von gesamtgesellschaftlichem Ausmaß dar.

Der sozialpolitische Anspruch, die Situation beruflicher Exklusion von Menschen mit Behinderung zu überwinden und der daraus erwachsende Handlungsdruck für Akteure in Politik wie Zivilgesellschaft sind ohne Zweifel immens. Dass die dafür in Anschlag gebrachten amtlichen Inklusionsbemühungen selbst ein unauflösbares Inklusionsdefizit aufzuweisen scheinen, nimmt Miklas Schulz (Kap. 8 in diesem Band) zum Anlass, um zu untersuchen, inwiefern »Inklusion nicht nur ein ambivalentes Unterfangen ist, sondern dies notwendig auch bleibt, da es sich durch konstitutive, im Gegenstand und seinen Ebenen/Logiken eingeschriebene Paradoxien auszeichnet.« Die von Schulz gewählte dispositivtheoretische Sichtweise zielt in besonderem Maße auf den Nachweis dieser paradoxen und oftmals unreflektierten Ausgrenzungen ab, die sich durch staatliches Handeln nicht überwinden ließen, sondern, so Schulz, vielmehr einen integralen Bestandteil derselben darstellen würden.

Nun ist Inklusion nicht nur eine moralische Forderung, sondern die thematisierten sozialpolitischen Maßnahmen haben eine feste rechtliche Grundlage, die im vierten Teil thematisiert wird. So heißt es beispielsweise in Artikel 27 der UN-Konvention über die Rechte von Menschen mit Behinderungen (UN-BRK), die durch ihre Ratifizierung im Jahr 2009 in Deutschland den Status geltenden Rechts besitzt:

> »States Parties recognize the right of persons with disabilities to work, on an equal basis with others; this includes the right to the opportunity to gain a living by work freely chosen or accepted in a labour market and work environment that is open, inclusive and accessible to persons with disabilities [...]« (United Nations 2006).

Somit besteht in Deutschland ein auch rechtlich einklagbarer Anspruch auf eine inklusive Arbeitswelt. Um diesen Anspruch und die bisher unternommenen Schritte zu seiner Umsetzung besser beurteilen zu können, ist es wichtig, einen möglichst breiten Dialog anzustreben, der nicht nur unterschiedliche Disziplinen wie die Philosophie, die Soziologie und die Rechtswissenschaften umfasst, sondern auch Vertreter aus Politik und Gesellschaft miteinbezieht. Von einer dezidiert politischen Warte aus betont Gerd Weimer (Kap. 9 in diesem Band), bis 2016 Landesbeauftragter für die Belange von Menschen mit Behinderung in Baden-Württemberg, dass Inklusion in einer breiteren Öffentlichkeit inzwischen als relevantes gesellschaftspolitisches Thema wahrgenommen wird. Für ihn steht fest, dass Inklusionsschwellen in den letzten Jahren an vielen Stellen wirksam abgebaut werden konnten. Allerdings, so räumt Weimer durchaus selbstkritisch ein, ist gerade im Bereich der beruflichen Teilhabe von Menschen mit Behinderung noch viel zu tun. In seinen Augen sind daher »politische Entscheidungen des Gesetzgebers zwingend, wenn die einstimmige Ratifizierung auch des Artikels 27 der UN-BRK im Jahr 2009 wirklich ernst gemeint war.«

Forderungen wie diese verdeutlichen exemplarisch, dass das angestrebte Ziel einer umfassenden beruflichen Teilhabe von Menschen mit Behinderungen nach verbreiteter Auffassung als unvereinbar mit dem bestehenden Rehabilitationssystem der Bundesrepublik angesehen werden muss. Wie Felix Welti (Kap. 10 in diesem Band) in Auseinandersetzung mit aktuellen sozialrechtlichen Umbaumaßnahmen im Rahmen des neuen Bundesteilhabegesetzes herausarbeitet, wurden erstmals durch das in Artikel 27 der UN-BRK festgeschriebene ›Recht auf Arbeit‹» [b]islang vorwiegend sozialphilosophische und sozialpolitische Fragen [...] stärker im positiven Recht fundiert.« Allerdings, so Welti, sei dieses Recht keine strikte Rechtsregel mit unbedingter Verbindlichkeit, sondern müsse aufgrund ihres Prinzipiencharakters im jeweiligen Kontext interpretiert und konkretisiert werden. Er spricht sich dafür aus, die Voraussetzungen und nötigen Schritte zur Umsetzung eines zugänglichen Arbeitsmarktes und -umfeldes im Diskurs mit allen beteiligten Akteuren zu klären. »Dieser Diskurs kann zur Erkenntnis beitragen, dass der Arbeitsmarkt kein der menschlichen Einwirkung entzogener Schicksalsprozess, sondern eine politisch gestaltbare soziale Institution ist, mit der Produktivität, Freiheit und soziale Rechte in Einklang miteinander gebracht werden sollen.«

Welche politischen Weichenstellungen das von Artikel 27 nahegelegte ›Recht auf Arbeit‹ konkret nach sich zieht, rekonstruiert Katja Stoppenbrink (Kap. 11 in diesem Band). Nach einer Vergegenwärtigung seiner normativen Grundlagen analysiert sie aus einer anerkennungstheoretischen Perspektive einzelne rechtliche Instrumente zur beruflichen Inklusion von Menschen mit Behinderungen, wie sie bereits in der deutschen Rechtsordnung verankert sind. Sie argumentiert dafür, dass es für eine akzeptable Inklusionspolitik entscheidend sei, »Menschen mit Behinderungen eine *langfristige* Möglichkeit der Partizipation am ersten Arbeitsmarkt zu eröffnen.« Im Vordergrund ihrer Betrachtung steht eine rechtsphilosophische Interpretation des jüngsten Nationalen Aktionsplans (NAP 2.0) der Bundesregierung zur UN-Behindertenrechtskonvention. Die in ihm aufgelisteten Gesetzgebungsvorhaben zur Umsetzung der Konvention werden von Stoppenbrink darauf hin untersucht, inwiefern sie dem Ziel beruflicher Inklusion dienen.

Die Überzeugungskraft der Forderung nach langfristigen Partizipationsmöglichkeiten am ersten Arbeitsmarkt beruht auf der stillschweigenden Prämisse, dass dieser Arbeitsmarkt selbst bestimmten Standards guter und gerechter Arbeit genügt. Genaugenommen geht es niemals nur um eine gerechte Teilhabe an irgendeiner Arbeitswelt, sondern immer um eine gerechte Teilhabe an einer gerechten Arbeitswelt. Dieser Zusammenhang wird im letzten Teil des Bandes aufgegriffen, der abschließend noch einmal zu einer allgemeineren Reflexion einlädt. Wie Anca Gheaus und Lisa Herzog (Kap. 12 in diesem Band) betonen, lassen sich in diesem Zusammenhang drei wichtige Punkte differenzieren. Sie argumentieren dafür, dass ein gerechter Arbeitsmarkt erstens verlangt, dass alle Beschäftigten vor Bedingungen geschützt werden müssen, die ihre Fähigkeit, ein angemessenes Leben zu führen, gefährden. Zweitens sei entscheidend, dass die Möglichkeit gewährleistet sein muss, die durch Arbeit vermittelten Güter zu genießen, wie die Verbesserung des eigenen Könnens, die Teilnahme am gesellschaftlichen Leistungsaustausch, eine Vermittlung vitaler persönlicher Nahbeziehungen sowie soziale Anerkennung. Nach ihrem Verständnis sind die beliebtesten Arbeitsplätze in der Regel gerade »diejenigen, die es Beschäftigten erlauben, diese Güter *innerhalb ihrer bezahlten Arbeit* zu verwirklichen.« Daraus ziehen Herzog und Gheaus schließlich den Schluss, dass auch die Verteilung dieser Güter bestimmten Gerechtigkeitsgrundsätzen genügen muss.

Die Feststellung, dass die Forderung nach einer gerechten Teilhabe am Arbeitsleben auch die Forderung nach gerechten Arbeitsbedingungen im engeren Sinn einschließt, macht verständlich, warum »das breite Spektrum höchst unterschiedlicher Arbeit und Arbeitsverhältnisse sowohl hierzulande als auch in der Welt der Arbeit insgesamt in den Blick genommen werden« muss. Eva Senghaas-Knobloch (Kap. 13 in diesem Band) arbeitet diesbezüglich heraus, dass nur solch eine umfassende Berücksichtigung der unterschiedlichen, eng miteinander verflochtenen Arbeitswelten im Plural den Weg zu gerechter Teilhabe eröffnen würde. Denn »eine Weltwirtschaft ohne *weltweite* Beachtung der sozialen Reproduktionsbedürfnisse und der natürlichen Lebensgrundlagen ist nicht zukunftsfähig.« Um zu verdeutlichen, was nötig ist, damit sich menschenwürdige Arbeitsbedingungen im Weltmaßstab verwirklichen lassen, skizziert sie zunächst die globale Bandbreite von unterschiedlichen Tätigkeitsweisen sowie die zentrale Bedeutung von Arbeit. An aktuellen Entwicklungstrends vollzieht Senghaas-Knobloch daraufhin nach, wie *Decent Work* heute gedacht werden muss, um »zu Lebensbedingungen beizutragen, in denen sich Menschen und Gesellschaften entwickeln können.«

Eine insgesamt eher skeptische Haltung gegenüber der Möglichkeit, Arbeit in der geforderten Form mit Gerechtigkeit und Inklusion zu verbinden, legt Martin Kronauer (Kap. 14 in diesem Band) an den Tag. Für ihn steht fest, dass die »Versöhnung der drei Elemente – Arbeit, Gerechtigkeit und Inklusion – allenfalls partiell und immer nur vom Scheitern bedroht gelingen kann.« Um diese These zu begründen, analysiert Kronauer die Kehrseite, nämlich den Zusammenhang von Arbeit, Ungerechtigkeit und Exklusion, den er in der »gegenwärtig vorherrschenden gesellschaftlichen Form der Arbeit, der abhängigen Erwerbsarbeit, wesentlich angelegt« sieht. Erst wenn die Unvereinbarkeit von »Lohnabhängigkeit und Bürgerstatus« erkannt worden sei, so Kronauer, werde verständlich, warum die bürgerlich-kapitalistische Gesellschaft geradezu zwangsläufig Ungerechtigkeit und soziale Exklusion hervorbringe.

Die Beiträge in diesem Band basieren zum größten Teil auf Vorträgen, die im Rahmen eines Workshops und einer Ringvorlesung im Wintersemester 2015/16 an der Universität Stuttgart zu diesem Thema stattgefunden haben. Die Veranstaltungen standen im Rahmen des Drittmittelprojekts *motionEAP*, in dem wir die ethischen Aspekte von Systemen zur Effizienzsteigerung und Assistenz bei Produktionsprozessen in Unternehmen auf der Basis von Bewegungserkennung und Projektion untersucht haben. Ein Schwerpunkt lag hierbei auf den Auswirkungen dieser Systeme für die Inklusion von Menschen mit Behinderungen. Unser besonderer Dank gilt dem Bundesministerium für Wirtschaft und Technologie, welches das Projekt von 2013 bis 2016 gefördert hat, sowie unseren Projektpartnern. Der offene und fruchtbare Austausch mit ihnen war von großer Bedeutung, um den für dieses Thema unabdingbaren Praxisbezug zu gewährleisten. Weiterhin danken wir den Mitarbeitern des Lehrstuhls, namentlich Julius Alves, Anja Berninger, Dominik Gerstdorfer, Maike Klein, Wulf Loh, Martin Maga, Tom Poljanšek und Tobias Störziger für die Vorbereitung des Manuskripts für den Druck, ebenso wie Ulrike Brümmer für die organisatorische Koordination und Mithilfe beim Korrekturlesen.

Literatur

Behrendt, Hauke/Funk, Markus/Korn, Oliver: Ethical Implications Regarding Assistive Technology at Workplaces. In: Misselhorn, Catrin (Hg.): *Collective Agency and Cooperation in Natural and Artificial Systems. Explanation, Implementation and Simulation.* Cham/Heidelberg/New York/Dordrecht/London 2015, 109–130.
Bieker, Rudolf (Hg.): *Teilhabe am Arbeitsleben. Wege der Integration von Menschen mit Behinderung.* Stuttgart 2005.
Misselhorn, Catrin: Collective Agency and Cooperation in Natural and Artificial Systems. In: dies. (Hg.): *Collective Agency and Cooperation in Natural and Artificial Systems. Explanation, Implementation and Simulation.* Cham/Heidelberg/New York/Dordrecht/London 2015, 3–25.
United Nations: *Convention on the Rights of Persons with Disabilities.* Genf 2006.
Wansing, Gudrun: Inklusion in einer exklusiven Gesellschaft. Oder: Wie der Arbeitsmarkt Teilhabe behindert. In: *Behindertenpädagogik* 51/4 (2012), 381–396.

I Zur Bedeutung der Arbeit

1 Spaltung in zwei Realitäten[1]

Oskar Negt

Es sind verschiedene Erscheinungen ein und derselben Gesellschaftsstruktur: die Aufrechterhaltung der alten, im wesentlichen kapitalfixierten Form der Arbeit einerseits, als käme es immer noch und vor allem darauf an, durch unmittelbare Anwendung lebendiger Arbeitskraft den industriellen gesellschaftlichen Reichtum zu erzeugen und zu erhalten, und andererseits wachsende gesellschaftliche Bereiche, in denen die Menschen für lange Zeit und häufig genug lebenslang zu Fürsorgeobjekten degradiert werden, wenn ihnen überhaupt öffentliche Hilfe zuteil werden sollte. Da Vollzeitarbeitsplätze unter den gegebenen Bedingungen immer knapper werden, Erwerbsarbeit in der alten Form aber ihre gesellschaftliche Geltung behalten hat, scheint sich die moderne Gesellschaft den skandalösen Luxus erlauben zu können, die aus dem produktiven Arbeitszusammenhang Ausgegliederten auf Dauer vom System gesellschaftlich anerkannter Arbeit fernzuhalten.

Natürlich geschieht das in der Regel nicht bewußt und offen. Aber sowohl die krankmachenden Erosionen in den Beziehungsverhältnissen, denen trotz wuchernder Institutionen zur sozialpsychiatrischen Betreuung kaum nachhaltige Heilungsperspektiven angeboten werden, als auch die vielen Hindernisse, die der Selbstorganisation der Ausgegliederten in den Weg gelegt werden, sprechen eine eindeutige Sprache und legen nahe, aus Symptomen auf eine dahinter stehende Strategie zu schließen. Nicht die Wiederherstellung der Arbeitsfähigkeit ist das Ziel solcher Behandlung, sondern allenfalls die Bewahrung einer minimalen Lebensfähigkeit. Darin scheint sogar ein Funken funktioneller Vernunft zu liegen. Warum auch sollte eine Gesellschaft, die unter chronischem Überfluß an lebendiger Arbeitskraft leidet, ein vitales Interesse daran haben, Arbeitsfähigkeit zu erhalten, wo doch nur geringe Chancen bestehen, ihr einen angemessenen Boden der Betätigung, ein *field of employment* zu verschaffen?

Mit dem Verlust des Arbeitsplatzes erhöhen sich für die Betroffenen von einem Augenblick auf den anderen nicht nur die materiellen Lebensrisiken; die Trennung bewirkt vielmehr einen plötzlichen Bruch in der Wirklichkeitswahrnehmung. Die von Arbeitslosigkeit betroffenen Menschen fallen gleichsam auf eine andere Realitätsebene, selbst wenn Sicherungssysteme diesen Fall für eine bestimmte Zeit mildern. Arbeitslose sprechen vielfach davon, daß ihnen der Boden unter den Füßen schwindet oder schwankend

1 Aus: Oskar Negt: Arbeit und menschliche Würde © Steidl Verlag, Göttingen 2001.

wird; sie erfahren einen Realitätsentzug, ja einen Realitätsverlust. Es ist der Abstieg in eine andere Welt, die ganz eigene Realitätsdefinitionen hat, vergleichbar der Schattenwelt in Platos Höhlengleichnis. Wahrheit und Vernunft, Licht und Sonne dringen von außen in die Höhle, aber die darin Gefangenen können sich selbst nur als Schattenexistenzen wahrnehmen und bewegen sich in einer Art rangniedrigeren Wirklichkeit.

Das Gefühl der Zweiteilung unserer Gesellschaft ist weit verbreitet, und die Mühe, mit beschwörenden Appellen eine Brücke zu schlagen, offensichtlich vergeblich. Hoffnungen, die Ausgegliederten durch behutsame und nachsichtige Überzeugung für das System zurückzugewinnen, erweisen sich als illusionär. Ich möchte deshalb im Folgenden von zwei Realitäten sprechen.

Wer in der ersten Realität lebt, wird die Gesellschaft der Bundesrepublik Deutschland, auch in der eher glücklos zusammengebundenen Form der staatlichen Nachkriegsfragmente, als die beste aller möglichen Welten ansehen; er wird auf die deutsche Geschichte verweisen, in der es noch nie eine Gesellschaftsordnung mit ähnlicher demokratischer Stabilität und vergleichbarem Massenwohlstand gegeben hat. Er wird das Lebensniveau der Mehrheit loben, um plausibel zu machen, warum viele westliche Länder nicht nur den Fleiß der Deutschen, sondern auch ihre sonstigen Aufbauleistungen bewundern.

Menschen dieser ersten Realität gehen einer geregelten Arbeit nach, sie haben einen längerfristig sicheren Arbeitsplatz und wählen in der Regel die Mitte, jene Parteien, die für den ›Konsensus der Demokraten‹ stehen. Daß die Welt so, wie sie ist, im großen und ganzen gut eingerichtet scheint und daß sie darin einen angemessenen Platz des Lebens haben, schreiben sie ihren eigenen Leistungen zu, wie sie umgekehrt davon ausgehen, daß diejenigen, die aus dieser geordneten und guten Gesellschaft herausfallen, das nicht ohne Selbstverschulden tun. Sie beobachten Massenaufläufe und Demonstrationen mit Mißbehagen, weil ihnen eigentlich unverständlich ist, wie man für eine andere Ordnung der Dinge sein kann als für die, die ihre eigene ist und deren Horizont sie noch nicht einmal in ihren Träumen und Wünschen zu überschreiten vermögen. Sie weigern sich beharrlich anzuerkennen, daß es Menschen gibt, die für ihre Lebensinteressen, ja für die Interessen der Gesamtgesellschaft einen demonstrativen Rückhalt in der Öffentlichkeit zu erreichen suchen. Weil ihre individuellen Interessen ohnehin die herrschenden Interessen der Gesellschaft sind, kapseln sie sich in der ersten Realität ein und errichten eine Mauer zwischen sich und der gesellschaftlichen Erfahrung von Konflikten und Widersprüchen. Wer über Macht und Einfluß verfügt, warum sollte der auch den anrüchigen Weg der Straße gehen? Und an wen sollte er da appellieren?

Es wäre eine unzulässige Vereinfachung, der ersten Realität, in der im wesentlichen alles noch in Ordnung zu sein scheint, eine zweite gegenüberzustellen, die als ein in sich geschlossenes, klar gegliedertes Lager auftritt. Die sozialkulturelle und politische Zusammensetzung der zweiten Realität ist vielmehr äußerst komplex. Arbeitslose leben für eine begrenzte Zeit von der Hoffnung, nicht Objekte der Sozialfürsorge zu werden, und haben vielleicht die Kraft, durch kollektive Handlungen Aufmerksamkeit in der Öffentlichkeit zu erregen oder in anderer Weise aktiv zu werden. Dauerarbeitslose aber, Sozialfürsorgeempfänger, Leute, die sozialpsychiatrischer Betreuung unterliegen, Nicht-Seßhafte, Obdachlose – sie und andere mehr bleiben Objekte, das heißt, sie protestieren und demonstrieren in der Regel nicht; sie bleiben vielmehr eingemauert in einen Objektzusammenhang, in dem der Bewegungsspielraum ebenso entleert ist wie die Zeit, die totgeschlagen werden muß. Um daraus ausbrechen zu können, bedürfte es ausreichender Selbstwertgefühle und einer Entschlußkraft, über die sie nicht mehr verfügen.

Raum und Zeit nehmen bei dieser Schicht der Marginalisierten die Gestalt einer unendlich freien Verfügbarkeit an. Am Grundtatbestand der Unzufriedenheit ändert die formelle Freiheit nichts; denn Zeitplanung wird zu einer leeren Beschäftigung, der Ortswechsel zu einer leeren Bewegung. In anderen Bereichen unterschlagener Wirklichkeit ist die objektive Situation ähnlich, aber subjektiv verschieden. Es sind kleine Schritte, welche die Differenz ausmachen: wenn Arbeitslose sich z. B. in Arbeitslosenzentren zusammentun, wenn sie für ihre Interessen demonstrieren und dadurch einen kollektiven Erfahrungszusammenhang herstellen, der die individuelle Verzweiflung und Ohnmacht etwas mindert. Wo Alte und Behinderte öffentliche Aufmerksamkeit erzwingen, indem Sie sich versammeln, Forderungsprogramme formulieren, wo sich überhaupt Gegenwehr regt – in allen diesen und ähnlichen Fällen werden Raum- und Zeitperspektiven um bestimmte Interessen und Bedürfnisse der Betroffenen verdichtet, inhaltlich angefüllt. Es sind Ausdrucksformen der Lebensfähigkeit und des Lebenswillens, Zeichen noch nicht verlorener oder wiedergewonnener Fähigkeit, erfahrenes Unrecht wahrzunehmen.

Was alle diese Schichten und Gruppen miteinander verbindet – wie sehr sie sich in den Graden ihrer Protestfähigkeit auch unterscheiden mögen und wie stark sie sich auch bewusst gegeneinander abgrenzen –, ist jedoch die Zugehörigkeit zur zweiten Realität der Gesellschaft. Deren Hauptmerkmal ist, daß die Menschen, die ihre Erfahrungen machen, aus dem gesellschaftlich anerkannten System der Arbeit herausgefallen sind und darunter leiden, daß die gewonnene Zeit ihren Ernstcharakter verloren hat. Die Trennung von der ersten Realität ist in der Regel gegen ihren Willen geschehen. Wenn Menschen sich mit Willen und Bewußtsein von ihr ablösen, indem sie eigene Antworten auf Fragen des Sinns geben – warum sie arbeiten, warum sie etwas tun und lassen und sich dazu entschließen, ihre Arbeitskraft in Alternativprojekten zu realisieren –, bildet sich mit dem Verlust der alten Raum- und Zeitstruktur gleichzeitig ein neues Gefüge, das vielleicht viel befriedigender Zeitperspektiven ermöglicht. Das sind jedoch, gemessen am Massencharakter der Ausgliederungs- und Ausgrenzungsprozesse, nur Ausnahmefälle.

Es sind also nicht zwei Kulturen, von denen Peter Glotz sprach, als er die etablierte gegen die alternative Kultur abgrenzte, sondern es sind zwei Realitäten, die in Konfrontation zueinander stehen, mit den ihnen entsprechenden Realitätswahrnehmungen. Es handelt sich deshalb längst nicht mehr um ein bloßes sprachliches Verständigungsproblem, denn nicht nur die Sprache ist auseinandergefallen, sondern Denkformen, Zeitperspektiven, Verhaltensorientierungen, spezifische Logiken der Wahrnehmung, der der Objektwelt ebenso wie der Selbstwahrnehmung. Diese Spaltung der Realität hat eine viel größere Reichweite als die alte Klassenspaltung, auf die sich allerdings in letzter Instanz gründet.

Nachdem die entstehende bürgerliche Gesellschaft die stationären Ständegliederungen, die in kosmologischen Weltbildern und religiösen Wertordnungen befestigt waren, ausgehöhlt oder gänzlich zerbrochen hatte, haben dualistische Konzeptionen auf die gesellschaftstheoretische Begriffsbildung immer eine besondere Faszination ausgeübt. Je komplexer und arbeitsteilig ausdifferenzierter die Gesellschaft wurde, desto nachdrücklicher machte sich das Erkenntnisinteresse geltend, möglichst übersichtliche Verlaufsformen der Entwicklung zu konstruieren. Dabei wurde das Einfache, Elementare immer gleichzeitig als das Wesentliche, Grundlegende betrachtet. Das entsprach dem alltäglichen Orientierungsbedürfnis der Menschen, die zugespitzte Handlungsperspektiven brauchen und nicht selten auf Vorurteile zurückgreifen, um im Orientierungsdickicht eigener lebendiger Erfahrungen eindeutige Freund-Feind-Verhältnisse herauszuschälen.

Auch in der Soziologie ist die Palette dualistischer Begriffspaare außerordentlich groß: bei Auguste Comte Fortschritt und Ordnung; bei Herbert Spencer Differenzierung und Integration; bei Emile Durkheim mechanische und organische Solidarität; Ferdinand Tönnies prägte den Dualismus von Gemeinschaft und Gesellschaft, und die Reihe ließe sich mühelos fortsetzen. Aber auch die Politiker wußten den Vorteil solcher dualistischen Vereinfachungen durchaus zu schätzen. Als Benjamin Disraeli in den achtziger Jahren des neunzehnten Jahrhunderts im englischen Parlament von den »two nations« sprach, wußte er, der sich als jüdischer Emporkömmling in der konservativen Gesellschaft Englands kaum zu Hause fühlte, was er mit diesem Ausdruck politisch bewirken wollte. Der Premierminister wies damit auf die Zerrissenheit der englischen Nation hin, von der der eine Teil auf Kosten des anderen zu leben gewohnt war. Mit der Plünderung der Kolonien nahmen damals die Differenzen zwischen arm und reich immer größere Dimensionen an.

Wenn ich von zwei Realitäten spreche, dann enthält dieser Begriff alle drei Elemente, die ich eben bezeichnet habe: Alltagserfahrungen und eine wissenschaftliche Konzeption ebenso wie eine politische Orientierungsformel. Nicht alle gesellschaftlichen Bereiche haben dieselbe Dichte und Berührungsflächen, an deren Schnittstellen Politik als Produktionsprozeß stattfindet. Aus der Position des theoretischen Beobachters mag sich die Gesellschaft als ein pluralistisches Feld mehr oder minder stark überkreuzter Linien darstellen. Ist eine eingreifende Praxis am Werk, erfolgt eine ganz andere Bündelung der Kräfte und eine spontane Umdefinition der Berührungsflächen. In Hegels »Großer Logik« heißt es dazu:

> »Die denkende Vernunft aber spitzt, sozusagen, den abgestumpften Unterschied des Verschiedenen, die bloße Mannigfaltigkeit der Vorstellung, zum wesentlichen Unterschiede, zum Gegensatze, zu. Die Mannigfaltigen werden erst, auf die Spitze des Widerspruchs getrieben, regsam und lebendig gegeneinander und erhalten in ihm die Negativität, welche die innewohnende Pulsation der Selbstbewegung und Lebendigkeit ist.« (Hegel 1951, 61)

Diese Zuspitzung zum Widerspruch, die »Arbeit der Zuspitzung«, wie Hegel es nennt, macht die Konzeption der zwei Realitäten aus und konzentriert das bloße Nebeneinander von gesellschaftlichen Kräften um den Punkt, an dem Entscheidungen getroffen werden, individuelle nicht weniger als kollektiv-politische.

Die Zweiteilung der gesellschaftlichen Realität hat heute viele Namen. Die Bezeichnung Schattenwirtschaft stammt aus den siebziger Jahren. Gesellschaftskritiker in den achtziger Jahren bevorzugten den Ausdruck Zweidrittelgesellschaft, um das Auseinanderbrechen der sozialen und ökonomischen Realität zu kennzeichnen. Neuerdings hat der Soziologe Alain Touraine von einer Aufspaltung in der Prozentproportion 30/30/40 gesprochen. 30 Prozent der Bevölkerung sind demzufolge vom gesellschaftlichen Zusammenhang auf Dauer abgekoppelt, 30 Prozent leben fortwährend in prekären sozialen und kulturellen Verhältnissen, 40 Prozent sind im Besitz von Macht und Wohlstand.

Wenn von Schattenwirtschaft oder von informeller Ökonomie die Rede ist, meint das mehr als individuelle Schwarzarbeit. Es geht um ein eigenes, nicht an die Regeln der offiziellen Ökonomie gebundenes System der Arbeit, des Naturalientauschs und des gegenseitigen Dienstleistungsverkehrs. Was hier entsteht, ist in der Tat eine zweite Realität, eine Ökonomie mit eigenen Gesetzen. Menschen, die sich in dieser Wirklichkeit bewegen, mögen mit ihrem gesellschaftlichen Selbstverständnis, ihren Einstellungen zu

Gott und der Welt, mit ihren Vorurteilen und politischen Orientierungen nach wie vor komplett zur ersten Realität gehören. Aber da ihr Loyalitätsfaden zu den Steuerbehörden abgerissen ist, befinden sie sich im statistischen Untergrund. In diese Kategorie gehört der arbeitslose Lehrer, der Privatunterricht erteilt, ohne seine Einkünfte zu versteuern, aber auch der selbständige Malermeister, der abends an Büchern und Bilanzen vorbei Wohnungen renoviert. Die individuelle Moral mag noch einigermaßen funktionieren, die Steuermoral ist völlig zersetzt.

Bereits gegen Ende der siebziger Jahre war die Schattenwirtschaft der einzige Wirtschaftsbereich der Bundesrepublik, der sprunghaftes Wachstum verzeichnete, und zwar in beiden Spielarten: der legalen Selbstversorgungswirtschaft mit einem Umfang von mindestens einem Drittel des offiziellen Sozialprodukts und der illegalen Untergrundwirtschaft in einer Größenordnung von wahrscheinlich zumindest zehn Prozent. Ein Vergleich zu anderen Ländern zeigt, daß das natürlich kein deutsches Phänomen ist: Vorsichtigen Schätzungen zufolge waren damals in Schweden 13, in der Sowjetunion 20, in den Vereinigten Staaten und in Großbritannien etwa 8 Prozentanteile am offiziellen Sozialprodukt dem Reich der (illegalen) Schattenwirtschaft zuzurechnen.[2] Die Zahlen, die der Präsident der Bundesanstalt für Arbeit, Bernhard Jagoda , in seinem Bericht über illegale Beschäftigung und Leistungsmißbrauch für das Jahr 1999 veröffentlichte, zeigen keine Trendwende, sondern eine Verschärfung der Abkopplungstendenz. Er bezeichnet illegale Beschäftigung als »Boombranche Nummer eins«: 600 Milliarden DM würden zur Zeit jährlich umgesetzt, 16 Prozent des Bruttosozialprodukts. Das Bau- und das Gastgewerbe stünden an oberster Stelle, aber auch in der Softwareentwicklung mehrt sich die Schwarzarbeit.[3]

Gegen diese Tendenz zur ökonomischen Zweiteilung der Realität gab es so wenig Gegenmittel, daß selbst Behörden der ersten Realität dazu übergingen, das Faktum einfach hinzunehmen und es gar als positive Entwicklung zu werten. Das Internationale Arbeitsamt der IOL veröffentlichte im Herbst 1983 eine Studie, die nicht nur festschrieb, was ohnehin nicht zu verhindern war, sondern dem Ganzen den Anstrich einer ungewollten, aber wünschenswerten Krisenbewältigung gab. Für alle, die aus dem offiziellen System gesellschaftlicher Arbeit ausgegliedert werden oder sich freiwillig von ihm trennen ist demnach Sorge getragen, daß sie dabei nicht kaputtgehen, und der Untergrundwirtschaft wird in dieser Studie die Funktion zugeschrieben, für den Abbau sozialer Spannungen zu sorgen. Obwohl Schwarzarbeiter sich außerhalb der Legalität bewegen, so daß sie sich im Konfliktfall nicht auf das Gesetz berufen können und keinerlei Anspruch auf Sozialleistungen haben, also besonderer Ausbeutung ausgesetzt sind, wird gleichwohl dieser Schattenökonomie sozialpsychologisch eine zentrale Kompensationsleistung aufgebürdet. »Latent Arbeitssüchtige«, mithin diejenigen, die jahrzehntelang auf Normen der Leistungsmoral gedrillt wurden, so daß sie ihnen praktisch zur zweiten Natur geworden ist, würden ohne Schattenwirtschaft Schwierigkeiten haben, mit ihrer Freizeit etwas Sinnvolles anzufangen. Jugendliche, welche die traditionelle Arbeitsethik verachten, hätten die Möglichkeit, sich in Tätigkeit zu halten, ohne das Gefühl der Fremdarbeit zu haben. Manche Menschen im Ruhestand, die bei voller Gesundheit sind und sich von den Gewohnheiten eines aktiven Lebens nicht lösen können, vermittle die Werkelei in

2 Vgl. dazu den Bericht in der Süddeutschen Zeitung vom 14.09.1982.

3 Vgl. dazu den Bericht »Schwarzarbeit hat weiter Konjunktur« in der Hannoversche Allgemeine Zeitung vom 24.03.2000.

der Untergrundwirtschaft das Gefühl der Nützlichkeit und biete die Möglichkeit gesellschaftlicher Kontakte.[4]

Man muß jedoch diejenigen Kräfte, die sich in den Bereichen der Schattenwirtschaft bewegen und die in der ILO-Studie wie in vielen anderen Untersuchungen ausschließlich unter dem Kriterium des Herausfallens aus der Ökonomie der ersten Realität betrachtet werden, genauer analysieren und ihre Abhängigkeit von der offiziellen Ökonomie im einzelnen bestimmen. Claus Offe hat genau diesen Punkt im Sinn, wenn er 1984 schreibt:

> »Von den Befürwortern der informellen Ökonomie ist freilich nicht immer deutlich gemacht worden, daß zwischen der ›naturwüchsigen Dualisierung‹ und einer politisch geförderten und verantworteten Dualwirtschaft ein diametraler Gegensatz besteht: Im einen Falle verläßt man sich darauf, daß die außerhalb des schrumpfenden Arbeitsmarktes bleibenden Teile der Bevölkerung sich schon irgendwie durchschlagen, zurechtfinden und selbst behelfen werden, wobei dann Schwarzarbeit, Kleinkriminalität sowie gröbste Formen der Ausbeutung und Selbstausbeutung beifällig bis achselzuckend in Kauf genommen werden. Im anderen Falle, nämlich im Rahmen einer politischen Programmatik der Dualwirtschaft, geht es darum, wie jene begrenzte Sphäre der informellen Eigenarbeit institutionell anerkannt, gefördert, gesichert, ausgebaut und zumindest den gleichen Kriterien sozialer Gerechtigkeit unterstellt werden kann, die für den formellen Sektor der Arbeitsgesellschaft Geltung beanspruchen« (Offe 1984, 358).

In der Tat würde erst eine selbstbewußte politische Programmatik, welche die Schattenwirtschaft vom Illegalisierungsdruck löst und als ökonomische Alternative zum ausgefransten Erwerbssystem anerkennt, wenigstens einem Teilbereich der zweiten Realität die Basis für eine autonome Gestaltung der Produktion, des Austauschs von Gütern und Dienstleistungen verschaffen.

Diesen Akt gesamtgesellschaftlicher Planung von den vereinigten Parteien des bestehenden Herrschaftssystems und vom Staat zu erwarten, wäre jedoch völlig illusionär. Sie müßten dabei ja nicht nur die Schattenwirtschaft öffentlich anerkennen und damit die Funktionsunfähigkeit des traditionellen Systems gesellschaftlicher Arbeit eingestehen, sondern über ihren eigenen Schatten springen, das heißt ihre eigene Profit-und Privilegienorganisation aufheben. So wird für lange Zeit die Realität, in der Andre Gorz den autonomen Bereich lokalisiert sieht, von heteronomen Strukturen überlagert und fragmentiert sein und in ihrer geschichtlichen Ausdehnung und Wirksamkeit wesentlich davon abhängen, wie die objektiven Tendenzen zur Auslagerung von Produktions-und Lebensbereichen nach neuen Kriterien der Zeitgestaltung gegenständlicher, menschlich-produktiver Tätigkeit organisiert werden können.

Heute wird die Tendenz zur Schattenwirtschaft offiziell viel negativer eingeschätzt, deutlicher als Scheinlösung für die Probleme der Arbeits-und Erwerbsgesellschaft erkannt und im übrigen eindeutig dem Bereich der Wirtschaftskriminalität zugeordnet. 243 Millionen DM Bußgelder sind 1999 über Unternehmen verhängt worden, die Schwarzarbeiter eingestellt haben; im Jahr 2000 waren es bereits 325 Millionen an Bußgeldern, den Umsatz durch Schwarzarbeit schätzte man auf 640 Milliarden DM.[5]

---

4 Vgl. Angaben aus der Frankfurter Rundschau vom 28.08.1983.

5 »Schwarzarbeit nimmt drastisch zu«. In: Süddeutsche Zeitung vom 22.01.2001.

Solange die Zweiteilung der Realität unter der Vorherrschaft der ersten Ökonomie steht, wäre diese Abstraktion zwar eine »›Kategorie der Realität‹«, was bedeutet, daß sich eine in der Wirklichkeit selbst abspielende Polarisierung nach zwei großen Lagern vollzieht, gleichzeitig aber in dieser Reinform auch nur eine Abstraktion, die im selbsterfahrenen Alltag der Individuen und im täglichen politischen Kampf vielfach durchbrochen wird. Nicht nur hat jede der zwei Realitäten eine ihr eigentümliche Dialektik, die sie mit der jeweils anderen in Beziehung setzt, sondern die Berührungsflächen zwischen diesen Realitäten, dort nämlich, wo von heute auf morgen für den einzelnen dramatische Situationen entstehen können, sind in ständigem Wechsel begriffen.

Schwarzarbeit bedeutet beispielsweise, daß in der Regel nur ein Teil der Arbeitskraft von den Realisierungsbedingungen der ersten Ökonomie abgetrennt ist und viele Verknüpfungsnetze mit dieser fortbestehen. Die Gebrochenheit der Situation besteht aber nicht nur für die, die sich bereits mit Teiltätigkeiten von der ersten Ökonomie gelöst haben, aus eigenem Willen oder durch Zwang. Die Zweiteilung der Realität schiebt sich immer weiter ins gesellschaftliche Zentrum und bestimmt die Lebensperspektiven selbst von Menschen, die sich vorerst noch ganz von den Netzen der ersten Ökonomie gesichert fühlen.

Jüngste Beispiele für die von Prinzipien der ersten Realität ausgehenden Bevölkerungsteilungen liegen auf völlig verschiedenen Ebenen, bezeichnen aber dieselbe Tendenz und bekräftigen den hier wirksamen Ordnungsgedanken: Die Deutsche Bahn AG benötigt, um den für 2004 angepeilten Börsengang riskieren zu können, 4,5 Milliarden DM Gewinn; um das zu erreichen, sollen von 240 000 Arbeitsplätzen 70 000 gestrichen werden; die Ausgliederung oder Einstellung von 262 Nebenstrecken ist im Gespräch, der Güterverkehr soll weitgehend auf die Straße verlagert werden. Auch im zweiten Fall sind Gewinnerwartungen mit Abkopplungen verknüpft: Bei der gescheiterten Großfusion von Deutscher Bank und Dresdner Bank war geplant, den unmittelbaren Kundenverkehr einzuschränken und das Geschäft mit Privatkunden, die über wenig Barvermögen verfügen, einzustellen. In beiden Fällen geht es um eine Neusortierung der Bevölkerung: Nahverkehr, Nähe-Verhältnisse bei Schalterdiensten versprechen Aufwand, aber wenig Gewinn. Die Aufgliederung in zwei Realitäten setzt also viel früher ein als in den statistisch wahrnehmbaren Massenbereichen von Arbeitslosigkeit, Schattenwirtschaft und Armut. Es ist das Rationalisierungsprinzip, das solche Spaltungen erzeugt. Schon im Anfangsstadium der heutigen Krisenszenarien haben Horst Kern und Michael Schumann 1983 in prägnanten Beispielen aufgezeigt, welche Folgen die Zweiteilung der Realität, bedingt durch die Ambivalenz der Rationalisierung, für eine Betriebsbelegschaft hat. Demzufolge kann man keineswegs immer davon ausgehen, daß Rationalisierungen auf dem Rücken der Arbeiter ausgetragen werden und auf deren Ablehnung treffen. Dort, wo in ökonomisch relativ stabilen Unternehmungen neue Produktionskonzepte vom Management entwickelt und ausprobiert werden, bilden sich relativ große Lageunterschiede innerhalb der Arbeiterschaft.

Als Rationalisierungsgewinner betrachten Schumann und Kern Produktionsfacharbeiter und Instandhaltungsspezialisten, die durch die mit einer Modernisierung von Abhängigkeitsverhältnissen verknüpfte Rationalisierung keineswegs die Abwertung ihrer Qualifikationen erfahren, sondern eher eine Aufwertung. Die Rationalisierungsgewinner sind eine relativ kleine und auf bestimmte Produktionszweige beschränkte Fraktion der Industriearbeiterschaft und werden das auch bleiben. Die ›Rationalisierungsdulder‹ machen dagegen jene Gruppen von Arbeitern aus, die durch Tarifverträge, Gesetze und

Betriebsvereinbarungen leidlich geschützt sind, aber lediglich mitlaufen und jederzeit in der Gefahr sind, ausgegliedert zu werden. Sie stehen bereits mit einem Fuß in der zweiten Realität, genau wie die Arbeiter, die in krisenbestimmten Branchen tätig sind und aufgrund der Gesamtlage der jeweiligen Betriebe die internen Differenzen innerhalb der Belegschaften zwar einebnen, aber diese auf Gedeih und Verderb mit der Existenzfähigkeit des Betriebs verbinden. Angst ist hierbei das entscheidende Bindemittel. Drohen Betriebe zusammenzubrechen, finden manche Belegschaften zu kollektivem Handeln und richten – wenn auch in den meisten Fällen viel zu spät – ernsthafte Anstrengungen auf alternative Produktionsgestaltung oder dokumentieren die Fragwürdigkeit der vorgegebenen Eigentumsverhältnisse durch Betriebsbesetzungen, wie bei Werftschließungen in Bremen und Hamburg Anfang der achtziger Jahre und vereinzelt auch später noch. Es ist ein letztes Aufbäumen, bevor sie endgültig und vielfach auf Dauer der zweiten Realität zufallen (vgl. Schumann/Kern 1983).

So wenig die faschistische Barbarei etwas war, was der deutschen Gesellschaft von außen her angetan wurde, sondern ihr innerstes Prinzip, das öffentliche Gestalt annahm, so wenig kann sich die gegenwärtige offizielle Ordnung damit brüsten, daß es doch im Vergleich zur Gesamtbevölkerung nur wenige Millionen Menschen sind, die keine Arbeit haben, denen vielleicht das Dach über dem Kopf fehlt oder die ohne fortwährende ärztliche Hilfe kaum noch leben können. Jeder Tag bringt neue Beispiele, die Gewalt und moralische Korruption im Zentrum der wohlgeordneten ersten Realität öffentlich machen. Und der Spruch eines weise gewordenen englischen Politikers des neunzehnten Jahrhunderts, Lord Actons »Power always corrupts« (Macht korrumpiert immer), deutet auf die Allgemeinheit dieses Phänomens hin, hat aber nichts Beruhigendes an sich.

Auf der anderen Seite wäre es völlig verfehlt zu meinen, der Prozeß der Ausgliederung als solcher schaffe den substantiellen Boden, auf dem ein solidarisches Gemeinwesen gleichsam naturwüchsig gedeiht. Es ist schon ganz zutreffend, wenn von Schatten die Rede ist. Die volle Beleuchtung kommt immer noch, wie im Höhlengleichnis Platos, von anderer Stelle. »Am farbigen Abglanz haben wir das Leben«, hat Goethe einmal gesagt; aber die Vielfältigkeit der Farben kann nicht darüber hinwegtäuschen, daß es sich eben um einen Abglanz handelt. Dieser Abglanz hat auch viele nüchterne und prosaische Seiten. Der hochbegabte wissenschaftliche Assistent einer deutschen Universität, der die Fadheit des Wissenschaftsbetriebs nicht mehr aushält, seine Dienstobliegenheiten nach wie vor erfüllt, aber daneben, in seiner Freizeit gewissermaßen, einen alternativen Bauernhof mitorganisiert und sein Gehalt mit den weniger begünstigten Neubauern solidarisch teilt, kann sich in seinem Kopf von der ersten Realität ablösen, bleibt aber mit der städtischen Organisation des gesellschaftlichen Lebens faktisch verknüpft. Er ist politisch bewußter Schwarzarbeiter, aber eben doch auch Schwarzarbeiter.

Das bestehende System schlägt nicht nur in den Gefährdungen der Solidarität durch, sondern auch in der Begründung und der Grundlage ihrer Möglichkeiten. Autonomie ist das Resultat eines langwierigen Prozesses der konkreten und kollektiven Abtrennung von dem heteronomen entfremdeten System gesellschaftlicher Arbeit, wie es durch die erste Realität definiert ist. Die zweite Realität, von der ich spreche, ist deshalb noch nicht das Reich der Freiheit, noch nicht einmal die Grundlage dafür. Sie ist von Abstraktionen zerrissen, nicht weniger als das, was sich in den Bereichen der ersten Realität abspielt. Diese aufzuheben, zu einem Konkret-Allgemeinen zu machen, bedeutet die Herstellung menschlicher Produktionsprozesse, in welchen die kapitalistische Zivilisation aufgehoben ist. Ich erinnere in diesem Zusammenhang an das von mir bereits zitierte Wort

Hegels: Abstraktionen in der Wirklichkeit geltend zu machen bedeutet Wirklichkeit zu zerstören. Erst eine durch Vernunft geprägte Wirklichkeit entspricht also dem Begriff des Wirklichen. Die bloße Tatsachenwelt hat demgegenüber etwas Unwirkliches, Vorübergehendes und Flüchtiges an sich.

Literatur

Frankfurter Rundschau, 28.08.1983.
Hannoversche Allgemeine Zeitung, 24.03.2000.
Hegel, Georg Wilhelm Friedrich: *Wissenschaft der Logik*, 2. Teil. Leipzig 1951.
Offe, Claus: Perspektiven auf die Zukunft des Arbeitsmarktes. In: Ders.: *Arbeitsgesellschaft: Strukturprobleme und Zukunftsperspektiven*. Frankfurt a. M. 1984, 489–504.
Schumann, Michael/Kern, Horst: Neue Produktionskonzepte haben Chancen – Bestandsaufnahme und Trendbestimmung der Rationalisierung in den industriellen Kernbereichen. In: *Mitteilungen des soziologischen Forschungsinstituts Göttingen*, Nr. 9. Göttingen 1984, 5–20.
Süddeutsche Zeitung, 14.09.1982.
Süddeutsche Zeitung, 22.01.2001.

2 Grenzen der Arbeit

Andreas Arndt

1.

> »Arbeit ist [...] nicht Tätigkeit schlechthin, sondern der Ausdruck eines besonderen Seins, das seinen Raum, seine Zeit, seine Gesetzmäßigkeit zu erfüllen sucht. Daher kennt sie keinen Gegensatz außer sich selbst [...]. Der Arbeitsraum ist unbegrenzt, ebenso wie der Arbeitstag vierundzwanzig Stunden umfaßt. Das Gegenteil von Arbeit ist nicht etwa Ruhe oder Muße, sondern es gibt unter diesem Gesichtswinkel keinen Zustand, der nicht als Arbeit begriffen wird« (Jünger 1981, 44).

Was Ernst Jünger 1932 in seinem Essay *Der Arbeiter* schrieb, mag als Extrem erscheinen, bringt jedoch die neuzeitliche Aufwertung der Arbeit auf den Punkt. Sie hat die Tendenz, in dem Sinne totalitär zu werden, dass sie alle Räume des gesellschaftlichen Lebens durchdringt und bestimmt. Martin Heidegger hat Jüngers Bestimmung ausdrücklich aufgenommen und in seiner Rektoratsrede völkisch im Sinne des NS-Staates gedeutet: »Arbeit ist jedes wissentliche Tun und Handeln aus der Sorge für das Volk in der Bereitschaft zum Staatswillen« (Heidegger 2000, 303). Wenn Arbeit die Seinsweise ist, durch die Volk und Staat zur Einheit gebracht werden, dann fallen diejenigen, die von ihr ausgeschlossen sind oder werden aus Volk, Gesellschaft und Staat heraus. Aber auch das, was jenseits des völkischen und politischen Totalitarismus als ›Arbeitsgesellschaft‹ bezeichnet wird,[1] hat diesen ausschließenden Charakter. Was Anderes ausschließt hat jedoch, anders als Jünger behauptet, einen Gegensatz außer sich selbst; die totale Mobilmachung der Arbeit stößt an Grenzen.

Mehr noch: der Ausschluss aus der Arbeitsgesellschaft konstituiert nicht erst solche Grenzen, sondern er ist die Folge interner Grenzen dieser Gesellschaft selbst, die keine in sich bruchlose Totalität darstellt, sondern in sich selbst widersprüchlich ist. Die Folgen dieser Widersprüchlichkeit, die Marx erstmals umfassend dargelegt hatte, schlagen nicht nur unmittelbar auf die gesellschaftlichen Individuen durch, sondern höhlen die Arbeitsgesellschaft schließlich auch von innen her aus. Die rationalisierungsbedingte technologische Arbeitslosigkeit, wie Keynes sie nannte, begleitet die entfesselte Arbeitsproduktivität wie ein Schatten und schafft ein Schattenreich der Not, Beziehungslosigkeit und inneren Leere, da Arbeit nach wie vor als der entscheidende Bezugspunkt des gesellschaftlichen und individuellen Lebens fungiert; die erzwungene Nichtarbeit wird daher, wie Günther Anders feststellte, von den Betroffenen als der Verlust jedes sinnhaften Welt- und damit auch Selbstbezuges erfahren, denn diese werden nur über Arbeit realisiert: »laboro ergo sum«; »non laboro ergo non sum« (Anders 1984, 14).[2] Hannah Arendt hat dies so auf den Punkt gebracht:

> »Die Neuzeit hat im siebzehnten Jahrhundert damit begonnen, theoretisch die Arbeit zu verherrlichen, und sie hat zu Beginn unseres Jahrhunderts damit geendet, die Gesellschaft im

1 Vgl. Hirsch 2015.
2 Die Formel »laboro, ergo sum« stammt von Max Stirner (1845, 174).

Ganzen in eine Arbeitsgesellschaft zu verwandeln. Die Erfüllung des uralten Traums [der Befreiung von Arbeit] trifft wie in der Erfüllung von Märchenwünschen auf eine Konstellation, in der der erträumte Segen sich als Fluch auswirkt. Denn es ist ja eine Arbeitsgesellschaft, die von den Fesseln der Arbeit befreit werden soll, und diese Gesellschaft kennt kaum noch vom Hörensagen die höheren und sinnvolleren Tätigkeiten, um deretwillen die Befreiung sich lohnen würde« (Arendt 1999, 12 f.).

Wenn die Exklusion aus der Arbeitsgesellschaft auf inneren Grenzen der Reproduktion dieser Gesellschaft beruht, dann ist zu fragen, welche Grenzen es sind, die der Totalisierung der Arbeit – die Jünger und Heidegger als totale Mobilmachung verklärten – Einhalt gebieten. Warum ist Arbeit gerade *nicht* unendlich? Ich werde dieser Frage in vier Schritten nachgehen. Zunächst (2) im Blick auf die internen Bedingungen des Arbeitsprozesses selbst, dann (3) im Blick auf die natürlichen Bedingungen gesellschaftlicher Arbeit überhaupt und (4) im Blick auf die Ressource der ›Zeit‹ in unserer gegenwärtigen, kapitalistischen Gesellschaft, und schließlich (5) im Blick auf den Gegensatz zur Arbeit, die Nichtarbeit.

2.

Die Auffassung, Arbeit sei unendlich, manifestiert sich heute vor allem in der Annahme, es könne so etwas wie ein unendliches wirtschaftliches Wachstum geben, das auf einer Steigerung der Arbeitsproduktivität beruhe und selbst wiederum Arbeit schaffe, als sei ein *perpetuum mobile* zwar nicht nach physikalischen, aber doch nach gesellschaftlichen Naturgesetzen möglich. Offenkundig beruht diese Auffassung darauf, dass Arbeit weitgehend entnaturalisiert, d. h. unter Absehung von ihren natürlichen Bedingungen, als eine Art Schöpfermacht angesehen wird, welche die Fähigkeit habe, Wert zu generieren, ohne von natürlichen Ressourcen abhängig zu sein.

Mit einer solchen Auffassung der Arbeit hatte sich bereits Karl Marx in seinem Brief an den Braunschweiger Sozialdemokraten Wilhelm Bracke vom 5. Mai 1875 auseinandergesetzt, der erst 1890/91 als *Kritik des Gothaer Programms* erschien. Darin heißt es: »Die Arbeit ist *nicht die Quelle* alles Reichtums. Die *Natur* ist ebenso sehr die Quelle der Gebrauchswerte (und aus solchen besteht doch wohl der sachliche Reichtum!) als die Arbeit, die selbst nur die Äußerung einer Naturkraft ist, der menschlichen Arbeitskraft« (Marx und Engels 1987, 15). Dass, wie es bei Marx heißt, der Arbeit ›übernatürliche Schöpferkraft‹ zugeschrieben wird, liegt auch daran, dass eine lange philosophische Tradition Arbeit allein von ihrem intellektuellen Moment und nicht ebenso von ihrer natürlichen Bestimmtheit her gedacht hat. Die Bienen, so heißt es etwa bei Kant im § 43 der *Kritik der Urteilskraft*, gründen »ihre Arbeit auf keine eigene Vernunftüberlegung«, und daher sei ihr Tun auch nicht dem des Künstlers vergleichbar (Kant 1968, 303); und der schlechteste Baumeister sei, so Marx, vor der besten Biene dadurch ausgezeichnet, »daß er die Zelle in seinem Kopf gebaut hat, bevor er sie in Wachs baut« (Marx 1962, 193).

Die subjektive Zwecksetzung beruht indessen auf objektiven Bedingungen, die durch die Beschaffenheit des Arbeitsgegenstandes und des Arbeitsmittels vorgegeben sind. Hierbei kommt dem Mittel eine entscheidende Funktion zu. Das Mittel ist keineswegs, wie es die Charakteristik der Arbeit als zweckgerichtetes Handeln nahezulegen scheint, bloßes Mittel zum Zweck und damit verschwindendes Moment seiner Realisierung. Es ist vielmehr allgemeiner als die jeweils besonderen Zwecksetzungen, indem es den einzelnen Arbeitsprozess überdauert und in der Regel auch verschiedene Zwecke zu realisieren vermag. Mehr noch: es ist nicht nur dasjenige, was Zwecke auf den Gegenstand überträgt, sondern auch dasjenige, was im Gebrauch neue Möglichkeiten der Zwecksetzung freilegt. Die *gegenständliche* Konstellation von Mittel und Arbeitsgegenstand ist überhaupt erst die Bedingung der Möglichkeit subjektiver Zwecksetzungen. Hegel vor allem hat dies erkannt und in seinem als *System der Sittlichkeit* bekannten Manuskript 1802/03 erstmals umfassend analysiert. Nicht der subjektive Zweck, sondern das Werkzeug repräsentiert für ihn die »reale Vernünftigkeit der Arbeit« (Hegel 1998, 291), denn in ihm sei »die Subjectivität der Arbeit [...] zu einem allgemeinen erhoben; jeder kann es nachmachen, und ebenso arbeiten; es ist insofern die beständige Regel der Arbeit« (Hegel 1998, 292).

Die *interne* Grenze der Arbeit ist demnach vor allem Grenze der subjektiven Verfügbarkeit der natürlichen Bedingungen, die sich als widerständig gegen die Ausführung bloß subjektiv gesetzter Zwecke erweisen. Aber auch das Subjekt selbst ist als ein natürliches von dieser Grenze betroffen und selbst Grenze der Arbeit. Dies kommt dann in den Blick, wenn der Arbeitsprozess nicht nur intern und isoliert, sondern im Zusammenhang des gesellschaftlichen Naturverhältnisses betrachtet wird.

3.

Arbeit im engeren Sinne beruht darauf, dass die Menschen ihren Stoffwechsel mit der Natur vermittelt durch den zweckgerichteten Gebrauch von Werkzeugen regeln, wozu auch die Produktion von Werkzeugen gehört. Arbeit in dieser Perspektive ist die artspezifische Form des Menschen, den Selbsterhalt der gesellschaftlichen Individuen zu sichern, d. h. sie als Individuen physisch zu reproduzieren. Karl Marx hat dies auf den Punkt gebracht: »Die Arbeit ist zunächst ein Prozess zwischen Mensch und Natur, ein Prozess, worin der Mensch seinen Stoffwechsel mit der Natur durch seine eigene Tat vermittelt, regelt und kontrolliert. Er tritt dem Naturstoff selbst als eine Naturmacht gegenüber« (Marx 1962, 192). In diesem Sinne ist Arbeit eine überhistorische Notwendigkeit und damit eine Naturkonstante des gesellschaftlichen Lebens.

Arbeit ist demnach zwar eine biologische Notwendigkeit, gehört jedoch spätestens dann, wenn die Menschen mit selbstgefertigten (und nicht bloß in der Natur aufgefundenen) Werkzeugen arbeiten, nicht mehr der ›ersten‹, sondern der ›zweiten‹, gesellschaftlichen Natur an. Sie steht daher unter den Gesetzen einer gesellschaftlichen Evolution, die entscheidend durch die Entwicklung der Werkzeuge und die durch sie gegebenen Möglichkeiten einer Umformung der Natur und Steigerung der Produktivität geprägt ist. Entsprechend diesen Möglichkeiten sind auch die gesellschaftlichen Formen der Regelung und Kontrolle des Stoffwechsels mit der Natur variabel. Diese Variabilität hat jedoch ihre Grenzen in dem, was Marx die ›Ökonomie der Zeit‹ nennt, der *alle* Ökonomie unterworfen sei. Die Zeit ist eine Grenze der Arbeit.

Für sich betrachtet ist die Tatsache zunächst trivial, dass die Menschen als endliche Wesen unter der Herrschaft der Zeit stehen und die Zeit, die sie individuell zur Verfügung haben, begrenzt ist. Ein jedes Ding hat nicht nur seine Zeit (Prediger 3, 1–8) – wie im Rhythmus der Lebensalter und der Jahreszeiten –, sondern jeder Prozess, jede Handlung verbraucht auch etwas von der knappen, endlichen Ressource ›Zeit‹. Wir können nur das tun – einschließlich des Nichtstuns – wofür wir noch Zeit ›haben‹, d. h. unser

Leben ist eingespannt in den Rahmen der uns überhaupt zur Verfügung stehenden Zeit. Das Tun des einen kann bedeuten, das andere lassen zu müssen. Die Ausfüllung des uns zur Verfügung stehenden Zeitrahmens erfolgt daher nach Schwerpunkten, die entweder durch Notwendigkeiten diktiert werden oder durch Gewichtungen, die wir, zwischen alternativen Möglichkeiten abwägend, wertend vornehmen. Solche Wertungen können indes ebenso wie die Anerkennung von (vermeintlichen) Notwendigkeiten auf Sitte und Gewohnheit beruhen; hinsichtlich der Notwendigkeiten ist weiterhin zu unterscheiden zwischen tatsächlichen, in keinem Falle zu überspringenden Naturgesetzen und zwischen Notwendigkeiten, die nur innerhalb bestimmter gesellschaftlicher Formen bestehen und nur solange gelten, wie alternative gesellschaftliche Organisationsformen blockiert sind. Wie aber auch immer die Schwerpunktsetzungen und damit die Grenzziehungen innerhalb der zur Verfügung stehenden Zeit im einzelnen zustande kommen mögen: sie sind aufgrund der Endlichkeit der Ressource ›Zeit‹ unvermeidlich, da wir letztlich nie all das tun können, was wir wollen, sondern nur das, wozu wir auch Zeit haben.

Welche Zeit eine Gesellschaft in welchen Proportionen auf die einzelnen Zweige der Arbeit verwendet und welcher Raum dann noch für die Nichtarbeit bleibt, wird letztlich von der Produktivität der Arbeit (im engeren Sinne) im Verhältnis zu der gesellschaftlich zur Verfügung stehenden Zeit und zu den Bedürfnismassen (einschließlich des Bedürfnisses nach freier Zeit)[3] abhängen, wobei vorrangig die notwendigen Arbeiten (im weiteren Sinne) gesichert werden müssen. Der Spielraum, der für die Okkupation der Zeit durch die Arbeit zur Verfügung steht, ist indessen nicht nur durch die Länge des Tages und Faktoren wie die Lebensarbeitszeit und die Zahl der einer Gesellschaft zur Verfügung stehenden Arbeitskräfte begrenzt. Wie die Arbeit, so hat auch die Nichtarbeit ihre Zeit. Sie muss, auch unter dem Primat der Arbeit, wenigstens soviel Zeit einnehmen, wie für die physische und psychische Reproduktion der Individuen erforderlich ist. Auch hierbei handelt es sich um eine nicht zu überspringende Notwendigkeit, auch wenn der Raum, den die Nichtarbeit einnimmt, historisch variabel ist (diese Variabilität gilt noch mehr für das, was die Nichtarbeitszeit füllt). Wenn Arbeit es durch Steigerung der Produktivität allererst ermöglicht, arbeitsfreie Zeit als disponible Zeit für die Gesellschaft und für die Individuen zu gewinnen, so gilt umgekehrt auch, dass Nichtarbeit wenigstens zum Teil auch Bedingung der Arbeit ist.

4.

Die Ressource ›Zeit‹ bemisst sich in modernen, industriell-kapitalistischen Gesellschaften an einer abstrakten Zeit und nicht an einem qualitativen Zeitverständnis, in dem eben Ding und jedes Tun seine Zeit hat, um wiederum den Prediger Salomo zu bemühen. Gleichwohl ist auch die abstrakte, physikalische Zeit zugleich eine natürliche Ressource des gesellschaftlichen Lebens. Im Blick auf die Arbeit ergeben sich für die Inanspruchnahme der Ressource ›Zeit‹ qua Arbeitszeit Grenzen dadurch, dass eine Ausdehnung des Arbeitstages über 24 Stunden hinaus unmöglich ist, aber auch innerhalb dieser absoluten Grenze ein Minimum an freier Zeit verbleiben muss, damit die Arbeiter sich regenerieren, d. h.: damit die Arbeitskraft sich reproduzieren kann. Im achten Kapitel des *Kapital*

3 Hierbei ist zu berücksichtigen, dass die Bedürfnisse selbst produziert werden, d. h. die Bedürfnismassen hängen wiederum entscheidend von der Produktivität der Arbeit ab.

hat Marx gezeigt, dass die maximale Ausdehnung des Arbeitstages im Frühkapitalismus zwar versucht wurde, jedoch aufgegeben werden musste, um die arbeitsfähige Bevölkerung nicht zu ruinieren. Die absolute natürliche Grenze, dass nämlich der Tag nur 24 Stunden hat, wird hier weiter dadurch eingeschränkt, dass die Arbeitsfähigkeit des Menschen durch physische Bedürfnisse beschränkt ist, deren Befriedigung ebenfalls Zeit ›kostet‹: Essen, Schlafen, Kleiden, Sexualität usw. Hier handelt es sich freilich nicht mehr um eine absolute, sondern um eine historisch variable Grenze, die von kulturellen Standards ebenso abhängt wie von der Fähigkeit der Arbeiter, ihre Interessen gegen die des Kapitals durchzusetzen. Diese Grenze der Arbeit ist wesentlich durch Kampf bestimmt, historisch durch den Kampf um den Normalarbeitstag.

Die Arbeitskraft ist, da untrennbar mit der körperlichen Existenz des Arbeiters verbunden, ebenfalls eine natürliche Ressource. Dies bedeutet z. B. auch, dass die Ausbildung der Arbeitskraft, ihre Qualifizierung für Tätigkeiten, die nicht mehr in der physischen Verausgabung von Muskelkraft bestehen, ebenfalls Zeit ›kostet‹. Dies setzt z. B. der Kinderarbeit und überhaupt dem Eintritt in das Erwerbsleben Grenzen, wobei auch diese Grenzen nicht absolut sind. Sie hängen wesentlich davon ab, welche Qualifikationen gesellschaftlich gefordert werden und welche Zeit zum Erwerb der Qualifikation erforderlich ist. Sie wird für intellektuell anspruchslose Hilfstätigkeiten minimal sein, für Facharbeiter und Handwerker schon erheblich und mehr noch für akademische Qualifikationen.

Die Ökonomie der Zeit, so können wir sehen, gewinnt dadurch erheblich an Komplexität, dass die gesamtgesellschaftlich zur Verfügung stehende Arbeitszeit von Individuen realisiert werden muss, in denen die Möglichkeit zur Entäußerung von Arbeit in der Zeit – bei hochqualifizierter wie auch bei weniger qualifizierter Arbeit – als Arbeitskraft körperlich gebunden ist. Die Arbeitenden in ihrer leiblichen Existenz stellen damit eine absolut notwendige Ressource der kapitalistischen Produktion dar.

Wenn diese Bedingung nicht übersprungen werden kann, dann eröffnet dies den Blick darauf, dass jede Ökonomie so angelegt sein muss, dass sie imstande ist, ihre natürlichen Bedingungen bei Strafe des Untergangs der Gesellschaft zu reproduzieren, d. h. zu erhalten und, soweit sie verbraucht werden (wie z. B. die Arbeitskraft), auch wiederherzustellen. Was heute unter dem Schlagwort ›Nachhaltigkeit‹ beschworen wird, hat genau diesen Hintergrund. Dabei besteht kein Zweifel daran, dass Raubbau an den natürlichen Ressourcen, die Bedingung der Produktion sind, nicht erst eine Spezifik der modernen, kapitalistischen Gesellschaften ist, sondern auch vormoderne Gesellschaften heimgesucht und teilweise auch zerstört hat.

Nach Marx besteht in unseren modernen Gesellschaften jedoch eine systeminterne Widersprüchlichkeit zwischen Verwertung und Nachhaltigkeit. Man kann, so Marx' Überlegung im zweiten – meiner Meinung nach hochaktuellen und leider schon früher kaum zur Kenntnis genommenen Band des *Kapital* –, den gesamtgesellschaftlichen kapitalistischen Reproduktionsprozess unter zweierlei Gesichtspunkten betrachten, als Stoffwechselprozess und als Verwertungsprozess. Der Stoffwechselprozess bezieht sich auf die Gebrauchswerte, die hier eine ökonomische Bedeutung haben. Es müssen bestimmte Mengen von Lebensmitteln, Konsumgütern etc. ebenso produziert werden, wie spezifische Maschinen, Werkzeuge, Transportmittel, Gebäude, Verkehrswege, Kommunikationsmittel, Roh- und Hilfsstoffe usw. Diese sind aufgrund ihrer qualitativen Verschiedenheit nicht durcheinander ersetzbar, im Unterschied zu den Tauschwerten im Verwertungsprozess. Der Stoffwechselprozess ist jedoch durch den Wertkreislauf vermittelt, der dem Gesetz der Profitmaximierung, d. h. der Verwertung des Werts unterliegt. Die Logik des Stoffwechsels ist aber eine andere als die der Verwertung. Marx behauptet in diesem Zusammenhang, dass selbst unter der unrealistischen Annahme einer einfachen, stationären Reproduktion Wertkreislauf und Stoffwechsel nicht zur Deckung kommen können. Die Produktion ist zwar gesellschaftliche Produktion, sichert aber – zumindest *in the long run* – nicht die Reproduktion ihrer Grundlagen. In Marx' Worten: »Die kapitalistische Produktion entwickelt daher nur die Technik und Kombination des gesellschaftlichen Produktionsprozesses, indem sie zugleich die Springquellen alles Reichtums untergräbt: die Erde und den Arbeiter« (Marx 1968, 530).

Wenn diese Diagnose richtig ist, dann zeigt sich hier eine historische Grenze der spezifisch kapitalistischen Form der Arbeit: sie untergräbt die Bedingungen der Arbeit. Auch dies hat mit der Ökonomie der Zeit zu tun. Entscheidend ist dabei, dass der Unmöglichkeit einer absoluten Verlängerung des Arbeitstages über ein bestimmtes Maß hinaus auch innerhalb von 24 Stunden durch eine Intensivierung der Arbeit begegnet wird, also, kurz gesagt, durch eine Steigerung der Arbeitsproduktivität innerhalb der zur Verfügung stehenden Zeit. Dies ist der Grund dafür, dass der Produktionsprozess in immer kürzeren Abständen von immer neuen Rationalisierungsschüben heimgesucht wird. Die Arbeitszeit, die nicht beliebig auszudehnen ist, wird stattdessen verdichtet.

Moishe Postone hat die Folgen dieser Verdichtung als »Tretmühlendialektik« beschrieben (Postone 2003, 441). Der allgemeine Zwang zur Rationalisierung durch Produktivitätssteigerung, führt dazu, dass sich jedes neue Produktivitätsniveau in kürzester Zeit als das allgemeine durchschnittliche Niveau gesellschaftlich notwendiger Arbeitszeit etabliert, so dass ein Zwang zu weiterer Rationalisierung in immer kürzeren Abständen greift. Wie der Hamster in einem Laufrad nach oben zu kommen versucht, aber immer wieder auf den tiefsten Punkt zurückfällt, so versuchen die einzelnen Kapitalisten, ihre Profite über das Durchschnittsniveau zu steigern, fallen aber notwendig immer wieder auf das Ausgangsniveau zurück, das aber nur durch ein kontinuierlich steigendes Produktivitätsniveau gehalten werden kann.

Diese ›Tretmühlendialektik‹ hat für die lebendige Arbeit *und* für die Natur verhängnisvolle Konsequenzen. Die permanente Steigerung der Produktivität führt verstärkt und nachhaltig zur Freisetzung von Arbeitskräften, die – was in allen Industrieländern festzustellen ist – langfristig nicht mehr in der Lage sind, auf dem Markt eine neue Beschäftigung zu finden, zumindest keine, mit der sie ihr Lebensniveau dauerhaft sichern könnten. Auf der anderen Seite bedeutet die ständige Steigerung der Produktivität, dass immer mehr Energien und Rohstoffe verbraucht werden müssen, um die Profitrate halten zu können. Freisetzung der Arbeit und Zerstörung der Natur gehen Hand in Hand.

In der kapitalistischen Produktionsweise verwirklicht sich die Ökonomie der Zeit für Marx demnach auf antagonistische Weise. Die gesellschaftlich zur Verfügung stehende Arbeitszeit wird durch das Bedürfnis nach Profitmaximierung so verteilt, dass ein Teil der Arbeitskräfte für immer längere Zeit von der Arbeit ausgeschlossen wird, während der andere Teil durch die rationalisierungsbedingte Intensivierung der Arbeit physisch und psychisch immer stärkerem Druck ausgesetzt ist. Hierin besteht die von Hannah Arendt und Anderen festgestellte Aushöhlung der Arbeitsgesellschaft.

5.

Es stellt sich die Frage, ob eine andere Form des gesellschaftlichen Naturverhältnisses hieran etwas ändern könnte und was der Hebel dazu wäre. Für Marx ist dies wiederum die Ökonomie der Zeit, hier: eine Ökonomie, die bedürfnis-, d. h. gebrauchswertorientiert ausgerichtet ist und dabei auch das Bedürfnis nach freier Zeit einkalkuliert. Es ist eine Ökonomie der bewussten gesellschaftlichen Begrenzung der Arbeit. In den *Grundrissen der Kritik der politischen Ökonomie* heißt es:

> »Je weniger Zeit die Gesellschaft bedarf, um Weizen, Vieh etc. zu produzieren, desto mehr Zeit gewinnt sie zu andrer Produktion, materieller oder geistiger. Wie bei einem einzelnen Individuum, hängt die Allseitigkeit ihrer Entwicklung, ihres Genusses und ihrer Tätigkeit von Zeitersparung ab. Ökonomie der Zeit, darein löst sich schließlich alle Ökonomie auf. Ebenso muß die Gesellschaft ihre Zeit zweckmäßig einteilen, um eine ihren Gesamtbedürfnissen gemäße Produktion zu erzielen; wie der Einzelne seine Zeit richtig einteilen muß, um sich Kenntnisse in angemeßnen Proportionen zu erwerben oder um den verschiednen Anforderungen an seine Tätigkeit Genüge zu leisten. Ökonomie der Zeit, sowohl wie planmäßige Verteilung der Arbeitszeit auf die verschiednen Zweige der Produktion, bleibt also erstes ökonomisches Gesetz auf Grundlage der gemeinschaftlichen Produktion« (Marx 1983, 105).

Eine postkapitalistische Gesellschaft würde sich nach Marx nicht nur dadurch auszeichnen, dass sie die Steigerung der gesellschaftlichen Produktivität durch die Entwicklung der Produktivkräfte in den Industriegesellschaften dazu nutzen würde, Arbeit zu minimieren, der Kampf um die Begrenzung der Arbeitszeit würde auch dazu beitragen, das kapitalistische Prinzip der Zeitökonomie, die Produktion von Mehrwert, aufzuheben. Hierzu heißt es programmatisch im dritten Band des *Kapital*:

> »Das Reich der Freiheit beginnt in der Tat erst da, wo das Arbeiten, das durch Not und äußere Zweckmäßigkeit bestimmt ist, aufhört; es liegt also der Natur der Sache nach jenseits der Sphäre der eigentlichen materiellen Produktion. [...] Mit seiner Entwicklung erweitert sich dies Reich der Naturnotwendigkeit, weil die Bedürfnisse; aber zugleich erweitern sich die Produktivkräfte, die diese befriedigen. Die Freiheit in diesem Gebiet kann nur darin bestehn, daß der vergesellschaftete Mensch, die assoziierten Produzenten, diesen ihren Stoffwechsel mit der Natur rationell regeln, unter ihre gemeinschaftliche Kontrolle bringen, statt von ihm als von einer blinden Macht beherrscht zu werden; ihn mit dem geringsten Kraftaufwand und unter den ihrer menschlichen Natur würdigsten und adäquatesten Bedingungen vollziehn. Aber es bleibt dies immer ein Reich der Notwendigkeit. Jenseits desselben beginnt die menschliche Kraftentwicklung, die sich als Selbstzweck gilt, das wahre Reich der Freiheit, das aber nur auf jenem Reich der Notwendigkeit als seiner Basis aufblühn kann. Die Verkürzung des Arbeitstags ist die Grundbedingung« (Marx 1964, 828).

Obwohl für Marx die Ökonomie der Zeit als Naturgesetz menschlicher Gesellschaften fundamental ist, hat die Zeitökonomie bisher vergleichsweise wenig Beachtung gefunden. Dies liegt nicht nur daran, dass abstrakt-allgemeine Gesetze der Ökonomie hinter der Untersuchung der Formbestimmtheit spezifischer Produktionsweisen (und zumal der kapitalistischen) gewöhnlich zurücktreten; es liegt auch daran, dass in der traditionellen Arbeiterbewegung und im traditionellen Marxismus der (seinem Ursprung nach bürgerliche) Kult um die Arbeit und Arbeitsproduktivität die Frage nach Alternativen zur Arbeitsgesellschaft weithin gar nicht aufkommen ließ. Kurz gesagt: die Bedürfnisse wurden auf die materiellen Bedürfnisse im engeren Sinne reduziert und dabei das Bedürfnis nach freier Zeit nicht mehr angemessen in Anschlag gebracht.

Dass Arbeit und Produktivität nicht mehr zum Fetisch gemacht, sondern von der Nichtarbeit, dem potentiellen Reich der Freiheit her neu bewertet werden, um die gesellschaftlichen Bedürfnisse überhaupt definieren zu können, setzt allerdings so etwas wie einen kulturellen Bruch voraus. Die Bewertung der Arbeit im Verhältnis zu anderen Tätigkeiten (einschließlich des Müßiggehens) ist nämlich einem radikalen geschichtlichen Wandel unterworfen.[4] Hatte die klassische Antike die Arbeit vom Standpunkt der Nichtarbeit aus abgewertet, so kehrt sich dieses Verhältnis unter den Vorzeichen der bürgerlichen Gesellschaft in der Neuzeit tendenziell um: die Nichtarbeit wird von der Arbeit aus abgewertet. Umgekehrt ist Muße, die es wiederzugewinnen gilt, nach Aristoteles die Zeit, die frei ist als der Ermöglichungsgrund selbstbestimmter Tätigkeit (Politik 1337b f.). Auch Muße unterliegt der Ökonomie der Zeit, und die selbstbestimmte Tätigkeit bleibt als Tätigkeit unter den Bedingungen der allgemeinen Struktur von Arbeit, wie sie eingangs betrachtet wurden. Jünger hat hieraus ein Argument für die Totalisierung der Arbeit gemacht: die freie Zeit trage

> »[...] entweder, wie der Sport, einen ganz unverhüllten Arbeitscharakter, oder sie stellt, wie das Vergnügen, die technische Festivität, der Landaufenthalt, ein spielerisch gefärbtes Gegengewicht innerhalb der Arbeit, keineswegs aber das Gegenteil der Arbeit dar« (Jünger 1981, 44).

Tatsächlich sind Arbeit und Nichtarbeit nicht der Struktur der Handlung nach unterschieden, sondern letztere setzt zudem voraus, dass die Ökonomie der Zeit als Freiraum begriffen werden kann, in dem so etwas wie Autonomie der Subjekte, selbstbestimmtes Handeln im Rahmen der gegebenen Möglichkeiten zu realisieren ist. Anders gesagt: die freie Zeit ist nur dann wirklich frei, wenn die gesellschaftlichen Individuen in ihr frei von gesellschaftlichem Zwang agieren können. Diese Autonomie zurückzugewinnen, dürfte in jedem Falle ohne *auch* individuelle Anstrengungen nicht möglich sein, was noch einmal das Paradoxon bestätigt, dass Arbeit sich nur – durch Arbeit abschaffen lässt.

Literatur

Anders, Günther: *Mensch ohne Welt. Schriften zur Kunst und Literatur.* München 1984.

Arendt, Hannah: *Vita activa oder Vom tätigen Leben.* München und Zürich 1999.

Aristoteles: *Politik*, übersetzt und herausgegeben von Olog Gigon. München 1973.

Bierwisch, Manfred (Hg.): *Die Rolle der Arbeit in verschiedenen Epochen und Kulturen.* Berlin 2003.

Chenu, Marie-Dominique/Krüger, H. J.: Arbeit. In: Joachim Ritter (Hg.): *Historisches Wörterbuch der Philosophie.* Bd. 1. Darmstadt 1971, 480–487.

Conze, Werner: Arbeit. In: *Geschichtliche Grundbegriffe*, Bd. 1. Stuttgart. 1972, 154–215.

Hegel, Georg Wilhelm Friedrich: *Schriften und Entwürfe (1799–1808), Gesammelte Werke*, Bd. 5. Hamburg 1998.

Heidegger, Martin: *Reden und andere Zeugnisse eines Lebensweges*, hg. v. Hermann Heidegger (Gesamtausgabe, Abt. 1, Bd. 16). Frankfurt a. M. 2000.

4 Vgl. *Chenu und Krüger* 1971; Conze 1972; Walther 1990; Bierwisch 2003.

Hirsch, Michael: *Die Überwindung der Arbeitsgesellschaft. Eine politische Philosophie der Arbeit.* Wiesbaden 2015.
Jünger, Ernst: *Der Arbeiter* [1932], *Sämtliche Werke*, Abt. 2, Bd. 8. Stuttgart 1981.
Kant, Immanuel: *Werke*. Akademie-Textausgabe, Bd. 5. Berlin 1968.
Marx, Karl: *Das Kapital*, Bd. 1 (Karl Marx und Friedrich Engels: *Werke*, Bd. 23). Berlin 1962.
Marx, Karl: *Das Kapital*, Bd. 3, (Karl Marx und Friedrich Engels: *Werke*, Bd. 25). Berlin 1964.
Marx, Karl: *Grundrisse der Kritik der politischen Ökonomie* (Karl Marx und Friedrich Engels: *Werke*, Bd. 42). Berlin 1983.
Marx, Karl und Friedrich Engels: *Werke*, Bd. 19. Berlin 1987.
Postone, Moishe: *Zeit, Arbeit und gesellschaftliche Herrschaft. Eine neue Interpretation der kritischen Theorie von Marx.* Freiburg 2003.
Stirner, Max: *Der Einzige und sein Eigenthum* [1844]. Leipzig 1845.
Walther, Rudolf: Arbeit. Ein begriffsgeschichtlicher Überblick von Aristoteles bis Ricardo. In: Helmut König et al. (Hg): *Sozialphilosophie der industriellen Arbeit.* Opladen 1990, 3–25.

3 Arbeit, Technik und gutes Leben. Perspektiven für Menschen mit und ohne Behinderung auf Industrie 4.0

Catrin Misselhorn

1 Arbeit, Technik und gutes Leben – ambivalente Beziehungen[1]

Sowohl Arbeit als auch Technik stehen in einem ambivalenten Verhältnis zum Begriff des guten Lebens. Das möchte ich im ersten Teil meines Aufsatzes anhand einiger historischer Schlaglichter zeigen.[2] In der Antike gehörte Arbeit (zumindest Arbeit mit dem Zweck der Selbsterhaltung) nicht zum guten Leben. Für den Lebensunterhalt zu sorgen, war Sache von Knechten, Sklaven und Frauen. Der Freie jedoch widmete sich Politik oder der wissenschaftlichen Kontemplation. Das änderte sich mit dem Aufkommen des Christentums, denn die Arbeit wurde nun als eine Folge der Erbsünde betrachtet. Von da an gehörte sie notwendigerweise zu einem guten, d. i. gottgefälligen Leben.

Zwar besteht auch im ausgehenden Mittelalter im Märchen vom Schlaraffenland ein Gegenentwurf zur Verbindung von Arbeit und gutem Leben fort, denn es malt den Idealzustand des Lebens als einen aus, in dem harte Arbeit Sünde ist und Genießen die größte Tugend. Zugleich sind die Darstellungen des Schlaraffenlandes nicht selten satirisch und legen nahe, dass das Leben der Schlaraffen letztlich gerade kein gutes ist. Wer will schon wie die Fettwänste in dem Bild *Das Schlaraffenland* von Bruegel d. Ä. (1567, Alte Pinakothek, München) mit offenem Hosenlatz am Boden herumliegen? So heißt es denn auch in der Schlusszeile von Hans Sachs' Gedicht *Schlaraffenland*: »Drum ist ein Spiegel dies Gedicht,/darin du sehest dein Angesicht« (Sachs 2011 [1530]).

Die Wertschätzung der Arbeit steigerte sich durch die Reformation noch einmal. Arbeit wurde zur Legitimationsquelle von Eigentum und Reichtum aufgewertet. Die große Bedeutung, die der Arbeit für ein gutes Leben zugeschrieben wurde, erhielt sich jedoch über das Zeitalter der Säkularisierung durch den Humanismus und die Aufklärung hinweg. Die Bindung an die Religion wurde allerdings gelockert und die Beurteilung der Lebensführung primär der menschlichen Vernunft unterstellt.

Mit dem Aufstieg des Bürgertums wurde die Arbeit als Selbstzweck zum Teil eines guten Lebens und Ausdruck bürgerlichen Selbstverständnisses. Dies kommt exemplarisch in Schillers *Lied von der Glocke* zum Ausdruck: »Arbeit ist des Bürgers Zierde,/Segen ist der Mühe Preis. / Ehrt den König seine Würde,/ehret uns der Hände Fleiß« (Schiller 1999 [1799]).

Zum philosophischen Dreh- und Angelpunkt machte schließlich Karl Marx die Arbeit. Er betrachtete die Arbeit als zum Wesen des Menschen gehörig. Doch auch Marx' Verhältnis zur Arbeit ist – trotz ihrer zentralen Stellung in seinem Werk – ein zweideutiges. Hannah Arendt bringt diese Spannung polemisch auf den Punkt:

1 Für hilfreiche Anmerkungen und Kritik danke ich Hauke Behrendt und Tobias Störzinger.

2 Die Inspirationsquelle für diesen historischen Abriss bildet Arndt 2008, insbesondere die Seiten 95–103.

»Obwohl die Arbeit [...] die eigentlich menschlichste und produktivste aller Tätigkeiten ist, hat die Revolution doch nach Marx nicht etwa die Aufgabe, die arbeitende Klasse zu emanzipieren, sondern die Menschen von der Arbeit zu befreien« (Arendt 1960, 95).

Was Marx der Revolution zuschrieb, trauten andere – nicht weniger utopisch – der Entwicklung der Technik zu. Nicht zuletzt geht der Begriff ›Roboter‹ auf ein tschechisches Theaterstück aus den 20er Jahren zurück, in dem es um menschenähnliche Maschinensklaven geht, die dafür geschaffen wurden, den Menschen das Arbeiten abzunehmen.[3] Auch wenn die Technik den Menschen nicht ganz von der Arbeit zu befreien vermag, so liegt doch in ihr die Hoffnung begründet, sie könne dem Menschen die Arbeit erleichtern und ihn zumindest von schweren, schmutzigen oder gefährlichen Arbeiten entlasten und ihn freistellen für kreative und wertschöpfende Tätigkeiten.

Doch dieser positiven Vision steht eine negative gegenüber. Gerade wenn Arbeit zum guten Leben gehört, steht die Bedrohung im Raum, die Maschinen könnten dem Menschen die Arbeit eines Tages ganz wegnehmen oder zumindest derjenigen Eigenschaften berauben, die sie zum Bestandteil eines guten Lebens machen. Schon von Beginn der Industrialisierung an stand die Technisierung der Arbeit in der Kritik. Es werden vier Etappen der Industrialisierung unterschieden.[4] In der ersten industriellen Revolution Ende des 18. Jahrhunderts, die sich durch die Einführung mechanischer Produktionsanlagen auf der Grundlage kohlebetriebener Dampfmaschinen auszeichnet, führten die von der Technik bewirkten Veränderungen der Produktionsbedingungen zur Verelendung breiter Bevölkerungsschichten und zu menschenunwürdigen Arbeitsbedingungen, welche massive Proteste der Arbeitenden nach sich zogen. Abhängige Arbeit verdrängte die selbständige Kleinwarenproduktion; handwerkliche Fähigkeiten, Normen sowie Kooperativen traten zunehmend in den Hintergrund.[5]

Die zweite industrielle Revolution, die zu Beginn des 20. Jahrhunderts einsetzte, ist gekennzeichnet durch Massenproduktion mit Hilfe elektrischer Energie. Dies verhalf den auf den amerikanischen Ingenieur Frederick W. Taylor (1856–1915) zurückgehenden Maßnahmen zur Arbeitsrationalisierung zum Durchbruch. Diese liefen darauf hinaus, den Arbeitsprozess soweit wie möglich von den Fertigkeiten des Arbeiters zu lösen, Planung und Ausführung zu trennen sowie den Arbeitsprozess zentral zu kontrollieren und zu steuern. Diese Produktionsform hatte Vorläufer in den Schlachthöfen von Cincinatti und wurde schließlich durch die Autoproduktion Henry Fords (1863–1947) am Fließband perfektioniert. Deshalb ist sie unter dem Begriff Taylorismus-Fordismus in die Geschichte eingegangen. Kritisiert wurde daran u. a. die Monotonie der Arbeit, die kein eigenständiges Denken verlangt, die Entfremdung des Arbeitenden vom Gesamtprozess der Produktion sowie die hohe Arbeitsintensität, die zu gesundheitlichen Beeinträchtigungen der Arbeitenden führte.

Im Verlauf der dritten industriellen Revolution ab den 1970er Jahren verschärfte sich dieser Prozess durch den Einsatz von Elektronik und IT zur stärkeren Automatisierung

3 Es handelt sich um das Stück *R.U.R – Rossum's Universal Robots* von Karel Čapek. Eine englische Übersetzung des ursprünglich auf Tschechisch erschienen Stücks von David Wyllie aus dem Jahr 2014 findet sich auf: https://ebooks.adelaide.edu.au/c/capek/karel/rur/index.html (letzter Zugriff 3. Januar 2017).

4 Vgl. Bauernhansel 2014.

5 Vgl. Grimm 1998, 144.

der Produktion. Das Wissen und die Erfahrung des Arbeitenden verlieren dadurch weiter an Bedeutung und werden zunehmend an Computerprogramme abgegeben, die die Gestaltungs-, Planungs- und Fertigungsprozesse kontrollieren.[6]

Die neueste Entwicklung in der Gegenwart wird als Industrie 4.0 oder vierte industrielle Revolution bezeichnet. Dabei handelt es sich weniger um einen bereits umgesetzten Prozess als um eine Vision, die im Rahmen der Hightech-Strategie der Bundesregierung aktiv gefördert wird.[7] Ziel ist die globale Vernetzung von Maschinen, Servicerobotern, Logistik sowie Lager- und Planungssystemen. Dies soll anhand von Systemen mit eingebetteter Software geschehen, welche Sensoren und Aktoren besitzen. Sie haben die Fähigkeit, Daten zu erfassen, auszuwerten und zu speichern, können eigenständig Informationen austauschen und sich gegenseitig in Echtzeit steuern.[8] Dadurch soll nicht nur die Produktion gesteigert, sondern auch die Arbeit besser werden. Gefordert seien nun Überblickswissen und das Verständnis des Zusammenspiels der beteiligten Akteure. Durch die Vernetzung bislang getrennter Bereiche sollen soziale Fähigkeiten eingebracht und Interdisziplinarität gefördert werden. Sogar demokratischer soll die Arbeit werden, wie die Befürworter von Industrie 4.0 versichern.[9]

Diesen Beteuerungen steht die Befürchtung gegenüber, dass Industrie 4.0 nicht nur die bereits angesprochenen Tendenzen der drei vorherigen Phasen der Industrialisierung verschärft und zu einer vollständigen Entmündigung der Arbeitenden durch die Technik führt, sondern sogar das Ende der Erwerbsarbeit in ihrer bisherigen Form einläutet, wie es Jeremy Rifkin schon 1995 in seinem Buch *The End of Work* beschworen hat. Um die durch die Digitalisierung freigesetzten Arbeitskräfte aufzufangen, wird sich seiner Ansicht nach ein Nonprofit-Bereich herausbilden: Freiwilligenbasierte, gemeinschaftsbezogene Dienstleistungs-Organisationen werden mit öffentlicher Unterstützung neue Arbeitsplätze schaffen, um etwa den Öffentlichen Raum instand zu halten oder soziale Arbeit zu verrichten.

Allerdings sieht es im Moment nicht so aus, als ob Industrie 4.0 durch menschenleere Fabriken geprägt ist, die allein von Computern und dem Internet gesteuert werden. Die Arbeitnehmenden verschwinden nicht, aber die Gestaltung ihrer Arbeitsplätze und ihre Aufgaben dürften sich massiv verändern. Das betrifft alle Beschäftigungsgruppen von der Produktion bis in die Forschungs- und Entwicklungsabteilungen.

Die politische Tendenz, Menschen mit Behinderung verstärkt Zugang zum ersten Arbeitsmarkt zu verschaffen, der durch die UN-Behindertenrechtskonvention Nachdruck verliehen wird, spricht ebenfalls dagegen, dass die Erwerbsarbeit im Untergang begriffen ist. Denn die Konvention betont den nach wie vor hohen gesellschaftlichen Stellenwert der Arbeit. Doch worauf basiert dieser Stellenwert? Um die Voraussetzungen für die Beantwortung dieser Frage zu schaffen, soll im folgenden Abschnitt zunächst der Begriff der Arbeit einer genaueren Analyse unterzogen werden.

Danach werde ich den Zusammenhang zwischen Arbeit und gutem Leben betrachten und untersuchen, welche Rolle Arbeit allgemein sowie nicht-entfremdete Arbeit im

---

6 Vgl. Badham 1991, 264.

7 Generell treten grundlegende technische Neuerungen mit einer gewissen Verzögerung auf, da die erforderliche Umstrukturierung der Produktionsprozesse und-Organisation sehr aufwendig ist (vgl. Brynjolfsson und McAfee 2014).

8 Vgl. Kurz 2013.

9 Vgl. Föhr 2015.

Besonderen für ein gutes Leben spielt. Dabei werde ich zum einen besonders auf die Herausforderungen der Technisierung der Arbeitswelt im Rahmen von Industrie 4.0 eingehen. Zum anderen wird auch die Perspektive von Menschen mit Behinderung berücksichtigt, die bislang in diesem Zusammenhang selten eigens thematisiert wird.[10] Dies ist notwendig, weil die Inklusion von Menschen mit Behinderung in die Arbeitswelt besondere Fragen aufwirft, beispielsweise im Hinblick auf die Berechtigung der Existenz von Werkstätten für Menschen mit Behinderung. Zum Abschluss wird schließlich die Rolle der Politik für die Gestaltung einer Arbeitswelt thematisiert, die dazu beiträgt, dass Arbeit einen positiven Beitrag zum guten Leben des Einzelnen leisten kann.

2 Zum Begriff der Arbeit

Eine erste Annäherung an den Begriff der Arbeit bietet das Gabler Wirtschaftslexikon.[11] Arbeit wird dort als »zielgerichtete, soziale, planmäßige und bewusste, körperliche und geistige Tätigkeit« definiert. Auffällig ist, dass der Aspekt der Mühsal, der im kulturgeschichtlichen Verständnis der Arbeit eine wichtige Rolle spielt, gar nicht vorkommt. Das muss man jedoch nicht negativ bewerten. Problematischer ist, dass der Begriff des Sozialen sehr undifferenziert bleibt. So kann man sich fragen, ob es keine Arbeit ist, wenn ich meinen kleinen Schrebergarten allein bestelle, und ob es Arbeit ist, wenn ich zum Spaß meine Freunde bekoche, weil es sich dabei um eine soziale Aktivität handelt. Um diesen Beispielen gerecht zu werden und das Phänomen der Arbeit angemessen zu beschreiben, ist es hilfreich, zwischen privater und gesellschaftlicher Arbeit zu unterscheiden.

Gesellschaftliche Arbeit bestimme ich Friedrich Kambartel folgend als »eine Tätigkeit für andere, welche am ›allgemeinen‹, durch die Form der Gesellschaft bestimmten, Leistungsaustausch zwischen ihren Mitgliedern teilnimmt« (Kambartel 1993, 241). Arbeit bezieht sich hier auf eine rechtlich und ökonomisch geregelte Leistung im Rahmen der gesellschaftlichen Arbeitsteilung. Gesellschaftliche Arbeit kann teilweise anhand äußerer Merkmale identifiziert werden, z. B. Entlohnung, ein gewisses Arbeitszeitschema oder strukturierte Berufsanforderungen. Häufig wird gesellschaftliche Arbeit jedoch auch verdeckt geleistet und zeichnet sich nur dadurch aus, dass ihr Wegfall Probleme auf der Ebene der Organisation der Gesellschaft mit sich bringen würde.[12] Verdeckte gesellschaftliche Arbeit ist (oder war zumindest lange Zeit) u. a. die Aufzucht von Kindern oder die Pflege von Angehörigen. Diese Definition gesellschaftlicher Arbeit hat den Vorteil, dass sie zwar den herausgehobenen Status der Erwerbsarbeit deutlich macht, aber auch andere Formen miteinbezieht, zur gesellschaftlichen Kooperation beizutragen.

10 Den Begriff der Behinderung verwende ich in einem vortheoretischen Sinn, um die damit verbundenen Definitionsstreitigkeiten zu umgehen, die im vorliegenden Kontext keine Rolle spielen. Der Sache nach setzen meine Überlegungen jedoch voraus, dass Behinderung nicht nur ein soziales Konstrukt ist. Am aussichtsreichsten erscheint mir ein interaktives Konzept, welches Behinderung durch ein Zusammenspiel von körperlichen, geistigen und/oder psychischen Beeinträchtigungen mit bestimmten physischen oder sozialen Barrieren analysiert, wie es auch die UN-Behindertenrechtskonvention vorschlägt (United Nations 2006, Art 1, S. 2).

11 Vgl. Gabler Wirtschaftslexikon: Stichwort ›Arbeit‹. Online abrufbar: http://wirtschaftslexikon.gabler.de/Archiv/54787/arbeit-v7.html (letzter Zugriff: 11.01.17)

12 Vgl. Kambartel 1993, 241 f.

Als private Arbeit fasse ich, wiederum mit Kambartel, »solche zweckrationalen und mühevollen Tätigkeiten [...], welche die Individuen je für sich zu Erreichung bestimmter Zwecke ergreifen« (Kambartel 1993, 242). Private Arbeit liegt beispielsweise vor, wenn ich meinen Garten bestelle oder mein Auto repariere. Der Sache nach unterscheidet sich die private Arbeit nicht unbedingt von der gesellschaftlichen. Ich kann dieselben Tätigkeiten verrichten, wenn ich privat meinen Garten bestelle oder mein Auto repariere, wie ein Gärtner oder eine Automechatronikerin. Die Differenz zwischen privater und gesellschaftlicher Arbeit ist also keine natürliche, sondern durch die gesellschaftliche Einrichtung bestimmt.

Gelegentlich wird der Unterschied zwischen gesellschaftlicher und privater Arbeit damit in Zusammenhang gebracht, dass private Arbeit als Selbstzweck betrieben wird, gesellschaftliche Arbeit hingegen nicht. Doch das muss nicht der Fall sein. Man kann beispielsweise seinen Lebensunterhalt als Musiker verdienen und das Musizieren gleichwohl als Selbstzweck schätzen. Die Tatsache, dass eine Arbeit für den Arbeitenden einen intrinsischen Wert hat oder Spaß macht, spricht nicht dagegen, dass es sich um eine gesellschaftliche Arbeit handelt.[13] Umgekehrt kann ich privat mein Auto reparieren, ohne diese Tätigkeit als Selbstzweck zu verfolgen.

Wir sehen nun, dass die Frage nach dem guten Leben auf die Unterscheidung von gesellschaftlicher und privater Arbeit bezogen werden muss. Uns wird im weiteren Verlauf v. a. die Frage beschäftigen, welche Rolle die gesellschaftliche Arbeit, und zwar insbesondere die Erwerbsarbeit, für das gute Leben spielt. Der Grund für diese Beschränkung liegt darin, dass es im Hinblick auf die private Arbeit letztlich im Ermessen jedes Einzelnen liegt, sich sein Leben so zu organisieren, wie er oder sie es für gut erachtet. Hierbei kann man die philosophische Tradition heranziehen, um sich zu orientieren, muss es aber nicht. Bei der gesellschaftlichen Arbeit ist das gewöhnlich nicht der Fall. Sowohl die Erwerbsarbeit als auch die Familienarbeit sind nicht oder zumindest nicht im selben Ausmaß frei wählbar wie die private Arbeit. Das liegt auch daran, dass sie von gesellschaftlichen Bedingungen abhängen, über die der Einzelne nicht verfügen kann. In diesem Fall hat die philosophische Reflexion nicht nur beratenden Charakter, sondern es ist, wie wir sehen werden, ganz wesentlich, sich darüber zu verständigen, wie diese gesellschaftlichen Bedingungen zu gestalten sind.

3 Erwerbsarbeit und gutes Leben

Die gesellschaftliche Arbeit besitzt aufgrund ihres engen Bezugs zum Lebensunterhalt einen besonderen Stellenwert. Die meisten von uns sind gezwungen, für ihren Lebensunterhalt zu sorgen. Dies kann in einer modernen arbeitsteiligen Gesellschaft entweder dadurch geschehen, dass man Geld verdient, oder aber dadurch, dass man sich in ein Arrangement begibt, in dem man zwar keiner Erwerbsarbeit nachgeht, aber trotzdem einen Beitrag zum Lebensunterhalt leistet, beispielsweise im Rahmen einer klassischen Versorgungsehe. Ich werde allerdings im Folgenden von diesem Fall absehen, der eigene ethische Probleme aufwirft.[14] Im Zentrum des Aufsatzes steht daher die Erwerbsarbeit.

13 Vgl. Kambartel 1993, 244.
14 Vgl. Krebs 2002.

Bei der Betrachtung des Werts, der Arbeit im Rahmen eines guten Lebens zukommt, muss man zwei Fälle unterscheiden. Arbeit hat zum einen den Zweck, den Lebensunterhalt zu sichern sowie die Mittel dafür bereitzustellen, Lebenspläne zu realisieren, die man für gut erachtet, beispielsweise eine Familie gründen, ein Haus bauen oder Reisen. Die Erwerbsarbeit besitzt in diesem Sinn einen *instrumentellen Wert* für ein gutes Leben. Das ist weitgehend unstrittig. Doch kommt der Erwerbsarbeit über diese instrumentelle Funktion hinaus auch noch ein *Wert an sich* für ein gutes Leben zu? Bei der Beantwortung dieser Frage beziehe ich mich auf vortheoretische Vorstellungen zur Rolle der Erwerbsarbeit in einem guten Leben, die aus meiner Sicht (in westlichen Gesellschaften) weit geteilt sind, sowie auf philosophische Argumente, die geeignet sind, sie auf den Punkt zu bringen.

Eine Methode, um solche vortheoretischen Intuitionen herauszuarbeiten, besteht darin, Alternativen zur Erwerbsarbeit zu betrachten. Man könnte die Ressourcen für die Realisation der eigenen Lebenspläne auch durch soziale Zuwendungen erhalten. Doch diese Möglichkeit scheint einem guten Leben nicht zuträglich zu sein, weil sie das Individuum in unbotmäßiger Art und Weise abhängig von anderen macht. Wie schon Hegel in der Rechtsphilosophie bemerkte, würde so »die Subsistenz der Bedürftigen gesichert, ohne durch die Arbeit vermittelt zu sein, was gegen das Prinzip der bürgerlichen Gesellschaft und des Gefühls ihrer Individuen von ihrer Selbstständigkeit und Ehre wäre« (Hegel 2004 [1820], § 245). Der richtige Kern von Hegels Aussage ist, dass die Möglichkeit, sich seinen Lebensunterhalt durch Arbeit zu verdienen, *Ausdruck der Autonomie und Würde moralischer Personen* ist. Auch moralische Personen sind in einer modernen arbeitsteiligen Gesellschaft natürlich voneinander abhängig, aber diese Abhängigkeit ist reziproker Natur, ein gegenseitiges Geben und Nehmen.

Hegel bringt noch einen anderen Gesichtspunkt in die Debatte ein, der darin besteht, dass in einer arbeitsteiligen Gesellschaft, jeder, der einer Erwerbsarbeit nachgeht »aufgrund der allseitigen Verschlingung der Abhängigkeit«, nicht nur seinen Lebensunterhalt sichert, sondern auch einen *Beitrag zum Gemeinwohl* leistet (Hegel 2004 [1820], § 199). Für Hegel verbessert sich das Leben des Einzelnen dadurch, weil es nicht mehr nur auf die subjektive Selbstsucht gerichtet ist, sondern auf das Allgemeine, dem aus seiner Sicht ein höherer Wert zukommt. Viele Menschen heute scheinen diese Intuition zu teilen, wenn sie davon sprechen, etwas Sinnvolles tun zu wollen. Denn die Idee des Sinnvollen kann sich nicht darin erschöpfen, dass man es eben wünscht oder dass es Spaß macht.[15] Sondern es geht um *Sinnstiftung*, die darin besteht, mit dem eigenen Leben einen gewissen Wert zu realisieren. Etwas Nützliches zu tun, d. h. durch Arbeit einen Beitrag zum Gemeinwohl zu leisten, wird von vielen als ein solcher Wert betrachtet.[16] Allerdings gibt es auch andere Werte, denen man sein Leben verschreiben kann, die nicht unmittelbar mit dem Gemeinwohl zu tun haben, beispielsweise Naturschutz. Zudem ist die Erwerbsarbeit auch nicht der einzige Weg, um einen Beitrag zum Gemeinwohl zu leisten, denn

15 Ich gehe somit davon aus, dass ein Hedonismus ebenso wie eine Wunschtheorie des guten Lebens nicht ohne weiteres mit unseren vortheoretischen Vorstellungen eines guten Lebens vereinbar ist. Diese Theorien speisen sich vorwiegend aus philosophisch motivierten Zweifeln gegen die Existenz genuiner Werte, auf die ich an dieser Stelle jedoch nicht ausführlicher eingehen kann.

16 Eine subtile Analyse verschiedener Möglichkeiten, den Bezug zur Gemeinschaft zu verstehen, sowie der unterschiedlichen Art und Weise, wie sie sich in den Theorien von Marx und Rawls niederschlagen, entwickelt Brudney 2010.

es gibt – wie wir gesehen haben – auch andere Formen gesellschaftlicher Arbeit, z. B. im Bereich der Familie oder des Ehrenamts.

Allerdings ist die Arbeit nicht nur Sinnstiftungsfaktor. Es lassen sich darüber hinaus Gründe für die Annahme geltend machen, dass es eine *moralische Pflicht* ist, einen Beitrag zur sozialen Kooperation der Gesellschaft zu leisten.[17] Dahinter steht der Gedanke, dass es ungerecht wäre, wenn einige Menschen von der Arbeit anderer leben würden, weil dies der reziproken Beziehung zwischen gleichwertigen moralischen Personen nicht gerecht wird. Anders als zuvor steht nun nicht allein die Perspektive des Wohltätigkeitsempfängers im Vordergrund, dessen Würde und Autonomie verletzt wird, sondern es wird auch derjenige Personenkreis miteinbezogen, der dafür aufkommen muss. Es geht um das angemessene Verhältnis freier und gleicher moralischer Personen untereinander, welches verlangt, dass alle einen Beitrag zur gesellschaftlichen Kooperation leisten, von der letztlich ja auch alle profitieren.

Obwohl eine solche moralische Pflicht zur Arbeit in keinem unmittelbaren Zusammenhang mit dem guten Leben steht, gibt es doch eine mittelbare Beziehung. Reflektiert man darauf, was das gute Leben ausmacht, so erschöpft es sich für die meisten Menschen nicht nur im Streben nach Lust oder in der Erfüllung von Wünschen. Vielmehr scheint zum guten Leben auch zu gehören, sich moralisch integer und verantwortungsvoll zu verhalten. Dies hat seinen Grund u. a. darin, dass die Ausrichtung an moralischen Werten einen Beitrag zur Sinnstiftung und Orientierung leisten kann, wie oben bereits dargelegt.

Weiterhin hat das gute Leben auch etwas mit der *Entwicklung einer persönlichen Identität oder eines Selbstbilds* zu tun. Dieses Selbstbild beinhaltet ganz wesentlich eine Idealvorstellung derjenigen Person, die man gerne sein möchte, und für diese Idealvorstellung spielen die moralischen Aspekte einer Persönlichkeit oder altmodisch gesprochen ihre Tugenden eine wichtige Rolle. Schließlich verbinden die meisten Menschen ein gutes Leben auch mit gelungenen Beziehungen zu anderen Menschen und es liegt nahe, dass ein wichtiger Beitrag für das Gelingen von Beziehungen eben darin besteht, sich auch moralisch verantwortungsvoll und integer zu verhalten. Dies erfordert, dass man seinen moralischen Pflichten anderen gegenüber nachkommt, auch wenn sich bereichernde und intensive intersubjektive Beziehungen sicherlich nicht darin erschöpfen.

Ein weiterer Aspekt eines guten Lebens ist die *soziale Integration durch Arbeit*. Wie der Soziologe Emile Durkheim argumentiert, entsteht der gesellschaftliche Zusammenhalt in modernen Gesellschaften, die keine Gemeinschaften des Glaubens und der Gefühle sind, ganz wesentlich durch die Teilnahme am arbeitsteiligen Wirtschaftsleben.[18] Deshalb sollte jedes erwachsene Gesellschaftsmitglied die Möglichkeit haben, im Rahmen der Arbeitsteilung einen Beitrag zum allgemeinen Wohlstand zu leisten. Dafür steht ihm im Gegenzug ein angemessenes, mindestens den Lebenserhalt sicherndes Einkommen zu. Auch in diesem Fall ist der Zusammenhang zum guten Leben ein vermittelter: Geht man davon aus, dass ein gutes Leben im Normalfall nicht auf einer einsamen Insel, sondern in einer Gesellschaft stattfindet, so gehört es nicht nur zu einem guten Leben, selbst in diesen Zusammenhang integriert zu sein, sondern auch, in einer solidarischen Gesellschaft zu leben und einen Beitrag zu ihrem Zusammenhalt zu leisten.

Schließlich ist von Axel Honneth im Rahmen seiner Anerkennungstheorie die wichtige Rolle herausgestellt worden, die *soziale Anerkennung durch Arbeit als Bedingung ge-*

---

17 Vgl. z. B. Gutman/Thompson 1998, 279 f.
18 Vgl. Durkheim 1977.

lingender Identitätsbildung darstellt.[19] Arbeit gehört demnach zu den zentralen Aspekten eines guten Lebens, weil soziale Anerkennung wesentlich für das Selbstwertgefühl der Subjekte ist und eine Voraussetzung für die Entwicklung gelingender praktischer Identitäten darstellt. Eine praktische Identität erschöpft sich nicht in der individuellen Unverwechselbarkeit, sondern beinhaltet ein aktiv gestaltetes Selbstverhältnis, das wesentlich durch die Interaktion mit anderen konstituiert wird. Eines der zentralen Felder dieser Interaktion ist die ökonomische Sphäre, die in unserer Gesellschaft marktwirtschaftlich organisiert ist und in der Arbeit eine zentrale Rolle spielt.[20]

Diese Argumentationsfigur aus der Anerkennungstheorie ist u. a. dazu verwendet worden, um das Konzept eines bedingungslosen Grundeinkommens zu kritisieren, wie es beispielsweise Van Parijs vorgeschlagen hat und wie es auch in Rifkins eingangs angesprochener Vision vorgesehen ist:[21]

> »Wenn der Beitrag, den die Bürger und Bürgerinnen in Form von Arbeit oder Leistung für ihre Gesellschaft leisten, für die Ausbildung gelungener Identitäten konstitutiv ist, so würde das Grundeinkommen für einige geradezu die Möglichkeit ausschließen, solche notwendigen Formen von Anerkennung zu erlangen« (Rösler 2012, 519).

Dieser Gedanke kann auf fast alle oben angeführten Dimensionen der Bedeutung gesellschaftlicher Arbeit für ein gutes Leben bezogen werden. So kann man sich fragen, ob ein bedingungsloses Grundeinkommen der Würde und Autonomie moralischer Personen gerecht wird, wie es dann um die moralische Pflicht zu arbeiten und ihren Beitrag zu einem guten Leben bestellt ist, oder ob die soziale Integration nicht unter der Abschaffung der Arbeit leiden würde. Der sinnstiftende Wert der Arbeit bildet eine Ausnahme, da es auch andere Quellen der Sinngebung gibt.

Doch diese Argumentationsfigur erscheint mir im Licht der eingeführten Definition gesellschaftlicher Arbeit als zu kurz gegriffen. Denn diese hatte ja zugelassen, dass es neben der Erwerbsarbeit auch andere Formen gesellschaftlicher Arbeit gibt. Sofern diese anderen Formen gesellschaftlicher Arbeit ebenfalls soziale Anerkennung vermitteln, der moralischen Pflicht zu arbeiten Genüge tun, und einen Beitrag zur sozialen Integration leisten, könnte dies einen Ersatz für die Erwerbsarbeit darstellen, wie es beispielsweise Rifkins Überlegungen zum Ausbau eines tertiären Sektors gemeinnütziger Arbeit nahe legen, der diese Bedingungen wohl erfüllen würde. Unabhängig davon ist aber die empirische Beobachtung sicherlich richtig, dass Erwerbsarbeit in unserer Gesellschaft einen enorm hohen Stellenwert besitzt und die meisten Menschen es vorziehen, einer Erwerbsarbeit nachzugehen und auf diese Art und Weise einen Beitrag zur Gesellschaft leisten, als ohne Arbeit die finanziellen Mittel zu erhalten, um ihren Lebensunterhalt zu bestreiten.

Wir haben nun verschiedene philosophische Argumente für die Bedeutung der Erwerbsarbeit im Rahmen eines guten Lebens rekapituliert. Spricht man mit Menschen mit und ohne Behinderung, die keine Philosophen sind, lassen sich ihre Intuitionen zur Bedeutung von Arbeit diesen Dimensionen zumeist gut zuordnen. So empfinden auch

19 Vgl. Honneth 2003, 164 ff.
20 Zur sozialen Anerkennung durch Arbeit im Unterschied zur sozialen Anerkennung als Rechtssubjekt vgl. Honneth 1992, 148 ff.
21 Vgl. Van Parijs 1995; Rifkin 1995.

Menschen mit Behinderung Arbeit als wichtig um »Geld zu verdienen, um sich etwas leisten zu können« (instrumenteller Wert) und »dem Staat nicht auf der Tasche zu liegen« (Ausdruck moralischer Autonomie und Würde, moralische Pflicht). Außerdem ist ihnen bewusst, dass »alle arbeiten gehen müssen« (moralische Pflicht, soziale Integration) und sie geben an, zu arbeiten »um etwas zu leisten« (sinnstiftender Wert, soziale Anerkennung) sowie »um gebraucht zu werden von der Firma und den Kollegen« (soziale Integration, sinnstiftender Wert).[22]

Die bisherigen Überlegungen unterliegen allerdings zweierlei Einschränkungen. Zum einen erheben sie nicht den Anspruch, vollständig zu sein. Es gibt möglicherweise noch weitere Hinsichten, in denen Arbeit für ein gutes Leben von Bedeutung ist. Ich habe mich auf diejenigen konzentriert, die im weiteren Verlauf meiner Argumentation von Belang sind. Zum anderen sind meine Überlegungen lediglich struktureller Natur: Sie haben zwar untermauert, dass gesellschaftliche Arbeit ein wichtiger Bestandteil im Rahmen eines guten Lebens ist. Es wurde jedoch keine Aussage darüber gemacht, wie Arbeit inhaltlich ausgestaltet sein soll. Das bedeutet, dass zunächst einmal jede Arbeit besser zu sein scheint als keine Arbeit. Die Technisierung der Arbeitswelt kann vor diesem Hintergrund nur insofern kritisiert werden, als sie Arbeitsplätze vernichtet.

Diese rein formale Sichtweise ist allerdings, wie wir im nächsten Teil sehen werden, unzureichend. Es spielt durchaus eine Rolle, wie die Arbeit material beschaffen ist. Dabei geht es nicht um Arbeiten, die unmittelbar gesundheitsschädlich oder lebensbedrohlich sind. Solche Formen der Arbeit sind aus fundamentaleren moralischen Gründen problematisch, weil sie mit dem besonderen Schutzstatus von Leib und Leben in Konflikt geraten. Vielmehr ist die Frage, ob es darüber hinaus materiale Anforderungen gibt, die Arbeit im Rahmen eines guten Lebens erfüllen muss. Solche Anforderungen sind traditionell unter dem Stichwort ›Entfremdung‹ diskutiert worden.

4 Die Bedeutung nicht-entfremdeter Arbeit für ein gutes Leben

Die besondere Bedeutung, die nicht-entfremdeter Arbeit für ein gutes Leben zukommt, ist darauf zurückzuführen, dass Arbeit unser ganzes Leben und unsere Persönlichkeit prägt. Die acht Stunden, die jemand am Tag arbeitet, haben für das Subjekt – wie Beate Rösler überzeugend argumentiert hat – eine Bedeutung, die weit über die tatsächlich geleisteten Arbeitsstunden hinausgeht: »Es ist daher plausibel, anzunehmen, dass die gesamte Persönlichkeit zumindest teilweise durch die Art und den Charakter der Arbeit bestimmt wird, die die Person verrichtet« (Rösler 2012, 523). Nicht nur Arbeit im Allgemeinen, auch die besondere Tätigkeitsweise spielt somit nicht nur eine instrumentelle, sondern auch eine persönlichkeitsbildende Rolle in unserem Leben. Dies gilt nicht nur empirisch, sondern auch in einem normativen Sinn. Der prägende Charakter der Arbeit besteht darin, dass die Arbeit, die wir verrichten, ebenso wie die Art und Weise,

22 Diese Antworten beziehen sich auf eine informelle Umfrage, die Frau Andrea Stratmann, Geschäftsführerin der Gemeinnützigen Werkstätten und Wohnstätten GmbH Sindelfingen, im Rahmen der diesem Band zugrundeliegenden Ringvorlesung vorgestellt hatte. Auch wenn mit dieser Untersuchung kein wissenschaftlicher Anspruch erhoben werden kann, deutet sie doch an, dass Menschen mit und ohne Behinderung sich in diesem Punkt nicht wesentlich unterscheiden, und zwar einschließlich Menschen mit erheblicher kognitiver Leistungseinschränkung.

wie sie organisiert ist, einen Einfluss darauf hat, wie wir leben und wer wir sind, wie wir mit anderen umgehen und wie wir uns selbst sehen.

Eine Sichtweise, wie sie beispielsweise von dem liberalen politischen Philosophen Will Kymlicka vertreten wird, scheint daher nicht adäquat zu sein:

> »Nun ist nichtentfremdete Arbeit sicher besser als entfremdete, aber es sind auch noch andere Werte im Spiel. Vielleicht ist mir nichtentfremdete Arbeit wichtig, aber z. B. Freizeit noch wichtiger. Wenn ich etwa in 2 Stunden entfremdeter Arbeit soviel produzieren kann wie in 4 Stunden nichtentfremdeter Arbeit, dann sind mir die 2 Stunden Tennis, die ich gewinnen kann, vielleicht lieber« (Kymlicka 1996, 161).

Würden wir in einer Gesellschaft leben, in der es im Belieben des Einzelnen stünde, sich dafür zu entscheiden, zwei Stunden täglich mit sehr gut bezahlter entfremdeter Arbeit zu verbringen, um dafür mehr Zeit zum Tennis spielen zu haben, könnte man Kymlicka vielleicht zustimmen. Freilich leben wir nicht in einer solchen Gesellschaft und es sieht – contra Rifkin – trotz der zunehmenden Digitalisierung der Arbeit nicht danach aus, als sei dies mittelfristig eine realistische Option.

Die Norm ist vielmehr ein 8-Stunden-Tag und viele arbeiten noch deutlich mehr. Zudem ist entfremdete Arbeit meistens nicht besonders gut, sondern eher schlecht bezahlt. Deshalb stellt entfremdete Arbeit im Leben des Einzelnen nicht nur eine unter vielen Möglichkeiten dar. Vielmehr durchdringt und beeinflusst die Arbeit, die wir verrichten, unser gesamtes Leben. Das ist sogar die Voraussetzung dafür, dass es überhaupt zur Entfremdung kommen kann.

Nicht zuletzt haben sozialpsychologische Studien erwiesen, welche Auswirkungen entfremdete Arbeit auf das gesamte Leben haben kann, einschließlich der Beeinträchtigung der Gesundheit und der intersubjektiven Beziehungen.[23] Diese Kritik bezieht sich in besonderem Maß auf tayloristisch-fordistische Formen der Massenproduktion, die sich durch repetitive Teilarbeit auszeichnen, strikt hierarchisch strukturiert sind und bei denen die Arbeitenden keinerlei Einfluss auf die Arbeitsweise, -Ziele und -Organisation besitzen. Dem liegt ein Menschenbild zugrunde, welches »[...]unterstellt, dass Menschen betriebliche Arbeitstätigkeiten ganz ohne innere psychische Beteiligung erbringen können« (Senghaas-Knobloch 2008, 72).

Doch das ist nicht der Fall. Umgekehrt beeinflusst die Arbeit, die jemand verrichtet, sowie die Arbeitsorganisation auch seine Persönlichkeit und Fähigkeit zur Lebensführung ganz allgemein. So argumentiert Adina Schwartz sowohl durch empirisches Material gestützt als auch begrifflich:

> »Wenn Menschen über lange Zeiträume Arbeiten verrichten, die hauptsächlich mechanischer Natur sind, besteht die Tendenz, dass sie weniger fähig und weniger interessiert sind, in ihrer restlichen Zeit auf rationale Weise ihre eigenen Pläne zu entwickeln, zu verfolgen und zu korrigieren. Dadurch führen sie insgesamt ein weniger autonomes Leben« (Schwartz 1994, 143).

23 Vgl. Sennett 1998, 15 ff.; Dejours 2006, 45–62; sowie Seeman 1975, 265 ff.

Entfremdete Arbeit führt somit nicht nur zu einem schlechteren Leben, sondern dazu, dass Fähigkeiten beeinträchtigt werden, die ganz allgemein notwendig sind, um überhaupt ein gutes Leben zu führen, egal wie dieses im Einzelnen aussieht. Diese Fähigkeiten bilden ein Vermögen, von dem man mit John Rawls sagen kann, dass es moralische Personen ausmacht, nämlich die »Befähigung, eine Konzeption des Guten auszubilden, zu revidieren und rational zu verfolgen« (Rawls 1992, 93). Aus diesem Grund hat für Rawls jeder ein höchstrangiges Interesse an der Verwirklichung und Ausübung dieses Vermögens, d. h. dieser Aspekt genießt bei allen Überlegungen, was zu tun ist, Vorrang vor anderen Interessen, denen ein niedrigerer Rang zukommt.

Wir müssen deshalb die am Ende des letzten Teils gezogene Schlussfolgerung modifizieren: Gesellschaftliche Arbeit (insbesondere Erwerbsarbeit) ist zwar ein wichtiger Bestandteil eines guten Lebens. Aber es ist nicht so, dass jede Arbeit besser ist als keine Arbeit. Diese Ausnahme umfasst nicht nur Arbeiten, die gesundheitsschädlich oder lebensbedrohlich sind, sondern auch entfremdete Formen der Arbeit, die das moralische Grundvermögen beeinträchtigen, eine Konzeption des guten Lebens auszubilden, zu revidieren und rational zu verfolgen.

Wie muss nun nicht-entfremdete Arbeit aussehen? Darauf können wir im Umkehrschluss einige Hinweise gewinnen: Sie sollte zumindest das moralische Vermögen, eine Konzeption des Guten auszubilden, zu revidieren und rational zu verfolgen nicht beeinträchtigen und idealerweise zu seiner Entwicklung beitragen. Die Arbeit sollte hinreichend komplex und interessant sein und die kognitiven Fähigkeiten der Person fordern. Sie sollte die Eigeninitiative fördern und dem Individuum wenigstens einen gewissen Einfluss auf die Gestaltung der Arbeit und der Arbeitsabläufe erlauben. Diese Aspekte sind graduell und ihre Ausformung unterscheidet sich im Hinblick auf verschiedene Personen, abhängig von ihren Fähigkeiten, Begabungen und Kenntnissen. Das beinhaltet auch, aber nicht nur, Menschen mit Behinderung, die unter diesem Gesichtspunkt einfach als Menschen mit besonderer Begabung verstanden werden können.

An dieser Stelle drängt sich ein Einwand auf: Ist ein solch gradueller und personenrelativer Begriff entfremdeter Arbeit nicht gehaltlos? Sind nicht die einzigen Kriterien, die wir in Anschlag bringen können, um entfremdete von nicht-entfremdeter Arbeit zu unterscheiden, die Gefühlslagen und die Meinungen der Betroffenen? Aber dann könnte jede Arbeit prinzipiell entfremdet oder eben, je nach Person, nicht-entfremdet sein? Damit, so könnte man befürchten, verliert der Begriff der entfremdeten Arbeit sein kritisches Potential und läuft Gefahr, zu einer rein subjektiven Kategorie zu werden, die letztlich mit ›Arbeit, die mir nicht gut tut‹ identisch ist.

Hierauf ist folgendes zu sagen: es ist wichtig, streng zwischen subjektiv und personenrelativ zu unterscheiden. Personenrelativ ist der von mir vorgeschlagene Begriff der entfremdeten Arbeit, weil tatsächlich für unterschiedliche Personen unterschiedliche Arbeiten entfremdet sein können. Dies werde ich ausführlicher im nächsten Abschnitt zeigen, der sich damit beschäftigt, ob für Menschen mit Behinderung eine Arbeit in der Werkstatt stets weniger entfremdet ist, als eine Arbeit auf dem ersten Arbeitsmarkt oder umgekehrt.

Der Begriff der entfremdeten Arbeit ist jedoch trotz seiner Personenrelativität nicht automatisch subjektiv. Denn es geht ja nicht einfach darum, ob eine Arbeit gefällt oder gut tut. Ich habe im Gegenteil ein recht strenges Kriterium entwickelt, wann eine Arbeit als entfremdend anzusehen ist: Wird meine Fähigkeit, einen Lebensplan zu entwickeln, rational zu verfolgen und zu revidieren, davon beeinträchtigt? Zum einen ist zu berücksichtigen, dass es sich nicht nur um ein Unbehagen handelt, sondern um eine tiefgreifende Störung, die emotionale und kognitive Aspekte umfasst. Zum anderen muss ich im Einzelfall Gründe dafür angeben können, warum eine Arbeit für mich entfremdet ist, auch wenn diese Gründe abhängig von meiner Person, von meinen Begabungen und Talenten sind. Hierbei gilt es z. B., andere Faktoren auszuschließen. So mag ich meine Arbeit auch als monoton empfinden, weil ich an einer Depression leide. Dies wäre jedoch nicht darauf zurückzuführen, dass sie entfremdet ist.

Man könnte nun besorgt sein, dass dieses Kriterium für Menschen mit Behinderung zu anspruchsvoll ist. Doch dieser Einwand, wenngleich gut gemeint, unterschätzt viele Menschen mit Behinderung. Wie wir im Abschnitt über »Erwerbsarbeit und gutes Leben« gesehen haben, sind auch Menschen mit schweren kognitiven Beeinträchtigungen durchaus in der Lage, ihre Vorstellungen vom guten Leben zu artikulieren und sie mit etwas Unterstützung auch rational zu verfolgen.

Diese personenrelative Auffassung entfremdeter Arbeit stellt aus zwei Gründen einen wichtigen Beitrag zur Entfremdungsdiskussion dar. Erstens ist der Entfremdungsdiskurs stark beeinflusst von romantischen Idealen handwerklicher Tätigkeit und ästhetischen Vorstellungen künstlerischer Produktion. Doch was ist mit Personen, deren Begabung weder auf handwerklichem noch auf künstlerischem Gebiet liegt? Mir scheint, dass die einschlägigen nicht-personenrelativen Bestimmungen entfremdeter bzw. nicht-entfremdeter Arbeit ein paternalistisches Moment enthalten, welches meine Konzeption vermeiden kann.

Zweitens ist klar, dass eine Arbeitswelt, in der sich jeder nur handwerklich oder künstlerisch betätigt, nicht geeignet ist, um die komplexe gesellschaftliche Arbeitsorganisation zu gewährleisten, die notwendig ist, um unseren Lebensstandard zu sichern.[24] Legt man einen solchen nicht-personenrelativen Entfremdungsbegriff zugrunde, entsteht daher eine Kluft zwischen gesellschaftlicher Arbeit und gutem Leben, die mein personenrelativer Ansatz vermeiden kann. Denn dieser zeichnet sich dadurch aus, dass gesellschaftliche Arbeit kein notwendiges Übel ist, sondern einen wichtigen Beitrag für ein gutes Leben leisten kann.

Ich würde sogar noch weitergehen und die Hypothese aufstellen, dass gerade aufgrund der Personenrelativität nicht-entfremdeter Arbeit der Markt bis zu einem gewissen Grad geeignet ist, jedem eine im Hinblick auf seine Person nicht-entfremdete Arbeit zu ermöglichen. So mag der eine es vorziehen, bei einer großen süddeutschen Autofirma am Band zu arbeiten, weil er dann in seiner Freizeit allerhand Ehrenämter übernehmen kann. Wenn er dazu in der Lage ist, ist das ein gutes Indiz dafür, dass seine Arbeit nicht entfremdet ist. Für einen anderen wäre diese Arbeit hingegen vielleicht entfremdet, weil er sie als stupide empfindet. Allerdings gibt es vermutlich gleichwohl einen Bodensatz von Arbeiten, die für alle Menschen entfremdet sind. Im letzten Abschnitt dieses Aufsatzes werde ich thematisieren, wie damit umzugehen ist, und welche Rolle der Politik dabei zukommt.

Ein weiterer Vorteil der hier vertretenen Entfremdungskonzeption ist, dass sie nicht per se technikfeindlich ist. Gegen den Einsatz von Technik in der Arbeitswelt ist nichts einzuwenden, solange sie nicht zu entfremdeter Arbeit im explizierten Sinn führt. Eine scharfe Grenze ist dafür wohl nicht anzugeben. Aber es ist klar, dass bestimmte Formen

24 Vgl. Honneth 2008, 330.

der tayloristisch-fordistisch organisierten Massenproduktion unter diesem Gesichtspunkt kritisch zu sehen sind. Umgekehrt stellt Industrie 4.0 eher eine Herausforderung aufgrund der deutlich stärker geforderten Komplexitäts- und Problemlösungsfähigkeiten sowie der erhöhten Anforderungen im Hinblick auf kontextübergreifendes Wissen, lebenslanges Lernen, Flexibilität sowie Sozialkompetenzen dar, wie es eine gewerkschaftliche Stellungnahme auf den Punkt bringt:

> »Es steigt der Bedarf an Überblickswissen und Verständnis über das Zusammenspiel aller Akteure im Wertschöpfungsprozess. [...] Auch soziale Kompetenzen erlangen einen erhöhten Stellenwert, da mit der intensivierten Verzahnung einstmals getrennter Abteilungen und Disziplinen der Bedarf an Kommunikation zwischen Menschen – real wie computervermittelt – zunimmt. In fachlicher Hinsicht werden verstärkt interdisziplinäre Kompetenzen gefordert sein, die heute vielfach erst in Ansätzen existieren. Hinzu kommt die Fähigkeit sich zu vernetzen, selbst zu organisieren und flexibel zu steuern. Kurzum: Durch das Zusammenwachsen von Produktionstechnologie, Automatisierungstechnik und Software werden mehr Arbeitsaufgaben in einem technologisch, organisatorisch und sozial sehr breit und flexibel gefasstem Handlungsfeld zu bewältigen sein« (Kurz 2013, 58 f.).

Wenn diese Beschreibung zutrifft, dann ist Industrie 4.0 zumindest nicht deshalb zu kritisieren, weil dadurch die Fähigkeiten der Individuen beeinträchtigt werden, eine Konzeption des guten Lebens auszubilden, zu revidieren und rational zu verfolgen. Die Frage ist in diesem Fall eher, ob diese Anforderungen nicht zu hoch für viele Menschen sind, die dadurch vom Arbeitsmarkt ausgeschlossen werden. Das betrifft nicht nur Menschen mit Behinderung, aber diese vielleicht in besonderem Ausmaß.

Dieses Beispiel macht deutlich, dass man bei der Bewertung neuer Technologien in der Arbeitswelt in Betracht ziehen muss, wer betroffen ist. Dabei ist es keineswegs so, dass sich die Technisierung zwangsläufig negativ für Menschen mit Behinderung auswirkt. Dies hat sich im Rahmen des Drittmittelprojekts motionEAP herausgestellt, in dessen Kontext die Veranstaltungen stattfanden, die diesem Sammelband zugrunde liegen.[25] In dem Projekt ging es um die Entwicklung eines Systems zur Effizienzsteigerung und Assistenz bei Produktionsprozessen in Unternehmen auf der Basis von Bewegungserkennung und Projektion. In diesem Zusammenhang hat sich gezeigt, dass das System insbesondere die Leistung von Menschen mit geistiger Behinderung steigert und von diesen sehr positiv erlebt wird.[26] Ein Anwendungsbereich des Assistenzsystems ist die Montage von Schraubzwingen. Menschen mit geistiger Behinderung empfinden die Arbeit mit dem System als mental weniger anstrengend, sind weniger angewiesen auf persönliche Rückmeldung und Bestätigung, sie werden selbstsicherer bei ihrer Arbeitstätigkeit, führen den Arbeitsprozess sichtlich entspannter aus, zeigen mehr Freude und Motivation und können selbst nach längerer Unterbrechung problemlos wieder an den Arbeitsprozess anknüpfen.

Umgekehrt reagieren erfahrene Mitarbeiter negativ auf das Assistenzsystem, ihre Leistung steigert sich nicht und sie sind eher frustriert. Im persönlichen Gespräch sind sogar Vergleiche mit der Fließbandarbeit gefallen. Einen Nutzen aus dem System können hingegen auch ungelernte Arbeiter in der Trainingsphase ziehen. Wie diese Beispiele zeigen,

---

25 Vgl. http://www.motioneap.de/. Die Ergebnisse des Projekts werden zusammengefasst in: Funk et al. 2016.

26 Vgl. Funk et al. 2015, sowie Bächler et al. 2016.

gibt es im Rahmen von Industrie 4.0 auch Arbeit für Menschen mit niedrigen Qualifikationen, da komplexe Arbeitsprozesse durch Assistenzsysteme in einfachere Teilschritte zerlegt und den Arbeitenden Hilfestellungen gegeben werden können, in unserem Beispiel in Form von ›in-situ‹ Projektionen, die die einzelnen Arbeitsschritte während des Arbeitsablaufs verdeutlichen.[27]

Wie die Technisierung der Arbeit im Rahmen von Industrie 4.0 zu bewerten ist, hängt also von verschiedenen Faktoren ab: Dazu gehört die Ausgestaltung und der Einsatzbereich der neuen Technologien. Diese können einerseits zur Herausbildung komplexerer Aufgaben sowie kognitiv und sozial anspruchsvollerer Tätigkeitsfelder führen. Andererseits können sie zur Vereinfachung von Arbeitsprozessen beitragen. Ob diese Entwicklung positiv einzuschätzen ist, hängt u. a. von der betrachteten Zielgruppe ab. Insbesondere für Menschen mit Behinderung können sich dadurch neue Perspektiven ergeben.[28] Dies betrifft sowohl die Inklusion auf dem ersten Arbeitsmarkt als auch den Einsatz neuer Technologien in Werkstätten für Menschen mit Behinderungen.

5 Werkstatt versus erster Arbeitsmarkt?

Angesichts der formalen und materialen Bedeutung, die der Arbeit für ein gutes Leben zukommt, ist klar, dass auch Menschen mit Behinderung die Möglichkeit haben sollten, zu arbeiten.[29] Allerdings stellt sich die Frage, in welcher Form sie am besten am Arbeitsleben teilhaben können. Zur Debatte steht insbesondere, ob die Existenz separater Werkstätten für Menschen mit Behinderung wünschenswert ist oder nicht. So setzt die UN-Behindertenrechtskonvention deutliche Akzente in Richtung einer Abschaffung solcher Einrichtungen.[30]

Mit dem hier entwickelten begrifflichen Instrumentarium lassen sich nun bestimmte Aspekte der Diskussion besser auf den Punkt bringen. Mein Ausgangspunkt ist der allgemeine Befund, dass es zu einem Konflikt zwischen der formalen Bedeutung gesellschaftlicher Arbeit für ein gutes Leben und den materialen Anforderungen an eine nicht-entfremdete Arbeit kommen kann. Ein solcher Konflikt entsteht beispielsweise, wenn es zwar für alle Menschen Erwerbsarbeit gibt, aber diese Arbeit größtenteils entfremdet ist, oder wenn es zwar vorwiegend nicht-entfremdete Arbeit gibt, aber dafür eine hohe Arbeitslosigkeit herrscht. Grundsätzlich können sowohl Menschen mit Behinderung als auch Menschen ohne Behinderung in einen solchen Konflikt geraten. Für Menschen mit Behinderung tritt er jedoch strukturell bedingt häufig an der Schnittstelle zwischen Werkstätten und dem ersten Arbeitsmarkt auf, und zwar in beide Richtungen.

---

27 In-situ-Projektion bezeichnet die Darstellung von Inhalten mit Hilfe eines Projektors direkt an dem Ort, an dem sie gebraucht werden. So können beispielsweise Montageschritte direkt auf den Arbeitsplatz projiziert werden. Die Lektüre eines Handbuchs oder die Eingabe per Tastatur und Maus entfällt.

28 Die häufig gezogene Schlussfolgerung, dass durch die Digitalisierung v. a. Arbeiten wegfallen, die geringe Qualifikationen erfordern und nicht gut bezahlt sind (vgl. Frey und Osborne 2017, 269), ist vor diesem Hintergrund zumindest ein Stück weit zu relativieren.

29 Neben diesen auf das gute Leben bezogenen Überlegungen gibt es auch gerechtigkeitstheoretische Argumente für die Inklusion von Menschen mit Behinderung in die Arbeitswelt, auf die ich an dieser Stelle jedoch nicht näher eingehen kann.

30 Vgl. United Nations 2006, Art 27, Abs. 1.

Einerseits können vormalig in einer Werkstatt Beschäftigte den Übertritt in den ersten Arbeitsmarkt als nicht zufriedenstellend empfinden, weil sie die Arbeit beispielsweise als äußerst eintönig erleben. In diesem Fall liegt bei der Arbeit auf dem ersten Arbeitsmarkt eine Form der Entfremdung vor, die sich im Extremfall negativ auf die Fähigkeit auswirkt, eine Konzeption des Guten auszubilden, zu revidieren und rational zu verfolgen. Die Arbeit in der Werkstatt wird demgegenüber aufgrund ihrer größeren Vielfalt nicht als entfremdet erlebt. Dies spricht dafür, dass die Abschaffung der Werkstätten als solche nicht automatisch dazu führt, dass Menschen mit Behinderung eine geeignete Arbeit finden. Selbst wenn es gelänge, Menschen mit Behinderung flächendeckend in den ersten Arbeitsmarkt zu bringen, könnte es sein, dass sie deutlich stärker dem Risiko ausgesetzt sind, einer entfremdeten Arbeit nachgehen zu müssen.

Auf der anderen Seite wird die Arbeit in einer Werkstatt von einigen Menschen nicht so empfunden, dass sie der formalen Bedeutung gesellschaftlicher Arbeit für ein gutes Leben im Vollsinn gerecht wird. Das liegt sicherlich an der unterschiedlichen Entlohnung, aber beispielsweise auch daran, dass die Arbeit in einer Werkstatt nicht mit derselben Form der sozialen Anerkennung einhergeht, dass sie nicht für alle dieselbe sinnstiftende Funktion besitzt oder soziale Integration nicht im selben Ausmaß leisten kann.

Eine wichtige Rolle bei der Einschätzung der Arbeit in einer Werkstatt spielen Art und Grad der Behinderung. Menschen die nicht so sehr kognitiv in ihrer Leistungsfähigkeit eingeschränkt sind, sondern beispielsweise aufgrund einer längerfristigen psychischen Krankheit nicht auf dem ersten Arbeitsmarkt unterkommen, tendieren möglicherweise dazu, die Arbeit in einer Werkstatt als eine Herabstufung zu empfinden. Sie fühlen sich vielleicht eher unterfordert und von ihrer Arbeit nicht ausgefüllt. Das deutet darauf hin, dass auch die Arbeit in der Werkstatt als entfremdet empfunden werden kann. Für die Gestaltung der Arbeit in den Werkstätten bedeutet dies, sie sollte keine reine Beschäftigungstherapie sein, sondern der formalen Bedeutung gesellschaftlicher Arbeit soweit wie möglich gerecht werden, ohne entfremdet zu sein. Darüber hinaus sollte so vielen Menschen wie möglich der Übertritt in den ersten Arbeitsmarkt ermöglicht werden, sofern sie dies wünschen. Aber es sollte auch die Möglichkeit geben, in die Werkstatt zurückzukehren, wenn der Wechsel nicht gelingt.

Eine offene Frage ist, ob eine solche Rückkehr jederzeit möglich sein sollte oder ob hierfür bestimmte Kriterien anzulegen sind, beispielsweise, dass die Arbeit so stark entfremdet ist, dass die Fähigkeit, eine Konzeption des Guten zu bilden und zu verfolgen, dadurch beeinträchtigt wird. Pragmatische Gründe sprechen allerdings dafür, allein den Wunsch nach einer Rückkehr in die Werkstatt als ausschlaggebend zu betrachten. Wenn der Weg von der Werkstatt in den ersten Arbeitsmarkt eine Einbahnstraße ist, beeinträchtigt dies möglicherweise sowohl die Bereitschaft von Menschen mit Behinderung, den geschützten Raum zu verlassen, als auch der Arbeitgeber, Menschen mit Behinderung eine Chance zu geben. Denn potentielle Arbeitgeber könnten das Risiko scheuen, einen Menschen weiterbeschäftigen zu müssen, der dies gar nicht möchte, wenn es keine Rückkehrmöglichkeit in die Werkstatt gibt. Nicht zuletzt ist zu fragen, ob Menschen mit Behinderung Arbeitssuchenden dahingehend gleichgestellt werden sollten, dass sie sich aktiv um Arbeit bemühen müssen und die Ablehnung einer geeigneten Arbeitsstelle mit Sanktionen belegt werden kann. Allerdings stellt sich diese Frage beim gegenwärtigen Stand der Inklusion von Menschen mit Behinderung auf dem ersten Arbeitsmarkt nur theoretisch.

Wie wir gesehen haben, ist die Bewertung einer Arbeit in der Werkstatt im Vergleich zum ersten Arbeitsmarkt von verschiedenen Faktoren abhängig. Es ist keine leichte Aufgabe für die Werkstätten, den unterschiedlichen Anforderungen gerecht zu werden, die an sie gestellt werden. Um der formalen Bedeutung gesellschaftlicher Arbeit zu entsprechen, müssen sie einen Beitrag zum Gemeinwohl leisten. Sofern man sich dabei am klassischen Modell der Erwerbsarbeit orientiert, das auf einem arbeitsteiligen Beitrag zum Wirtschaftsleben basiert, bedeutet das, dass die Werkstätten auch ökonomischen Zwängen unterliegen. Zugleich soll die Arbeit nicht entfremdet sein und die Werkstätten haben auch einen therapeutischen und persönlichkeitsbildenden Auftrag zu erfüllen.[31] Nicht zuletzt richtet sich das Angebot an Menschen mit ganz unterschiedlichen Merkmalen und Bedürfnissen, die ein breites Spektrum von Beeinträchtigungen körperlicher, geistiger und psychischer Art aufweisen. Auf der anderen Seite erwies sich auch die Abschaffung der Werkstätten nicht als Allheilmittel, um den Schwierigkeiten zu begegnen, mit denen sich Menschen mit Behinderung im Arbeitsleben konfrontiert sehen.

In letzter Instanz zeigt sich am Beispiel der Werkstätten nur in besonders ausgeprägter Form ein Spannungsverhältnis zwischen zwei Polen, die sowohl Menschen mit Behinderung als auch Menschen ohne Behinderung in ihrem Arbeitsleben verbinden müssen. Zum einen die formale Bedeutung, die gesellschaftliche Arbeit (insbesondere Erwerbsarbeit) für ein gutes Leben hat, und zum anderen die materiale Ausgestaltung einer nicht-entfremdeten Arbeit, die ebenfalls für ein gutes Leben zentral ist. Doch wem obliegt es, sich darum zu kümmern? Ist das allein die Aufgabe des Individuums (oder im Fall von Menschen mit geistiger Behinderung ihrer gesetzlichen Vertreter)? Sollten wir primär auf die Kräfte des freien Markts vertrauen? Oder muss nicht auch die Politik tätig werden? Dieser Frage möchte ich mich im letzten Teil meines Aufsatzes zuwenden.

6 Die Rolle der Politik

In der politischen Philosophie ist die Annahme weit verbreitet, dass es in liberalen Demokratien nicht die Aufgabe des Staates sei, den Bürgern vorzuschreiben, was ein gutes Leben ausmacht.[32] Dazu zählt auch die Frage, welche Rolle Arbeit im Leben des Einzelnen spielt und wie sie gestaltet sein soll. Dahinter steht der Gedanke, dass die Individuen selbst bestimmen sollen, worin das gute Leben für sie besteht. Dabei können sie auf eine Reihe von Sinnstiftungsangeboten zurückgreifen, beispielsweise Religion, Familie oder eben Beruf, deren Stellenwert jeder für sich ermitteln muss. Als Grund für diese neutrale Haltung wird gemeinhin der Wertepluralismus liberal-demokratischer Gesellschaften angegeben. Es sei demzufolge immer umstritten, welcher Stellenwert der Arbeit im Leben des Einzelnen zukommt, wie nicht-entfremdete Arbeit zu gestalten ist und ob jemand bereit ist, einer entfremdeten Arbeit nachzugehen oder nicht.

Es gibt jedoch gute Gründe gegen diese Sichtweise. Zum einen müssen die meisten Personen aus pragmatischen Gründen arbeiten, um ihren Lebensunterhalt zu verdienen, ob sie wollen oder nicht. Zudem ist es – wie wir gesehen haben – möglicherweise eine moralische Pflicht, zu arbeiten. Schon aus diesem Grund scheint es nicht angemessen zu

31 So im deutschen Sozialgesetzbuch: §§ 41 Abs. 2 Nr. 2, 136 Abs. 1 Nr. 2 SGB IX, vgl. zu dieser Doppelfunktion auch Ritz 2014, 158.

32 Vgl. hierzu bspw.: Dworkin 1978; Ackerman 1980; Larmore 1987; Rawls 1998.

sein, Arbeit auf dieselbe Stufe wie Familie oder Religion zu stellen. Verschärfend kommt hinzu, dass die Arbeit unsere Persönlichkeit und unsere gesamte Lebensführung prägt. Schlimmstenfalls kann entfremdete Arbeit sogar unser für moralische Personen grundlegendes Vermögen, eine Konzeption des guten Lebens auszubilden, zu revidieren und rational zu verfolgen beeinträchtigen.

Dem könnte man entgegenhalten, dass der Staat sich zwar inhaltlich neutral zu verhalten habe, dass ihm aber die Funktion zukomme, gerechte institutionelle Rahmenbedingungen zu schaffen.[33] Wenn eine gerechte soziale Grundstruktur vorliegt, dann können die Menschen die Arbeit, die sie machen müssen, frei wählen. Darüber hinaus wäre es Sache des Markts, ein ausreichendes Angebot an nicht-entfremdeter Arbeit bereitzustellen. Wer eine entfremdete Arbeit übernimmt, könnte im Rahmen der freien Marktkräfte beispielsweise durch höhere Bezahlung oder kürzere Arbeitszeiten entschädigt werden. Da die Menschen unter diesen Bedingungen über die nötige Marktmacht verfügen, um genau die Arbeit zu finden, die ihnen zugesagt, kann der Staat neutral bleiben.

Hierzu ist zweierlei zu sagen: Erstens wird diese Beschreibung der Situation von Menschen mit Behinderung nicht gerecht, da diese die genannte Marktmacht sicherlich nicht besitzen und zumindest im Fall von Menschen mit geistiger Behinderung vielleicht gar nicht in der Lage sind, ihren Interessen eine Stimme zu verleihen, geschweige denn sie durchzusetzen. Tatsächlich sind Menschen mit Behinderung aus vielen liberalen politischen Theorien sogar explizit ausgenommen, z. B. aus der bereits erwähnten Theorie der Gerechtigkeit von John Rawls. Für sie hat der Staat daher m. E. eine größere Fürsorgepflicht, was die Arbeitsplatzgestaltung angeht.[34]

Zweitens bildet diese Beschreibung auch die Situation von Menschen ohne Behinderung nicht adäquat ab. Denn auch Menschen ohne Behinderung haben zumeist nicht die Wahl zu arbeiten oder nicht zu arbeiten, da sie ihren Lebensunterhalt verdienen müssen und Arbeit vielleicht sogar eine moralische Pflicht darstellt. Das Vertrauen, dass die freien Kräfte des Markts unter diesen Bedingungen zu einer gerechten Verteilung der Arbeit führen, wirkt da sehr optimistisch. Rawls selbst scheint davon auszugehen, dass es unter den Bedingungen einer wohlgeordneten Gesellschaft keine entfremdete Arbeit gäbe:

> »Niemand braucht von anderen sklavisch abhängig zu sein und zur Wahl zwischen eintönigen Routinearbeiten gezwungen sein. (...) Die Arbeitsteilung wird nicht dadurch überwunden, daß jeder selbst das Ganze wird, sondern durch freiwillige und sinnvolle Arbeit innerhalb einer gerechten sozialen Gemeinschaft sozialer Gemeinschaften, an der alle frei gemäß ihren Neigungen teilnehmen können« (Rawls 1979, 574).

Woher Rawls dieses Vertrauen nimmt, ist allerdings nicht recht klar. Seine beiden Gerechtigkeitsgrundsätze geben dazu jedenfalls keinen Anlass. In ihrer ursprünglichen Formulierung lauten sie:

1. »Jedermann soll gleiches Recht auf das umfangreichste System gleicher Grundfreiheiten haben, das mit dem gleichen System für alle anderen verträglich ist.
2. Soziale und wirtschaftliche Ungleichheiten sind so zu gestalten, daß (a) vernünftigerweise zu erwarten ist, daß sie zu jedermanns Vorteil dienen, und (b) sie

33 Vgl. Rösler 2012, 520.
34 Vgl. auch Nussbaum 2010, Kap. 1 und 2.

mit Positionen und Ämtern verbunden sind, die jedem offen stehen« (Rawls 1979, 81).[35]

Als Beispiele für die im ersten Grundsatz gemeinten Grundfreiheiten nennt Rawls die politischen Freiheiten (das Recht, zu wählen und öffentliche Ämter zu bekleiden), die Rede- und Versammlungsfreiheit, die Gewissens- und Gedankenfreiheit, die persönliche Freiheit, zu der insbesondere der Schutz vor psychologischer Unterdrückung und körperlicher Misshandlung und Verstümmelung gehört (Unverletzlichkeit der Person), das Recht auf persönliches Eigentum und den Schutz vor willkürlicher Festnahme und Haft im Rahmen eines Rechtsstaats.[36] Ist davon auszugehen, dass auch ein Recht auf eine nicht-entfremdete Arbeit zu diesem Katalog gehört? Mal abgesehen davon, dass es keine Hinweise bei Rawls darauf gibt, wäre er damit zu einer sehr weitreichenden und umstrittenen Interpretation des Grundrechtekatalogs gezwungen.

Bleibt sein zweiter Gerechtigkeitsgrundsatz, welcher generell dazu dient, die ökonomische Sphäre zu ordnen. Kann das sogenannte Differenzprinzip, das fordert, soziale und wirtschaftliche Ungleichheiten müssten zum Vorteil aller gereichen, gewährleisten, dass in einer gerechten Gesellschaft niemand gezwungen ist, einer entfremdeten Arbeit nachzugehen? Auch das ist nicht der Fall. So könnte beispielsweise der Lebensstandard aller etwas höher sein, wenn einige eine entfremdete Arbeit verrichten. Diese Situation wäre nach dem Differenzprinzip gerecht. Vereinbar ist die Fortexistenz entfremdeter Arbeit auch damit, dass Positionen und Ämter jedem offen stehen, wie es das Prinzip der Chancengleichheit fordert.[37]

Mein Verdacht ist, dass Rawls' Gerechtigkeitskonzeption an dieser Stelle einen blinden Fleck hat, weil er fälschlicherweise die formale Bedeutung der Arbeit mit der materialen Bedeutung nicht-entfremdeter Arbeit gleichsetzt. Denn, wie wir gesehen haben, ist es durchaus von Bedeutung für ein gutes Leben, einen Beitrag zur Gesellschaft zu leisten. Dies gilt sicherlich umso mehr für Arbeit im Rahmen einer gerechten gesellschaftlichen Grundstruktur. Aber zugleich hatten wir festgestellt, dass eine Arbeit, soll sie einen Beitrag zu einem guten Leben leisten, auch den materialen Bedingungen an eine nicht-entfremdete Arbeit (durchaus im Sinne von Rawls) gerecht werden muss. Doch wie gezeigt wurde, fallen diese beiden Dimensionen, anders als Rawls es nahezulegen scheint, nicht zwangsläufig zusammen.

Ich halte es daher contra Rawls nicht für ausgeschlossen, dass es auch im Rahmen einer gerechten gesellschaftlichen Grundstruktur entfremdete Arbeit geben kann. Und zumindest solange es sie gibt, ist dadurch das Vermögen einiger Menschen bedroht, eine Konzeption des guten Lebens auszubilden, zu revidieren und rational zu verfolgen, das moralische Personen für Rawls ausmacht. Das stünde in einem fundamentalen Widerspruch zu den Grundwerten liberaler Demokratien.

---

35 Die Reihenfolge Untersätze (a) und (b) des zweiten Gerechtigkeitsgrundsatzes hat Rawls später vertauscht, um Vorrang des Prinzips der fairen Chancengleichheit vor dem Differenzprinzip stärker hervorzuheben (Rawls 2006, 76).

36 Vgl. Rawls 1979, 82.

37 Rawls fasst diesen Grundsatz im Übrigen so auf, dass nur »diejenigen mit dem gleichen Maß an Talent und Fähigkeit und der gleichen Bereitschaft zum Gebrauch dieser Begabungen auch die gleichen Aussichten auf Erfolg haben, ungeachtet ihrer ursprünglichen Zugehörigkeit zu dieser oder jener Klasse (...).« (Rawls 2006, 76) Menschen mit Behinderung können demnach also mehr Positionen verschlossen sein als anderen, ohne diesen Grundsatz zu verletzen.

Um noch einmal an Rawls' eigene Terminologie anzuknüpfen: Moralische Personen haben ein höchstrangiges Interesse daran, sicherzustellen, dass die gesellschaftliche Grundstruktur so gestaltet ist, dass niemand dazu gezwungen werden kann, entfremdete Arbeit zu tun bzw. dass diese zumindest gerecht verteilt wird, sofern sie unvermeidbar ist. Wie die gerechte Verteilung entfremdeter Arbeit erfolgt, ist Sache des politischen Prozesses. Entfremdete Arbeit könnte beispielsweise auf alle Bürger verteilt werden, aber es könnte auch die Arbeitszeit verringert und gleichzeitig die Entlohnung massiv verbessert werden. Beide Vorschläge laufen letztlich darauf hinaus, dass diejenigen, die entfremdete Arbeit verrichten, weniger arbeiten müssen. Doch der Grad der Entfremdung beruhte wesentlich darauf, dass eine Arbeit unsere Leben grundlegend strukturiert. Die Hoffnung wäre also, dass die Arbeitszeitverkürzung dazu führt, dass die Arbeit nicht mehr entfremdet ist.

Das bedeutet: In einer liberal-demokratischen Gesellschaft, in der die gesellschaftliche Arbeit (insbesondere die Erwerbsarbeit) einen besonderen Stellenwert besitzt, ist die Arbeit für die Individuen ein Wert, dem eine grundlegendere Bedeutung zukommt als anderen Werten. Es kann daher nicht allein dem Einzelnen obliegen, dafür zu sorgen, dass er oder sie einer nicht-entfremdeten Arbeit nachgehen kann. Auch der Staat muss seiner Verantwortung gerecht werden und sicherstellen, dass niemand einer entfremdeten Arbeit nachgehen muss, bzw. dass entfremdete Arbeit gerecht verteilt wird, wenn sie unvermeidbar ist. Das gilt nicht obwohl, sondern gerade weil es seine Aufgabe ist, den Bürgern zwar nicht vorzuschreiben, wie sie leben sollen, aber Bedingungen zu schaffen, unter denen sie selbst frei entscheiden können, wie sie leben wollen.

Literatur

Ackermann, Bruce: *Social Justice in the Liberal State*. New Haven 1980.
Arendt, Hannah: *Vita activa oder Vom tätigen Leben*. Stuttgart 1960.
Arndt, Andreas: Arbeit und Nichtarbeit. In: Franz Josef Wetz (Hg.): *Kolleg praktische Philosophie Bd. 4. Recht auf Rechte*. Stuttgart 2008, 89–115.
Badham, Richard J.: Technology, Work and Culture. In: *AI & Society* 5/4 (1991), 263–276.
Baechler, Liane/Baechler, Andreas/Funk, Markus/Autenrieth, Sven/Kruell, Georg/Hoerz, Thomas and Heidenreich, Thomas: The use and impact of an assistance system for supporting participation in employment for individuals with cognitive disabilities. In: *International conference on computers helping people with special needs*. Linz 2016, 329–332.
Bauernhansel, Thomas: Die Vierte Industrielle Revolution – Der Weg in ein wertschaffendes Produktionsparadigma. In: Thomas Bauernhansel/Birgit Vogel-Heuser/Michael ten Hompel (Hg.): *Industrie 4.0 in Produktion, Automatisierung und Logistik*. Wiesbaden 2014, 5–35.
Brudney, Daniel: Gemeinschaft als Ergänzung. In: *Deutsche Zeitschrift für Philosophie* 58 (2010), 195–210.
Brynjfolfsson, Erik/McAfee, Andrew: The Second Machine Age. Work, Progress, and Prosperity in a Time of Brilliant Technologies, New York 2014.
Čapek, Karel: *R.U.R – Rossum's Universal Robots* [1920]. Englische Übersetzung von David Wyllie 2014: https://ebooks.adelaide.edu.au/c/capek/karel/rur/index.html. (03.01.2017).
Dejours, Christoph: Subjectivity, Work and Action. In: *Critical Horizons* 7 (2006), 45–62.
Durkheim, Emile: *Über die Teilung der sozialen Arbeit*. Frankfurt a. M. 1977.
Dworkin, Ronald: *Taking Rights Seriously*. Cambridge (Mass) 1978.
Föhr, Tanja: *Industrie 4.0: Auf dem Weg zum demokratischen Unternehmen mit Innovationskultur*. Online unter: https://tanjafoehr.com/2015/02/26/industrie-4-0-auf-dem-weg-zum-demokratischen-unternehmen-mit-innovationskultur (21.10.2016).
Frey, Carl Benedikt/Osborne, Michael A.: The future of employment: How susceptible are jobs to computerization? in: *Technological Forecasting & Social Change* 114 (2017) 254–280.
Funk, Markus/Baechler, Andreas/Baechler, Liane/Korn, Oliver/Heidenreich, Thomas/Albrecht Schmidt: Comparing projected in-situ feedback at the manual assembly workplace with impaired

workers. In *Proceedings of the 8th international conference on pervasive technologies related to assistive environments*. New York 2015.
Funk, Markus/Kosch, Thomas/Kettner, Romina/Korn, Oliver/Schmidt, Albrecht: Motioneap: an overview of 4 years of combining industrial assembly with augmented reality for industry 4.0. In: *Proceedings of the 16th international conference on knowledge technologies and data-driven business*. New York 2016.
Grimm, Dieter: *Recht und Staat der bürgerlichen Gesellschaft*. Frankfurt a. M. 1987.
Gutman, Amy/Thompson, Dennis: *Democracy and Disagreement*. Cambridge (Mass) 1998.
Hegel, Georg Wilhelm Friedrich: *Grundlinien der Philosophie des Rechts oder Naturrecht und Staatswissenschaft im Grundrisse* [1820]. Frankfurt a. M. 2004.
Honneth, Axel: Arbeit und Anerkennung. Versuch einer Neubestimmung. In: *Deutsche Zeitschrift für Philosophie* 56/3 (2008), 327–341.
Honneth, Axel: *Kampf um Anerkennung. Zur moralischen Grammatik sozialer Konflikte*. Frankfurt a. M. 1992.
Honneth, Axel: Umverteilung als Anerkennung. Eine Erwiderung auf Nancy Fraser. In: Axel Honneth/Nancy Fraser (Hg.): *Umverteilung oder Anerkennung? Eine politisch-philosophische Kontroverse*. Frankfurt a. M. 2003.
Kambartel, Friedrich: Arbeit und Praxis: Zu den begrifflichen und methodischen Grundlagen einer aktuellen politischen Debatte. In: *Deutsche Zeitschrift für Philosophie* 41 (1993), 239–250.
Krebs, Angelika: *Arbeit und Liebe. Die philosophischen Grundlagen sozialer Gerechtigkeit*. Frankfurt a. M. 2002.
Kurz, Constanze: Industrie 4.0 verändert die Arbeitswelt. In: *Gegenblende. Das Gewerkschaftliche Debattenmagazin* 24 (2013): Politik und Verantwortung, 57–61.
Kymlicka, Will: *Politische Philosophie heute: Eine Einführung*. Frankfurt a. M. 1996.
Larmore, Charles E.: *Patterns of Moral Complexity*. New York 1987.
Nussbaum, Martha: *Die Grenzen der Gerechtigkeit, Behinderung, Nationalität und Spezieszugehörigkeit*, Berlin 2010.
Rawls, John: *Eine Theorie der Gerechtigkeit*. Frankfurt a. M. 1979.
Rawls, John: *Die Idee des politischen Liberalismus*. Frankfurt a. M. 1992.
Rawls, John: *Politischer Liberalismus*. Frankfurt a. M. 1998.
Rawls, John: *Gerechtigkeit als Fairneß. Ein Neuentwurf*. Frankfurt a. M.2006.
Rifkin, Jeremy: *The end of work: the decline of the global labor force and the dawn of the post-market era*. New York 1995.
Ritz, Hans-Günther: Stichwort »Werkstatt für behinderte Menschen.« In: Olaf Deinert/Felix Welti (Hg.): *StichwortKommentar Behindertenrecht. Arbeits- und Sozialrecht. Öffentliches Recht. Zivilrecht. Alphabetische Gesamtdarstellung*. Baden-Baden 2014.
Rösler, Beate: Sinnvolle Arbeit und Autonomie. In: *Deutsche Zeitschrift für Philosophie* 60/4 (2012), 513–534.
Sachs, Hans: Das Schlaraffenland [1530]. In: Hartmut Kugler (Hg.): *Hans Sachs: Meisterlieder, Spruchgedichte, Fastnachtspiele*. Stuttgart, 2011.
Schiller, Friedrich: Das Lied von der Glocke [1799]. In: Norbert Oellers (Hg.): *Friedrich Schiller. Gedichte*. Stuttgart 1999.
Schwartz, Adina: Sinnvolle Arbeit. Deutsche Übersetzung in: Axel Honneth (Hg.): *Pathologien des Sozialen. Die Aufgaben der Sozialphilosophie*, Frankfurt a. M. 1994, S. 140f
Seeman, Melvin: Empirical Alienation Studies. In: *Annual Reveiw of Sociology* 1 (1975), 91–123.
Senghaas-Knobloch, Eva: Subjektivität und Sozialität in ihrer Bedeutung für eine menschengerechte Gestaltung von Arbeit und Technik. In: Dies (Hg.): *Wohin driftet die Arbeitswelt*. Wiesbaden 2008, 69–100.
Sennett, Richard: *Der flexible Mensch. Die Kultur des neuen Kapitalismus*. Berlin/München 2011.
Springer Gabler Verlag (Hg.): Gabler Wirtschaftslexikon: Stichwort: Arbeit. Online abrufbar: http://wirtschaftslexikon.gabler.de/Archiv/54787/arbeit-v7.html (11.01.17).
United Nations: *Convention on the Rights of Persons with Disabilities*. Genf 2006. [Vereinte Nationen: *Übereinkommen der Vereinten Nationen über die Rechte von Menschen mit Behinderung* (UN-BRK), herausgegeben vom Bundesministerium für Arbeit und Soziales. Bonn 2011.] 13.12.2006, Resolution 61/106 der Generalversammlung der UNO. In Kraft getreten am 03.05.2008.
Van Parijs, Philippe: *Real Freedom for all what (if anything) can justify capitalism?* Oxford 1995.

II Theoretische Grundlagen der Inklusionsforschung

4 Soziale Kooperation und technische Organisation

Über einige Bedingungen menschlichen Handelns

Volker Gerhardt

1 Zum weiten Rahmen des Themas im engeren Sinn

Die Einladung zu diesem Beitrag verdanke ich der Erwartung, dass Überlegungen, wie ich Sie vor Jahren unter dem Titel der *Partizipation. Das Prinzip der Politik* vorgelegt habe, in den Arbeitszusammenhang dieses Sammelbands passen könnten. Ich komme der Einladung gerne nach, möchte aber vorab darauf aufmerksam machen, dass die Überlegungen in eine *Theorie des Lebens* eingebunden sind, der sich auch das *menschliche Dasein* – mitsamt der zu ihr gehörenden *gesellschaftlichen* und *kulturellen Organisation* – einfügt. Sogar die *Freiheit*, die der Mensch dabei in den letzten zweieinhalbtausend Jahren mit zunehmender Ausdrücklichkeit in Anspruch genommen hat, gehört dazu.

Ferner hat man zu bedenken, dass sich die *Naturgeschichte der Gesellschaft*, der *Kultur* und der *Freiheit*, seit unvordenklichen Zeiten unter den *Konditionen des Bewusstseins* vollzieht. Auch das *Bewusstsein* ist, zusammen mit der *technischen Organisation* und der *Sprache*, unter deren äußerer Anleitung sich das Bewusstsein entwickeln konnte, ein Moment des gesellschaftlichen und kulturellen Lebens. Bewusstsein ist *daher niemals bloß innerlich*; es ist vielmehr eingebettet in die Funktionen einer sich zunehmend auch *bewusst* vollziehenden sozio-technischen, später auch sozio-politischen Organisation menschlichen Daseins. Dass kann man in die Formel von der *öffentlichen Funktion des Bewusstseins* fassen.

Schließlich muss man unter den Bedingungen extremer Verwerfungen bei der mittlerweile unerlässlichen *globalen Selbstorganisation der Politik* daran erinnern, dass sich spätestens seit der griechisch-römischen Antike der *Selbstverständigungsprozess der Menschheit* unter den Bedingungen eines *Bewusstseins* von der *Zusammengehörigkeit der menschlichen Gattung* vollzogen hat. Das mag am Anfang noch ein verquerer *Missionsgedanke* erster Weltreligionen oder eine vage *Idee* griechischer und römischer Philosophen gewesen sein. Es war aber bereits eine *empirische Einsicht*, in deren Zeichen *Kant* sein Programm des *ewigen Friedens* und der Realisierung eines *Weltbürgerrechts* entworfen und *Wilhelm von Humboldt* seine alle Sprachen der Welt umfassende Idee einer organischen Einheit menschlicher Mitteilung skizziert hat. Sie haben dem bereits zuvor, nicht unwesentlich unter religiöser Anleitung entstandenen *Menschenrecht*, den Zugang zu seiner wissenschaftlichen Fundierung eröffnet, an der sich dann im 19. Jahrhundert die Biologie, die Ökonomie und die entstehende Soziologie versucht haben.

Darüber habe ich in letzten Jahren im *Humanprojekt* der Berliner Akademie und in Studien zur *Öffentlichkeit*, zur *Humanität* und zum *Sinn des Sinns* nachgedankt. Jetzt bin ich gespannt, was in den schon etwas älteren Überlegungen zur *Partizipation* davon bereits angelegt ist.[1]

2 Instrumentalität und Repräsentation

Jedes bewusste Sich-Verhalten ist ein Gebrauch seiner selbst. Wer seinem Körper die Zähne putzt, tut dies, um sich frisch zu fühlen und um sich die Gesundheit zu erhalten. Er ist aktiv auf seine körperliche Verfassung bezogen, von der er weiß (oder zu wissen meint), dass sie von Vorteil ist. Im Gebrauch seiner selbst vollzieht der Mensch ausdrücklich und von sich aus nach, was von Natur aus schon immer mit ihm geschieht: Bereits von Natur aus ist er es selbst stets auch Mittel zu irgendwelchen Zwecken. Die Instrumentalisierung jedes einzelnen Wesens und jedes einzelnen Teils dieses Wesens im Dienste seiner selbst und anderer Wesen ist ein fundamentaler Tatbestand der lebendigen Natur. Das Leben ist ein durch und durch funktionaler Zusammenhang.

Das gilt auch für die Relation zwischen Individuum und Gattung, die für das Verhältnis von Individuum und Politik von besonderer Bedeutung ist. In Gesellschaft verdichtet sich die wechselseitige Vermittlung der Individuen zum sachhaltig verstärkten Nutzen für ihresgleichen.

Dazu hat sich jeder die für die Verständigung entscheidenden Zwecke und Mittel *vorzustellen*, wozu es der *Imagination* bedarf. In einer Art des »Handelns auf Probe« (Gehlen 1993, 303) gibt sie *mögliche Konditionen* vor und eruiert *wahrscheinliche Effekte*, um in Variationen das zu erfassen, was Gegenstand des konkreten Verstehens werden kann. Es ist die *Phantasie*, die den Raum für *Optionen* eröffnet, in denen sich Handlungschancen erkennen lassen. Die instinktiven Mechanismen büßen an Bedeutung ein, so dass sich die soziale Kooperation zunehmend auf *vorgestellte Leistungen* gründet, zu denen gehört, dass sich der Akteur an die Stelle seiner Partner und Gegner versetzen kann.

Also darf man schließen, dass sich der gesellschaftlich handelnde Mensch wesentlich *im Medium der Imagination* erfährt. Er muss sich die (nirgendwo gegenständlich gegebenen) Zwecke und Mittel des Handelns ebenso vorstellen wie den erwarteten Ablauf der Kooperation. Seine Partner muss er mit Blick auf ihre Fähigkeiten und Möglichkeiten einschätzen. Das Gleiche gilt für seinen eigenen Beitrag. Er nimmt sich und seinesgleichen in ihren jeweiligen Leistungen und Rollen wahr. Was immer sein gesellschaftliches Handeln betrifft, stellt sich mit Hilfe seiner *Vorstellungen* ein. Was immer er erlebt und erfährt, vollzieht sich unter den Bedingungen der Repräsentation.

---

1 Ich beziehe mich im Folgenden auf Überlegungen, die in meiner Monographie *Partizipation. Das Prinzip der Politik*, München 2007, erstmals entwickelt worden sind. Es gehen aber auch Einsichten mit ein, die erstmals im Rahmen des von Detlev Ganten, Julian Nida-Rümelin und mir geleiteten *Humanprojekts* der Berlin-Brandenburgischen Akademie der Wissenschaften vorgetragen werden konnten. Darüber informieren die bis in die Gegenwart fortgeführten Beiträge in der Publikationsreihe des Projekts im de Gruyter-Verlag Berlin.

Zu beachten ist, dass sich die Vorstellungen nicht in mentalen Bildern oder begrifflichen Schemata erschöpfen. Sie sind nicht auf das beschränkt, was einer im ›Kopf‹ hat oder im ›Herzen‹ bewahrt. Er kann schon in Auftreten und Handeln Repräsentant seiner Herkunft, seiner Fähigkeiten und Möglichkeiten sein. Seine gesellschaftliche Existenz hängt wesentlich an Tätigkeiten und Rollen, die von eigenen Erwartungen und den Ansprüchen anderer getragen sind. Ihre soziale Wirksamkeit wird über Formen der Anerkennung vermittelt, die auf bestehenden Traditionen von Achtung, Ruhm und Ehre aufruhen und offenbar überaus wandlungsfähig sind. Auch sie haben, wie uns die Soziobiologen lehren, Vorläufer in der Naturgeschichte gesellig lebender Tiere.

Neu am Menschen aber scheint zu sein, dass er sich unter *Selbstansprüche* stellt, die wechselseitig kommunizierbar, kontrollierbar und korrigierbar sind. Dennoch verbleibt er unter der naturbedingten Kondition wechselseitiger Instrumentaliät.

Zum Selbstanspruch des Menschen gehört, dass er sich von sich aus vor seinesgleichen zur Geltung bringen will. Was er sagt und tut, ist mit Vorstellungen verbunden, die in der Form von Erwartungen auf mögliche Effekte vorgreifen. Er hat Vorstellungen von sich, von seinen Aufgaben und von seinesgleichen – und die anderen haben ihre Vorstellungen ihrerseits. Die vergesellschafteten Individuen leben in einem dichten Gewebe aus Repräsentationen, die selbst in Konflikten für einen inneren Zusammenhang sorgen, der den Menschen (ganz gleich, worum es geht) die Verständigung ermöglichen. Indem Menschen auftreten, sprechen und handeln, gehen sie – Vorstellungen gebend – aus sich heraus.

Das heißt: Menschen leben innerlich und äußerlich im Medium der Repräsentation, indem sie miteinander, vor einander und für sich selbst die Funktionen erfüllen, die sich aus den dominierenden Impulsen ihrer soziologisch anverwandelten Natur ergeben. Und so viel sie dabei auch lernend, erinnernd oder planend für sich behalten mögen: Zu ihrer sozialen Existenz gelangen sie nur, indem sie ihre mentalen Vorstellungen in technischen Vollzügen und kommunkativen Handlungen zum Ausdruck bringen. Gesellschaft ist dort, wo sich das durch und durch instrumentelle Lebens im Medium der Repräsentation vollzieht und eine über die Vorstellungen vermittelte, schon mit der Technik praktizierte Distanz zu sich selbst gewinnt.

3 Repräsentation und Organisation

In den technischen und sozialen Leistungen repräsentiert das Individuum niemals bloß sich selbst. Um technische Erzeugnisse herstellen und verwenden zu können, bedarf es bereits der ›exzentrischen‹ Position des tätigen Individuums außerhalb seiner selbst. Wenn es die Werkzeuge sachgerecht einsetzen will, muss es schon seine Arme und Hände als Instrumente verstehen, die zur Wirkungsweise des Werkzeugs passen. Und da alle, die an einem durch Technik organisierten Verfahren teilnehmen, im Prinzip durch ihresgleichen ersetzbar sind, betrifft die »exzentrische Positionalität« (Plessner 1981, 303) nicht bloß das Selbstverhältnis des Individuums, sondern auch das Wechselverhältnis interindividueller Wahrnehmung im sozialen Raum.

Jeder, der im sozialen Kontext wirken will, hat schon in seinem Auftreten zu zeigen, wer er ist. Es ist wichtig, dass die anderen erkennen, ob jemand Jäger oder Krieger ist, ob er mit Waren handelt oder Wunden heilen kann, oder ob er sich durch besonderen Zugang zu Göttern und Dämonen auszeichnet. Insofern repräsentiert er immer auch das, was er kann. Er stellt sich in den Fertigkeiten vor, die man ihm zuschreibt, die er zu haben glaubt oder tatsächlich hat. Auch darin ist er über sich hinaus. Er hat sich in seiner Einzigartigkeit als *exemplarisch* zu begreifen. So lässt sich die Gesellschaft als ein vielfältig verschränkter Komplex von Repräsentationen beschreiben, die wechselseitig auf einander bezogen sind. Im sozialen Raum müssen *alle vor allen* exemplarisch werden können, um eine Verständigung im Rahmen eines Ganzen, in dem sie als Teile agieren, möglich zu machen.

In der Genese der sozialen Organisation wechselseitiger Repräsentationen spielt die Technik eine herausragende Rolle, allein weil in ihren Produkten die vorgestellte Verwendung erkennbar hervortreten muss. Im produzierten Gegenstand kommt nicht nur ein vorgestellter Zweck zur äußeren Gestalt. Es ist die (technisch realisierte) Kooperation, einschließlich ihrer Funktion für die menschliche Existenz, die darin greifbar wird. Denn im Werkzeug wie in seinem Produkt hat sie einen generellen Nutzen durch eine lehrbare Praxis in Gegenständlichkeit – und damit in den wiederholbaren Gebrauch – überführt. Wenn man nicht direkt an diesem Gebrauch partizipiert, so hat man doch am Nutzen Anteil, welcher die eigenen (oft nur vorgestellten) Zwecke erfüllt.

Der definitive Akt im Übergang von der Gattung zur Gesellschaft liegt somit in der kulturellen Leistung. In ihr gelangt die menschliche Spezies zur sachhaltigen Anerkennung ihrer selbst. Sie nimmt sich im Spiegel ihrer eigenen Wirkung wahr, die sie unter dem individuellen und generativen Druck des Lebens, der die Knappheit von Gütern nicht enden lässt, nicht nur fortzusetzen, sondern auch zu steigern hat. Und in der Politik sucht sich die Gesellschaft selbst zum praktikablen Gegenstand ihrer Anerkennung zu machen. Das tut sie, indem sie zum Subjekt wie zum Objekt ihrer technisch-praktischen Selbststeuerung wird.

Aus der fundierenden Leistung der Technik darf nicht geschlossen werden, dass sie naturhistorisch *vor* der Gesellschaft liegt. Mit den Werkzeugen und den durch sie und für sie erzeugten Umständen ist die Technik natürlich selbst als eine gesellschaftliche Leistung anzusehen. In Bedürfnis und Fähigkeit beruht sie auf Bildungsprozessen, die sich zwar stets am Einzelnen ausprägen, aber nur in organisierten sozialen Kontexten möglich sind. Schon in der bewussten Weitergabe von Erfahrungen, in der Ausbildung spezieller Geschicklichkeiten, in der zugehörigen Verständigung und in den Effekten ihrer Verwendung liegen soziale Elemente, ohne die der technische Umgang mit Instrumenten und Produkten nicht möglich wäre.

Es gibt Hinweise aus frühen Jäger- und Sammlerkulturen, in denen das Spurenlesen, das Jagen und Fallenstellen in jeweils langjährigen Lernprozessen weitergegeben worden ist, für die eine vertrauensvolle Beziehung zwischen Lehrer und Schüler nötig war. So ließ sich der kundige Jäger bei seinen Gängen von einem Jüngeren begleiten, der in die auf langen Traditionen beruhenden Fähigkeiten des Älteren hineinwachsen konnte. Beide konnten sich dabei selbst als Mittel zu dem Erfolg verstehen, den sie mit allen, die auf die Jagdbeute angewiesen waren, teilen. Insofern waren beide *Teil* der von ihnen ausgeübten *Technik*.

Beide mussten aber auch in einer gemeinsamen Vorstellung von den Mitteln und Zielen ihrer Tuns verbunden sein. Und indem ihnen dies gelang, repräsentierten sie in den eigenen wie in den Augen der anderen, die Tätigkeit des Jägers. Ihre Rolle lag somit auch darin, repräsentativ für ihre Leistung zu sein. Für sich und für andere waren sie Repräsentanten der Jagd, was gewiss nicht ohne Folgen für ihr Selbstverständnis und für die Erwartungen war, die man ihnen entgegenbrachte. Die Organisation ihrer Tätigkeit vollzog sich somit gleich in mehrfacher Hinsicht unter Bedingungen der Repräsentation. Dieser Zusammenhang lässt sich noch ausdrücklicher machen.

4 Die Unverzichtbarkeit der Vorstellung

Ein Faustkeil oder eine Streitaxt können nur geschaffen werden, wenn sowohl bei ihrem Erzeuger wie auch bei dem, der sie gebraucht, eine Vorstellung von Situationen besteht, in denen sie nützlich sein könnte. Es bedarf einer Imagination von ihrem möglichen Gebrauch, um sie finden, erfinden, verwenden oder weitergeben zu können. Vielleicht hat es Vorstellungen schon lange vor der Entwicklung der Technik gegeben; vielleicht klären uns Biologen und Psychologen schon bald darüber auf, dass auch Bienen, Fledermäuse, Zugvögel, Jagdhunde oder Primaten von ›Vorstellungen‹ geleitet werden. Doch selbst wenn sich dergleichen nicht finden ließe oder für entbehrlich gehalten werden sollte, änderte das nichts daran, dass die soziale Lebensweise des Menschen auf individuell eingesetzte und sozial wirksame Vorstellungen angewiesen ist.

Vorstellungen sind mentale Dispositionen, die in der Reproduktion und Antizipation sinnlicher Eindrücke durchaus auch in der Form von ›Bildern‹ präsent sein können, obgleich es im Gehirn mit Sicherheit keine Bilder gibt. In ihrer Funktion wird man sie als auf den Moment einer Entscheidung verdichtete Anleitungen begreifen müssen, die eine *Einheit in der Vielheit* ermöglichen. Sie gewährleisten eine projektive Organisation der bewussten menschlichen Aktivitäten. Vorstellungen *vergegenwärtigen*, was im Nacheinander eines Geschehens in einzelne Daten auseinander fällt. Sie sind die Instanz der Geistesgegenwart, vor der die verstreuten Teile von etwas, das war oder sein wird, zu einem *Ganzen* zusammenschießen, auf das man *als Ganzes* reagieren kann. Sie disponieren im Augenblick und erlauben alles das, was wir mit der Einstellung auf Kommendes und in der Erinnerung an Vergangenes verbinden.

In der Vorbereitung und Planung von Handlungen sind Vorstellungen ebenso präsent wie in der Verständigung und Absprache einer gesellschaftlichen Aktion. Und sie wirken im Individuum vermutlich nur, weil sie ihre direktive Kraft auch in gesellschaftlichen Handlungslagen erweisen. In ihrem Zeichen, mit dem von ihnen vermittelten ›Bild‹, können sich viele Menschen auf ein Verhalten einigen. Damit können sie, unbeschadet ihrer Funktion in den technischen Leistungen des Menschen, als das *Ursprungsmedium des Politischen* bezeichnet werden. Sie leiten das individuelle Handeln derart an, dass es sich zu einem kollektiven Tun verbinden kann.

Die organisierende Leistung von Vorstellungen macht auch den Doppelsinn im Begriff der Repräsentation verständlich: Sie können zum einen *vor* einer Handlung liegen und haben dann den Charakter des *Mentalen*, über das Personen oder Institutionen mit sich zu Rate gehen. Sie können aber auch den *präsenten* Vollzug einer Handlung bedeuten. Dann sind sie die Vorstellung, die einer ›gibt‹ oder das, was man auf einer Bühne sieht. Dann können sie zu den *sozialen Tatbeständen* gerechnet werden; ihre Träger werden dann ›Repräsentanten‹ genannt. Die inszenierte Vorstellung erlaubt den Menschen, sich mit ihren Absichten und Plänen, in ihren Fähigkeiten und ihrer Eigenart zu präsentieren. Im Repräsentanten, der als Stellvertreter fungiert, wirken beide Momente zusammen. Repräsentation hat ihren Sinn also primär durch ihre Wirksamkeit in der Disposition von Handlungen; sie kann sowohl als internes (mentales) Geschehen (von Personen und Personengruppen) als auch im Sinn einer externen, einer in Szene gesetzten (sozialen) Manifestation verstanden werden.

Die Vorstellung steht bis heute unter dem Verdacht, sie betreibe nicht mehr als eine mentale ›Verdoppelung‹ der Welt. Der Verdacht entfällt, wenn wir sie als Mittel der Steuerung von etwas durch etwas ansehen. Wenn eine Person sich in einer Handlung realisiert, wird die dispositive Distanz zu möglichen Wirkungen wirksam. Dann kann sie als Akteur über sich selbst verfügen, kann sich darin in der unvermeidlichen Art verändern – und sie kann sich dennoch als *dieselbe* begreifen, die immer mit *denselben* Mitteln zu *denselben* Zielen strebt. Erst wo dies möglich ist, kann ausdrücklich auch ein *anderes* Verfahren zu *anderen* Zwecken zum Einsatz kommen.

Entsprechend kann mit Hilfe der Repräsentation von Handlungsoptionen auch eine Gesellschaft Techniken zur Anwendung bringen, die ihre Bestände zu erhalten und zu entfalten vermögen. Der damit vollzogene *Übergang* zur politischen Organisation erfolgt unter dem Einfluss der bereits technisch bearbeiteten Natur, für die wir den Begriff der *Kultur verwenden.* Die Kultur beruht in sämtlichen ihrer einzelnen Leistungen wie auch im Ganzen ihres Zusammenhangs auf der organisierenden Kraft der Repräsentation. Kann es wundern, dass – Partizipation vorausgesetzt – die Repräsentation zur tragenden Leistung des Politischen avanciert?

5 Die Sphäre der Objektivität

Vielleicht werden wir dem Vorgang, dem wir unsere kulturelle Existenz und unsere politische Kultur verdanken, am ehesten gerecht, wenn wir ihn auf das *Bewusstsein* beziehen, das gegeben sein muss, damit es zum Aufbau einer Gegenstandswelt mit technischen Mitteln kommen kann. Denn darum handelt es sich: Mit der Herstellung von Dingen für den gesellschaftlichen Gebrauch folgt der Mensch nicht nur der Eigenart des Materials, das er bearbeitet, sondern auch den Erwartungen, die mit der Verwendung durch ihn und seinesgleichen verbunden sind. Nach der üblichen Redeweise muss er sich nicht nur auf die ›objektive‹ Beschaffenheit der bearbeiteten und verwendeten Stoffe verstehen, sondern auch auf die ›subjektive‹ Seite derer, für die er das Messer und den Krug, die Axt, den Bohrer und den Pfeil, die Spange, den Schuh und das Purpurrot für seine Maske erstellt.

Aus technischer Perspektive zeigt sich auch ohne besonderen analytischen Aufwand, dass beide Seiten, die des Materials und die der Situation, durch ›objektive‹ Ansprüche gekennzeichnet sind. Die hergestellten Dinge müssen tauglich für die jeweiligen Zwecke sein. Das sind sie nur, wenn sie ihre Funktion aus der Sicht derer erfüllen, die sie verwenden. Das Handwerk setzt also ein Bewusstsein voraus, das sowohl den sachlichen Erfordernissen der Dinge wie auch den – zunächst nicht weniger sachlichen – Erwartungen der Nutzer entspricht. Ein Kamm, er mag noch so schmuckvoll sein, muss in Stoff und Form den Anforderungen seines Gebrauchs entsprechen. Ein Wundverband aus heilenden Kräutern darf die Entzündung nicht verschlimmern.

Die Subjektivität von Lust- und Schmerzempfindungen braucht dabei nicht in Abrede zu stehen; als Zustand der Empfindung oder des Gefühls gibt es sie mit Sicherheit viel länger, als es sachbezogene Gesten oder Laute gibt. Aber als ›subjektiver‹, ausdrücklich bloß für das Individuum reservierter mentaler Status dürfte sie erst in Abgrenzung vom objektiven Bewusstsein des Erkennens wahrgenommen werden. Die Subjektivität ist nicht der ursprüngliche Zustand des Bewusstseins, aus dem sich die Objektivität erst im Prozess methodologischer Versicherung entwickelt. Vielmehr ist die Objektivität der *status originarius* des Menschen. Ihm gegenüber ist die Subjektivität defizitär, weil ihr die Bestätigung unter Bezug auf einen allen gleichermaßen zugänglichen Sachverhalt fehlt. Gleichwohl kann der Mensch aus der Einschränkung der Reichweite seines subjektiven

Bewusstseins eine Stärke machen, indem er einfach etwas für sich behält oder sich – vor jeder möglichen Bestätigung durch einen Sachverhalt – ausdrücklich auf seine Meinung beruft. Schließlich kann er sich in der Subjektivität eine Quelle individueller Produktivität erschließen.

Die Politik hingegen kann sich in ihren Leistungen von der Objektivität des menschlichen Weltbewusstseins leiten lassen. Sie kann darauf vertrauen, dass es das Bewusstsein ist, das Öffentlichkeit schafft. Zwar kommt die Öffentlichkeit als schutzwürdige Institution erst mit dem Recht und der Politik in die Welt. Aber als Raum des Erkennens und Handelns entsteht sie mit den objektiven Leistungen des Wissens, das von den technischen Leistungen der menschlichen Kultur getragen ist. Der erkennende, der bewusst herstellende Mensch bewegt sich von Anfang an in der gemeinsamen Welt mit *allem* und mit *allen anderen*. Bewusst lebt er immer in der – natürlich erst viel später so genannten – Sphäre der Objektivität.

6 Soziomorphie des Wissens

Die auf Mitteilung, Handlungsdisposition und Objektivität gerichtete Aktivität mentaler Vollzüge gibt gute Gründe, von einer *soziomorphen Verfassung* des Bewusstseins zu sprechen.[2] In ihm liegt eine wesentliche Vorstufe zur Publizität. Es ist nicht nötig, den bewusst handelnden Menschen erst durch einen speziellen sozialen Akt zu sozialisieren. Allein dadurch, dass er lebt, handelt und spricht, ist er auf seinesgleichen bezogen, und dadurch, dass er Bewusstsein hat, ist er es *ausdrücklich*. Mit den bereits in der Ansprache als *seinesgleichen* begriffenen anderen bewegt er sich in einer *mit ihnen* geteilten Sphäre, die er ›Welt‹ oder ›Wirklichkeit‹, ›Natur‹ oder eben ›Gesellschaft‹ nennen kann. Zu dieser Sphäre gehört alles, was überhaupt vorkommt. In ihr äußert sich das mit seinesgleichen ursprünglich geteilte Bewusstsein des Einzelnen, das ihn befähigt, alles mit den anderen Gemeinsame eindeutig zu benennen.

Es ist das Bewusstsein, das dem Menschen kenntlich macht, wie sehr er zu denen gehört, von denen er stammt, die ihn geschützt, gepflegt und erzogen haben und auf deren Hilfe er angewiesen ist, wenn er etwas erreichen oder vermeiden will. Jahrtausende bevor der Mensch auf den Gedanken kommt, sich Rechenschaft darüber abzulegen, ob er Zugang zum Bewusstsein eines Mitmenschen hat, ist er mit ihm in gemeinsamen Ängsten und Erwartungen, Freuden und Absichten verbunden. Und wenn es richtig ist, dass die gemeinsame Erfahrung im technischen Umgang mit der Natur das menschliche Bewusstsein in der Aufmerksamkeit für Dinge und Ereignisse, Verfahren und Ergebnisse diszipliniert, kommt die lange Vorgeschichte des technischen Handelns hinzu, in der er sich bereits in einem exakt benennbaren, auf Sachverhalte verpflichteten Wissen bewegt.

Also gehören die anderen, unbeschadet der Gefühle, die uns mit ihnen verbinden, gerade auch im ausdrücklichen Wissen zur gemeinsamen Welt. Man müsste buchstäblich alles vergessen, um an der Existenz der anderen – oder an der Tatsache ihres Bewusstseins – zu zweifeln.

---

2 Den Ausdruck verwende ich das erste Mal in: *Selbstbestimmung. Das Prinzip der Individualität*, Stuttgart 1999. In *Öffentlichkeit. Die politische Form des Bewusstseins*. München 2012, folgt eine umfassende Deutung dieser Verfassung, die hier nur angedeutet werden kann.

Die reale Verbindung einer sich bereits mit eigener Technik erhaltenden Gesellschaft schließt das Selbstbewusstsein der in ihr tätigen Individuen ein. Da wir einen voll entwickelten Begriff von Individualität nur von uns selbst her kennen, er folglich über unser Selbstbewusstsein vermittelt ist, dürfen wir schließen, dass die auf die Erfindung und Verwendung eigener Techniken basierenden Gesellschaften bereits aus selbstbewussten Individuen bestehen.

Dass dieses Selbstbewusstsein, wie auch die Individualität, sich entwickeln und in der Entwicklung verfeinern und steigern kann, zeigt das Heranwachsen eines jeden einzelnen Menschen. Deshalb steht es der an dieser Stelle nicht zu belegenden These von der wechselseitigen Entsprechung von Individualität und Institution nicht entgegen, wenn wir schon für den technischen Umgang des Menschen mit der Natur ein individuelles Selbstbewusstsein voraussetzen. Der Kristallisationspunkt aller Politik ist eben dieses an der Technik geschulte und in der Gesellschaft entfaltete Selbstbewusstsein des Individuums, das in seiner Vorstellung die gleichermaßen organische wie soziale Einheit hat, die es im eigenen Handeln zu realisieren und in politischen Aufgaben zu repräsentieren gilt.

Die Umstellung von der Flüchtigkeit erlebter Reize und Reaktionen auf die Dauer von gewollten *Mustern und Ritualen* erfolgt unter den Bedingungen des Bewusstseins, dessen zentrale Leistung in der *Repräsentation* gesehen werden muss. Mit Blick auf diese Leistung erhält die Rede von der *Soziomorphie des Bewusstseins* einen tieferen Sinn: Das Bewusstsein bildet nicht einfach die Konstellation sozialer Relationen ab und bewegt sich auch keineswegs nur in der Struktur gesellschaftlicher Sachverhalte; es bringt vielmehr die Typik des sozialen Verkehrs in einem ursprünglichen Sinn hervor. Insofern ist es das Bewusstsein, das die Gesellschaft, so wie wir sie kennen und erkennen, formt. Dem steht die Erkenntnis, dass im Bewusstsein bereits elementare gattungsgeschichtliche und technisch-sprachliche Momente enthalten sind, ebenso wenig entgegen, wie die Einsicht, dass menschliches Bewusstsein, so, wie wir es an uns selbst erleben, am Ende einer langen Entwicklung steht.

7 Die Macht des Geistes

Angesichts der erfahrenen Fragilität gesellschaftlicher Verhältnisse, in denen selbst Freunde und Geschwister in tödliche Feindschaft verfallen können, stellt sich das Bewusstsein *eines eigenen Anteils* an der erforderlichen Stabilität der Strukturen ganz von selber ein. Ausgangspunkt sind die erlebten Verbindlichkeiten im sozialen Verkehr; man erfährt zunächst durch andere, dass etwas getan werden soll. Sobald das gelernt ist und in Kenntnis der eigenen Stellung zu einem bestimmten Sachverhalt beurteilt werden kann, stellt sich die Zuständigkeit für das Erkannte ein. Also kann man wissen, dass etwas ›objektiv‹ getan werden muss.

Damit bewegt man sich im Medium der Sicherung und Wartung technischer Leistungen. In diesen Leistungen wirkt selbst wieder ein Bewusstsein von der Herstellung eben der Bedingungen, die ein Individuum verpflichten. Wenn niemand wachen, hoffen oder arbeiten würde, gäbe es nicht das, was man braucht. So fixieren sich sozial verbindliche Strukturen in der Wahrnehmung repräsentativer Funktionen, und es verbreitet sich das Wissen vom eigenen Anteil an der Stabilisierung des gesellschaftlichen Zusammenhangs.

Der Grenzfall dieser Anteilnahme an der praktisch-technischen Sicherung einer sozialen Verbindlichkeit liegt in der sachbezogenen Mitteilung eines seiner selbst bewussten Individuums. Denn indem es vor anderen auf einen Sachverhalt setzt, nimmt es den intersubjektiv verbindlichen Sinn einer wahren Aussage als gegeben hin. Wenn es die Anerkennung der von ihm gemeinten Wahrheit will, muss es auch den gesellschaftlichen Zusammenhang wollen, dessen technische und soziale Leistungen auf der interindividuellen Anerkennung von Sachverhalten beruhen. Es ist somit auch hier wesentlich die *Technik*, die selbstbewusste Individuen in der notwendigen Sicherung ihrer Funktionen zu verpflichten vermag.

Die Soziomorphie als die den Strukturen der Gesellschaft Verbindlichkeit gebende Form des Bewusstseins lässt uns schärfer sehen, was es heißt, dass ›Gesellschaft‹ der in der technischen Leistung zum Ausdruck kommende Selbstbegriff einer Gattung ist: Das Bewusstsein vermag jedem exakt den gleichen Sachverhalt vor Augen zu führen. Es ist somit die Bedingung dafür, dass sich *viele*, trotz abweichender Ansichten, auf *bestimmte* Formen und Verfahren verpflichten lassen. Dabei bleibt – als wesentlicher Vorzug bewusster Koordination und Organisation – die Eigenständigkeit der beteiligten Individuen erhalten.

Dass die Festlegung einer Menge von Menschen auf bestimmte Daten, Strukturen und Normen ausgerechnet durch das leichteste und beweglichste Medium, nämlich durch das Bewusstsein möglich wird, offenbart die Macht, die der *Geist* in den menschlichen Verhältnissen zu entfalten vermag. Und wer die Rolle des Bewusstseins nicht für gering erachtet, wird auch zu schätzen wissen, was Öffentlichkeit, Aufklärung und intellektuelle Eigenständigkeit der Bürger für ein politisches Gemeinwesen bedeuten.

Schließlich gibt es die Vermutung, der sich in Technik und Kultur manifestierende Geist habe auch Einfluss auf die Evolution des Menschen. Der bloße Reproduktionserfolg einer Gesellschaft scheint nicht mehr allein über ihr kulturelles Überleben zu entscheiden; zur Dominanz der ›Gene‹ komme, so jedenfalls wird behauptet, die Effektivität der ›Meme‹ hinzu. In der Tat können die technikgestützten Leistungen einer systematisch genutzten Erinnerung zu Erfolgen in der Konkurrenz der Kulturen führen. Waffen-, Transport- und Kommunikationssysteme lassen einige Gesellschaften wachsen, während andere untergehen.

Was dies für die Zukunft bedeutet, vermag freilich niemand zu sagen. Mit Sicherheit bedeutet es nicht die Ablösung der Natur durch Kultur. So wie die Gene nur im Ganzen eines Organismus wirken, der in soziale und ökologische Einheiten eingebunden ist, so bleibt auch die Kultur auf Rahmenbedingen angewiesen, zu denen in ihrem Inneren die nachwachsenden Individuen und im Außenraum die Ressourcen gehören, die sowohl technisch wie auch ökonomisch nur im Zusammenspiel mit der Natur produktiv zu machen sind.

8 Freiheit im Widerspiel natürlicher Kräfte

Wie kann in einem von Natur getragenen, aus Natur bestehenden und in jedem Fall *in* und *als* Natur endenden Prozess überhaupt von etwas gesprochen werden, dass ihr entgegensteht und gar über sie ›hinaus‹ gehen können soll? Kurz: Kann es in der Natur, die wir als grundlegend sowohl für Gattung und Gesellschaft wie auch für Technik und Kultur ansehen, einen Raum für *Freiheit* geben?

Tatsächlich kann es im gesellschaftlichen Handeln des Menschen nicht den geringsten Raum für die Freiheit geben, wenn man die Naturvorstellung in Geltung lässt, von der die Rede ist, solange die Natur der Freiheit wie ein monolithischer Block gegenübersteht. Dann sähe es so aus, als befände sich auf der einen Seite die *ganze Natur* mit ihrer lückenlosen Gesetzmäßigkeit und auf der anderen Seite das *vereinzelte Individuum* mit seiner singulär nur mit ihm auftretenden Freiheit.

Dass unter solchen Bedingungen die Freiheit nicht erkannt oder benannt, geschweige denn gerechtfertigt werden kann, braucht niemanden zu wundern. Unter der Prämisse einer nach Art einer metaphysischen Totalität vorgestellten ›determinierten‹ Natur braucht man die Neurophysiologen nicht, um sich beweisen zu lassen, dass es nirgendwo in der Natur einen speziellen Freiraum für die Freiheit gibt – auch zwischen den nervösen Erregungspotentialen im Cortex nicht. Denn in der *en bloc prozessierenden, gleichsam in einer Front marschierenden* Natur kann es die Lücke nicht geben, die sich als Freiheit deuten ließe. Und, was noch um einiges wichtiger ist: Es *darf* sie nicht geben, wenn wir verlässlich handeln können wollen. Denn bei jedem Schritt, den wir tun, setzen wir die nahtlose Geltung der physikalischen Gesetze voraus. Zur Erklärung der Natur durch physikalische Gesetze gibt es keine Alternative.

Allein die Tatsache, dass wir auf die lückenlose Wirkung der natürlichen Kräfte angewiesen sind, wenn wir frei handeln wollen, sollte uns davor bewahren, von einem ›Widerspruch‹ zwischen Freiheit und Natur zu sprechen. Die konkrete Erfahrung unseres Handelns spricht vielmehr für das selbstverständliche *Ineinander von Freiheit und Natur*. Jeder als frei erfahrene Impuls wirkt immer auch als Natur. Die Angewiesenheit der Freiheit auf Natur ist derart evident, dass es abwegig ist, ihre Vereinbarkeit unter dem Titel eines metaphysischen oder methodologischen ›Kompatibilismus‹ zu beweisen.

Neben dem die Freiheit leugnenden Determinismus ist der perspektivische Kompatibilismus die heute vorherrschende theoretische Lösung des Freiheitsproblems. Sie steht in der Nachfolge Kants , wird aber auch von prominenten Sprachanalytikern vertreten. Peter Bieri hat sie unter dem unglücklichen Titel *Das Handwerk der Freiheit* anschaulich referiert und für sich selbst übernommen. In Auseinandersetzung mit dem metaphysischen Determinismus hat der Kompatibilismus seine Verdienste. Sein Fehler aber ist, auf eine unterkomplexe Naturbeschreibung mit einem überkomplexen Perspektivismus zu reagieren. Es empfiehlt sich daher, einfach genauer auf die Natur und das sie bestimmende Widerspiel lebendiger Kräfte zu achten, um einen angemessenen Zugang zum Problem der Freiheit zu finden.

Der Ursprung der Freiheit, wie der Mensch sie erfährt, liegt in der *Spontaneität*, ohne die nichts Lebendiges gedacht werden kann. Die Spontaneität ist das Kennzeichen einer aus sich heraus erfolgenden *individuellen Bewegung*. Schon Lukrez hat das Leben durch »Spontaneität« definiert, also durch eben die Ursprünglichkeit, die sich auch in der Freiheit des Denkens, Wollens und Handelns äußert (*De rerum natura* III, 33).

Jedes lebendige Individuum sondert sich im Zusammenhang der es umgebenden Kräfte ab; doch das geschieht aufgrund und zusammen mit den es im Inneren ausmachenden Kräften! So organisiert es sich – in Übereinstimmung mit den in ihm wirkenden physikalischen Kräften – aus *eigenen Impulsen* selbst. Darin liegt die Spontaneität seiner eigenen Bewegung, in der es sich *mit* den natürlichen Kräften, über die es verfügt, *gegen* andere physische Kräfte behauptet, die ihm entgegenstehen.

Dass eine partielle Koordination physikalischer Kräfte *in Opposition* zu anderen physikalischen Kräften überhaupt möglich ist, ist das eigentliche Problem. Mit jedem lebendigen Wesen erhält sich ein Naturwesen *gegen* viele andere, kämpft, flieht, frisst und wird gefressen – ohne in den geringsten Konflikt mit den physikalischen Gesetzen zu geraten.

Niemand erwartet, dass vorab über den Ausgang dieser Konflikte entschieden ist. Vielmehr glauben gerade die auf dem Determinismus beharrenden Naturwissenschaftler, dass der Prozess des Lebens am Ende offen sei. Die Evolution, so meinen sie vermutlich mit Recht, sei vorab nicht determiniert. Wenn sie dies aber für möglich halten, brauchen sie nicht länger nach Argumenten gegen die Freiheit zu suchen. Denn Freiheit ist Ausdruck der spontanen Selbstbewegung des Lebens – zumindest in der für den Menschen spezifischen Form.

Freiheit liegt in der ungehinderten Entfaltung der eigenen Kraft. Je mehr Spontaneität aus eigener Konstitution darin zum Ausdruck kommt, umso deutlicher ist der Eindruck der Unbestimmtheit, den wir schon beim unreglementierten Wachstum der Pflanzen und bei ungehinderter Bewegung der Tiere als wirksam ansehen.

Vor allem aber ist es der Mensch, der sich als frei erfährt, wenn er *aus eigenem Antrieb* handeln kann und dabei entweder auf seine *Eigenart* oder auf seine *Motive* verweisen kann. Wenn es ihm Ernst mit den Gründen aus eigener Einsicht ist, wird er auch in seiner eigenen Handlung größten Wert darauf legen, in Übereinstimmung mit den Naturgesetzen, sprich: erfolgreich zu sein. Ausgerechnet darin eine Aufhebung seiner Freiheit zu sehen, wäre der größte Widersinn.

Literatur

Gehlen, Arnold: *Der Mensch* [1940]. Frankfurt 1993.
Gerhardt, Volker: *Partizipation. Das Prinzip der Politik*. München 2007.
Gerhardt, Volker: *Selbstbestimmung. Das Prinzip der Individualität*. Stuttgart 1999.
Gerhardt, Volker: *Öffentlichkeit. Die politische Form des Bewusstseins*. München 2012.
Lukrez: *De rerum natura III*. Stuttgart 1973.
Plessner, Helmuth: *Die Stufen des Organischen und der Mensch* [1928]. Frankfurt a. M. 1981.

5 Was ist soziale Teilhabe? Plädoyer für einen dreidimensionalen Inklusionsbegriff

Hauke Behrendt

1 Zielsetzung

Ziel des vorliegenden Beitrags ist es, den Inklusionsbegriff aus einer sozialphilosophischen Perspektive systematisch zu erschließen. Im Hintergrund meiner Überlegungen steht dabei die Überzeugung, dass ›Inklusion‹ eine sozialtheoretische Schlüsselkategorie für ein analytisch aufschlussreiches Verständnis und eine sachlich angemessene Kritik zwischenmenschlicher Beziehungen darstellt. Somit ist es ein besonderes Kennzeichen meines Ansatzes, den Inklusionsbegriff nicht ausschließlich auf die spezifische Situation von marginalisierten Bevölkerungsgruppen zu beziehen, sondern Inklusion vielmehr als ein elementares Phänomen sozialen Zusammenlebens überhaupt zu behandeln.[1] Die gesellschaftliche Inklusion von sogenannten Minoritäten, wie beispielsweise Menschen mit Behinderungen, stellt demnach einen Spezialfall dar, von dem ich zum Zweck einer allgemeinen Begriffsklärung im Folgenden abstrahieren werde.

Meine zentrale These lautet, dass ein umfassendes Verständnis der Inklusionsthematik besonders gut von einem praxistheoretischen Zugang geleistet werden kann. Das heißt, die relevanten Bausteine des Inklusionsbegriffs sollen hier vor einem theoretischen Grundgerüst begründet und zueinander in Beziehung gesetzt werden, das den einschlägigen Bezugspunkt, auf den das Phänomen der sozialen Inklusion bezogen ist, als Erscheinungsformen sozialer Praxis begreift. Aus der Perspektive einer Praxistheorie – so meine Kernthese – lässt sich ein gehaltvoller sozialphilosophischer Inklusionsbegriff als Grundlage für eine einheitliche Inklusionsforschung auf gewinnbringende Weise fruchtbar machen.[2]

Um diese These zu begründen, werde ich im ersten Teil des Beitrags allgemeine Adäquatheitsbedingungen für eine plausible Inklusionstheorie herausarbeiten. Dafür wird in einem ersten Schritt die formale Struktur des Inklusionsbegriffs beleuchtet, die

---

1 Das unterscheidet meinen Ansatz z. B. vom Inklusionsverständnis der Ungleichheitsforschung, in der vom Primat der Exklusion ausgegangen wird. Vgl. Bude 2008; Kronauer 2010.

2 In jüngerer Zeit erfreuen sich *praxistheoretische Ansätze* innerhalb der Sozialphilosophie großer Beliebtheit (vgl. Jaeggi 2014; Hillebrand 2014; Stahl 2013; Schmidt 2012; Celikates 2009; Reckwitz 2003, Schatzki et. al 2001). Sie stellen zum einen eine Alternative zum *systemtheoretischen Paradigma* (vgl. Luhmann 1998; Baecker 2016; Stichweh 2000) dar, das zwar ein hohes Beschreibungspotenzial für soziale Zusammenhänge bereithält, Individuen aber kaum signifikante Handlungsspielräume zubilligt. Auf der anderen Seite lassen Praxistheorien aber auch den handlungstheoretischen Fokus von *Rational-Choice-Ansätzen* (vgl. Becker 1982; Axelrod 1987; Diekmann/Voss 2004) und damit die Fiktion immerzu bewusst und rational agierender Akteure hinter sich. Praxistheorien nehmen demgegenüber eine Mittelposition ein, die einerseits das »Gegebensein« (Jaeggi) von sozialen Praktiken – und damit die oftmals routinemäßige Orientierung der Akteure an ihnen – nicht in Frage stellt. Andererseits erkennen praxistheoretische Ansätze ebenso die ontologische Abhängigkeit dieser Praktiken von den Reproduktionsleistungen der Akteure an. Praktiken werden als die zentralen Ordnungsstrukturen des Sozialen angesehen, an denen sich das Handeln einer Gruppe von Menschen im Regelfall orientiert und dadurch zu einem gewissen Grad erklär- und berechenbar wird.

allen konkurrierenden Ansätzen als gemeinsamer semantischer Ausgangspunkt dient (Kap. 2.1). In einem zweiten Schritt werden dann auf Grundlage dieser allseitig geteilten Kernbedeutung von ›Inklusion‹ drei Dimensionen der Inklusionsforschung in den Blick genommen, die ein umfassender sozialphilosophischer Inklusionsbegriff einfangen muss, um sich als geeigneter Grundbegriff einer kritischen Sozialtheorie zu empfehlen (Kap. 2.2).

Im zweiten Teil meiner Argumentation möchte ich unter Bezugnahme auf die im ersten Teil gewonnenen Adäquatheitsbedingungen einen praxistheoretischen Inklusionsbegriff strukturiert erarbeiten. Dafür werde ich zunächst das formale Grundgerüst des Inklusionsbegriffs systematisch mit Inhalt füllen, indem ich die ermittelten Relationselemente unter praxistheoretischen Vorzeichen inhaltlich ausbuchstabiere (Kap. 3.1). Abschließend gehe ich näher darauf ein, inwiefern die so erschlossene materielle Inklusionsauffassung die drei einschlägigen Dimensionen einer einheitlichen Inklusionsforschung befriedigend abzudecken vermag (Kap. 3.3). Der Text schließt mit einem abschließenden Fazit sowie einem kurzen Ausblick (Kap. 4).

2 Adäquatheitsbedingungen für eine plausible Inklusionstheorie

In diesem Abschnitt werden die Adäquatheitsbedingen formuliert, die eine überzeugende Inklusionstheorie erfüllen muss. Eine erste wichtige Voraussetzung, die in der gegenwärtigen Theorielandschaft keineswegs immer erfüllt ist, besteht in einer sinnvollen Begriffsbildung. Selbst dort, wo von einer eingehenderen begriffsanalytischen Auseinandersetzung hinsichtlich der Inklusionsthematik gesprochen werden kann, krankt ein Großteil der akademischen Diskussion an einem unterkomplexen Inklusionsbegriff. Wie ich zeigen möchte, müssen drei Dimensionen von Inklusion analytisch auseinander gehalten werden, die ein kongruenter sozialphilosophischer Inklusionsbegriff einfangen muss, um allgemein akzeptabel zu sein. Denn erst auf einer einheitlichen begrifflichen Grundlage wird ein angemessener wissenschaftlicher Umgang mit Inklusionsphänomenen sinnvoll und erfolgversprechend.

2.1 Semantische Weichenstellung

Wer den Begriff der Inklusion in den Blick nimmt, ist unvermeidlich auch mit seinem Gegenbegriff der Exklusion konfrontiert. Diese Feststellung trägt der Tatsache Rechnung, dass die Ausdrücke ›Inklusion‹ und ›Exklusion‹ semantisch ko-konstitutiv sind. Ihre Bedeutung, so ließe sich auch sagen, verweist wechselseitig aufeinander. Wird ›Inklusion‹ in erster Annährung verstanden als soziale Einbindung von Personen, bezeichnet ›Exklusion‹ demgegenüber Phänomene sozialen Ausschlusses. Es handelt sich hierbei also um zwei einander entgegengesetzte Pole *sozialer Teilhabe*.

Wird jemand erfolgreich inkludiert, hat er anschließend folglich in größerem Umfang am Sozialen teil, als dies vorher der Fall gewesen ist. Als *Prozess* zielt Inklusion somit auf eine Steigerung sozialer Teilhabe, die nach erfolgreicher Verwirklichung als *Zustand* realisiert ist. Das heißt, zunächst *wird* man in soziale Verhältnisse inkludiert; anschließend *ist* man es. Auf dem Kontinuum sozialer Teilhabe können Inklusion und Exklusion auf diese Weise komplementär bestimmt werden.

Ein wechselseitiger Verweisungszusammenhang der komplementären Begriffe ›Inklusion‹ und ›Exklusion‹ besteht darüber hinaus auch auf ganz ähnliche Weise in relationaler Hinsicht: Wird durch den Inklusionsbegriff angezeigt, welche Personen oder Gruppen am Sozialen *teilhaben*, lässt das unmittelbar Rückschlüsse darauf zu, wer außen vor bleibt – wer also exkludiert wird – und umgekehrt. Mit anderen Worten: Wer über Inklusion spricht, kann unmöglich von Exklusion schweigen.

Um Missverständnissen vorzubeugen, möchte ich noch eine kurze Bemerkung zum zentralen Ausdruck ›soziale Teilhabe‹ anschließen: Mir geht es nicht um genuin soziale Formen der Teilhabe im Gegensatz zu unsozialen Teilhabeformen, sondern vielmehr ganz allgemein um jedwede *Teilhabe am Sozialen* im weitest möglichen Sinne. Das lässt begrifflich beide Modi der Teilhabe – soziale und nicht-soziale Teilhabeformen – zu. Semantisch wird vorläufig also ausschließlich vorausgesetzt, dass es bei der Rede von ›Inklusion‹ immer um Teilhabe an sozialen Zusammenhängen geht. Offen bleibt an dieser Stelle hingegen, ob diese eher statisch im Sinne eines zuteilbaren Gutes oder stärker performativ im Sinne eines partizipativen Vollzugs verstanden werden sollte.

Wie sich im Verlauf meiner Ausführungen noch deutlicher zeigen wird, lässt sich ›*das Soziale*‹, von dem hier die Rede ist, als das gesamte Spektrum zwischenmenschlich relevanter Phänomene und ihrer Strukturen bestimmen. Auf die soziale Welt im Ganzen bezogen stellen ›soziale Inklusion‹, ›soziale Exklusion‹ und ›soziale Teilhabe‹ somit die Kategorien mit dem höchsten Allgemeinheitsgrad dar. Unter sozialtheoretischen Vorzeichen lassen sich aus dem multipolaren Insgesamt des Sozialen jedoch auch spezifische Sphären ausschnitthaft herausgreifen und gezielt beleuchten, die jeweils eigengesetzliche Besonderheiten aufweisen. Hier denke ich etwa an die Sphären der Politik, der Ökonomie, der persönlichen Nahbeziehungen und so weiter, mit denen dann entsprechende Teilhabeformen – politische, ökonomische, private Teilhabe – korrespondieren. Doch bevor man sich solchen Spezialfällen zuwenden kann, muss zunächst die allgemeine Struktur eines generellen Inklusionsbegriffs klar herausgearbeitet werden.

In der bisher nahegebrachten Weise hat das komplementäre Begriffspaar ›Inklusion/Exklusion‹ auch seit den achtziger Jahren des 20. Jahrhunderts schrittweise Eingang in politische Programme, soziale Projekte und wissenschaftliche Forschungsvorhaben gefunden.[3] Daher kann meine skizzenhafte Charakterisierung als gemeinsamer Nenner aller Positionen den folgenden Ausführungen als grober semantischer Ausgangspunkt zu Grunde gelegt werden.

Allerdings ist mit dieser formalen Bestimmung inhaltlich wenig erreicht, da sich die abstrakte Idee sozialer Teilhabe auf vielfältige Weise inhaltlich ausbuchstabieren lässt. Der begriffliche Gehalt ist zu unterbestimmt, als dass sich aus ihm allein inhaltlich-substantielle Kriterien gewinnen ließen, wie er richtigerweise gebraucht werden muss. So ist es bisher auch nicht geglückt, ein allseitig geteiltes Verständnis dieses zentralen Begriffs zu bestimmen.

Das liegt zum einen daran, dass es in der gesellschaftlichen Praxis (und praxisnahen Forschung) oftmals schlicht nicht für nötig erachtet worden ist, sich mit einer näheren Begriffsbestimmung zu befassen. So wird ›Inklusion‹ in Disziplinen wie der Pädagogik und der sozialen Arbeit zwar oftmals als zentrale Kategorie vorausgesetzt, in der Regel jedoch ohne ihren Begriff analytisch befriedigend zu erschließen.[4] Zum anderen hat

---

3 Zur Ideengeschichte vgl. Farzin 2011, Kap. 1; Kronauer 2010, Kap. 1.

4 Vgl. Felder 2012, 18. Repräsentativ für diesen Befund ist auch Bloemers (2006, 15) polemische Frage: »Inclusion/Inklusion: Wieder so ein trendiger Begriffsimport aus den USA, der zunehmend in wissenschaftlichen und politischen Verlautbarungen auftaucht und dessen Inhalt nur wenigen

die spezifische Forschungsausrichtung verschiedener wissenschaftlicher Disziplinen zu Vereinseitigungen geführt und damit eine einheitliche Begriffsverwendung bisher verhindert.[5] Stattdessen ist man in der gegenwärtigen Situation mit einer Vielzahl sich gegenseitig widersprechender *Termini technici* konfrontiert, sodass notorisch umstritten ist, was ›Inklusion‹ nun eigentlich bezeichnet.[6]

In Anbetracht dieser Vielfalt disparater Definitionsvorschläge und Verwendungsweisen möchte ich zunächst versuchen, eine allgemeine und stabile Struktur des Inklusionsbegriffs genauer zu bestimmen. Daraus lassen sich dann sozialtheoretisch informierte Kriterien entwickeln, an denen sich die korrekte Begriffsverwendung einer spezifischen materialen Inklusionsauffassung orientieren kann.

Es hat sich in Fällen wie diesem, in denen eine Vielzahl gegensätzlicher Verwendungsweisen eines Begriffs existiert, bewährt, zwischen dem allgemeinen formalen Begriff (engl. concept) und der spezifischen materialen Konzeption (engl. conception) einer Sache zu unterscheiden: Nach diesem Vorschlag können unterschiedliche Konzeptionen – im Sinne von Auffassungen oder Verständnissen – eines geteilten konzeptuellen Kerngedankens im Streit darüber liegen, wie dieser richtig ausgelegt werden muss. Fängt ein Begriff also, grob gesagt, die stabile, allgemein geteilte Bedeutung von etwas ein, über die weitestgehend Einigkeit herrscht, so ergänzen Konzeptionen all jene inhaltlichen Kriterien, die zu seiner korrekten Verwendung im Einzelfall benötigt werden. Konzeptionen sind, mit anderen Worten, umfassende theoretische Erörterungen über die richtige Auslegung der in Frage stehenden Grundidee. Um über die beste Deutung des Inhalts sinnvoll streiten zu können, ist die Grundlage solch eines allgemein geteilten, formalen Begriffs unerlässlich.[7]

---

klar ist? Wieder so ein schickes Schlagwort, das viele in ihr Fachrepertoire aufnehmen ohne zu wissen was es inhaltlich wirklich meint und mit dem es sich in Diskussionen trefflich up-to-date erscheinen lässt.?« Ernüchternd kann festgestellt werden, dass selbst ein aktuelles Handbuch zur UN-BRK nur einen schmalen und weiterstgehend nichtssagenden Beitrag zur Begriffsklärung enthält. Vgl. Wansing 2015.

5 Der interessierte Leser kann das Buch von Vanessa Kubek (2012, bes. Kap. 6) zur Hand nehmen, in dem das ganze Ausmaß dieser Begriffsverwirrungen anschaulich wird.

6 Bestritten wird mitunter sogar, dass es sich bei den Begriffen ›Inklusion‹ und ›Exklusion‹ überhaupt um geeignete sozialwissenschaftliche Kategorien handelt. Vgl. Hark 2005 sowie Nassehi 2006.

7 Diese Unterscheidung von ›Konzept‹ und ›Konzeption‹, die John Rawls (1975, 21) in Bezug auf den Begriff der Gerechtigkeit in Anlehnung an H. L. A. Hart (1961) vorgeschlagen hat, ist vielfach aufgegriffen worden, in jüngerer Zeit besonders prominent etwa von Rainer Forst (2003, bes. Kap. 1) und Stefan Gosepath (2004, 45 ff.). Bei Forst (2003, FN 3) findet sich auch der Verweis auf Hilary Putnams transzendentales Argument für die gemeinsame Basis von Begriffen als Bedingung der Möglichkeit des Verstehens konkurrierender Auffassungen von etwas. Putnam schreibt: »Perhaps the reason that the incommensurability thesis intrigues people so much, apart from the appeal which all incoherent ideas seem to have, is the tendency to confuse or conflate concept and conception. [...] When we translate a word as, say, temperature we equate the reference and, to the extent that we stick to our translation, the sense of the translated expression with that of our own term ›temperature‹, at least as we use it in that context. [...] In this sense we equate the ›concept‹ in question with our own ›concept‹ of temperature. But so doing is compatible with the fact that the seventeenth-century scientists, or whoever, may have had a different conception of temperature, that is a different set of beliefs about it and its nature than we do, different ›images of knowledge‹, and different ultimate beliefs about many other matters as well. That conceptions differ does not prove the impossibility of ever translating anyone ›correctly‹ as is sometimes supposed; on the contrary, we could not say that conceptions differ and how they differ if we couldn't translate« (Putnam 1981, 116 f.).

Dieses Bild entspricht auch der hier vertretenen Auffassung, wonach *soziale Einbindung* den begrifflichen Kerngehalt von ›Inklusion‹ ausmacht, dessen korrekte Interpretation umstritten ist.[8] Das heißt, *soziale Einbindung* im Sinne von positiver Teilhabe am Sozialen stellt die gemeinsame begriffliche Schnittmenge aller Inklusionsauffassungen dar, gleichgültig wie diese dann im Einzelnen inhaltlich spezifiziert werden. Ohne diese geteilte Kernbedeutung wäre ›Inklusion‹ ein leeres Etikett, das fast beliebig verwendet werden könnte. Die Absicht, eine materiale Inklusionskonzeption aus ihrem formalen Grundbegriff zu entwickeln, lässt sich somit als der Versuch verstehen, die weiteren notwendigen Bestandteile auszuarbeiten, die für ein tragfähiges Verständnis sozialer Teilhabe erforderlich sind.[9]

Meine bisherige Explikation von ›Inklusion‹ kann deshalb als formal bezeichnet werden, weil sie die entscheidenden Variablen offen lässt, *wer* von *wem* nach welchen *Kriterien* in *was* eingebunden wird. Die vier Variablen zeigen an, dass es sich bei dem formalen Begriff von Inklusion um eine vierstellige Relation handelt. Danach bleibt der Inklusionsbegriff auf eine inhaltliche Konkretisierung seiner vier offenen Relationselemente angewiesen, die sich abstrakt gefasst als *i. Subjekt, ii. Objekt, iii. Instanz* und *iv. Regeln* der Inklusion klassifizieren lassen.[10] Im vortheoretischen Gebrauch werden zwar gewiss nicht immer alle vier Variablen ausdrücklich thematisiert. Solche Ellipsen sind allerdings nicht weiter problematisch, wenn sich die fehlenden Relationselemente hinreichend klar aus dem pragmatischen Kontext der Äußerung erschließen lassen. Für eine vollständige theoretische Analyse sozialer Inklusion müssen die notwendigen vier Leerstellen der formalen Struktur ihres Begriffs allerdings unbedingt berücksichtigt werden.

Meine These lautet also, dass jede wohlgeformte Aussage über Inklusion eine Aussage über die vier Relationselemente beinhaltet. Ich behaupte damit, anders formuliert, eine *begriffliche Notwendigkeit* über die Erfüllungsbedingungen von sinnvollen Inklusionszuschreibungen, die sich in Form eines allgemeinen Prinzips auch so ausdrücken lässt:

> Notwendig, für jede wohlgeformte wahrheitswertfähige Proposition p gilt, wenn p ein Inklusionsprädikat I enthält, ist p identisch mit (oder impliziert) Propositionen über die vier Relationselemente S, O, I, R.

Wann immer jemand über Inklusion nachdenkt oder sich mit anderen über Inklusion verständigt, so die zentrale These dieser Argumentation, muss er die vier Relationselemente zum Gegenstand seiner Überlegungen machen. Denn um eine Inklusionsaus-

8 Mit etwas anderer Akzentsetzung bestimmt Dieter Gröschke (2011, 115) das Verhältnis beider Ausdrücke: »Für das Verhältnis von Teilhabe (›participation‹) und Einbeziehung (›inclusion‹) gilt dabei, dass Inklusion der Weg und das Mittel ist, um eine umfassende Teilhabe an der Gesellschaft zu ermöglichen. Insofern ist Teilhabe/Partizipation der übergeordnete Begriff, aus dem sich die normative und pragmatische Notwendigkeit von Inklusion ableiten lässt.« Gröschke verkennt allerdings, dass Inklusion je nach Blickwinkel Zustand oder Prozess sozialer Teilhabe ist. Man *wird* inkludiert, um teilzuhaben; ist Teilhabe aber verwirklicht, *ist* man inkludiert. Daher scheint man nicht von einem subordinativen, sondern besser von einem co-konstitutiven Verhältnis sprechen zu müssen.

9 Vgl. dazu auch Rawls 1998, FN 15.

10 Die Rede von Relationselementen eines Begriffs übernehme ich von Sombetzki (2014, Kap. 3), die diese auf ähnliche Weise für den Verantwortungsbegriff erschlossen hat.

sage vernünftig beurteilen zu können, muss jede Variable einen eindeutigen Wert besitzen.[11]

Danach sieht ein typisches Inklusionsurteil über einen bestimmten Sachverhalt im Normalfall folgendermaßen aus:

I*(S,O,I,R)* – Sprich: Subjekt *S* ist in das Objekt *O* durch Instanz *I* unter Anwendung der Regel *R* inkludiert.

Die vier Relationselemente stehen allerdings nicht zwingend für singuläre Termini, sondern können auch Mengen gleichartiger Dinge umfassen. So ist es beispielsweise möglich, dass der Platzhalter ›*S*‹ für ein plurales oder kollektives Inklusionssubjekt steht; ›*O*‹ für ein Bündel bzw. eine Einheit von Inklusionsobjekten usw.

Dass Inklusion durch die Angabe genau dieser vier Variablen eindeutig bestimmt werden muss, lässt sich einsehen, indem man sich verdeutlicht, welche Verständnisfragen sinnvollerweise an das formale Konzept sozialer Teilhabe gestellt werden können. Das möchte ich im Folgenden einmal beispielhaft durchspielen. Relationselemente sind die notwendig zu einem Relationsbegriff gehörenden Elemente und ›Inklusion‹ – so lautet mein Vorschlag – besitzt derer genau vier:

i. *Das Inklusionssubjekt:* Wer ist der Träger bzw. das Subjekt sozialer Teilhabe? Inklusion kann es nur geben, so scheint es, wenn *irgendjemand* existiert, der inkludiert wird. Das heißt, es muss sich immer ein Träger identifizieren lassen, dem diese Eigenschaft zugeschrieben wird. Das Inklusionssubjekt ist damit das erste notwendige Relationselement des Inklusionsbegriffs. Es bezeichnet das ›*Wer*‹ sozialer Teilhabe.
ii. *Das Inklusionsobjekt:* Was ist das Objekt bzw. der Gegenstand sozialer Teilhabe? Die Annahme eines Objekts der Inklusion ist ebenso unverzichtbar wie die des Inklusionssubjekts. Schließlich ist Teilhabe immer Teilhabe an *etwas*. Als das ›*Was*‹ sozialer Teilhabe ist das Inklusionsobjekt damit das zweite notwendige Relationselement des Inklusionsbegriffs.
iii. *Die Inklusionsinstanz:* Was ist die Instanz bzw. dasjenige, das soziale Teilhabe regelt? Wenn Subjekt und Objekt der Inklusion darauf antworten *wer* in *was* eingebunden wird, beantwortet die Frage nach der Instanz durch *wen* dies geschieht. Anders formuliert: Die Behauptung, dass jemand in etwas eingebunden oder von diesem ausgeschlossen wird, impliziert, dass es etwas geben muss, das dies tut (selbst wenn es sich um Selbstinklusion durch das entsprechende Inklusionssubjekt handelt, das dann gleichermaßen als Instanz auftritt[12]). Damit ist als drittes notwendiges Relationselement die Inklusionsinstanz eingeführt.

---

11 Der logischen Form nach haben wir es bei der begrifflichen These mit einer de dicto-modalen Aussage zu tun. Davon kann man eine metaphysische These unterscheiden: Jeder Inklusionstatbestand würde danach die vier Elemente S, O, I und R notwendig in allen möglichen Welten besitzen. Die begriffliche These ist schwächer. Sie behauptet lediglich, dass für die korrekte Verwendung des Inklusionsbegriffs seine vier Relata unverzichtbar sind. Wenn man etwas als Inklusionstatbestand behandelt, muss man ihm auch die vier notwendigen Elemente zuschreiben. Man ist damit noch nicht auf eine bestimmte Sichtweise darüber festgelegt, worin eine Inklusionstatsache metaphysisch besteht.

12 Das scheint beispielsweise in der Fankultur der Fall zu sein, der jeder Angehören kann, der sich entscheidet, für einen Künstler oder Sportverein zu schwärmen und diese entsprechend zu unterstützten.

iv. *Die Inklusionsregeln:* Nach welchen Regeln oder Standards erfolgt Einbindung ins Soziale? Oder anders formuliert: Nach Maßgabe welcher Kriterien findet In- und Exklusion statt? Die Annahme einer Inklusionsinstanz legt schließlich die Frage nach den Regeln oder Kriterien von Inklusion nahe, wenn man nicht behaupten möchte, dass sie vollkommen willkürlich oder zufällig erfolgt. Gefragt wird hier also nach den *Standards*, die die Bedingungen sozialer Teilhabe festlegen. Das vierte und letzte Relationselement des Inklusionsbegriffs ist damit die Variable der Inklusionsregeln.

i. Subjekt, ii. Objekt, iii. Instanz und iv. Regeln der Inklusion — nur wenn sich diese vier Variablen eindeutig bestimmen lassen, so meine These, ist der Inklusionsbegriff inhaltlich vollständig erfasst. Das heißt, um sich überhaupt als geeignete Konzeption zu qualifizieren, müssen die Relationselemente sinnvoll mit Inhalt gefüllt werden können. Eine Theorie sozialer Inklusion muss folglich allgemeine Aussagen über mögliche Kandidaten enthalten, mit denen konkrete Inklusionsphänomene dann je nach Kontext erfasst werden können. Sie muss die Kategorien näher bestimmen, aus denen das Material für die spätere Analyse kommen soll. Außerdem werden Kriterien benötigt, die angeben, wie die notwendigen Bestandteile des Begriffs im jeweiligen Kontext inhaltlich richtig gefüllt werden müssen. Erst dann also, wenn ein auch material gehaltvoller Inklusionsbegriff mit theoretischen Mitteln hinreichend trennscharf fixiert ist, kann in einem zweiten Schritt beurteilt werden, ob das so inhaltlich erschlossene Inklusionsverständnis im Vergleich zu konkurrierenden Vorschlägen über- oder unterlegen ist. Konzeptionen stellen demnach unterschiedliche Lösungsvorschläge dar, wie die begrifflichen Leerstellen der formalen Struktur zu füllen sind. Oder anders gewendet: Der allgemeine Begriff präsentiert das Problem, das es konzeptionell zu lösen gilt.[13]

2.2 Die drei Dimensionen des Inklusionsbegriffs

Neben dem begrifflichen Erfordernis, das formale Grundgerüst des Inklusionsbegriffs inhaltlich so zu füllen, dass man eine überzeugende Inklusionskonzeption erhält, die seine vier notwendigen Variablen berücksichtigt, muss die dabei entwickelte materielle Auffassung von Inklusion außerdem hinreichend komplex sein, um eine widerspruchsfreie Verwendung in allen Anwendungskontexten zu ermöglichen. Denn nur unter der Voraussetzung eines kongruenten Inklusionsbegriffs, der von verschiedenen Disziplinen einheitlich verwendet werden kann, ist eine systematische Erforschung des gesamten Phänomenbereichs der Inklusion sinnvoll möglich. Fehlt ein einheitlicher Begriff, der das Gemeinsame des Forschungsgegenstands in sich bündelt, ist der Weg einer konsistenten Inklusionsforschung verbaut. Hierfür gilt es folgende drei Dimensionen des Inklusionsbegriffs zu unterscheiden:

Erstens muss Inklusion als empirischer Tatbestand aufgefasst werden, der sich sozialwissenschaftlich sauber diagnostizieren lässt. In dieser deskriptiven Dimension des Inklusionsbegriffs muss gezeigt werden, dass ›soziale Inklusion‹ eine relevante sozialtheoretische Kategorie darstellt, um empirische Zustände deskriptiv adäquat einzufangen. Dafür gilt es, Kriterien zu entwickeln, die sich so operationalisieren lassen, dass feststellbar ist, ob wirklich *soziale Inklusion* vorliegt oder ob man es mit anderen Phänome-

13 Diese Formulierung findet sich bei Korsgaard (1996, 114), bei der es im Wortlaut heißt: »The concept names the problem, the conception proposes a solution«.

nen zu tun hat. Hier ist also ein konzeptioneller Zugang erforderlich, der es erlaubt den eigentümlichen Charakter von Inklusion herauszuarbeiten und diese so von anderen Sachverhalten, etwa sozialer Integration, abzugrenzen. Um eine möglichst differenzierte Diagnose über die gegebene Inklusionslage im betrachteten Kontext abgeben zu können, ist ein Inklusionsbegriff nötig, in dessen Licht sich das empirische Material sachgerecht verarbeiten lässt. Es muss sinnvoll möglich sein, konkrete Vorkommnisse sozialer Inklusion kontextsensitiv bestimmen und sauber analysieren zu können. Dies ist die *sozialwissenschaftliche* Seite des Inklusionsbegriffs.

Zweitens stellt Inklusion auch einen normativen Wert dar, der nach einer angemessenen ethischen Evaluierung verlangt. So ist die Aussage keineswegs trivial, dass soziale Inklusion gut oder wertvoll ist. Vielmehr muss diese normative Dimension der Inklusion von einem *sozialethischen* Blickwinkel aus so erschlossen werden, dass eine Begründung für ihren postulierten Wert erbracht wird. Dass soziale Inklusion etwas Gutes ist, das es allgemein zu befördern gilt, ist in der öffentlichen und veröffentlichten Meinung demokratischer Gesellschaften fraglos ein Gemeinplatz. Wer umgekehrt von ›Exklusion‹ spricht, benennt damit in der Regel scheinbar ebenso selbstverständlich einen sozialen Missstand, der behoben werden sollte. Es stellt sich allerdings die Frage, was genau an Inklusion schätzenswert ist. Zumindest auf den ersten Blick scheint es nämlich auch Bereiche zu geben, in denen Inklusionszuschreibungen negativ besetzt sein können, etwa die Inklusion ins Gefängnis oder in eine kriminelle Organisation.[14] Und auch aus umgekehrter Perspektive stellt eine lückenlose Inklusion von gewaltbereiten Straftätern für die überwiegende Mehrheit der Bevölkerung sicherlich gerade keine besonders begrüßenswerte Vorstellung dar. Doch selbst für Kontexte, in denen eine positive Grundhaltung gegenüber Inklusion vorausgesetzt werden kann, bleibt es klärungsbedürftig, ob sie wirklich für alle Beteiligten gleichermaßen gut ist oder ob je nach Standpunkt bedeutsame normative Unterschiede bestehen. Inklusionsdebatten, wie sie aktuell im Bereich der Bildungspolitik geführt werden, verdeutlichen, dass dieser Punkt zumindest hochgradig umstritten ist.[15] Die skizzierten Probleme werfen die grundsätzliche Frage auf, welchen Wert Inklusion nun genau besitzt. Anders gefragt: Gibt es auch Fälle schlechter Inklusion, oder ist sie tatsächlich ein Selbstwert, das heißt, an sich gut?

Unabhängig davon, wie diese Frage im Einzelnen beantwortet wird, nötigt die Analyse der normativen Begriffskomponente zu einem Perspektivwechsel: Anders als ein rein deskriptives Verständnis von Inklusion, das vor allem aus der Beobachterperspektive eines Sozialwissenschaftlers unterschiedliche Formen von Inklusion identifizieren können muss, erfordert eine normative Begriffsbestimmung, dass Inklusion als der praktischen Einstellung gesellschaftlicher Akteure zugänglich gedacht wird. Das folgt aus der Annahme, dass Inklusion einen Wert darstellt. Etwas als Wert zu bestimmen bedeutet nun aber nichts anderes, als ihm praktische Relevanz in der Deliberation von verhaltensrelevanten Gründen zuzusprechen (vgl. z. B. Scanlon 1998, Kap. 2) . Mehr noch, würden Interventionsmöglichkeiten schon begrifflich ausgeschlossen, bliebe unklar, zu welchem Zweck die mangelhafte Verwirklichung dieses Werts kritisiert werden sollte. Damit ist der Sachverhalt angesprochen, dass der Inklusionsbegriff *drittens* auch eine *sozialpolitische* Konnotation besitzt. Inklusion stellt sich in dieser Dimension als ein praktischer

---

14 Vgl. dazu auch Stichweh (2009, 38 ff.), der von »inkludierender Exklusion« und »exkludierender Inklusion« spricht.

15 Vgl. beispielhaft etwa die Aufsätze in: Kauffman/Hallahan 1995.

Prozess dar, der auf die Verwirklichung politischer Inklusionsziele gerichtet ist. Kurzum, jede plausible Inklusionstheorie muss die Tatsache reflektieren, dass es sich bei sozialer Inklusion um ein Phänomen handelt, das in der Lebenswelt von Menschen angesiedelt ist und damit unmittelbar auf ihr Handeln bezogen bleibt. Oder anders ausgedrückt: Ob gesellschaftliche Kontexte mehr oder weniger inklusiv gestaltet sind, ist kein unverfügbarer äußerer Fakt, sondern unmittelbares Resultat menschlichen Handelns.

Zusammenfassend lassen sich dementsprechend (a) eine deskriptive, (b) eine normative sowie (c) eine praktische Begriffskomponente von ›Inklusion‹ analytisch auseinanderhalten, die ein kongruenter *sozialphilosophischer* Inklusionsbegriff einfangen muss. Hier verschmilzt der unabweisbare Erkenntnisanspruch von empirisch-analytischen, normativ-ethischen sowie praktisch-politischen Fragestellungen, die sich im Zusammenhang mit Inklusion üblicherweise stellen, in einem Begriff. In programmatischer Absicht können die drei Dimensionen damit spezifischen Erkenntnisinteressen unterschiedlicher Stränge der Inklusionsforschung zugeordnet werden, die sich jeweils auf eine einfache und klare Formel der folgenden Art zuschneiden lassen:

(a) *Die sozialwissenschaftliche Dimension*: Aus der sozialwissenschaftlichen Beobachterperspektive müssen unter dem Einsatz einer geeigneten Typologie konkrete Erscheinungsformen sozialer Inklusion in verschiedenen Kontexten und Situationen sachgerecht bestimmt und strukturiert analysiert werden können.
(b) *Die sozialethische Dimension*: Aus sozialethischer Rechtfertigungsperspektive müssen normative Standards ausgewiesen und begründet werden, die gute und schlechte Inklusion unterscheiden bzw. rechtfertigen, worin ihr eigentümlicher Wert besteht.
(c) *Die sozialpolitische Dimension*: Aus der sozialpolitischen Teilnehmerperspektive muss unter Rückgriff auf exemplarische Inklusionsstrategien gezeigt werden, dass sich die gesellschaftliche Verwirklichung einzelner Inklusionsziele durch gezielte Maßnahmen aktiv gestalten lässt.

Es ist somit eine zentrale Voraussetzung für eine funktionierende Inklusionsforschung, einen sozialphilosophischen Inklusionsbegriff zu entwickeln, der es erlaubt, ein umfassendes Verständnis des infrage stehenden Phänomens zu gewinnen, das den skizzierten Anforderungen gerecht wird. Es muss daher eine Konzeption von Inklusion fruchtbar gemacht werden, die sowohl (a) die sozialwissenschaftliche, (b) die sozialethische als auch (c) die sozialpolitische Dimension auf *den* Begriff bringt. Die drei Dimensionen des Inklusionsbegriffs (a) – (c) stellen demnach Adäquatheitsbedingungen dar, an denen sich eine plausible Theorie sozialer Inklusion messen lassen muss.[16]

3 Ein Praxistheoretisches Inklusionsverständnis

Miteinander konkurrierende Konzeptionen von Inklusion lassen sich danach beurteilen – so können die bisherigen Überlegungen zusammengefasst werden – wie gut es

16 Damit wird nicht bestritten, dass es durchaus sinnvoll sein kann, in einzelnen Untersuchungen nur eine der drei Dimensionen isoliert zu betrachten. Meine These ist vielmehr, dass der dabei zugrunde gelegte Begriff der Inklusion hinreichend komplex sein muss, um eine Thematisierung der anderen Dimensionen grundsätzlich zu erlauben.

ihnen gelingt, einerseits (1) die vier offenen Variablen sachgerecht mit Inhalt zu füllen und dabei andererseits (2) die zentrale Idee sozialer Teilhabe für die oben beschriebenen drei Dimensionen – (a) die sozialwissenschaftliche, (b) die sozialethische und (c) die sozialpolitische – gleichermaßen fruchtbar zu machen. Jede ins Spiel gebrachte Inklusionsauffassung lässt sich also am Maßstab dieser zwei Angemessenheitsbedingungen auf den Prüfstein stellen und kritisch hinterfragen.

In diesem Abschnitt möchte ich zeigen, wie sich die herausgearbeiteten Anforderungen an einen adäquaten Inklusionsbegriff im Lichte eines praxistheoretischen Ansatzes einlösen lassen. Dafür werde ich zunächst den materiellen Inklusionsbegriff einer Praxistheorie anhand seiner vier Relationselemente bestimmen und anschließend beleuchten, wie sich vor diesem Hintergrund die drei Dimensionen darstellen.

3.1 Der materielle Inklusionsbegriff der Praxistheorie

Das infrage stehende Phänomen sozialer Teilhabe – so werde ich argumentieren – bezieht sich direkt auf Teilhabemöglichkeiten an gesellschaftlich eingespielten Praktiken. Die in ihnen zur Verfügung stehenden Rollen stellen den Dreh- und Angelpunkt sozialer Inklusion dar. Nach dem hier vertretenen Verständnis umfasst die Idee sozialer Teilhabe demnach, einem besonderen intersubjektiven Verhältnis zwischen kooperierenden Personen anzugehören. Man kann diesen Vorschlag als Variation eines Gedankens verstehen, den Peter Berger und Thomas Luckmann folgendermaßen pointiert zum Ausdruck bringen:

> »Als Träger einer Rolle – oder einiger Rollen – hat der Einzelne Anteil an einer gesellschaftlichen Welt, die subjektiv dadurch für ihn wirklich wird, daß er seine Rollen internalisiert« (Berger/Luckmann 1969, 78).

Anders ausgedrückt: Die »*gesellschaftliche Existenz* [des Einzelnen] hängt wesentlich an Leistungen und Rollen, die von eigenen und fremden Erwartungen getragen sind« (Gerhardt 2007, 209; meine Hervorhebung) . Oder, um dasselbe noch einmal etwas zu variieren: »Eine Rolle markiert [...] die Hinsicht, in der das Individuum – als Lektor, Finanzberater und Journalist aber auch als Kinobesucher, Patient, U-Bahnfahrer, Vater und Kampfhundbesitzer – mit der Gesellschaft in Berührung kommt« (Jaeggi 2005, 95 f.). Dieses Inklusionsverständnis lässt sich überzeugend im Rahmen einer praxistheoretischen Ausrichtung begründen. Abstrakt gesprochen nehmen selbständige Individuen als Teilnehmer an einer geteilten Praxis zueinander das interpersonale Verhältnis von Mitgliedern einer gemeinsamen Gruppe ein, die gegenseitig bestimmte Verhaltenserwartungen akzeptieren, die mit ihren jeweiligen Rollen in dieser Praxis einhergehen (vgl. Stahl 2013, 201). Inkludiert zu sein heißt demnach, in die Sprache einer Praxistheorie übertragen, innerhalb eines verstetigten Praxiszusammenhangs Zugang zu den vorhandenen Rollen mit ihren zugehörigen normativen Statūs zu besitzen, die bei Einnahme der entsprechenden Positionen von allen Beteiligten (inklusive des Trägers selbst) in ihren aufeinander bezogenen Aktivitäten wechselseitig anerkannt werden (müssen). Soziale Praktiken stellen also die zentralen Bezugsgrößen sozialer Inklusion dar.

Orientiert man sich an der formalen Struktur des Inklusionsbegriffs, stellen sich die vier offenen Variablen unter praxistheoretischen Vorzeichen danach wie folgt dar.

i. Die Inklusionssubjekte

Aus der Perspektive einer Praxistheorie stellt sich die soziale Welt des Menschen als regelhaft strukturiertes Praxisgeflecht dar, in dem sich selbstständige Akteure zum Zweck ihrer »wechselseitigen Erhaltung und Entfaltung« (Volker Gerhardt) im Interaktionsmodus sozial generalisierter Rollen begegnen. Als Inklusionssubjekte qualifizieren sich im Lichte der hier vorgeschlagenen Inklusionskonzeption damit grundsätzlich alle vergesellschafteten Individuen, die dispositional in der Lage sind, kompetent an den normativ verfassten Praxisarrangements ihrer Umwelt teilzunehmen. Das Relationselement der Inklusionssubjekte umfasst somit alle praxistauglichen Akteure. Ausschlaggebend ist dabei die Annahme, dass zum qualifizierten Genuss sozialer Teilhabe nur solche Wesen befähigt sind, die potentiell dazu in der Lage sind, die erforderlichen Fähigkeiten und Einstellungen auszubilden, die zur aktiven Mitwirkung am gemeinsamen Zusammenleben benötigt werden. Die Veranlagung dazu kann unterschiedlich stark ausgeprägt sein, sie darf jedoch einen bestimmten Schwellenwert nicht unterschreiten. Sprich: Inklusionssubjekte müssen *sozial hinreichend kompetente Akteure* sein.

Hier gilt es zwei Ebenen sozialer Kompetenz auseinanderzuhalten, die sich a) auf grundlegende mentale Fähigkeiten zur Rollenübernahme und b) auf spezifische habituelle Fähigkeiten zur Ausübung spezieller Rolleninhalte beziehen. Danach gilt:

Inklusionssubjekte: Ein beliebiges Subjekt S ist ein sozial kompetenter Akteur A im Hinblick auf eine Rolle R einer sozialen Praxis SP genau dann, wenn gilt: S besitzt die höherstufige Fähigkeit zweiter Stufe, um die beiden tieferstufigen Rollenkompetenzen erster Stufe mit Bezug auf R in einem ausreichenden Maß auszubilden, namentlich

i. das kognitive Vermögen, die abstrakten Prinzipien von R situationsgerecht zu konkretisieren und sachdienlich zu spezifizieren (mentale Rollenkompetenz), und
ii. die benötigten habituellen Fähigkeiten, um in einschlägigen Situationen das für R erforderliche Verhalten erfolgreich an den Tag zu legen (habituelle Rollenkompetenz).

Die Bedingung (i) mentaler Rollenkompetenz fordert, dass das Subjekt in einem Lernprozess schrittweise alle einschlägigen Verhaltenserwartungen verinnerlichen können muss, die in seiner Beziehung zu allen anderen Praxisteilnehmern im Hinblick auf seine Rolle(n) relevant sind. Das heißt, Subjekte müssen in der Lage sein, sich eine zur regelgeleiteten Interaktion mit anderen erforderliche *Mentalität* anzueignen.

Die Bedingung (ii) habitueller Rollenkompetenz fordert, dass das Subjekt nicht nur ein implizites Wissen davon besitzen muss, was die Beteiligten als Angehörige einer sozialen Praxis in ihren jeweiligen Rollen wechselseitig voneinander erwarten können. Sondern es muss darüber hinaus auch dispositional dazu in der Lage sein, die legitimen Verhaltenserwartungen der sozialen Gruppe in seinem individuellen Handeln praktisch zu erfüllen. Dafür müssen neben den mentalen Fähigkeiten weitere praktische Kompetenzen erworben werden können, die zur Ausübung der speziellen Handlungstypen gebraucht werden, die Rollenträger in zutreffenden Situationen aktualisieren müssen. Neben einer entsprechenden Mentalität muss ein kompetenter sozialer Akteur also auch die Fähigkeit besitzen, sich einen dazu passenden *Habitus* zuzulegen.

ii. Die Inklusionsobjekte

Dass soziale Praktiken die zentralen Objekte der Inklusion darstellen, ist naheliegend. Knüpft man an die bisherigen Überlegungen an, lassen sich drei notwendige und zusammen hinreichende Bedingungen formulieren, die soziale Verhältnisse idealerweise erfüllen müssen, um sich als geeignete *Inklusionsobjekte* zu qualifizieren:

Inklusionsobjekte: Soziale Verhältnisse gelten als geeignetes Inklusionsobjekt genau dann, wenn gilt:

i. Es handelt sich um stabile Formationen sozialer Praktiken, in denen sozial kompetente Akteure miteinander kooperieren, indem sie bestimmten (konstitutiven) Regeln folgen.
ii. Zwischen den Akteuren besteht eine normative Rücksichtnahme auf den dabei wechselseitig zugeschriebenen Status und alle damit verbundenen Kompetenzen (Rechte, Pflichten, Verantwortlichkeiten etc.)
iii. Die Akteure müssen alle erforderlichen Fähigkeiten und Einstellungen für die entsprechenden Rollen besitzen bzw. ausbilden können sowie in der Lage sein, barrierefreien Gebrauch von ihnen zu machen.[17]

Soziale Teilhabe findet danach ausschließlich unter Bedingungen sozial stabilisierter Praxisstrukturen statt, denen gemeinsam ist, dass sie »gewohnheitsmäßige, regelgeleitete, sozial bedeutsame Komplexe ineinandergreifender Handlungen [beinhalten], die ermöglichenden Charakter haben und mit denen Zwecke verfolgt werden.» (Jaeggi 2014, 102 f.)

Diese Pointe eines praxistheoretischen Inklusionsverständnisses zeigt seine Fruchtbarkeit besonders in Hinblick auf die unterschiedlichen Spielarten möglicher Inklusion. Denn dadurch, dass in der vierstelligen Inklusionsrelation unterschiedliche Praxiszusammenhänge für die Variable des Inklusionsobjekts eingesetzt werden können, lassen sich kategorial verschiedene Teilhabearten unterscheiden. Auf dieser Basis kann Ordnung in die Vielfalt möglicher Inklusionsgegenstände gebracht werden. Denn durch immer differenziertere Unterscheidungen der jeweiligen Praxisform lässt sich eine umfassende Klassifikation erstellen, die den weiten Begriff sozialer Teilhabe gewinnbringend untergliedert. So lassen sich etwa entsprechend der Differenzierung von Teilbereichen moderner Gesellschaften – wie Politik, Ökonomie und Zivilgesellschaft – zugehörige Teilhabeformen unterscheiden – wie politische, berufliche und private Teilhabe und so weiter.

17 Diese Bedingungen entsprechen in etwa den von Axel Honneth (2011, 147 f.) als »Institutionen der Anerkennung« bezeichneten gesellschaftlichen Basisinstitutionen. Honneth im Wortlaut: »Drei Bedingungen müssen solche Handlungssysteme erfüllen können, um als Sphären einer letztlich nur intersubjektiv zu verstehenden Freiheit gelten zu dürfen: Erstens muss es sich dabei auf einer grundlegenden Ebene um gesellschaftlich ausdifferenzierte, institutionalisierte Systeme von Praktiken handeln, in denen Subjekte miteinander kooperieren, indem sie sich unter Bezug auf eine gemeinsam geteilte Norm wechselseitig anerkennen; zweitens muß dieses Verhältnis mitlaufender Anerkennung in einer wechselseitigen Statuszuweisung bestehen, die die Beteiligten gleichermaßen dazu berechtigt, auf ein bestimmtes Verhalten aller anderen rechnen und insofern eine normative Rücksichtnahme erwarten zu können; und drittens muß mit derartigen Handlungssystemen die Konstitution eines spezifischen Selbstverständnisses einhergehen, welches darin mündet, die für die Teilnahme an den konstitutiven Praktiken erforderlichen Kompetenzen und Einstellungen auszubilden«.

iii. Die Inklusionsinstanz

Die Inklusionsinstanz, die über die korrekte Anwendung der Inklusionsregeln einer Praxis befindet, stellt sich nach Ansicht des hier vertretenen Ansatzes als das Kollektiv der Interaktionsmitglieder dar. Es sind die kollektiven Haltungen und geteilten normativen Einstellungen der miteinander kooperierenden Praxisteilnehmer, von denen die soziale Geltung der Regeln letztlich abhängt. Als normative Ordnungen zwischenmenschlicher Aktivität sind Praktiken in dieser Hinsicht »zugleich gegeben und gemacht« (Jaeggi 2014, 120; Hervorhebung entfernt) . Das heißt, dem Einzelnen stellen sie sich zu einem gewissen Grad als unverfügbar dar, da die konstitutiven Regeln der Ordnung einen Deutungshorizont festlegen, der dem individuellen Meinen und Entscheiden logisch vorausgeht. Auf der anderen Seite stellt jedoch jeder Beteiligte eine »Standardautorität« (Stahl 2013, Kap. 5.5.2.) in Bezug auf die korrekte Regelbefolgung innerhalb dieses normativen Rahmens dar. Das heißt, alle Mitglieder stehen zueinander in der wechselseitigen Beziehung gegenseitiger Rechenschaftspflicht, in der sie ihr Verhalten am Maßstab des durch die Praxis abgesteckten normativen Horizonts voreinander verantworten (müssen). Die Gesamtheit aller in dieser Weise an der Instanziierung eines Praxistypus beteiligten Akteure kann als ›*Praxisgemeinschaft*‹ bezeichnet werden. Ihre Mitglieder machen die Inklusionsinstanz aus. So lässt sich festhalten:

Inklusionsinstanz: Ein beliebiges Subjekt S gilt als Mitglied der Inklusionsinstanz einer Praxisgemeinschaft in Bezug auf eine durch sie instanziierte soziale Praxis SP genau dann, wenn gilt:

i. S besitzt die Berechtigung, die soziale Stellung jedes anderen Interaktionspartners im Rahmen der in SP prinzipiell verfügbaren Rollen hinsichtlich ihrer Übereinstimmung mit den für SP konstitutiven Inklusionsregeln zu bewerten und
ii. S' Bewertung stellt für alle weiteren Interaktionspartner einen hinreichenden Grund dar, den dadurch jeweils zu- oder abgesprochenen Status zu akzeptieren, ohne dass S neben dem Verweis auf die Inklusionsregeln von SP weitere Begründungen dafür vorbringen müsste.

Allerdings ist es wichtig, genaugenommen von Praxisgemeinschaften im Plural zu sprechen, aus denen sich die Mitglieder der Inklusionsinstanzen rekrutieren. Menschen sind üblicherweise nicht nur an ein und derselben, sondern zugleich an mehreren überlappenden Praktiken ihrer sozialen Welt als Mitglieder beteiligt und treten in diesen jeweils als (Teil-)Instanzen in Bezug auf die entsprechenden Inklusionsregeln auf. Wo sich unterschiedliche Praxisgemeinschaften überschneiden, kann es kulturspezifische Besonderheiten geben, wie Praxistypen zu interpretieren und ins Werk zu setzten sind. Aus diesem Grund muss zwischen verschiedenen intersubjektiven Kontexten einer sozialen Welt unterschieden werden. Kulturelle Vielfalt geht dabei Hand in Hand mit einem Instanzenpluralismus.

iv. Die Inklusionsregeln

Als Inklusionsregeln möchte ich in Anlehnung an John Searle die konstitutiven Regeln von Praktiken ins Spiel bringen. Um besser zu verstehen, was mein Vorschlag genau bedeutet, ist es hilfreich, einen Blick auf die von Searle entwickelte logische Struktur konstitutiver Regeln zu werfen. Mit der Formel »Ein X zählt als Y in einem Kontext K« wird einem Träger (durch den X-Terminus gekennzeichnet) nicht nur ein näher bestimmter normativer Status (durch den Y-Terminus gekennzeichnet) zugewiesen. Vielmehr wird gleichzeitig auch eine *Zugangsbedingung* für diesen Status definiert, indem festgelegt wird, welche Merkmale Akteure aufweisen müssen, um unter die durch den X-Terminus bestimmte Art zu fallen. Die Formel »X zählt in Kontext K als Y« definiert somit alle Eigenschaften, die ein Träger (X-Term) der entsprechenden Statusfunktion (Y-Term) besitzen muss, um die allgemeine Berücksichtigung des damit zugewiesenen Status im einschlägigen Kontext (K-Term) beanspruchen zu können. Um in der von mir entwickelten Terminologie zu bleiben, lässt sich hier also auch von ›*Inklusionsregeln*‹ sprechen, die mit einer konstitutiven Regel zum Ausdruck gebracht werden. Diese lassen sich danach in etwa folgendermaßen definieren:

Inklusionsregeln: Für jedes Subjekt S, das eine bestimmte Menge von Bedingungen p erfüllt, gilt: S besitzt den normativen Status Y und spielt in Kontext K die Rolle R, wobei ›Y‹ im Sinne Searles als eine Menge ›deontischer Kräfte‹ (wie Rechte, Pflichten, Verantwortlichkeiten etc.) zu verstehen ist, die durch die konstitutiven Regeln eingeräumt werden und in K zum Tragen kommen.[18]

Allerdings stellen nicht alle konstitutiven Regeln einer Praxis ebenfalls Inklusionsregeln dar, auch wenn dies für viele von ihnen zutrifft. Inklusionsregeln beziehen sich auf die Zugangsbedingungen zu den Rollen einer Praxis, wohingegen konstitutive Regeln grundsätzlich auch Dingen und Ereignissen normative Statusfunktionen im Rahmen einer Praxis zuweisen können. Nimmt man etwa Searles Standardbeispiel des Geldes, wird deutlich, dass es nur indirekt etwas mit sozialen Rollen zu tun hat. Das nämlich nur insofern, als es für zulässiges Verhalten innerhalb einer Praxis von Bedeutung ist. Inklusionsregeln stellen also nur einen Teilbereich aller konstitutiven Regeln einer Praxis dar.

3.2 Ein dreidimensionaler Inklusionsbegriff

Das erschlossene Inklusionsverständnis ist sozialphilosophisch ebenso gehaltvoll wie produktiv. Mit ihm kann man die Inklusionsthematik in einer Tiefe ausleuchten, die ansonsten mit der Verarmung theoretischer Ausdrucks- und Deutungsmöglichkeiten bezahlt werden müsste. Wie solch eine Analyse im Einzelnen aussieht, möchte ich mir im Folgenden näher ansehen. Mit Blick auf seine Adäquatheitsbedingungen war eine Dreidimensionalität des Inklusionsbegriffs gefordert worden. Es ist jetzt an der Zeit zu verdeutlichen, inwiefern sich die sozialwissenschaftliche, die sozialethische und die sozialpolitische Dimension im Rahmen der hier entwickelten Inklusionstheorie befriedigend einfangen lassen. Denn nur eine in diesem Sinn holistische Perspektive auf den Phänomenbereich der Inklusion erlaubt eine vollständige Thematisierung all seiner Eigenarten.

3.2.1 Die sozialwissenschaftliche Dimension des Inklusionsbegriffs

Meine Charakterisierung der vier notwendigen Relationselemente (*S,O,I,R*) des formalen Inklusionsbegriffs legt bereits nahe, wie die deskriptive Begriffskomponente von Inklusion meiner Auffassung nach auszusehen hat. Mein offizieller Vorschlag, die Eigenart

18 Meine Formulierung orientiert sich an der Darstellung von Searle 2012, 168 ff.

von Inklusion sachlich adäquat einzufangen lautet: Am Sozialen teilzuhaben bedeutet für den Einzelnen, in qualifizierter Weise an den zwischenmenschlichen Praktiken seiner Lebenswelt teilnehmen zu können. Das Maß, in dem eine bestimmte Person in eine soziale Praxis effektiv inkludiert ist, hängt nach der hier vorgeschlagenen Analyse somit von ihrer Möglichkeit ab, die in dieser Praxis prinzipiell verfügbaren Positionen auch tatsächlich einzunehmen. Demnach vollziehen sich In- und Exklusionsvorgänge immer relativ zu den vorgehaltenen Rollenarrangements eines Praxiszusammenhangs. Ich behaupte also, um das Gleiche noch einmal etwas technischer zu formulieren:

Effektive Inklusion: Ein sozial kompetenter Akteur A ist in eine sozial eingespielte Praxis SP effektiv inkludiert genau dann, wenn gilt:

i. A steht mindestens eine normative Statusposition Y_n offen, die von den für SP konstitutiven Regeln definiert und damit für eine qualifizierte Teilnahme als Rolle vorgesehen wird, und
ii. welche alle beteiligte Interaktionspartner im relevanten Kontext K gegebenenfalls mit sämtlichen Konsequenzen in ihren aufeinander bezogenen Haltungen und normativen Einstellungen wechselseitig berücksichtigen, und
iii. A der Zugang zum relevanten Kontext K nicht aufgrund von Barrieren der Praxisstruktur systematisch verstellt ist.

Die erste notwendige Bedingung (i) ist eine *institutionelle*. Sie bringt die Überzeugung zum Ausdruck, dass Inklusion stets auf bestimmte Rollen einer Praxisformation und den mit ihnen gegebenen normativen Status bezogen ist. Soziale Teilhabe findet also immer nur dort statt, wo es Praktiken gibt, die Positionen vorsehen, in die man einbezogen oder von denen man ausgeschlossen werden kann. Eine Bestimmung bestehender Inklusionsstrukturen muss demzufolge auf dieser Ebene an den konstitutiven Regeln einer Praxis ansetzen. Sie legen fest, welche legitimen Ansprüche und berechtigten Forderungen der Einzelne in Bezug auf bestehende Positionen eines sozialen Arrangements geltend machen kann. Normalerweise ist daher ein Verweis auf die konstitutiven Regeln einer Praxis ausreichend, um zu prüfen, ob jemand eine bestimmte Rolle zu Recht beansprucht oder ausschlägt. Davon ist allerdings die Frage zu unterscheiden, ob die konstitutiven Regeln der Praxis selbst Legitimität besitzen.

Die zweite notwendige Bedingung (ii) ist eine *intersubjektive*. Sie trägt der Tatsache Rechnung, dass sich alle Beteiligte eines Praxiszusammenhangs in den von ihnen jeweils eingenommenen Rollen auch wechselseitig anerkennen müssen, damit der zugehörige normative Status in ihren konkreten Interaktionen praktische Relevanz erhält. Hierzu zählt auch die Übernahme eines spezifischen Selbstverständnisses der Rollenträger, die für die Teilnahme an den entsprechenden Praktiken erforderlichen Fähigkeiten und Einstellungen nicht bloß auszubilden, sondern von ihnen auch den formellen Regeln der Praxis entsprechend Gebrauch zu machen. Erst die allgemeine Akzeptanz und kollektive Berücksichtigung verleiht den konstitutiven Regeln einer Praxis die nötige soziale Geltung.[19] Diese Bedingung ist wichtig, damit soziale Teilhabe nicht nur nominal

19 In der fachlichen Auseinandersetzung konkurrieren gegenwärtig verschiedene Vorschläge darum, wie diese Eigenschaft kollektiver Intentionalität genau analysiert werden muss. Diese weitverzweigte Spezialdebatte kann hier nicht gesondert zum Gegenstand gemacht werden. Vgl. dafür Schmid/Schweikard 2009; Stahl 2013, Kap. 4 sowie Poljanšek 2015.

dem Anspruch nach, sondern auch tatsächlich praktisch verwirklicht ist. Unabhängig vom faktischen Gehalt der konstitutiven Regeln eines bestimmten Praxistypus kann es nämlich vorkommen, dass Menschen in ihrer unmittelbaren Interaktion einander nicht so behandeln, wie es die Regeln eigentlich formal vorschreiben. Soziale Kategorien wie *Gender*, *Race* und *Class* – um nur drei besonders hartnäckige Diskriminierungsgründe zu nennen – stellen nach wie vor Merkmale dar, die dazu führen können, dass Einzelne oder Gruppen trotz formalem Anspruch »in der konkreten Interaktion schlicht nicht willkommen [sind] und auf diese Weise keinen gleichen Zugang und Rang innerhalb der unterschiedlichen Sphären des Soziallebens [haben]« (Ikäheimo 2014, 125) . Dass auf dieser intersubjektiven Ebene einzelne Personen ungerechtfertigterweise von der Ausübung bestimmter Rollen ausgeschlossen werden, auf die sie eigentlich einen formalen Anspruch besitzen, impliziert also, grob gesagt, dass einzelne Aspekte der in den konstitutiven Regeln zum Ausdruck gebrachten Inklusionsregeln – z. B. aufgrund von Sexismus, Rassismus oder Klassismus – intersubjektiv keine Berücksichtigung finden. Dabei ist es die Aufgabe einer Praxisgemeinschaft, eine soziale Welt aufzubauen, an der jeder Einzelne so teilhaben kann, wie es ihm legitimerweise zusteht.

Die dritte notwendige Bedingung (iii) ist eine *materielle*. Sie ergibt sich aus dem Umstand, dass Praktiken nicht nur die abstrakte Gestalt einer symbolischen Ordnung besitzen, sondern ihnen durch zahlreiche materielle Manifestationen ebenfalls eine gewisse »Dinghaftigkeit« im öffentlichen wie privaten Raum zukommt (vgl. Arendt 1999, Kap. 4). Es ist die spezielle Gestaltung dieser *materiellen Rahmenbedingungen*, die Zugangsmöglichkeiten für einzelne Teilnehmer nicht bloß kontingenterweise, sondern konsequent einschränken können. Dies kommt oftmals alleine dadurch zustande, dass die gegenständlichen Materialisierungen von Praktiken so gestaltet sind, dass sie auf die typischen Eigenschaften und Fähigkeiten der durchschnittlichen Teilnehmerin passen. Menschen, deren individuelle Merkmale von diesem Durchschnitt atypisch abweichen, werden daher mitunter aufgrund bestimmter Grundzüge in der Struktur sozialer Praxisformationen von einer effektiven Teilhabe ausgeschlossen, einfach darum, weil sie wegen der für sie kaum zu überwindenden Hindernisse gar nicht erst in den relevanten Kontext vordringen können. Ich möchte für einen solchen Fall materieller Exklusion terminologisch von ›Barrieren einer Praxisstruktur‹ sprechen. Eine Barriere unterscheidet sich von anderen, nichtexkludierenden Rahmenbedingungen dadurch, dass sie allein durch die Art ihrer materiellen Ausgestaltung Personen, die eigentlich alle erforderlichen Merkmale besitzen, um gemäß der konstitutiven Regeln zur Teilnahme berechtigt zu sein, von der Herstellung des relevanten Kontexts systematisch ausschließt, beziehungsweise die zur Partizipation nötigen persönlichen Anstrengungen unverhältnismäßig erhöht. Insofern ist Nussbaum darin zuzustimmen, dass die materielle Gestaltung des öffentlichen Raums unsere »Vorstellungen von Inklusion« (Nussbaum 2010, 169) zum Ausdruck bringt. Die Möglichkeit sozialer Teilhabe hängt demnach auch davon ab, dass die materiellen Komponenten einer Praxis für alle Beteiligten *barrierefrei*, das heißt voll nutzbar, gestaltet sind. Ob jemandem der Zugang zu den Positionen einer Praxis effektiv offensteht, ist neben den bereits eingeführten Konditionen *institutioneller* und *intersubjektiver* Art außerdem eine Frage der *materiellen* Ausgestaltung des relevanten Kontexts. Barrierefreiheit stellt daher eine wesentliche Voraussetzung für die wirkungsvolle Verwirklichung soziale Teilhabe des Einzelnen dar.

Für den ersten Fall (i) möchte ich von ›*formeller*‹, für den zweiten Fall (ii) von ›*informeller*‹ und für den dritten Fall (iii) von ›*struktureller Inklusion*‹ sprechen. Diese drei *notwendigen* Bedingungen sind zusammengenommen *hinreichend*, um soziale Inklusion in einem gehaltvollen Sinn erfolgreich zu realisieren. Das heißt, erst wenn alle drei Bedingungen erfüllt sind, ist die Inklusion einer Person *effektiv* verwirklicht. Ist mindestens eine Bedingung verletzt, ist ihre Inklusion in dieser Hinsicht nur *defektiv*.

Der Tatbestand sozialer Exklusion kann jetzt ganz einfach in negativer Abgrenzung zu diesen Voraussetzungen definiert werden: Grenzen die Inklusionsregeln einer Praxis bestimmte Personen oder Gruppen von vorhandenen Positionen der sozialen Ordnung aus, ist die erste Bedingung verletzt und wir haben es mit *formeller Exklusion* zu tun. Besteht hingegen ein formell berechtigter Anspruch auf Teilhabe, den die Beteiligten faktisch missachten, stellt dies eine Verletzung der zweiten Bedingung dar und es liegt somit *informelle Exklusion* vor. Der Sachverhalt *struktureller Exklusion* schließlich ist erfüllt, wenn die Einnahme einer legitim beanspruchbaren Position aufgrund von Barrieren der Praxisstruktur systematisch versperrt wird.

Sobald soziale Teilhabe in der hier nahegebrachten Weise verstanden wird, lassen sich eine Reihe von einschlägigen Aussagen über die möglichen und tatsächlichen Inklusionszustände einer gegebenen Sachlage formulieren. Da die komplexen Praxisformationen moderner Gesellschaften oftmals nicht nur einen einzigen Rollentypus vorsehen, sondern in der Regel eher arbeitsteilig strukturiert und hierarchisch organisiert sind, stellt sich soziale Teilhabe in den meisten Fällen als mehrdimensionales Phänomen dar. Wo sich im Zuge arbeitsteiliger Spezialisierung Praxisstrukturen horizontal wie vertikal ausdifferenzieren, ist Teilhabe folglich keine einfache Frage von Einbezug oder Ausschluss. Vielmehr lassen sich über den *Inklusionsgrad* einer Person sinnvollerweise Angaben machen, die auf einem Kontinuum von *vollständiger Inklusion* über *partielle Inklusion* bis hin zu *vollständiger Exklusion* der entsprechenden Praxis reichen. Danach gilt:

Vollständige Inklusion: Wenn ein Akteur effektiven Zugang zu allen Rollen einer Praxis besitzt, ist er vollständig inkludiert.
Partielle Inklusion: Wenn ein Akteur effektiven Zugang zu mindestens einer, aber weniger als allen Rollen einer Praxis besitzt, ist er partiell inkludiert.
Vollständige Exklusion: Wenn ein Akteur Zugang zu keiner einzigen Rolle einer Praxis besitzt, ist er vollständig exkludiert.

Für die Bestimmung des effektiven Inklusionsgrads eines Akteurs sind danach nur solche Rollen einschlägig, für die alle drei Bedingungen (institutionelle, intersubjektive und materielle) vollständig erfüllt sind. Der fragliche Akteur darf in Bezug auf diese Rollen also weder strukturell, informell noch formell exkludiert sein.

An dieser Stelle ist es instruktiv, eine Implikation meines Ansatzes hervorzuheben, die bisher weitestgehend unausgesprochen blieb: Auch wenn die jeweiligen Rolleninhalte komplementär auf verschiedene Adressaten verteilt bleiben mögen, das heißt, auch wenn die Kooperation der Praxisgemeinschaft insofern subordinativ sein kann, als nicht alle Mitglieder den gleichen normativen Status besitzen, findet sich in funktionierenden Praktiken stets eine basale Form wechselseitiger Anerkennung, mit welcher sich die Mitglieder der ihnen im Kontext der sozialen Kooperation nahegelegten Plätze spiegelbildlich versichern. Das bedeutet zum einen, dass alle Personen, die unter die Anwendungsbedingungen einer bestimmten Inklusionsregel fallen, damit nicht zwangsläufig vollständig in alle Rollen der Praxis inkludiert sind. Es ist gut möglich, dass sie von bestimmten Positionen ausgeschlossen sind, die ebenfalls für ein Gelingen der jeweiligen

Praxis wesentlich sind. Das bedeutet aber zum anderen auch, dass es kaum vorstellbar ist, im Rahmen zwischenmenschlicher Praxis über gar keine gesellschaftliche Existenz zu verfügen. Der Inklusion in eine bestimmte Rolle entsprechen häufig Exklusionen von anderen komplementären Rollen und umgekehrt. Man ist nicht einfach nur Nicht-Chef, sondern Mitarbeiter oder Arbeitsloser; Nicht-Herrscher, sondern Untertan oder Landstreicher und so weiter. Vollständige Exklusion aus einer Gesellschaft würde das Fehlen jeglichen sozialen Status erfordern. Man müsste gesellschaftlich buchstäblich überhaupt keine Rolle spielen. Kurz: Wer von einzelnen Positionen exkludiert ist, fällt aus dem sozialen Zusammenhang in der Regel nicht komplett heraus. Es gehört zu den gesellschaftlichen Bedingungen menschlicher Existenz, im arbeitsteiligen Geflecht sozialer Praktiken (s)eine Rolle(n) zu spielen.

3.2.2 Die sozialethische Dimension des Inklusionsbegriffs

Inklusion ist ein Phänomen, das eine gewisse Nähe zu Vorstellungen von Zugehörigkeit oder Mitgliedschaft besitzt. Da es intuitiv falsch zu sein scheint, andere aus sozialen Verhältnissen auszuschließen oder ihnen den Zugang zu Gruppen und anderen Konstellationen des Sozialen zu verwehren, liegt es nahe, in normativer Hinsicht Werte wie Gleichheit, Gerechtigkeit und Solidarität mit Inklusion in Verbindung zu bringen. In diesem Sinn steht Inklusion für das Ideal einer offenen und moralisch integren Gesellschaft (vgl. Kronauer 2010; Felder 2012).

Für eine genaue Bestimmung dieses Ideals muss man allerdings ebenso kontextsensitiv vorgehen wie es in Bezug auf die deskriptive Charakterisierung der unterschiedlichen Teilhabeformen erforderlich ist. Was eine *gute* inklusive Gesellschaft inhaltlich konkret ausmacht, so meine These, lässt sich nämlich nicht losgelöst, sondern nur in direkter Auseinandersetzung mit den sie bestimmenden Praktiken ermitteln, denn die abstrakte Idee sozialer Teilhabe ist normativ zu unterbestimmt, um für sich genommen einen ethischen Wert zu besitzen. Es sind immer nur die speziellen Teilhabeformen an konkreten Praktiken, die wertvoll sein können, nicht Inklusion als solche.

Würde man Inklusion als einen Selbstwert behandeln, hätte das die absurde Konsequenz, dass sie unter allen Umständen etwas Gutes wäre. Exklusion müsste im Umkehrschuss stets moralisch verwerflich sein. Allerdings lässt sich leicht zeigen, dass dies nicht der Fall ist. Es gibt auch Fälle schlechter Inklusion sowie guter Exklusion. Man denke nur an Frankenas (1962, 17) berühmtes Gedankenexperiment von dem Herrscher, der alle seine Untertanen in siedendem Öl braten lässt und sich anschließend selbst in das Öl begibt. Die vollständige Inklusion aller Gesellschaftsmitglieder in diese barbarische Praxis ist jedoch klarerweise in keiner erdenklichen Weise etwas moralisch Gutes. Aus ethischer Sicht stellt dieser Fall vollständiger Universalinklusion auch keine Verbesserung gegenüber einer alternativen Situation dar, in der besagter Herrscher exklusiver vorgeht und nur bestimmte Menschen in Öl brät. Ganz im Gegenteil: In Bezug auf solche Praktiken moralischen Unrechts scheint Exklusion die allseitig vorzugswürdige Option darzustellen. Es wäre absurd, dass eine ansonsten moralisch fragwürdige Praxis nur dadurch, dass mehr Menschen inkludiert werden, in irgendeinem ethisch bedeutsamen Sinn auch besser würde. Aber genau das müsste aus Gründen logischer Konsistenz zugestehen, wer Inklusion einen intrinsischen Wert zuschreibt.

Damit steht fest, dass Inklusion kein intrinsisches Gut ist, sondern ihr Wert von einer anderen Quelle abhängen muss. Und auch Exklusion stellt sich folglich nur dann als moralisch problematisch dar, wenn dabei andere Werte auf dem Spiel stehen. Inklusion und

Exklusion sind somit »normativ abhängige Begriffe«[20], deren normativer Gehalt sich erst derivativ aus den konkreten Kontextbedingungen erschließen lässt. Soziale Teilhabe als extrinsischen Wert zu behandeln, bedeutet dabei allerdings nicht, dass sie für den Einzelnen damit immer von bloß instrumentellem Interesse wäre. Dort, wo hinreichend gute Gründe für Inklusion vorliegen, kann sie durchaus um ihrer selbst willen schätzenswert sein. Denn wertvolle Teilhabeformen besitzen über ihren individuellen Nutzen für die Betroffenen hinaus oftmals auch eine ideelle Bedeutung, die sich ihnen als Selbstzweck darstellt.[21]

Wenn meine These von der normativen Abhängigkeit stimmt, besteht das Ideal einer inklusiven Gesellschaft nicht in möglichst großer Teilhabe überhaupt, sondern in normativ fundierter, guter Teilhabe. Weil die einzelnen Teilhabeformen ihren Wert derivativ aus den Praktiken schöpfen, auf die sie bezogen sind, muss man sich somit die einzelnen Praktiken näher ansehen, für die der Wert von Inklusion bestimmt werden soll. Sie geben die normativen Grundlagen von Inklusion ab. Hier lassen sich zwei Rechtfertigungskontexte unterscheiden.

Zum einen müssen sich die formellen Inklusionsregeln einer Praxis gegenüber allen Betroffenen begründen lassen. Dabei geht es um die Feststellung, ob die jeweiligen Zugangsbedingungen zu den Positionen der sozialen Ordnung allgemein akzeptabel sind oder nicht. Sie dürfen niemanden ungerechtfertigterweise von der Teilhabe an einer Praxis ausschließen.

Das moralische Prinzip der gleichen Achtung, das hinter dieser Annahme steht, wird heute von nahezu allen Hauptströmungen der modernen westlichen Philosophie geteilt. Es besagt, dass »jede Person einen moralischen Anspruch hat, mit der gleichen Achtung und Rücksicht behandelt zu werden wie jede andere« (Gosepath 2004, 128). Trotz deskriptiver Unterschiede zwischen den Menschen sind diese als moralisch gleichwertig zu betrachten und deshalb als Gleiche zu behandeln. Dabei ist allerdings zu beachten, dass Personen als Gleiche zu behandeln nicht dasselbe ist, wie Personen gleich zu behandeln:[22]

> »Einer Person Achtung entgegenzubringen bedeutet, in dem hier einschlägigen Sinne, mit ihr ausschließlich auf der Grundlage der Aspekte ihres besonderen Charakters oder ihrer

---

20 Vgl. Forst (2003, 48 ff.), der hinsichtlich des Toleranzbegriffs von normativer Abhängigkeit spricht.

21 Ich beziehe mich hier auf die von Christine Korsgaard (1983) ausgearbeitete Unterscheidung zwischen Gütern, die intrinsisch (bzw. nicht-relational) gut sind von solchen, die dies nur extrinsisch (bzw. relational) sind auf der einen und der zwischen Gütern, die instrumentell bzw. um etwas anderen willens verfolgt werden, von solchen, die um ihrer selbst willen bzw. als Selbstzweck wertgeschätzt werden auf der anderen Seite. Kurz gefasst, adressiert die erste Klasse die *Quelle* des Werts. Die Frage lautet hier: Liegt er in den intrinsischen Eigenschaften begründet oder sind es die extrinsischen (relationalen) Eigenschaften, auf denen unser Werturteil beruht? Die zweite Klasse sortiert Werte im Gegensatz dazu in Bezug auf die *Art und Weise* der ihnen entgegengebrachten Wertschätzung: Schätzt man sie nur instrumentell als Mittel zu anderen Zwecken, oder stellen sie etwas dar, dass an sich, also um seiner selbst willen geschätzt wird?

22 Gosepath (2004, 129) schreibt: »Das Prinzip, Personen als Gleiche zu behandeln (treating persons as equals), bedeutet nicht dasselbe wie Personen gleich zu behandeln (treating persons equally), führt also zu keinem Anspruch auf einen gleichen Anteil, sondern zum Anspruch, auf dieselbe Weise mit gleicher Achtung und Rücksicht (equal concern and respect) behandelt zu werden wie jeder andere.« Vgl. dazu auch Dworkin 1984, 370.

Rahmenbedingungen umzugehen, die in der gegebenen Sachlage tatsächlich relevant sind« (Frankfurt 2000, 44).

Das Prinzip der gleichen Achtung stellt also noch keinen konkreten Inklusionsgrundsatz dar, sondern beschreibt vielmehr, wie man zu einem solchen gelangt. So dürfen In- und Exklusionen niemals willkürlich erfolgen. Wenn es keine relevanten Gründe gibt, die eine ungleiche Behandlung rechtfertigen, muss jeder den gleichen Zugang zu sozialen Kontexten erhalten. Exklusion als Folge von Diskriminierung ist danach immer moralisch falsch. Jedoch ist Exklusion nicht in jedem Fall auf diskriminierende Ausgrenzung zurückzuführen. Auch kann eine Inklusionsregel aus anderen Gründen abzulehnen sein als Diskriminierung, etwa dann, wenn ihre Anwendung großes Leid verursacht, wie in Frankenas Beispiel des barbarischen Herrschers. Gerade weil man allen Menschen gegenüber den gleichen Respekt an den Tag legen muss, kann es in Hinblick auf ihre individuellen Besonderheiten geboten sein, im Ergebnis nicht alle strikt gleich zu behandeln.[23]

In diesem Zusammenhang gilt es etwa zu bedenken, dass mit sozialen Praktiken normalerweise charakteristische Zwecke verbunden sind, die den Spielraum der zulässigen Zugangsbedingungen funktional begrenzen. Die Rollen einer Praxis können daher nicht jedem beliebigen Menschen schlechterdings offen stehen. Um ihre praktischen Vollzugsbedingungen reibungslos erfüllen zu können, sind in den meisten Fällen entsprechende Kompetenzen der Teilnehmer unverzichtbar. Um zu entscheiden, wem eine soziale Position offen stehen sollte, muss man also in Rechnung stellen,

»that any community, social group or context of activity has its own aims or values. It exists for something, an orchestra to play music well, a cricket team to perform well on the field, a particular class to learn higher level mathematics etc. [...] If I am unable to play a musical instrument at all, it seems to make little or no sense to say that I can be included in an orchestra which is to play Beethoven or if I cannot even add up or subtract that I should be in a group learning quadratic equations« (Wilson 1999, 110).

So eindeutig, wie John Wilson den Fall sieht, ist die Sache allerdings selten. Rahel Jaeggi (2014) hat mit großer Überzeugungskraft dafür argumentiert, dass die Bestimmung der spezifischen Funktion einer Praxis in vielen Fällen selbst ein umkämpftes Projekt darstellt. Ob eine bestimmte Inklusionsregel Einzelne oder Gruppen unzulässig diskriminiert oder zulässiger Bestanteil der integralen Funktionslogik einer Praxis ist, lässt sich ihr selten direkt ansehen, sondern muss selbst zum Gegenstand der Auseinandersetzung gemacht werden. Ob Exklusion in einer konkreten Situation tatsächlich moralisch falsch ist, hängt so entschieden davon ab, ob »bestimmte (Typen von) Unterschiede(n) in der anstehenden Hinsicht relevant [sind] und durch allgemein annehmbare Gründe erfolgreich eine ungleiche Behandlung oder ungleiche Verteilung [rechtfertigen]« (Gosepath 2004, 202).

Vor diesem Hintergrund kann man Marx' und Engels' bekannte Bemerkung über den Unterschied zwischen einer kapitalistischen und einer kommunistischen Gesellschaftsordnung auch so lesen, dass sie auf eine grundlegende Differenz in der vorhandenen Inklusionsstruktur abhebt. Dazu heißt es:

23 In der Terminologie Ernst Tugendhats (1993, 375 ff.) ist dies ein Unterschied zwischen »primärer« und »sekundärer Diskriminierung«.

> »Sowie nämlich die Arbeit verteilt zu werden anfängt, hat jeder einen bestimmten ausschließlichen Kreis der Tätigkeit, der ihm aufgedrängt wird, aus dem er nicht heraus kann; er ist Jäger, Fischer oder Hirt oder kritischer Kritiker und muß es bleiben, wenn er nicht die Mittel zum Leben verlieren will – während in der kommunistischen Gesellschaft, wo jeder nicht einen ausschließlichen Kreis der Tätigkeit hat, sondern sich in jedem beliebigen Zweige ausbilden kann, die Gesellschaft die allgemeine Produktion regelt und mir eben dadurch möglich macht, heute dies, morgen jenes zu tun, morgens zu jagen, nachmittags zu fischen, abends Viehzucht zu treiben, nach dem Essen zu kritisieren, wie ich gerade Lust habe, ohne je Jäger, Fischer, Hirt oder Kritiker zu werden« (Marx/Engels 1953, 33).

Im Gegensatz zu dem in diesem Zitat zum Ausdruck gebrachten Ideal einer Universalinklusion aller Gesellschaftsmitglieder in alle vorhandenen sozialen Positionen möchte ich mich für die Ansicht starkmachen, dass wirklich vollständige Inklusion aller vergesellschafteten Individuen in einer arbeitsteiligen Gesellschaft nicht bloß ein empirisch seltenes Phänomen darstellt, sondern auch normativ gar nicht erstrebenswert ist. Ich schließe mich damit einer Einsicht Volker Gerhardts (2007, 199) an, wonach »die durch Technik und Wissen versachlichte Kooperation habituelle Spezialisierung und situatives Rollenverhalten nach sich [zieht], in dem sich die natürliche Verschiedenheit der Individuen diversifiziert«. Arbeitsteilung und die damit einhergehende Steigerung gesellschaftlicher Komplexität tragen aber, wie Marx und Engels richtig sehen, unweigerlich zu einer zunehmend exklusiven Gesellschaftsstruktur bei, in der das einzelne Mitglied nicht in der gleichen Weise an allen sozialen Prozessen beteiligt sein kann. Es ist eine Konsequenz dieser Sichtweise, dass in pluralistischen Gesellschaften nicht alle vorhandenen Positionen strikt gleich verteilt werden können. Sie stellen daher in der Regel knappe Güter dar, auf die Mitglieder konkurrierende Ansprüche erheben werden.

Weil nicht alle Menschen an allen zur Verfügung stehenden Positionen gleichermaßen partizipieren können, muss man sich fragen, wie die Teilhabe gerecht zu verteilen ist. Selbst wenn die Inklusionsregeln für sich betrachtet vollkommen gerechtfertigt sind, kann es unter Umständen geboten sein, sich für die Inklusion bislang Exkludierter einzusetzen und umgekehrt, weil die bestehende Teilhabesituation einen begründeten Anspruch verletzen würde. Dass nicht jeder in der gleichen Weise an allen verfügbaren Positionen einer Gesellschaft partizipieren kann, ist also nur dann moralisch unproblematisch, wenn es sich hierbei um *gerechtfertigte Ungleichheiten* handelt (vgl. Hinsch 2002).

Welchen Wert spezielle Teilhabeformen für den Einzelnen besitzen und welche berechtigten Inklusionsansprüche er diesbezüglich an die ihn umgebende Praxisgemeinschaft stellen kann, stellt somit den zweiten Kontext der Rechtfertigung dar. An einer Praxis teilzuhaben kann sowohl für das einzelne Individuum als auch für die Gesellschaft als Ganzes unter verschiedenen Aspekten Bedeutung erlangen. Von ihnen hängt ab, wie ungleiche Inklusionsgrade normativ zu bewerten sind. So leuchtet es beispielsweise unmittelbar ein, dass Kinder keinen uneingeschränkten Zugang zur Arbeitswelt haben sollten. Vielmehr gehört es zum besonderen Schutz, den wir jedem Kind schulden, es von speziellen Zumutungen fernzuhalten, wie sie etwa mit den Rollen von erwerbstätig Beschäftigten normalerweise einhergehen. Sprich: Größtmögliche Inklusion ist nicht in jedem Fall ein erstrebenswertes Ziel.

Gute und gerechtfertigte Inklusion kann also weder bedeuten, dass alle Positionen für jeden zu öffnen sind, noch dass das Kollektiv der Kooperationsmitglieder dafür Sorge zu tragen hat, dass alle dieselben empirischen Merkmale besitzen und sich faktisch in denselben Zuständen befinden. Hier lässt sich an Überlegungen anknüpfen, die Robert Alexy (1986, 359 f.) in Bezug auf den Gleichheitsgrundsatz des Grundrechts entwickelt hat. Danach kann eine Praxisgemeinschaft »nicht nur Wehrpflicht nur für Erwachsene, Strafe nur für Straftäter, Steuern nach der Höhe des Einkommens, Sozialhilfe nur für Bedürftige und Orden nur für verdiente Bürger vorsehen«. Vielmehr muss sie »dies auch, wenn [sie] nicht unzweckmäßige (z. B. Wehrpflicht für Kinder), sinnlose (z. B. Strafe für alle) und ungerechte (z. B. Kopfsteuer) Normen setzen will.« Aus ähnlichen Gründen stellt sich auch die Forderung einer strikten Gleichheit aller Individuen bezüglich aller empirischen Merkmale und faktischen Zustände als unvernünftig dar, weil – selbst wenn dies möglich wäre – so »nur ein sehr begrenztes intellektuelles, kulturelles und ökonomisches Niveau erreichbar« ist.

Wenn meine Argumentation stichhaltig ist, lassen sich für die sozialethische Dimension des Inklusionsbegriffs zwei zentrale Thesen identifizieren, wonach der Wert von Inklusion a) normativ von den zugrundeliegenden Praktiken abhängig ist und b) eine ungleiche Verteilung von einzelnen Positionen einer sozialen Ordnung im Einzelfall zulässig sein kann, wenn damit die Situation aller Betroffenen langfristig verbessert wird. In modernen Gesellschaften ist daher von einem Pluralismus verschiedener Praxisgemeinschaften auszugehen, die koexistieren. Eine gute inklusive Gesellschaft darf einzelne Gruppen nicht marginalisieren, sondern muss jeden gleichwertig behandeln. Das Ideal einer inklusiven Gesellschaft steht demnach für eine pluralistische Gesellschaft, in der jedem Mitglied der nötige Freiraum zur Verfügung steht, seinen individuellen Begabungen und Interessen entsprechend als Gleicher an ihr teilzuhaben.

3.2.3 Die sozialpolitische Dimension des Inklusionsbegriffs

Ich habe oben die drei Ebenen der *formellen, informellen* und *strukturellen Inklusion* unterschieden. Passend zu diesen drei Inklusionsarten lassen sich drei sozialpolitische Handlungsfelder voneinander abgrenzen, auf denen die spezifischen Inklusionsmechanismen einer Praxis aktiv gestaltet werden können. Im Folgenden möchte ich dementsprechend den allgemeinen Charakter *(a) formeller, (b) informeller* und *(c) struktureller Inklusionspolitik* kurz darstellen und erläutern.

(a) Formelle Inklusionspolitik

Formelle Inklusion bezieht sich auf die konstitutiven Regeln einer sozial stabilisierten Praxis. Danach muss jemand die geforderten Inklusionsmerkmale besitzen, um mindestens eine Rolle auszuüben, damit er hinsichtlich dieser Rolle in eine Praxis *formell inkludiert* ist. Fehlen ihm umgekehrt die erforderlichen Merkmale, so ist er von der Teilhabe an der entsprechenden Praxis in Bezug auf diese Rolle *formell exkludiert.*

Obwohl an dieser Stelle noch nicht vollständig ersichtlich ist, wie eine sozialpolitische Gestaltung dieser Ebene genau aussehen kann, steht bereits jetzt fest, dass grundsätzlich zwei einander entgegengesetzte Wege zur Verfügung stehen, um formelle Inklusionszustände einer gegebenen Sachlage politisch zu verändern: Da es für die Erfüllung formeller Inklusion darauf ankommt, dass die individuellen Merkmale den institutionalisierten Inklusionsregeln der Praxis entsprechen, lässt sich formelle Inklusionspolitik entweder betreiben, indem 1) die individuellen Merkmale der Akteure derart verändert werden, dass sie anschließend den geforderten Bedingungen der Inklusionsregeln entsprechen, oder andersherum 2) indem die Inklusionsregeln der Praxis an die vorhandenen Eigenschaften der Akteure angepasst werden. Für den ersten Fall möchte ich von ›*strukturerhaltender Inklusion*‹ sprechen; im zweiten Fall soll stattdessen von ›*strukturverändernder Inklusion*‹ die Rede sein.

Welche sozialpolitische Inklusionsstrategie im Einzelfall vorzuziehen ist, lässt sich ohne genaue Kenntnis der jeweiligen Kontextbedingungen nicht eindeutig sagen. So hängt es entschieden von der sozialethischen Einschätzung des zu behebenden Defizits ab, wie am besten zu verfahren ist. In diesem Zusammenhang müssen mindestens zwei Szenarien unterschieden werden: Sind die Inklusionsmodalitäten einer Praxis hinreichend gerechtfertigt, so stellt *strukturerhaltende Inklusion* das bevorzugte Mittel der Wahl dar, um sie für bisher formell Exkludierte zu öffnen. Wenn sich hingegen die Inklusionsregeln selbst als problematisch darstellen, dann ist die Strategie *strukturverändernde Inklusion* vorzugswürdig, um weitere Akteure formell zu inkludieren. Selbstverständlich kann es auch komplexe Fälle geben, in denen nicht nur die Inklusionsregeln geändert werden müssen, sondern auch auf Seiten der Individuen weitere Eigenschaften ausgebildet werden müssen.

(b) Informelle Inklusionspolitik

Informelle Inklusion ist die zweite Inklusionsform, deren politische Gestaltbarkeit ich hier kurz skizzieren möchte. Sie fängt die Beobachtung ein, dass soziale Teilhabe nur dann effektiv verwirklicht sein kann, wenn sich neben der formellen Berechtigung auch das faktische Verhalten der interagierenden Akteure an den formellen Normen der Praxis orientiert. Es ist ein wohlvertrauter Sachverhalt, dass erst die kollektive Berücksichtigung der institutionalisierten Inklusionsregeln ihnen praktische Wirksamkeit verleiht.[24] Informelle Inklusionspolitik findet ihre Aufgabe danach dort, wo Inkonsistenzen zwischen dem tatsächlichen Verhalten der Praxisteilnehmer und den formell festgelegten Standards vorliegen, so dass Anspruch und Wirklichkeit auseinandertreten.

Aus naheliegenden Gründen stehen auch einer informellen Inklusionspolitik grundsätzlich zwei Strategien zur Verfügung. Da durchaus beides vorkommen kann – formelle Inklusion, aber informelle Exklusion sowie informelle Inklusion, aber formelle Exklusion – muss man zwei Hinsichten unterscheiden, in denen sich einem Akteur ein Status zuschreiben lässt. Im ersten Fall informeller Exklusion möchte ich davon sprechen, dass ein Praxisteilnehmer zwar einen *institutionellen Status* besitzt, aber in den »Augen der möglichen Interaktionspartner aus der Gruppe der Mehrheit keinen gleichen *intersubjektiven Status.*» (Ikäheimo 2014, 125; meine Hervorhebung). Aus der umgekehrten Perspektive formeller Exklusion betrachtet, liegt dann hingegen ausschließlich ein intersubjektiver Status vor, ohne dass auch ein entsprechender institutioneller Status vorhanden wäre, auf den er sich gründet. Wenn soziale Positionen ohne die normative Rückendeckung der konstitutiven Regeln einer Praxis ausgeübt oder, wie im umgekehrten Fall, trotz formalem Anspruch interpersonal ausgeschlagen werden, stellt das ein ernstzunehmendes Inklusionsdefizit dar, das danach verlangt, in die eine oder andere Richtung aufgelöst zu werden. Die Praxisgemeinschaft kann im ersten Fall formeller Exklusion auf diesen Missstand reagieren, indem zu Unrecht eingenommenen Positionen die beanspruchte intersubjektive Anerkennung entzogen oder ihnen alternativ durch eine entsprechende Anpassung der zugrundeliegenden Struktur der normativen Ord-

24 Dies betonen in aller Deutlichkeit etwa Searle 2012 und Tuomela 2002.

nung nachträglich eine Berechtigung verliehen wird. Umgekehrtes gilt für den zweiten Fall informeller Exklusion. Es ist auch auf dieser Ebene nicht selbstverständlich, wie im Fall eines Widerspruchs zwischen formellem und informellem Status zu verfahren ist. Ob die Praxisnormen den herrschenden Verhältnissen anzugleichen sind, oder umgekehrt, die faktischen Praxisvollzüge den existierenden formellen Regeln, hängt davon ab, wie sich das zu behebende Defizit in der sozialethischen Dimension darstellt.

(c) Strukturelle Inklusionspolitik

Strukturelle Inklusion besteht darin, dass die Rahmenbedingungen einer Praxis für die Teilnehmenden keine Barrieren aufweisen. Das heißt, damit eine Person strukturell inkludiert ist, müssen die Strukturen der Praxis so gestaltet sein, dass sie für sie entsprechend ihrer formellen Zugangsberechtigung voll nutzbar ist. Strukturelle Exklusion liegt umgekehrt dann vor, wenn durch das Vorhandensein einer oder mehrerer Barrieren die Ausübung einer eigentlich legitim besessenen Rolle verhindert oder unverhältnismäßig erschwert wird.

Einer strukturellen Inklusionspolitik muss es folglich um die Feststellung und den Abbau von bestehenden sowie um die Vermeidung zukünftiger Zugangsbarrieren in einer Praxisstruktur gehen. Das heißt, ihr Ziel besteht in der Herstellung eines gesellschaftlichen Zustands der Barrierefreiheit. Aktuelle politische Forderungen hinsichtlich einer barrierefreien Gestaltung der Umwelt, die in erster Linie in Bezug auf Menschen mit Behinderungen erhoben werden, verwenden hierfür den Begriff des universellen Designs. Danach

> »bedeutet ›universelles Design‹ ein Design von Produkten, Umfeldern, Programmen und Dienstleistungen in der Weise, dass sie von allen Menschen möglichst weitgehend ohne eine Anpassung oder ein spezielles Design genutzt werden können.« (United Nations 2006, Art. 2).

Versteht man unter einer barrierefreien Praxis somit eine solche, die niemanden, der formell berechtigt ist, von ihrer vollwertigen Nutzung ausschließt, so liegt es nahe, verschiedene Maßnahmen zur politischen Umsetzung von Barrierefreiheit zu unterscheiden: Diese können von rechtlichen Bestimmungen über finanzielle Förderprogramme bis hin zu wissenschaftlicher Expertise und gesellschaftlicher Bewusstseinsbildung reichen. (Vgl. Bethke/Kruse/Rebstock/Welti 2015).

Ob eine Praxis im konkreten Einzelfall wirklich keine Barrieren aufweist, lässt sich allerdings im Vorfeld nicht immer zweifelsfrei bestimmen, weil die möglichen Gründe für fehlende Zugänglichkeit vielfältig und individuell divers ausfallen können.

4 Ergebnis und Ausblick

Der vorliegende Beitrag verfolgte das Ziel, einen umfassenden sozialphilosophischen Inklusionsbegriff zu entwickeln, der den Mangel einer konzeptuell zersplitterten Inklusionsforschung aufzuheben vermag. Dabei bin ich von der Beobachtung ausgegangen, dass die wichtige Voraussetzung einer sinnvollen Begriffsbildung in der gegenwärtigen Theorielandschaft bislang kaum erfüllt ist. Selbst dort, wo von einer eingehenden begriffsanalytischen Auseinandersetzung mit ›Inklusion‹ gesprochen werden kann, fehlt der akademischen Theoriebildung ein hinreichend komplexer Inklusionsbegriff. Um alle interessanten Aspekte der Inklusionsthematik vernünftig in den Blick zu bekommen, braucht es daher eines umfassenden Inklusionsbegriffs von fachuniverseller Geltung. Um ein einheitliches Forschungsprogramm zu ermöglichen, müssen eine sozialwissenschaftliche, eine sozialethische sowie eine sozialpolitische Dimension von Inklusion unterschieden werden, die ein kongruenter sozialphilosophischer Inklusionsbegriff einfangen muss. Denn nur eine in diesem Sinn holistische Perspektive auf Inklusion erlaubt eine vollständige Thematisierung all ihrer Eigenarten. In diesem Zusammenhang habe ich mich entschieden dafür ausgesprochen, Antworten auf zentrale Fragen der Inklusionsforschung von einem praxistheoretischen Zugang her zu entwickeln.

Diese Überlegungen wurden zum Anlass genommen, vor dem Hintergrund einer Praxistheorie einen dreidimensionalen Inklusionsbegriff systematisch zu entwickeln. Dafür habe ich zunächst das formale Grundgerüst inhaltlich gefüllt, indem ich die vier offenen Variablen der Inklusionsrelation – Subjekt, Objekt, Instanz und Regeln der Inklusion – näher bestimmt habe. Die Idee, Inklusion als Teilhabemöglichkeit an gesellschaftlich eingespielten Praktiken zu analysieren, wurde anschließend weiter ausbuchstabiert. Des Weiteren habe ich dafür Partei ergriffen, dass Inklusion keinen Selbstwert darstellt, sondern seinen Wert derivativ aus den zugrundeliegenden Praktiken bezieht. Inwiefern sich soziale Kontexte hinsichtlich sozialpolitischer Inklusionsziele aktiv gestalten lassen, wenn man die vorgeschlagene Analyse akzeptiert, wurde abschließend verdeutlicht.

Offenbleiben musste im Rahmen des vorliegenden Textes allerdings die fällige Zurückweisung konkurrierender Ansätze, wie sie prominent etwa von der soziologischen Systemtheorie (vgl. Luhmann 1998; Nassehi 2006) oder der Ungleichheitsforschung (vgl. Castel 2008; Kronauer 2010) vertreten werden. An dieser Stelle kann ich mich nur auf die hier nicht weiter begründbare Einschätzung zurückziehen, dass eine sorgfältige Beschäftigung mit diesen Theoriepositionen ihre konzeptionellen Schwächen offenlegen kann. So fehlt dem systemtheoretischen Inklusionsbegriff die sozialethische Dimension, wohingegen der Inklusionsbegriff der Ungleichheitsforschung wiederum in der sozialwissenschaftlichen Dimension unzulänglich ist.

Wenn es mir gelungen ist, Inklusion als Grundbegriff einer kritischen Sozialphilosophie fruchtbar zu machen, lassen sich auf Grundlage der hier entwickelten Systematik einzelne Aspekte der Inklusionsthematik gezielt herausgreifen und strukturiert erforschen. Wie stellt sich Exklusion im Kontext einer gegebenen Sachlage dar? Was ist daran problematisch? Wie ließe sich das gegebenenfalls ändern? Im Rahmen einzelner Studien ist es möglich, sich dabei auf nur eine der drei Dimensionen zu konzentrieren und diese grundlegend zu erschließen. Alternativ ist auch ein Vorgehen vorstellbar, das Inklusionsfragen einer speziellen Praxis aufgreift und diesen in allen drei Dimensionen nachgeht. Mittels einer vernünftigen wissenschaftlichen Arbeitsteilung lassen sich auf diesem Weg gesellschaftliche Teilhabeverhältnisse fundiert analysieren und einer angemessenen Kritik unterziehen, wo dies nötig sein sollte.

Literatur

Alexy, Robert: *Theorie der Grundrechte*. Frankfurt a. M. 1986.
Arendt, Hannah: *Vita Activa oder Vom tätigen Leben*. München/Zürich 1999.
Axelrod, Robert: *Die Evolution der Kooperation*. München 1987.
Beacker, Dirk (Hg.): *Schlüsseltexte der Systemtheorie*. Erweiterte und neu gestaltete Auflage. Wiesbaden 2016.

Becker, Gary S.: *Der ökonomische Ansatz der Erklärung menschlichen Verhaltens*. Tübingen 1982.
Berger, Peter/Luckmann, Thomas: *Die gesellschaftliche Konstruktion der Wirklichkeit*. Frankfurt a. M. 1969.
Bethke, Andreas/Kruse, Klemens/Rebstock, Markus/Welti, Felix: Barrierefreiheit. In: Theresia Degener/Elke Diehl (Hg.): *Handbuch Behindertenrechtskonvention. Teilhabe als Menschenrecht – Inklusion als gesellschaftliche Aufgabe*. Bonn 2015, 170–188.
Bloemers, Wolf: Soziale Inklusion – Begriff, Dynamik und Diskussion auf europäischer Ebene. In: Wolfgang Bautz/Janna Harms/Sabine Ulbricht-Thiede (Hg.): *Europäische Anregungen zu Sozialer Inklusion. Reader zur internationalen Konferenz 2005 in Magdeburg*. Berlin 2006, 15–26.
Bude, Heinz: *Die Ausgeschlossenen. Das Ende vom Traum einer gerechten Gesellschaft*. München 2008.
Castel, Robert: Die Fallstricke des Exklusionsbegriffs. In: Heinz Bude/Andreas Willisch (Hg.): *Exklusion. Die Debatte über die »Überflüssigen«*. Frankfurt a. M. 2008, 69–86.
Celikates, Robin: *Kritik als soziale Praxis: Gesellschaftliche Selbstverständigung und kritische Theorie*. Frankfurt a. M. 2009.
Diekmann, Andreas/Voss, Thomas (Hg.): *Rational-Choice-Theorie in den Sozialwissenschaften: Anwendungen und Probleme*. München 2004.
Dworkin, Ronald: *Bürgerrechte ernstgenommen*. Frankfurt a. M. 1984.
Farzin, Sina: *Die Rhetorik der Exklusion. Zum Zusammenhang von Exklusionsthematik und Sozialtheorie*. Weilerswist 2011.
Felder, Franziska: *Inklusion und Gerechtigkeit. Das Recht behinderter Menschen auf Teilhabe*. Frankfurt a. M. 2012.
Forst, Rainer: *Toleranz im Konflikt. Geschichte, Gehalt und Gegenwart eines umstrittenen Begriffs*. Frankfurt a. M. 2003.
Frankena, William: The Concept of Social Justice. In: Richard Brandt (Hg.): *Social Justice*. Englewood Cliffs 1962, 1–29.
Frankfurt, Harry: Gleichheit und Achtung. In: Angelika Krebs (Hg.): *Gleichheit oder Gerechtigkeit. Texte der neuen Egalitarismuskritik*. Frankfurt a. M. 2000, 38–49.
Gerhardt, Volker: *Partizipation. Das Prinzip der Politik*. München 2007.
Gosepath, Stefan: *Gleiche Gerechtigkeit. Grundlagen eines liberalen Egalitarismus*. Frankfurt a. M. 2004.
Gröschke, Dieter: *Arbeit, Behinderung, Teilhabe. Anthropologische, ethische und gesellschaftliche Bezüge*. Bad Heilbrunn 2011.
Hark, Sabine: Überflüssige. Deutungsbegriff für neue gesellschaftliche Gefährdungen? In: *Transit – Europäische Revue* 29 (2005), 125–141.
Hart, Herbert Lionel Adolphus: *The Concept of Law*. Oxford 1961.
Hillebrand, Frank: *Soziologische Praxistheorien. Eine Einführung*. Wiesbaden 2014.
Hinsch, Wilfried: *Gerechtfertigte Ungleichheiten. Grundsätze sozialer Gerechtigkeit*. Berlin 2002.
Honneth, Axel: *Das Recht der Freiheit*. Berlin 2011.
Ikäheimo, Heikki: *Anerkennung*. Berlin 2014.
Jaeggi, Rahel: *Entfremdung. Zur Aktualität eines sozialphilosophischen Problems*. Frankfurt a. M. 2005.
Jaeggi, Rahel: *Kritik von Lebensformen*. Berlin 2014.
Kauffman, James/Hallahan, Daniel (Hg.): *The Illusion of Full Inclusion. A Comprehensive Critique of a Current Special Education Bandwagon*. Austin 1995.
Korsgaard, Christine: *The Sources of Normativity*. Cambridge 1996.
Korsgaard, Christine: Two Distinctions in Goodness. In: *The Philosophical Review* 92/2 (1983), 169–195.
Kronauer, Martin: *Exklusion. Die Gefährdung des Sozialen im hoch entwickelten Kapitalismus*. 2. aktualisierte und erweiterte Auflage. Frankfurt a. M. 2010.
Kubek, Vanessa: *Humanität beruflicher Teilhabe im Zeichen der Inklusion. Kriterien für die Qualität der Beschäftigung von Menschen mit Behinderung*. Wiesbaden 2012.
Luhmann, Niklas: *Die Gesellschaft der Gesellschaft*. Frankfurt a. M. 1998.
Marx, Karl/Engels, Friedrich: Die deutsche Ideologie. In: *Karl Marx – Friedrich Engels – Werke (MEW)*, Bd. 3, Berlin 1968, 9–530.
Nassehi, Armin: Die Paradoxe Einheit von Inklusion und Exklusion. Ein systemtheoretischer Blick auf die »Phänomene«. In: Heinz Bude/Andreas Willisch (Hg.): *Das Problem der Exklusion. Ausgegrenzte, Entbehrliche, Überflüssige*. Hamburg 2006, 46–69.

Nussbaum, Martha: *Grenzen der Gerechtigkeit – Behinderung, Nationalität und Spezieszugehörigkeit.* Berlin 2010.
Poljanšek, Tom: Sinn und Erwartung – Über den Unterschied von Sinngegenständlichkeit und Referenzialität. In: *Zeitschrift für philosophische Forschung* 69/4 (2015), 502–524.
Putnam, Hilary: *Reason, Truth and History*. Cambridge 1981, 116–119.
Rawls, John: *Eine Theorie der Gerechtigkeit.* Frankfurt a. M. 1975.
Rawls, John: *Politischer Liberalismus.* Frankfurt a. M. 1998.
Reckwitz, Andreas: Grundelemente einer Theorie sozialer Praktiken. In: *Zeitschrift für Soziologie* 32/4 (2003), 282–301.
Scanlon, Thomas: What We Owe to Each Other. Cambridge, Mass. 1998.
Schatzki, Theodore: *The site of the social. A philosophical account of the constitution of social life and change.* University Park 2002.
Schmid, Hans Bernhard/Schweikard, David (Hg.): *Kollektive Intentionalität. Eine Debatte über die Grundlagen des Sozialen.* Frankfurt a. M. 2009.
Schmidt, Robert: *Soziologie der Praktiken. Konzeptionelle Studien und empirische Analysen.* Berlin 2012.
Searle, John: *Wie wir die soziale Welt machen – Die Struktur der menschlichen Zivilisation.* Berlin 2012.
Sombetzki, Janina: *Verantwortung als Begriff, Fähigkeit, Aufgabe. Eine Drei-Ebenen-Analyse.* Wiesbaden 2014.
Stahl, Titus: *Immanente Kritik. Elemente einer Theorie sozialer Praxis.* Frankfurt a. M. 2013.
Stichweh, Rudolf: Leitgesichtspunkte einer Soziologie der Inklusion und Exklusion. In: Rudolf Stichweh/Paul Windolf (Hg.): *Inklusion und Exklusion: Analysen zur Sozialstruktur und sozialen Ungleichheit.* Wiesbaden 2009, 29–42.
Stichweh, Rudolf: *Weltgesellschaft.* Frankfurt a. M. 2000.
Tuomela, Raimo: *The Philosophy of Social Practices: A Collective Acceptance View.* Cambridge 2002.
Tugendhat, Ernst: *Vorlesungen über Ethik.* Frankfurt a. M. 1993.
United Nations: *Convention on the Rights of Persons with Disabilities.* Geneva 2006.
Wansing, Gudrun: Was bedeutet Inklusion? Annäherungen an einen vielschichtigen Begriff. In: Theresia Degener/Elke Diehl, (Hg.): *Handbuch Behindertenrechtskonvention. Teilhabe als Menschenrecht – Inklusion als gesellschaftliche Aufgabe.* Bonn 2015, 43–55.
Weber, Max: Soziologische Grundbegriffe. In: Ders.: *Methodologische Schriften.* Frankfurt a. M. 1968, 279–340.
Wilson, John: Some conceptual difficulties about inclusion. In: *Support for Learning* 14/3 (1999), 110–113.

6 Tief unten: Klassenbildung durch Abwertung

Klaus Dörre

Dass Ungleichheiten zwischen sozialen Großgruppen seit drei Jahrzehnten in allen OECD-Staaten dramatisch zunehmen, ist trotz unzureichender Daten inzwischen gut belegt. Angesichts fortschreitender sozialer Polarisierung schlägt die Stunde der Soziologie – sollte man meinen. Indessen fehlt es der Wissenschaft von der Gesellschaft gegenwärtig an Kategorien, die geeignet wären, die Veränderungen der Sozial- und Klassenstruktur angemessen auf den Begriff zu bringen. Ein Rückgriff auf Klassentheorien scheint problematisch, weil politische und gewerkschaftliche Klassenorganisationen, die über eine Vermittlung positiver Kollektividentitäten dazu beitragen könnten, statistische in mobilisierte Klassen zu verwandeln, zumeist schwach oder gar nicht mehr vorhanden sind. An diesem Missverhältnis setzen meine Überlegungen an.

Klassen, so meine These, wirken auch dann, wenn es Bewegungen und politischen Organisationen nicht gelingt, Erfahrungen so zu bündeln, dass sie in kollektives Engagement zur Verbesserung der gemeinsamen Lebenssituation münden. Denn, so Didier Eribon in seinem großartigen Buch *Rückkehr nach Reims*, wenn man

> »›Klassen‹ und Klassenverhältnisse einfach aus den Kategorien des Denkens und Begreifens und damit aus dem politischen Diskurs entfernt, verhindert man aber noch lange nicht, dass sich all jene kollektiv im Stich gelassen fühlen, die mit den Verhältnissen hinter diesen Wörtern objektiv zu tun haben« (Eribon 2015, 122).

Sofern intellektuelle Orientierungen fehlen, die mobilisierte Klassen hervorbringen könnten, wirken Klassenverhältnisse im Modus der Konkurrenz, infolge einer permanenten Scheidung der Gewinner von den Verlierern sowie mittels kollektiver Auf- und Abwertungen. Dabei spielt der Staat, der in modernen Kapitalismen direkt oder indirekt 40 bis 60 Prozent des BIP verteilt, eine zentrale Rolle. Durch Zuweisung oder Beschneidung von Sozialeigentum – einem kollektiven Eigentum zur Existenzsicherung, das Lohnabhängige zu Sozialbürgern macht – nehmen Staatsaktivitäten erheblichen Einfluss auf die Klassenstrukturierung der Gesellschaft. Politische Grenzziehungen, die mit der Zuteilung von Sozialeigentum verbunden sind, bewirken Klassenbildung qua kollektiver Abwertung und Stigmatisierung sozialer Großgruppen. Aufgrund von Abwertungen durch die sogenannte Mehrheitsgesellschaft entstehen neue ›gefährliche Klassen‹, deren bloße Existenz zur Legitimation für einen Staatsinterventionismus wird, der sich zunehmend autoritär gebärdet. Nachfolgend soll dieser Zusammenhang am Beispiel der Unterklassenbildung analysiert werden. In einem ersten Schritt wird der Unterklassen-Begriff von seinen vorurteilsbeladenen Konnotationen befreit (1.), anschließend werden der Kausalmechanismus der Klassenstrukturierung (2.) und die politische Konstruktion von Unterklassen (3.) beleuchtet, um sodann einige Schlussfolgerungen für die Analyse moderner Klassenverhältnisse zu formulieren (4.).

1 Zum Begriff der Unterklasse(n)

Wenn ›Unterklasse‹ als analytische Kategorie verwendet werden soll, so ist das ein voraussetzungsvolles Unterfangen. In der soziologischen Literatur ist umstritten, ob sich diese Kategorie wissenschaftlich überhaupt sinnvoll verwenden lässt. Im angelsächsischen Sprachraum bezeichnet ›underclass‹ häufig eine wohlfahrtsabhängige Großgruppe, die sich angeblich daran gewöhnt hat, von staatlichen Almosen zu leben.[1] Der Begriff ›Unterschicht‹ erfüllt in Deutschland eine ähnliche Funktion. Die Kategorie wird genutzt, um kulturelle Merkmale zuzuschreiben, mit denen die so Bezeichneten diskreditierbar werden.[2] Für einen negativ aufgeladenen Begriff der Unterschicht sind nicht Armut und Ausgrenzung, sondern die vermeintlich zersetzenden Wirkungen von Amoralität, Leistungsunwilligkeit, Fastfood und Unterschichtenfernsehen das eigentliche Problem (Nolte 2003). Der ehemalige sozialdemokratische Politiker Thilo Sarrazin hat die Verabsolutierung kultureller Differenz besonders wirkungsvoll in Szene gesetzt. Eine moderne Industriegesellschaft, die Klassenprivilegien abgeschafft habe, bringe generell eine »Durchmischung ehemals stabiler Schicht- und Klassenzugehörigkeiten mit sich«: »Während die Tüchtigen aufsteigen und die Unterschicht oder untere Mittelschicht verlassen, wurden und werden in einer arbeitsorientierten Leistungsgesellschaft nach ›unten‹ vor allem jene abgegeben, die weniger tüchtig, weniger robust oder ganz schlicht ein bisschen dümmer und fauler sind« (Sarrazin 2015, 79 f.). Das Leistungsprinzip erscheint hier als Selektionsmechanismus, der eine Art natürliche Auslese mit klassenkonstitutiver Wirkung begünstigt. Wer unten ist, der ist es nach dieser Logik zu Recht. Wenn dann jedoch die genetisch wie kulturell bedingt weniger Intelligenten – unter ihnen vornehmlich integrationsunwillige Einwanderer aus Afrika, vom Balkan und vor allem aus der Türkei – mehr Kinder bekommen als die Intelligenten, muss dies nach Sarrazin unweigerlich zu einem Verlust an wirtschaftlicher Leistungsfähigkeit führen.[3] Aus der Optik eines solchen Klassennaturalismus, den man angemessener als Rassismus ohne Rassenbegriff bezeichnen könnte, sind die neuen Unterklassen vor allem ein Produkt schlechter Gene und minderwertiger Kulturen. Abwertungsstrategien, die mit negativen Klassifikationen operieren, können Wirkung entfalten, weil sie eine alte Urangst der Mittelklassen bedienen. Stets schwingt in den Bildern vermeintlich parasitärer Unterschichten oder Unterklassen die Befürchtung mit, der Virus der Leistungsunwilligkeit könne bürgerliche Tugenden zersetzen und den Aufstiegswillen beim Mittelklassennachwuchs zum Erlahmen bringen.

---

1 Stilbildend: Murray 1990. Kritisch: Kronauer 2002.

2 Vgl. Nolte 2006, 96. Laut Nolte sind eine ›große[n] Schnittmenge‹ zu Migranten, »Erosion der traditionellen Familienordnung« mit ihren »Erziehungskatastrophen« sowie das Aufkommen einer Klassenkultur mit Zielgruppenfernsehen die Hauptursachen für eine »Alltagskultur der Unterschichten«, die sich »auch durch äußere Abgrenzung zu behaupten« suche.

3 Was das für die Zukunft bedeuten könnte, malt der Autor in einem Negativszenario genüsslich aus: Im Jahre 2100 würden Historiker mit Blick auf die Vergangenheit feststellen, dass Deutschland seine demographischen und multikulturellen Probleme vorbildlich gelöst habe, im »Lebensstandard aber weit hinter China zurückgefallen« sei, während »einige muslimische Feuerköpfe« nun eine Nationalflagge mit »schwarzem Hintergrund, rotem Halbmond und goldenen Sternen« forderten: »Das war vielleicht ein bisschen übertrieben. Aber andererseits hatten sie das Recht dazu, sie waren ja die demokratische Mehrheit« (Sarrazin 2015, 404).

1.1 Bourdieus Klassenkonzeption

Wer solche Distinktionsstrategien ablehnt, scheint gut beraten, belastete Begriffe wie den der Unterschicht oder der Unterklasse zu meiden. Doch was soll an ihre Stelle treten? Pierre Bourdieus Klassenkonzept, das während der vergangenen Jahrzehnte einen Fluchtpunkt für alle bot, die es nicht bei der Individualisierung und Pluralisierung von Ungleichheiten belassen wollten, bietet auf den ersten Blick keinen Ausweg aus dem analytischen Dilemma. Seine Stärke besteht darin, dass es mit dem zugrunde liegenden erweiterten Kapitalbegriff (ökonomisches, soziales, kulturelles Kapital) über die Struktur und das Volumen von Kapitalbesitz unterschiedliche Fraktionen innerhalb von Ober-, Mittel- und Unterklassen identifiziert. Auf diese Weise können Distinktionskämpfe zwischen Klassenfraktionen, die sich auf der horizontalen Ebene abspielen, ebenso erklärt werden wie klassenübergreifende Bündnisse am ökonomischen oder am kulturellen Pol des sozialen Raums. Bei der Analyse von Unterklassen bleibt das Konzept jedoch merkwürdig blass. Unten ist gewissermaßen alles, was sich unterhalb der Mittelklassen befindet und bewegt. Die Beschreibung jenes pragmatischen »Notwendigkeitsgeschmacks« (Bourdieu 1988, 585–619), der die unteren Klassen konstituiert, entspricht in der Rückschau eher den Arbeitern und kleinen Angestellten eines Frankreichs der 1960er Jahre (Bourdieu 1988, 588). Für eine Beschreibung sozial ausgegrenzter oder sogenannter »lumpenproletarischer«[4] Gruppen eignet sich diese Begriffsbestimmung nicht. Auf den zweiten Blick gibt es im bourdieuschen Werk aber durchaus Anknüpfungspunkte, um eine analytische Verwendung des Unterklassenbegriffs zu begründen.

Bourdieu und sein Team gehörten zu jenen Sozialwissenschaftlern, die den sozialen Bruch in den französischen Vorstädten frühzeitig und präzise beschrieben haben. In der großartigen Studie *La misère du monde*, die diesen Bruch in Einzelportraits mikroskopisch genau nachzeichnet, wird die Kategorie der intern Ausgegrenzten (Bourdieu et al. 1997, 526–647) eingeführt. Zu ihnen gehören Einwandererkinder der zweiten Generation, die die Erfahrung machen, dass die Bildungsinstitutionen nicht nur ausschließen, sondern selbst dann keine Garantie für sozialen Aufstieg sind, wenn die Bildungswege erfolgreich verlaufen. Für Bourdieu verkörpern die intern Ausgegrenzten indessen nur eine spezifische Ausprägung jener Prekarisierung, die eng mit dem Ab- und Umbau des Wohlfahrtsstaates verbunden ist. Bei der Analyse greift die Forschungsgruppe auf Kategorien zurück, die Bourdieu ursprünglich im Rahmen seines Frühwerks zum Verständnis der (post-)kolonialen algerischen Gesellschaft entwickelt hatte. In den *zwei Gesichtern der Arbeit* (Bourdieu 2000) analysiert der französische Soziologe die Entstehung eines ökonomischen Habitus, der kalkulierende Verhaltensweisen hervorbringt, welche für das Funktionieren kapitalistischer Marktwirtschaften unentbehrlich sind. In der Laborsituation der kabylischen Übergangsgesellschaft sind die Chancen zur Aneignung ökonomisch rationaler Dispositionen jedoch ungleich verteilt, woraus Bourdieus Unterscheidung von Arbeiterklasse und Subproletariat resultiert.

Subproletariat und Arbeiterklasse grenzen sich, so eine Kernaussage der Kabylei-Studie, vor allem in ihren Einstellungen zur Zukunft voneinander ab. Ökonomisch rationales Handeln in kapitalistischen Marktwirtschaften setzt voraus, dass »sich die gesamte Lebensführung auf einen imaginären Fluchtpunkt ausrichtet« (Bourdieu 2000, 31). Die

4 Soziale Abwertungen von Unterklassen(fraktionen) finden sich auch in verschiedenen Varianten einer an Marx anschließenden kritischen Theorie. Vgl. dazu Bescherer 2012.

radikale Zukunftsorientierung, die den Kapitalismus als Gesellschaftsformation auszeichnet, muss verinnerlicht und zu einem organischen Bestandteil der Lebensführung gemacht werden. Als internalisierte Wirtschaftsgesinnung wirkt der Kapitalismus wie eine »Schicksalsmacht«, welche die Lebensführung der Individuen nüchtern-rationalen Zwecksetzungen und möglichst exakten, quantifizierbaren Kalkulationen unterordnet (Sombart 1928, 329). In der Konkurrenz um soziale Positionen besitzen Facharbeiter und qualifizierte Angestellte einen enormen Vorteil, weil ihnen die relative Sicherheit des Arbeitsplatzes und des Einkommens überhaupt erst die Möglichkeit bietet, ihre Lebensplanung auf Ziele auszurichten, die in der Zukunft liegen. Für die Subproletarier hingegen steht »das gesamte berufliche Dasein unter dem Stern des Zufälligen und Willkürlichen« (Bourdieu 2000, 67). Ungleich verteilte Chancen zu längerfristiger Lebensplanung und die unterschiedliche Integrationskraft sozialer Netze sind für eine Übergangsgesellschaft mit hoher Arbeitslosigkeit strukturprägend. In diesem Zusammenhang verweist Bourdieu auf zwei Schwellen, die unterschiedliche Niveaus sozialer Sicherheit voneinander abgrenzen: »Eine feste Arbeitsstelle und ein regelmäßiges Einkommen mit dem ganzen Ensemble an Versicherungen auf die Zukunft verschafften den Zugang zu dem, was man Schwelle der Sicherheit« (Bourdieu 2000, 92) nennen könne. Unterhalb dieser Schwelle seien instabile Arbeits- und Lebensformen angesiedelt, oberhalb von ihr gehe es noch immer primär um eine Verbesserung sozialer Sicherheit. Wirklich unternehmerisches und marktkompatibles Denken, das die gesamte Lebensführung an der Zukunft ausrichte, werde jedoch erst möglich, wenn eine »Schwelle der Berechenbarkeit« erreicht sei, was »wesentlich von der Verfügung über Einkünfte« abhänge, »die von der Sorge um die Subsistenz dauerhaft« entlasteten (ebd.).

Diese Schwellen der Sicherheit und der Berechenbarkeit, die Bourdieu in der Kabylei entdeckt hat, existieren in allen modernen kapitalistischen Gesellschaften. Sie verändern sich mit dem Reichtumsniveau dieser Gesellschaften, sie sind umkämpft und sie verschieben sich in Abhängigkeit von sozioökonomischen Entwicklungen und wohlfahrtsstaatlichen Institutionen, aber sie existieren. Sie existieren auch in den wohlfahrtsstaatlich regulierten Kapitalismen Kontinentaleuropas. Natürlich würde niemand auf die Idee kommen, eine (post-)koloniale Agrargesellschaft im Übergang zum Kapitalismus mit den wohlfahrtsstaatlich regulierten Kapitalismen des globalen Nordens gleichzusetzen. Die Rationalisierung der Lebensführung ist heute in den fortgeschrittenen Kapitalismen weit voran geschritten, der ökonomische Habitus hat sich über Klassen- und Geschlechtergrenzen hinweg verbreitet und es gibt kaum einen Lebensbereich, der von der kalkulierenden Rationalität des kapitalistischen Warentauschs ausgespart bleibt. Dennoch, darauf hat Pierre Bourdieu selbst noch aufmerksam gemacht (Bourdieu 2000, 11), drängen sich beim Vergleich der kabylischen mit den zeitgenössischen europäischen Arbeitsgesellschaften einige Parallelen auf.

1.2 Prekarisierung, Ausgrenzung und die Schwelle sozialer Respektabilität

Der säkulare Trend zur gesellschaftlichen Verallgemeinerung von Lohnarbeit ging in den Kapitalismen des globalen Nordens über viele Jahrzehnte mit der sozialstaatlichen Einhegung der Beschäftigungsverhältnisse einher. Im Ergebnis entstand, was erst rückblickend als sozial geschütztes Normal- oder Standardarbeitsverhältnis bezeichnet wurde (Mückenberger 2010). Für die große Mehrzahl vor allem der männlichen Lohnabhängigen bedeutete wohlfahrtsstaatlich eingehegte Lohnarbeit relative Abkoppelung der

Einkommen und der Beschäftigungssituation von Marktrisiken. Während einer kurzen historischen Periode hatte sich in einigen kontinentaleuropäischen Ländern, darunter Westdeutschland, erstmals ein Kapitalismus ohne sichtbare nationale Reservearmee (Lutz 1984, 186) herausgebildet. Die kontinental-europäischen fordistischen Kapitalismen basierten noch immer auf klassenspezifischen Ungleichheiten und einer asymmetrischen Integration der Geschlechter in den Arbeitsmarkt. Vollbeschäftigung der Männer war ohne Care-Arbeiten, die vorwiegend gratis und überwiegend von Frauen geleistet wurden, nicht denkbar. Unattraktive, schlecht bezahlte und wenig anerkannte Jobs wurden teilweise von Migranten ausgeübt, die aus der südeuropäischen Peripherie in die Zentrumsstaaten kamen (›Gastarbeiter‹). Dennoch stellte sich der Wandel für die Mehrheit der Arbeiter, Angestellten und ihrer Familien als Übergang vom Lohnarbeitskontrakt zu einem Sozialbürgerstatus dar. Die Lohnabhängigen verfügten nun über ›soziales Eigentum‹, ein über soziale Sicherungssysteme, das Arbeitsrecht und tarifliche Normen abgesichertes ›zweites Einkommen‹, das sie vor Prekaritäts- und Armutsrisiken schützte. Armut und Prekarität waren noch immer vorhanden, sie wurden jedoch an die Ränder der kontinentaleuropäischen Vollbeschäftigungsgesellschaften gedrängt, in den transitorischen Status von Migranten eingepasst (›Prekarität auf Zeit‹), als Bildungsversagen etikettiert (›gering Qualifizierte‹) oder im Privaten, in den Familien (›Zuverdienerinnen‹) und den sozialen Netzwerken (›Außenseiter‹, ›Randgruppen‹) unsichtbar gemacht und auf diese Weise marginalisiert.

Die an Bourdieus Arbeiten angelehnte Prekarisierungsdiskussion reflektiert, dass die enge Verkoppelung von Lohnarbeit und Sozialeigentum, wie sie für die kontinentaleuropäischen Wohlfahrtsstaaten und unterschiedlichen Ausprägungen stilbildend war, seit den 1970er Jahren Schritt um Schritt aufgebrochen wurde. Robert Castel (2000) hat diese Entwicklung in einer Arbeitshypothese zusammenfasst, die Bourdieus Überlegungen zu den Schwellen sozialer Sicherheit reaktualisiert. Weil die schützende Hülle aus sozialen und Partizipationsrechten, die selbst entfremdete Lohnarbeit mit einer besonderen gesellschaftlichen Integrationskraft ausstattete, ihre Schutzfunktion mehr und mehr verliere, spalteten sich die nachfordistischen Arbeitsgesellschaften in drei Zonen. Eine Zone der Integration mit geschützten Normarbeitsverhältnissen; eine Zone der Entkoppelung, in der sich Gruppen befänden, die mehr oder minder dauerhaft von regulärer Erwerbsarbeit ausgeschlossen seien sowie dazwischen gelagert eine expandierende Zone der Prekarität, die ein heterogenes Sammelsurium aus jeder Zeit verwundbaren, weil instabilen Arbeits- und Lebensverhältnissen umfasse. Die Grenzen zwischen diesen Zonen sind nicht mit Bourdieus Schwellen sozialer Sicherheit identisch. So verläuft die ›Schwelle der Berechenbarkeit‹ mitten durch die Zone der Integration; sie trennt die verhältnismäßig kleine Gruppe von Beschäftigten ohne von all jenen Beschäftigten mit materiellen Knappheitsproblemen. Die ›Schwelle der Sicherheit‹ wiederum grenzt letztere von den prekären und den entkoppelten Soziallagen ab.

Doch auch die prekär Beschäftigten und die von kollektiven Sicherungssystemen teilweise entkoppelten Gruppen sind noch einmal durch eine – dritte – Schwelle getrennt. Wir bezeichnen sie als ›Schwelle sozialer Respektabilität‹. Diese Schwelle wird durch den Fürsorgestatus konstituiert. Fürsorge bedeutet, dass die Betreffenden nicht in der Lage sind, ihre eigene soziale Reproduktion sowie gegebenenfalls die ihrer Familien zu sichern. Unterklassen umfassen Gruppen, deren Reproduktionsbedingungen und -strategien dazu führen, dass sie dauerhaft oder zumindest über längere Zeiträume an oder unter der ›Schwelle sozialer Respektabilität‹ leben. Diese Gruppen sind keineswegs mit dem *Prekariat* (Standing 2011, 7, 284–285) identisch. Prekarität ist auch in den reichen Gesellschaften des Nordens inzwischen zu einer »›normalen‹ Organisationsform der Arbeit und des sozialen Lebens« geworden (Castel 2011, 136); sie besitzt jedoch viele Gesichter. Das, was Guy Standing als klassenspezifische Kollektividentität des Prekariats bezeichnet, findet sich als »avantgardistische Prekarität« eher in Künstlerarbeitsmärkten und bei Akademikern als in den sozialen Milieus der Unterklasse (Pelizzari 2009). Es ist sicher möglich, klassenspezifische Formen von Prekarität zu identifizieren, aber das Prekariat, verstanden als Gesamtheit prekarisierter Gruppen, ist mitnichten ›a class-in-the-making‹, wie Guy Standing vermutet.

Pierre Bourdieus Formel, der zufolge Prekarität »überall« (Bourdieu 1998, 97 f.) in der Gesellschaft anzutreffen ist, aber eben nicht überall gleich wirkt, bezeichnet eine gesellschaftliche Tendenz zur Verallgemeinerung sozialer Unsicherheit, die sich nicht auf eine der subalternen Klassenfraktionen beschränkt. Sozialstaatlich regulierte, geschützte Erwerbsarbeit wird für diejenigen, die vom Verkauf ihrer Arbeitskraft leben müssen, zu einem knappen Gut. Diese Erfahrung prägt das Arbeitsbewusstsein in allen Zonen der nachfordistischen Arbeitsgesellschaft und konstituiert eine Dialektik von Freisetzung aus geschützter Erwerbsarbeit und Prekarisierung. Ähnlich argumentiert Robert Castel, wenn er von einer »Institutionalisierung des Prekariats« (Castel 2011, 136) spricht. Prekariat und Unterklassen sind offenkundig keine deckungsgleichen Großgruppen. Realitätsnäher ist die Vorstellung, dass symbolische Kämpfe um die Zugehörigkeit zur Gesellschaft anerkannter Bürgerinnen und Bürger an der Schwelle sozialer Respektabilität auch zwischen subalternen Klassenfraktionen mit besonderer Schärfe und Heftigkeit geführt werden. Personen, die der Unterklasse zuzurechnen sind, leben in prekären Verhältnissen. Sie leben jedoch vor allem an oder unterhalb der Schwelle sozialer Respektabilität. Das trifft für einen erheblichen Teil des Prekariats so nicht zu.

2 Finanzkapitalistische Landnahme und Unterklassenbildung

Warum ist es trotz berechtigter Bedenken sinnvoll, soziale Großgruppen an oder unter der ›Schwelle sozialer Respektabilität‹ wissenschaftlich-analytisch als ›Unterklassen‹ zu bezeichnen? Die wichtigste Begründung ergibt sich aus einer herrschaftskritischen Verwendung des Klassenbegriffs. Die Kategorie der Klasse verweist auf ein »Verbindungsprinzip«, das »eine Brücke« zwischen »dem Glück der Starken« und »der Not der Schwachen« schlägt (Boltanski/Chiapello 2003, 398). Die zeitgenössische Produktion von Unterklassen folgt einer solchen, allerdings äußerst vielschichtigen, Kausalität. Um die Komplexität mit Hilfe bewusster Stilisierung zu reduzieren, kann der zeitgenössische soziale Mechanismus der Unterklassenbildung als finanz(markt)getriebene Landnahme des Sozialen beschrieben werden.

2.1 Kapitalistische Landnahme

Landnahme-Theorien zielen allgemein darauf, die expansive Entwicklungsweise moderner kapitalistischer Gesellschaften zu analysieren und zu kritisieren. Grundlegend ist die Annahme, dass sich kapitalistische Gesellschaften nicht aus sich selbst heraus reproduzieren. Um sich zumindest zeitweilig zu stabilisieren, sind sie auf die Okkupation von neuem Land angewiesen. Land ist hier nicht in erster Linie in einem geographisch-territorialen Sinne zu verstehen. Gemeint sind nichtkapitalistische Milieus, das heißt für den kapitalistischen Warentausch noch nicht erschlossene Märkte, Arbeitsformen und Lebensweisen. Der Kapitalismus ist demnach nicht nur eine Gesellschaftsformation, die das Leben aller Menschen, das der Kapitalisten eingeschlossen, von Marktzwängen abhängig macht, diese Gesellschaftsformation ist auch auf eine ständige Ausdehnung von Märkten angewiesen. Das Überschussprodukt der jeweils vorausgegangenen Produktionsperiode lässt sich, zumal die Arbeitsproduktivität und mit ihr der Output pro Zeiteinheit tendenziell steigt, über unterschiedliche Formen des Konsums nur realisieren, wenn auch die Marktnachfrage ausgeweitet wird. Dieses Überschuss-Absorptionsproblem (Harvey 2014, 32) ist jene makroökonomische Triebkraft, die zu immer neuen Landnahmen zwingt. In diesem Sinne kann jede kapitalistische Wachstums- oder Prosperitätsphase als »eine Phase je spezifischer Landnahme durch den expandierenden industriell-marktwirtschaftlichen Teil der Volks- und Weltwirtschaft« (Lutz 1984, 62) beschrieben werden.

Aus dem Zwang zu fortwährenden Landnahmen resultiert eine besondere Widersprüchlichkeit kapitalistischer Dynamik. Um zu expandieren, benötigen kapitalistische Märkte jene nicht kapitalistischen Milieus, die jedoch als Folge immer neuer Landnahmen tendenziell zerstört werden. Diese Widersprüchlichkeit wirkt nicht nur strukturell, sie macht sich, worauf Pierre Bourdieu hinweist, auch bei der Aneignung zukunftsorientierter Dispositionen und damit in den handelnden Subjekten selbst bemerkbar.[5] Daraus ergibt sich, dass die Spannungen zwischen Innovation und Sicherheit, zwischen Mobilität und Bindung, zwischen ökonomischen Rentabilitätskalkülen und deren sozialen Voraussetzungen, wie sie für kapitalistische Marktvergesellschaftung charakteristisch sind, immer schon auf der Mikroebene von Interaktionen sozialer Individuen existieren. Das individuelle Agieren an kapitalistischen Märkten setzt in gewisser Weise das Gegenteil des geldvermittelten Tauschs voraus. Den molekularen Tauschaktionen ist ein längerfristiger Planungshorizont fremd. Ein solcher Planungshorizont, der unternehmerisches Handeln im weitesten Sinne überhaupt erst ermöglicht, ist daher auf die Wirksamkeit eines nicht marktförmigen Anderen angewiesen, und genau dieses nicht marktförmige Andere kann seinerseits zum Objekt kapitalistischer Landnahmen werden.

Die daraus resultierenden Spannungen finden sich in allen Etagen ausdifferenzierter Gesellschaften, und sie prägen die Interaktionen sozialer Akteure, die an der Herausbildung eines *Modus operandi* kapitalistischer Landnahmen beteiligt sind. Die maßgeblichen Akteure agieren als Repräsentanten von Unternehmen und staatlichen Organisationen (Mesoebene), von Klassen oder anderen sozialen Großgruppen (Makroebene). Dominanz üben diese Akteure aus, weil sie in der Lage sind, Eigentumsrechte oder staatliche Macht so zu nutzen, dass sie ihnen die Verfügungsgewalt über Grund und Boden, Rohstoffe, Produktionsmittel, Arbeitskraft und zunehmend auch über Wissensbestände, Patente, Organisations- und Managementtechniken, Steueraufkommen

5 »Tatsächlich konnte ich empirisch nachweisen«, schreibt Bourdieu in »Zwei Gesichter der Arbeit«, dass »unterhalb eines gewissen Niveaus ökonomischer Sicherheit, beruhend auf der Sicherheit des Arbeitsplatzes und der Verfügung über ein Minimum an regelmäßigen Einkünften, Akteure nicht im Stande sind, die Mehrheit jener Handlungen durchzuführen, die eine Anstrengung hinsichtlich der Bemächtigung von Zukunft implizieren, wie etwa im Falle der kalkulierten Verwaltung von Ressourcen über die Zeit hinweg, Sparen, Kreditaufnahmen oder auch im Bereich der Geburtenkontrolle. D. h., dass es ökonomische und kulturelle Bedingungen des Zugangs zu jenem Verhalten gibt, welches man allzu voreilig als für jedes menschliche Wesen normal anzusehen bzw. schlimmer noch als natürlich zu erachten tendiert« (Bourdieu 2000, 20).

und andere Ressourcen sichern. Grundsätzlich lassen sich zwei Gruppen dominanter kapitalistischer Akteure unterscheiden. Eigentümer, Spitzenmanager, Finanziers und die ihnen aggregierten ökonomischen Funktionseliten bilden die privaten ökonomischen Akteursgruppen; Regierungen und staatliche Akteure, aber auch politische und andere zivilgesellschaftliche Organisationen deren öffentliches Pendant.

Aus der Akteursperspektive betrachtet, stellt sich die Innen-Außen-Dialektik kapitalistischer Landnahmen als Möglichkeitsraum dar, der es Unternehmen und ihren führenden Repräsentanten – Eigentümern, Managern, Finanziers etc. – erlaubt, raumzeitliche Fixierungen von Kapital vorzunehmen, sie wieder aufzusprengen und die dabei auftretenden Spannungen so in ihre mikropolitischen und strategischen Kalküle einzubeziehen, dass sie zum Vorteil der Landnahme-Protagonisten genutzt werden können. Was gemessen an makro-ökonomischen und gesamtgesellschaftlichen Erfordernissen rational erscheint, muss sich für die mikroökonomischen und -sozialen Kalküle kapitalistischer Akteure indessen keineswegs als handlungsrelevant erweisen. Einmal konstituiert, entscheidet der jeweilige *Modus operandi* über das ›Wie‹ kapitalistischer Landnahmen. Dies jedoch nicht im Sinne zeitlos gültiger ökonomischer ›Gesetze‹, die von den Akteuren unverändert zu befolgen sind.

Landnahmen erfolgen sektoren- und feldspezifisch, sie müssen von unterschiedlichen Akteursgruppen in einem System spezifischer Bewährungsproben durchgesetzt werden. Landnahmen werden niemals ausschließlich von den Machteliten bestimmt, sondern durch sperrige Institutionensysteme gefiltert, über Reibungen und Dysfunktionalitäten in unterschiedlichsten sozialen Feldern modifiziert sowie durch eigensinnige, widerständige Akteure auch von unten beeinflusst. Die damit verbundenen sozialen Kämpfe implizieren, dass kapitalistische Landnahmen stets mit Landpreisgaben verbunden sind. In jeder Phase kapitalistischer Entwicklung bildet sich so, völlig ohne Masterplan und als Resultat einer unüberschaubaren Vielfalt mikrosozialer Aktivitäten, ein charakteristischer *Modus operandi* heraus, der ein empirisch identifizierbares Wechselspiel von Landnahme und Landpreisgabe generiert.

An den Umschlagpunkten historischer Landnahmeprozesse prägen Staat und politisches Handeln jeweils die Geburt eines neuen *Modus operandi*. Dabei können Staaten und Regierungen bevorzugt als Agenten von Marktöffnungspolitiken wirken, sie können aber auch als Vorreiter von De-Kommodifizierung und Ent-Kommodifizierung agieren. Ent-Kommodifizierung meint beispielsweise, dass soziale Gruppen über längere Zeiträume hinweg aus Verwertungsprozessen ausgeschlossen werden. Dabei sehen sich die kapitalistischen Akteure mit einer begrenzten Pluralität sozialer Antagonismen und Ausbeutungsformen konfrontiert, deren Bearbeitung das Potential sozialer Regression – etwa die Rücknahme sozialer Rechte von beherrschten Gruppen – als Handlungsoption stets in sich trägt. Gerade in gesellschaftlichen Umbruchsituationen kann es dazu kommen, dass die zerstörerische Dynamik, die sich als co-evolutionäre Tendenz hinter der Rationalität des kapitalistischen Äquivalententauschs verbirgt, zeitweilig nicht nur zum dominanten, sondern zu einem sich verselbstständigenden Prinzip wird. In solchen historischen Konstellationen treten »Gewalt, Betrug, Bedrückung, Plünderung« offen zutage, »und es kostet Mühe, unter diesem Wust der politischen Gewaltakte und Kraftproben die strengen Gesetze des ökonomischen Prozesses zu finden« (Luxemburg 1975 [1913], 397).

2.2 Der Kausalmechanismus der Unterklassenbildung

Spätestens seit der globalen Finanz- und Wirtschaftskrise von 2008/9 befinden wir uns an einem solchen Umschlagpunkt. Ein wesentlicher Grund ist jener soziale Mechanismus, der Landnahmen und Klassenbildungen im Finanzmarkt-Kapitalismus zugrunde liegt. Der *Modus operandi* finanzkapitalistischer Landnahmen und dessen Einfluss auf die Unterklassenbildung müssten eigentlich für jedes soziale Feld gesondert analysiert werden. Weil das hier nicht einmal ansatzweise zu leisten ist, haben wir uns damit zu begnügen, die Kausalität zwischen dem Glück der Starken und der Not der Schwachen in sehr allgemeiner Form anzusprechen. Die finanzkapitalistische Landnahme, die zur großen Finanzkrise führte, war zunächst die sozioökonomische und politische Reaktion auf eine Profitklemmen-Krise, wie sie sich Mitte der 1970er Jahre in den meisten entwickelten Kapitalismen abzeichnete. Folgerichtig zielten die Handlungsstrategien dominanter kapitalistischer Akteure darauf, entsprechende Akkumulationsbarrieren mittels Privatisierung öffentlichen Eigentums sowie der Deregulierung der Finanz- und einer Flexibilisierung der Arbeitsmärkte in überwindbare Hürden zu verwandeln. Ein – durchaus intendiertes – Ergebnis dieser Landnahme waren Umverteilungen von unten nach oben, als deren Folge sich die ›groben‹, vertikalen Klassenunterschiede wieder ausprägten.

Mittlerweile wirken klassenspezifische Ungleichheiten destruktiv auf die Selbststabilisierungsmechanismen kapitalistischer Marktexpansion zurück. So hat die globale Finanzkrise die Reichtumskonzentration weiter befördert. Gegenwärtig leben ca. 70 Prozent der Weltbevölkerung in Ländern, in denen die Unterschiede zwischen Arm und Reich während der zurückliegenden drei Jahrzehnte zugenommen haben.[6] In ihrem Inneren zeichnen sich viele dieser Gesellschaften durch eine Tendenz zu sozialer Polarisierung aus. An der Spitze der sozialen Hierarchie finden sich winzige Personengruppen, bei denen sich Einkommen und vor allem Vermögen konzentrieren. Den sozialen Kern der besitzenden Klassen bilden in der Gegenwart weltweit ca. 10.000 bis 20.000 superreiche Personen, darunter etwa 3.000 Milliardäre, deren frei verfügbares Vermögen mehr als 500 Mio. US-Dollar beträgt. Um diese Superreichen gruppieren sich weitere 100.000 Personen mit einem Vermögen von 30 bis 500 Mio. Dollar sowie etwa zehn Mio. Personen mit Vermögen zwischen einer und fünf Mio. Dollar (Krysmanski 2012, 45–46). Der Personenkreis der Reichsten wird nicht nur zahlenmäßig größer, sondern im Verhältnis zu den übrigen sozialen Großgruppen auch immer reicher.[7] Besonders ausgeprägt ist dieser Trend in den angelsächsischen Kapitalismen, insbesondere in den USA. Doch die kontinentaleuropäischen Staaten und gerade auch Deutschland nähern sich dieser Entwicklung mit großen Schritten an. Deutschland ist heute eines »der ungleichsten Länder in der industrialisierten Welt« (Fratzscher 2016, 9, 43 ff.). Das oberste Tausendstel der Gesamtbevölkerung verfügt, konservativ geschätzt, über 17 Prozent des Gesamtvermögens; die reichsten zehn Prozent besitzen einen Anteil von mehr als 64 Prozent (Bach/Thiemann/Zucco 2015). Zugleich verdient die Hälfte der Arbeitnehmer heute weniger als noch vor 15 Jahren; die unteren vier Einkommensdezile haben überdurchschnittlich verloren (Fratzscher 2016, 64).

Klassen(fraktionen) einflussreicher Vermögensbesitzer, die einen ›schlanken Staat‹, niedrige Steuern sowie möglichst geringe Arbeits- und Reproduktionskosten einklagen,

---

6 Vgl. Oxfam 2015: Oxfam hat Daten aus einer Vielzahl von Einzelstudien zusammen getragen.

7 Die Zahl der Milliardäre hat sich seit 2008 verdoppelt, vgl. Oxfam 2015, 5; Piketty 2014, 430 ff.

sind nicht der einzige, aber doch ein wesentlicher Ursachenkomplex für die Herausbildung und Neukomposition von Unterklassen. Generell fördert die Vermögenskonzentration die Neigung zu spekulativen Transaktionen und erhöht so die Krisenanfälligkeit der Wirtschaft. Ökonomische Macht kann, etwa über die Finanzierung von Lobbyarbeit, in politische Macht verwandelt und zur Förderung kommodifizierender Arbeitsmarkt- und Sozialpolitiken eingesetzt werden. Die Folge ist eine Beschneidung von Sozialeigentum und eine selektive Freisetzung von Lohnabhängigen und ihren Familien aus wohlfahrtsstaatlichen Sicherungen.

Die Kausalbeziehungen zwischen Landnahmen des Sozialen und der Unterklassenbildung werden jedoch erst vollständig deutlich, wenn die Zentralität von Arbeit und die mit ihr verbunden Mechanismen sekundärer Ausbeutung Berücksichtigung finden. Zentral ist Arbeit nur in der Verschränkung von bezahlter Erwerbsarbeit und anderen Arbeitsvermögen. Die ökonomisch institutionalisierte Dominanz bezahlter Erwerbsarbeit erzeugt eine umkämpfte Hierarchie verschiedener Arbeitsvermögen (Lohnarbeit zur Existenzsicherung, zweckfreie Tätigkeiten zur Selbstentfaltung, unbezahlte Subsistenz- und Sorgearbeiten für die soziale Reproduktion, Steuerungsarbeit zur Koordination der Arbeitsvermögen). Indem sie Flexibilitätsanforderungen in den Reproduktionssektor leitet, Sorgearbeiten tendenziell abwertet, einen umfassenden Zugriff auf unbezahlte und zuvor ungenutzte Arbeitsvermögen ermöglicht und immer mehr Zeit und Aktivität für Steuerungsarbeit beansprucht, eröffnet sie den dominanten kapitalistischen Akteuren die Option, Aneignung mittels sekundärer Ausbeutung von zuvor nicht genutzten Arbeitsvermögen und Tätigkeiten zu betreiben. Im Unterschied zum Modell einer in den Äquivalententausch eingebetteten primären beruht sekundäre Ausbeutung auf Dominanz und ungleichem Tausch. Sie kann über sexistische und rassistische Diskriminierungen konstituiert werden, aber auch Resultat einer über Dominanzverhältnisse betriebenen Aneignung von Natur- oder Wissensressourcen sein. Entkommodifizierte[8] Unterklassen sind, wie noch zu zeigen sein wird, Objekt sekundärer Ausbeutung; d. h. sie verrichten – häufig unbezahlte – Tätigkeiten, die das Gemeinwesen stabilisieren, ohne dass dies die gebührende gesellschaftliche Anerkennung findet.

2.3 Kollektive Abwertung und Unterklassen

Im Verlauf der zurückliegenden Dekaden haben klassenspezifische Ungleichheiten in den OECD-Ländern ein Ausmaß angenommen, das nun selbst für kapitalistische Ökonomien dysfunktional, weil wachstumshemmend wirkt.[9] Eine wesentliche Ursache ist, dass die wichtigsten Kräfte einer politischen Ökonomie der Arbeitskraft – Gewerkschaften, sozialdemokratische, sozialistische und (euro)kommunistische Parteien – soweit geschwächt oder zerstört wurden und wohlfahrtsstaatliche Institutionen in ihrer marktbegrenzenden Wirkung derart zurückgestutzt sind, dass selbst systemstabilisierende Umverteilungsmaßnahmen nicht mehr funktionieren. Trotz gesamtwirtschaftlicher Dys-

8 Entkommodifizierung meint, dass soziale Gruppen nahezu vollständig aus der Sphäre der Kapitalverwertung verdrängt, vom Verkauf ihrer Arbeitskraft ausgeschlossen, wichtiger Reproduktionsmittel beraubt und so in einen Fürsorgestatus gedrängt werden.

9 Fratzscher schätzt, dass das Ansteigen der Ungleichheit Deutschland zwischen 1990 und 2010 etwa sechs Prozent Wirtschaftswachstum (jährlich ca. 160 Mrd. Euro) gekostet hat. Fratzscher 2016, 80 ff., hier 83.

funktionalität wandert überschüssiges Kapital weiter in den Finanzsektor, Investitionen in die sogenannte Realökonomie bleiben schwach und die soziale Polarisierung hält an. In der Europäischen Wirtschafts- und Währungsunion (WWU) hat diese Konstellation die Gefahr einer säkularen Stagnation heraufbeschworen. Auch die Niedrigzinspolitik der Europäischen Zentralbank (EZB) hat die Kreditvergabe nicht wieder in Gang gebracht. Die europäische Bankenkrise schwelt, etwa in Italien, weiter. Zudem wächst die Kluft zwischen den wenigen Gläubigerstaaten im reichen Norden und den Schuldnerstaaten an der südlichen Peripherie. Offenkundig gelingt es nicht, überschüssiges Kapital dort zu investieren, wo es nachhaltige ökonomische Wachstumseffekte stimulieren könnte. Diese stagnative Tendenz ist der sozioökonomische Humus, auf dem die neuen Unterklassen gedeihen. Ihre Entstehung und Verfestigung beruht allerdings auch auf produktivistischen Blockbildungen innerhalb der Nationalstaaten, die beinhalten, dass Eliten sowie ›leistungsfähige‹ Mittel- und Arbeiterklassenfraktionen den vermeintlich ›unproduktiven‹, ›überflüssigen‹ Unterklassen Solidarität und Schutz aufkündigen. Selbiges geschieht wesentlich mittels staatlicher Grenzziehungspolitiken, die – sei es bewusst, sei es implizit – auf eine kollektive Abwertung der verwundbarsten Gruppen der Gesellschaft hinauslaufen.

Um diesen Gedanken zu verstehen, bietet sich ein Rückgriff auf Bourdieus Staatstheorie an. Für Bourdieu ist der Staat kein Akteur. In einer Abgrenzung gegenüber marxistischen Staatstheorien argumentiert Bourdieu, der Staat sei eine »wohlbegründete Illusion«, ein Ort, der »wesentlich deshalb existiert, weil man glaubt, er existiere« (Bourdieu 2014, 30). Aus diesem Grund seien alle Sätze, die »den Staat als Subjekt haben, theologische Sätze« (Ebd., 31). Um der Theologie zu entgehen, schlägt Bourdieu vor, »den Staat durch Handlungen« zu ersetzen, die »man staatliche oder ›Staats‹akte nennen kann – mit dem ›Staat‹ in Anführungszeichen« (Ebd.). Allerdings hält Bourdieu diese handlungstheoretische Wendung selbst nicht vollständig durch und seine Kritik am Funktionalismus neo-marxistischer Staatstheorien beruht offenkundig auf einer oberflächlichen Rezeption (neo)gramscianischer und hegemonietheoretisch-interpretativer Ansätze.[10] Dass der Staat kein homogener Akteur ist und sich die Aktivitäten staatlicher Apparate und Akteure nicht rein funktionalistisch erklären lassen, ist jedenfalls ein Argument, mit dem man bei reflektierten marxistischen Staatstheoretikern offene Türen einlaufen würde.

Ungeachtet dessen gibt es in Bourdieus Staatstheorie einen zentralen Gedanken, der sich für eine Analyse der politischen Produktion neuer Unterklassen nutzbar machen lässt. Den Staat bestimmt Bourdieu »als Monopol der legitimen symbolischen Gewalt« (Bourdieu 2014, 19), zu dessen allgemeinsten Funktionen »die Produktion und Kanonisierung sozialer Klassifikationen« gehört (Ebd., 29). Klassifizierend wirken staatliche Institutionen und Akteure beispielsweise, indem sie die Grenze sozialer Respektabilität in nationalen Gesellschaften verschieben oder verfestigen. Dies zu leisten, ist die Aufgabe des autoritären Landnahme-Staates. Wie der klassische Wohlfahrtsstaat, dessen Destruktion Bourdieu vor Augen hatte, bildet er ein, gleichwohl funktionales, nicht kapitalistisches ›Außen‹. Anders als der Wohlfahrtsstaat in seiner Blütezeit herrscht er, indem er geringere soziale Ressourcen ungleich verteilt. Unterklassen entstehen, indem soziale Großgruppen durch Verknappung von Sozialeigentum und symbolische Abwertung

10 Vgl. Jessop/Sum 2013; Gramsci 1991 ff.

dauerhaft unter die Schwelle sozialer Respektabilität gedrängt werden. In Abhängigkeit von unterschiedlichen Politiken und Wohlfahrtsstaatsregimes kann die Unterklassenbildung mittels Grenzziehung und symbolischer Abwertung allerdings höchst unterschiedliche Ausprägungen annehmen.

3 Die politische Konstruktion von Unterklassen

In Frankreich lässt sich der soziale Bruch räumlich verorten; die Grenzziehung gegenüber den Unterklassen erfolgt in Gestalt *sozialräumlicher Isolierung und Separierung.* Wer in der Banlieue lebt, bewegt sich jenseits der Respektabilitätsgrenze und hat trotz vergleichsweise guter Bildung kaum Chancen, den Sprung in die Gesellschaft der angesehenen Bürgerinnen und Bürger zu schaffen. Betroffen sind in erster Linie, aber nicht ausschließlich, Migranten, die ursprünglich aus den ehemaligen Kolonien nach Frankreich gekommen sind sowie deren Kinder und Kindeskinder. Die Grenzziehung erfolgt zunächst in der Zivilgesellschaft und über Klassifikationskämpfe an der Nahtstelle des Grenzregimes. Diese Klassifikationskämpfe wurden und werden durch ethnopluralistische Ideologeme befeuert, die – teilweise raffinerter als in Sarrazins biologistischer Unterschichtenkonstruktion, in ihrer Argumentationsstrategie aber dennoch vergleichbar – kulturelle Identität an die Stelle von rassischer Reinheit setzen (Taguieff 1991, 221–268). Entsprechende Deutungsmuster kombinieren klassenspezifische mit kulturellen Merkmalen und leisten so einer Ethnisierung des Sozialen Vorschub, die auf kollektiver Abwertung vermeintlich »nutzloser«, migrantisch dominierter Unterklassen beruht.

Während es sich in der französischen Banlieue um intern Ausgegrenzte handelt, die nicht völlig aus gesellschaftlichen Sicherungssystemen herausfallen, haben wir es in den USA teilweise mit Unterklassen zu tun, die den Staat wenn überhaupt, so nur noch als repressive Instanz erleben. Wir stoßen hier auf eine *Grenzziehung mittels Kriminalisierung* (Taguieff 1991, 221–268). Binnen vierzig Jahren ist die Zahl der Gefängnisinsassen um das Fünffache angestiegen; dabei handelt es sich überwiegend um Arme, die in der schwarzen Community leben. Einer von neun jungen schwarzen Männern sitzt im Gefängnis; knapp 60 Prozent derer, die keinen Highschool-Abschluss haben, sind mit etwa Mitte 30 im Gefängnis (Goffman 2015, 11 f.). In diesem Fall ist der ideologische Bürgerkrieg gegen die Unterklassen teilweise in eine bewaffnete Auseinandersetzung umgeschlagen. Immer wieder schießen Polizisten bei den geringsten Anlässen auf junge Schwarze, weil sie letztere aufgrund ihrer Hautfarbe als Angehörige jener gefährlichen Klassen identifizieren, von denen sie sich bedroht wähnen. Längst sind diese Auseinandersetzungen eskaliert. Sie haben Revolten und Aufstände schwarzer Bevölkerungsgruppen ausgelöst und inzwischen haben auch die ersten Täter gezielt auf Polizisten geschossen.

3.1 Das deutsche ›Beschäftigungswunder‹ und die Unterklassen

Unterklassenbildung kann sich allerdings auch subtiler vollziehen. Etwa infolge der symbolischen Gewalt, die mit der Ausbreitung schlecht entlohnter, wenig anerkannter und daher *›unwürdiger‹ Arbeit* verbunden ist. Ein Blick hinter die Fassade des sogenannten deutschen Beschäftigungswunders vermag zu verdeutlichen, was gemeint ist. Binnen zehn Jahren ist in der Bundesrepublik eine prekäre Vollerwerbsgesellschaft entstanden, die ein schrumpfendes Volumen bezahlter Arbeitsstunden asymmetrisch auf eine Rekordzahl an Erwerbstätigen verteilt. Integration in den Arbeitsmarkt erfolgt für große Gruppen über nichtstandardisierte, prekäre, schlecht entlohnte, wenig anerkannte, mit geringen Partizipationschancen ausgestattete Erwerbsarbeit. Arbeitete ein durchschnittlicher Lohnabhängiger 1991 im Jahr 1.473 Stunden, so waren es 2013 noch 1.313 Stunden (Destatis 2014, 349 f.). Zwar hat das Arbeitsvolumen nach 2005 wieder zugelegt; die Zahl der Erwerbstätigen ist jedoch ebenfalls gestiegen. Beschäftigungsaufbau erfolgt in hohem Maße über eine Integration insbesondere weiblicher Arbeitskräfte in prekäre Dienstleistungs-Jobs. Das deutsche Jobwunder beruht wesentlich darauf, dass es die Erwerbslosigkeit auf Kosten geschützter Vollzeitbeschäftigung und mittels Expansion ›unwürdiger‹ Lohnarbeit zum Verschwinden bringt.

3.2 Unterklassenbildung im aktivierenden Arbeitsmarktregime

Doch warum funktioniert die Mobilisierung für ›unwürdige‹ Arbeit? Eine Antwort ergibt sich aus der wettbewerbsorientierten Funktionsweise des aktivierenden Arbeitsmarktregimes.[11] In ihm wird der Leistungsbezug von Arbeitslosengeld II (Hartz IV) zur permanenten Bewährungsprobe, bei der sich entscheidet, ob der Sprung in die Gesellschaft der respektierten Bürgerinnen und Bürger gelingt. Der Leistungsbezug wird als Wettkampf inszeniert, bei dem die jeweils Erfolgreichen die Norm vorgeben, an der sich auch diejenigen zu orientieren haben, die den Sprung in bessere Verhältnisse vorerst nicht geschafft haben. Je schwieriger die Arbeit mit den Erwerbslosen wird, desto eher neigen Arbeitsverwaltungen dazu, die Verantwortung bei den Leistungsbeziehern zu suchen. Selbst nach Zielvereinbarungen geführt, konzentrieren sich viele Sachbearbeiter zunächst auf jene ›Kunden‹, die leicht zu vermitteln sind. Ist diese Gruppe in Erwerbsarbeit, verbleiben (nur noch) die schwierigeren Fälle. Zugleich steigt die Neigung der Sachbearbeiter, den verbliebenen ›Kunden‹ Vertragsverletzungen vorzuhalten. Wer lange im Leistungsbezug verharrt, der verhält sich in den Augen von Sachbearbeitern geradezu antiemanzipatorisch, weil er sich mit einem ›unwürdigen‹ Fürsorgestatus arrangiert.

Die Leistungsbezieher sehen das völlig anders. In ihrer großen Mehrzahl arbeiten sie aktiv daran, aus dem Leistungsbezug herauszukommen. Das Bild von der passiven Unterschicht, der das Aufstiegsstreben abhandengekommen ist, entspricht nicht der Realität. Eine große Mehrzahl der Befragten hält selbst dann an Erwerbsarbeit als normativer Orientierung fest, wenn dieses Ziel gänzlich unrealistisch geworden ist. Trotz aller Anstrengungen gelingt den meisten Befragten der Sprung in reguläre Beschäftigung aber nicht. Stattdessen zeichnet sich eine *zirkulare Mobilität* ab. Tatsächlich signalisieren Eintritte und Austritte beim Leistungsbezug eine erhebliche Fluktuation. Die Daten sprechen jedoch nicht für eine funktionierende Aufwärtsmobilität, wohl aber für eine

---

11 Die nachfolgenden Ausführungen basieren auf einer eigenen Studie. Empirische Basis der Untersuchung sind Fallstudien in vier Arbeitsmarktregionen, 95 Experteninterviews mit Beschäftigten der Arbeitsverwaltung und weiteren Experten in den Regionen sowie 188 Interviews mit Bezieherinnen des Arbeitslosengeldes II (ALG II), die zwischen 2006 und 2012 in drei Wellen befragt wurden. Die Untersuchung zielt auf die subjektiven Erwerbsorientierungen der Leistungsbezieher, auf die individuellen Kompromissbildungen zwischen normativer Orientierung und realer Tätigkeit sowie den Einfluss strenger Zumutbarkeitsregeln auf diese Kompromissbildungen. Vgl. Dörre/Scherschel/Booth et al. 2013; vgl. auch: Sondermann/Ludwig-Mayerhofer/Behrend 2009, 157–167.

Verstetigung von Lebenslagen, in denen sich soziale Mobilität auf Bewegung zwischen prekärem Job, sozial geförderter Tätigkeit und Erwerbslosigkeit beschränkt. Es kommt fortwährend zu Positionsveränderungen, aber die soziale Mobilität bleibt eine zirkulare, weil sie nicht aus dem Sektor prekärer Lebenslagen hinausführt. Nur wenige von uns Befragte haben nach sieben Jahren den Sprung in Verhältnisse geschafft, die sie vom Leistungsbezug dauerhaft befreien. Die anderen durchlaufen mitunter zwei, vier, sechs und mehr berufliche Stationen. Sie springen von der Erwerbslosigkeit in den Ein-Euro-Job, von dort in die Aushilfstätigkeit, dann in eine Qualifizierungsmaßnahme und so fort, um am Ende doch wieder im Leistungsbezug zu enden.

Je länger Personen im Leistungsbezug verbleiben, desto stärker wird der Druck, einen Habitus zu internalisieren, der in Bourdieus Klassenanalyse so nicht vorkommt. Die Betreffenden verinnerlichen einen *Überlebenshabitus*, der sie vom Rest der Gesellschaft unterscheidet. Dabei geht es nur selten um das physische Überleben. Doch mit zunehmender Dauer des Leistungsbezugs sind die Befragten gezwungen, sich mit materieller Knappheit, geringer gesellschaftlicher Anerkennung und einer engmaschigen bürokratischen Kontrolle ihres Alltagslebens zu arrangieren. Wenn sie sich arrangieren, separiert sie das vom Rest der Gesellschaft. Separieren sie sich, eigenen sich ihre Lebensentwürfe als Objekt für kollektive Abwertungen. Gerade weil sich die Leistungsbezieher an widrige Bedingungen anpassen, werden sie zur Zielscheibe negativer Klassifikationen durch die ›leistungsfähige und -willige Mehrheitsgesellschaft‹.

Selbst negativen Klassifikationen ausgesetzt, begreifen sich die befragten Leistungsbezieher als Angehörige einer *stigmatisierten Minderheit*, die alles dafür tun muss, um Anschluss an gesellschaftliche Normalität zu finden. Hartz IV konstituiert einen Status, der für die Leistungsbezieher eine ähnliche Wirkung entfaltet wie die Hautfarbe im Falle rassistischer oder das Geschlecht bei sexistischen Diskriminierungen. Die Erwerbslosen und prekär Beschäftigten sind diskreditierbar. Haftet es einmal an der Person, können sich die Betroffenen des Stigmas Hartz IV nur noch schwer entledigen. Die Hartz-IV-Logik (›Jede Arbeit ist besser als keine!‹) verlangt von ihnen, gerade jene qualitativen Ansprüche an Arbeit und Leben aufzugeben, die besonderes Engagement zur Verbesserung der eigenen Lage überhaupt erst motivieren. Wenn sich wegen zirkularer Mobilität Verschleiß einstellt, setzt hingegen Anspruchsreduktion ein – und genau das macht krank oder erzeugt Resignation und Passivität. Insofern bewirkt Hartz IV in vielen Fällen das Gegenteil dessen, was die Regelung eigentlich zu leisten beansprucht.

3.3 Ungleicher Tausch und Klassenbildung

Wettkampfprinzip, ständige Differenzierung von Gewinnern und Verlierern, zirkulare Mobilität, Stigmatisierung und Aneignung eines Überlebenshabitus sind soziale Mechanismen, die nicht nur in Deutschland zur Herausbildung und Neukomposition einer sozialen Unterklasse beitragen. Die Angehörigen dieser Unterklasse, die in sozialer Nachbarschaft zum Fürsorgestatus leben, sind jedoch alles andere als ›überflüssig‹. Um ihre Lage zu meistern, müssen sie häufig hart arbeiten. Ihre Aktivität wird allerdings in erheblichem Maße von staatlichen Instanzen bestimmt. Geringfügige Beschäftigung und verordnetes Praktikum können sich zeitweilig durchaus zu einer 48-Stunden-Woche summieren. Hinzu gesellen sich Anforderungen aus dem Familienzusammenhang und der Kindererziehung. Für all diese Tätigkeiten gibt es ein starkes Motiv. Immer scheint es den Befragten so, als lasse sich die nächste Stufe in der sozialen Hierarchie, die ein wenig Mehr an gesellschaftlicher Normalität verspricht, mittels eigener Anstrengungen erklimmen. Trotz geringer Aufstiegsmobilität okkupiert das staatlich inszenierte Wettkampfsystem die Eigentätigkeit und vor allem die Steuerungsarbeit der Leistungsempfänger. In sozial geförderter Beschäftigung stellen sie ihre Arbeitskraft preiswert für öffentliche Aufgaben zur Verfügung. Niedriglöhner, die ihre Einkommen mit ALG II aufstocken, werden in der Privatwirtschaft als billige Arbeitskräfte ausgenutzt. Unentgeltliches bürgerschaftliches Engagement im Sportverein, dem Umsonst-Laden oder in der Sterbehilfe, wie es von Leistungsbeziehern betrieben wird, trägt zum gesellschaftlichen Zusammenhalt bei, ohne dass dies mit einer wirklichen Statusverbesserung verbunden wäre. Gleiches gilt für unbezahlte Care-Tätigkeiten, die Lebenssinn vermitteln, aber kaum zum Anschluss an gesellschaftliche Normalität beitragen. Die Selbsttätigkeit der meisten Befragten markiert einen wesentlichen Unterschied zu jenen Erwerbslosen in der Weimarer Zeit, wie sie in der berühmten Marienthal-Studie beschrieben wurden. Die überwiegende Zahl der von uns Befragten ist keineswegs passiv; vielmehr beruhen zahlreiche Aktivitäten außerhalb geschützter Erwerbsarbeit auf einem ungleichen Tausch, der sich durchaus als Vorteilsgewinn von Staat und Gesellschaft mittels sekundärer Ausbeutung verstehen lässt.

4 Einige Schlussfolgerungen

Bei aller Besonderheit veranschaulichen die skizzierten Mechanismen des aktivierenden Arbeitsmarktregimes, wie sich die Herausbildung von Unterklassen in reichen Gesellschaften selbst dann vollzieht, wenn deren Kriminalisierung und sozialräumliche Separierung weniger ausgeprägt ist als in den USA oder in Frankreich.

Klassen, auch Unterklassen, sind in den entwickelten Kapitalismen (1) *Wettkampf-Klassen*. Sie entstehen aus Konkurrenz, sind das Produkt politischer Konstruktionen und symbolischer Grenzziehungen, die wiederum auf unterschiedlichen »Klassen materieller Existenzbedingungen« (Bourdieu 2000, 102) innerhalb des gesellschaftlichen Gesamtarbeiters beruhen. Klassenbildung geschieht, obwohl Unterklassen sozial heterogen zusammengesetzt sind. In Deutschland ist diese Klasse keineswegs mit den Langzeiterwerbslosen identisch. Gut sechs Millionen Grundsicherungsempfänger leben in sozial heterogenen Bedarfsgemeinschaften. Nur 53 Prozent der Leistungsempfänger im erwerbsfähigen Alter sind erwerblos, 25 Prozent sind Aufstocker, deren Erwerbseinkommen nicht zur Finanzierung des Lebensnotwendigen reicht. Immerhin 50,8 Prozent der Leistungsbezieher haben eine Lehre oder einen Meisterabschluss, 7,2 Prozent einen (Fach-)Hochschulabschluss (Beste/Bethmann/Gundert, 2014). Das alles ändert nichts daran, dass sich die Betreffenden an oder unter der Schwelle gesellschaftlicher Respektabilität bewegen. Leistungsbezieher, die sich nach sozialer Herkunft, Erwerbsbiografie, Bildungsstand, Lebensalter, Familienformen und sozialen Netzwerken erheblich unterscheiden, werden im aktivierenden Arbeitsmarktregime auf dem Niveau der früheren Sozialhilfe in gewisser Weise ›zwangshomogenisiert‹ und mit dem Etikett eingeschränkter Vermittelbarkeit, sprich: begrenzter Nützlichkeit versehen.

Diese staatlich-politisch konstruierte Nivellierung erzeugt (2) *Spannungen und Distinktionsstrategien*. Der Wettbewerbsmechanismus wirkt auch innerhalb der Unterklasse. Schon deshalb lässt sich die Zugehörigkeit zu dieser Klasse nicht genau quantifizieren. In den Distinktionskämpfen, die sich häufig an Stereotypen wie dem des ›faulen Arbeitslosen‹, des ›Sozialschmarotzers‹, des ›Armutsflüchtlings‹ oder des ›ungebetenen Einwanderers‹ abarbeiten, geht es stets darum, die Schwelle der Respektabilität zumindest symbolisch nach oben oder nach unten zu verschieben. In der unmittelbaren sozialen Nachbarschaft, etwa in den Sichtweisen von Aufstockern und erwerbslosen Leistungsbeziehern, werden die Distinktionskämpfe häufig besonders heftig geführt. Weil ständig in Bewegung, verschwimmen die Grenzen der Unterklasse nach oben und unten. Nach oben gibt es Überlappungen zu einem Dienstleistungsproletariat, dessen berufliche Tätigkeiten trotz Unsicherheit und schlechter Entlohnung gerade im Sozial- und Pflegebereich noch positive Identifikationsmöglichkeiten bieten (Staab 2014; Bahl 2014). Unter Hartz-IV-Niveau befinden sich hilfebedürfte Geflüchtete, illegale Migranten, Obdachlose und Bettler, für die der Leistungsbezug in einer von Ressentiments bestimmten Sicht ein Wohlfahrtsversprechen enthält. Obwohl es keinerlei Belege dafür gibt, dass Leistungsmissbrauch oder Sozialbetrug in diesen Gruppen stark verbreitet sind (IAB 2014), verkörpern rumänische und bulgarische Einwanderer, unter ihnen vornehmlich Sinti und Roma, in der Abwertungshierarchie, die auch innerhalb der Unterklassen differenziert, den viel beschworenen ›Bodensatz‹ der Gesellschaft.

Anhand solcher Abwertungsmechanismen zeigt sich, dass Unterklassen (3) nur im *Prozess und in ihrer Wechselbeziehung zu anderen Klassen* existieren. Gerade wegen ihrer realen oder vermuteten Bereitschaft, sich widrigsten Verhältnissen aktiv anzupassen, werden Unterklassen für die ›arbeitnehmerische Mitte‹ zum Problem. Wer sich in der Nähe zur Fürsorge befindet oder sich gar mit der Fürsorgeabhängigkeit abfindet, arrangiert sich in den Augen auch gewerkschaftlich organisierter Arbeiter und Angestellter mit einem Zustand äußerster Entfremdung. Derartigen Anpassungen begegnet die ›arbeitnehmerische Mitte‹ geradezu mit Abscheu. Daher ist es nicht allein der Vorwurf des Sozialschmarotzertums, der ein Bedürfnis nach Distinktion auslöst. Auch die Ahnung, eine vollständige Unterordnung unter totale Fremdbestimmung sei lebbar, kann von relativ geschützten Lohnabhängigen als Bedrohung der eigenen Statusposition empfunden werden. Der wahrgenommene Verzicht auf sämtliche Aktivitäten zur Abmilderung von Entfremdung und Überausbeutung kann sich dann spontan in kollektiver Abwertung und Stigmatisierung ausgerechnet derjenigen entladen, die eigentlich auf Solidarität besonders angewiesen sind. Personen und Gruppen, die sich einer Situation totaler Entfremdung scheinbar wehrlos ausliefern, sind gerade in der Wahrnehmung gewerkschaftlich organisierter Arbeiter und Angestellter eine latente Bedrohung jeglicher Lohnabhängigen-Solidarität. Solchen Gruppen begegnen relativ geschützte Stammbeschäftigte in Teilen mit einer exklusiven Solidarität, die sich nicht nur nach oben, gegenüber ›dem Kapital‹, ›dem Arbeitgeber‹ oder ›dem Vorstand‹, sondern vor allem gegenüber ›anders‹ und ›unten‹, etwa gegen Bezieher von Hartz IV, gegen Mitglieder der neuen Unterklasse abgrenzt (Dörre/Happ/Matuschek 2013).

Ein Grundproblem der negativ Klassifizierten besteht (4) darin, dass sich auf Klassenpositionen, die wesentlich ein Produkt negativer Klassifikationen sind, *keine positive Kollektividentität* gründen lässt. Anhaltspunkte für ein Kollektivbewusstsein der Unterklassen lassen sich empirisch kaum finden. Auffällig ist, dass ein erheblicher Teil der Befragten Schwierigkeiten hat, sich selbst in der Gesellschaft zu verorten. Die Erwerbslosen und prekär Beschäftigten beklagen Diskriminierungen, aber viele wollen sich weder als arm bezeichnen noch möchten sie in den unteren Etagen der Gesellschaft verortet werden. Manche platzieren sich auf Nachfrage demonstrativ ›in der Mitte‹. Andere wiederum können mit Gesellschaft nichts mehr verbinden; ihre Welt ist der Mikrokosmos eigener sozialer Kontakte und Beziehungen; was jenseits dieses Mikrokosmos geschieht, ist für sie schlicht irrelevant. Dass sich die Betreffenden weigern, Begriffe wir Armut oder Unterschicht zur Selbstbeschreibung ihrer eignen Lage zu nutzen, erklärt sich wohl aus der negativen Konnotation dieser Bezeichnungen. Negativ Klassifizierte müssen fürchten, ihre schwierige Lage und die erlebte Abwertung mit ›kontaminierten‹ Begriffen noch zusätzlich zu belasten. Offizielle Politik findet in den Unterklassen subjektiv häufig gar nicht statt, denn sie hat nichts mit dem eigenen Leben zu tun. Sofern sie politische Wertungen vornehmen oder politische Urteile fällen, folgen den Unterklassen Zugehörige häufig einer situativen, affektiven, emotional aufgeladenen Logik. Verschwörungstheorien und Personalisierungen sind allgegenwärtig. Das negative Klassenethos übertüncht logische Inkonsistenzen und Widersprüche der im weitesten Sinne politischen Stellungnahmen. Eine Ausnahme bilden allenfalls diejenigen Befragten, die sich in Arbeitsloseninitiativen oder anderen politischen Organisationen engagieren. Aber auch bei ihnen lässt sich eine starke moralische Aufladung der eigenen Aktivitäten beobachten, die ein beständiges Schwanken zwischen vehementem Einfordern besonderer Aufmerksamkeit für das eigene Anliegen und tiefer Frustration bei realer oder vermeintlicher Missachtung desselben auslöst. Festzuhalten bleibt: Weder Unterklasse, Unterschicht noch Prekariat liefern gegenwärtig einen assoziativen Deutungsrahmen, aus dem eine positive Identität der Deklassierten hervorgehen könnte.

Haben sich Unterklassen erst einmal herausgebildet, so lässt sich diese Entwicklung (5) kurzfristig nicht umkehren. Unterklassen entstehen, weil es den Betreffenden *an attraktiven Erwerbschancen und an ›sozialem Eigentum‹ mangelt.* Die Klassenbildung dadurch zu bekämpfen, dass Sozialleistungen gekürzt und die ›repressive Befriedung‹ mittels polizeilicher Maßnahmen gestärkt wird, ist eine Illusion. Erschweren staatliche Behörden beispielsweise Migranten aus den Balkanstaaten die Leistungen, fördern sie Obdachlosigkeit, Informalität oder auch Kriminalität und erzeugen so genau jene Verhaltensweisen, wie sie den ›gefährlichen Klassen‹ gemeinhin zugeschrieben werden. Unterklassen, die über keine öffentliche Stimme verfügen und die sich permanenter Abwertung ausgesetzt sehen, müssen resignieren, oder ihr Heil in gelegentlichen Regelverletzungen bis hin zu Aufständen, Rebellionen und Revolten suchen. Im schlimmsten Fall führt dies zu einer Militanz, wie sie für precarious societies oder für prekäre Subgesellschaften charakteristisch ist. In solchen Subgesellschaften, wie sie die Banlieues, in abgeschwächter Form aber auch manches großstädtische Revier in Deutschland darstellen, herrscht, gemessen an gesellschaftlichen Normalitätsstandards, Ausnahmezustand in Permanenz. Wer diesem Ausnahmezustand entkommen will, sucht nach einem moralischen Gerüst, nach Ideensystemen, die es ihm ermöglichen, der ständigen Abwertung zumindest fiktiv zu entgehen. Vulgärformen einer Religion, wie sie islamistische Gruppierungen anbieten, können ein solches moralisches Gerüst bilden, das zur Radikalisierung einlädt. Eigentlich sind Gewaltanwendungen und das Töten von Menschen auch aus der Sicht junger Dschihadisten verboten; in der permanenten Ausnahmesituation, in der man sich selbst wähnt, erscheint die moralische Ausnahme subjektiv jedoch als legitimes Mittel der Gegenwehr. Man findet sich nicht mit der Abwertung durch andere ab, wird mittels Gewaltausübung selbst zum handlungsmächtigen Subjekt und löst bei denen Angst und Schrecken aus, die real oder vermeintlich für Ausgrenzung und Blockierung von Lebenschancen verantwortlich sind. Gegen solche Verarbeitungsformen des Unterklassendaseins vermag staatliche Repression, sprich: die immer perfektere Kontrolle der Ausgeschlossenen mit mehr und aufgerüsteter Polizei, Überwachungskameras und härteren Strafgesetzen wenig auszurichten. Bleibt es bei staatlich legitimierter Abwertung der Unterklassen, ist das

Gegenteil wahrscheinlich. Staatlich legitimierte Sicherheits- und Abwertungspolitiken können eine Eskalationsspirale in Gang setzen, in der sich Ausgrenzung und Gewalt bis hin zu islamistischem Terror und autoritärem Rechtspopulismus wechselseitig aufschaukeln. »Es wäre wohl kaum übertrieben«, schreibt Didier Eribon,

> »die Banlieues der französischen Städte als Schauplätze eines verkappten Bürgerkriegs zu bezeichnen. Die Lage in diesen urbanen Ghettos ist das perfekte Beispiel dafür, wie man mit einer gewissen Bevölkerungsgruppe umzuspringen pflegt, die man im gesellschaftlichen und politischen Leben an den Rand drängt, in Armut, Prekarität und Perspektivlosigkeit« (Eribon 2016, 112).

In Deutschland mag diese Eskalationsspirale noch ungleich weniger entwickelt sein; dass hierzulande ähnliche Grundmechanismen der Unterklassenbildung mittels kollektiver Abwertung wirken, lässt sich jedoch kaum übersehen.

Weil es (6) im öffentlichen und auch im wissenschaftlichen Raum an Deutungsangeboten und wirkmächtigen Leitbildern fehlt, die Klassenverhältnisse und Ausbeutung kritisch thematisieren, gelingt es den neuen Rechtspopulisten, die *soziale Frage in einen interklassistischen Block zu integrieren.* Rechtspopulistische Mobilisierungen gelingen, weil klassenspezifische Ungleichheiten erfolgreich in einen Verteilungskampf um das ›Volksvermögen‹ umgedeutet werden, der weder zwischen Oben und Unten noch zwischen Arm und Reich, sondern angeblich zwischen Innen und Außen, zwischen einheimischen Bevölkerungen und ›migrantischen Invasoren‹ ausgetragen wird. Vordenker der neuen Rechten beklagen in Blogs und einschlägigen Publikationen eine ›Landnahme fremder Völker‹; Fluchtmigranten werden als Invasoren attackiert, weil sie in angeblicher Komplizenschaft mit der politischen Klasse eine ›Umvolkung‹ betreiben und sich über die Einwanderung in die Sozialsysteme eben jenes ›Volksvermögen‹ aneignen (Kellershohn 2016, 326–339). Auf diese Weise wird, etwa in Reaktion auf Fluchtbewegungen und Einwanderung, ein Ausnahmezustand konstruiert, der, weil der Staat vermeintlich handlungsunfähig ist oder die Falschen schützt, letztlich gar Gewaltanwendung erlaubt. Sofern sich ein inklusives, gewerkschaftliches oder politisches Klassenbewusstsein nicht entwickeln kann, beruhen unbewusste Klassenbildungen auf symbolischen Grenzziehungen, auf negativen Klassifikationen und kollektiver Abwertung. Staatliche Politik radikalisiert diese Tendenz, wenn sie Symptome, aber nicht die wirklichen Ursachen der Herausbildung ›gefährlicher Klassen‹ bekämpft. Dabei ist symptomatisch, dass der rechtspopulistische Block auch in Deutschland, sowohl Ausgeschlossene als auch vergleichsweise gesicherte Lohnabhängige und Mittelklassenangehörige integriert.[12] Die hohe Zustimmung von Arbeitern, Angestellten und Arbeitslosen erfolgt, obwohl das Programm der AfD trotz Abspaltung des wirtschaftsliberalen Flügels noch immer marktradikale Elemente

---

12 Die AfD war bei den Landtagswahlen 2016 in Sachsen-Anhalt, Baden-Württemberg und Rheinland-Pfalz bei männlichen Arbeitern und Arbeitslosen besonders erfolgreich. In Sachsen-Anhalt stimmten 37 Prozent der Arbeiter und 38 Prozent der Arbeitslosen für die rechtspopulistische AfD; in diesen Gruppen lag sie vor CDU, SPD und der Linken. In Baden-Württemberg votierten 30 Prozent der Arbeiter und 32 Prozent der Arbeitslosen für die rechtspopulistische Partei; in Rheinland-Pfalz waren es immerhin noch 26 Prozent der Arbeitslosen. Auch in Mecklenburg-Vorpommern wiederholte sich das Muster; dort war die AfD auch bei kleinen Selbstständigen erfolgreich. Letzteres war in Berlin nicht der Fall, aber auch dort wurde die AfD bei Arbeitern und Arbeitslosen zur stärksten Partei.

enthält. Wichtigstes Motiv für die Wahl der Rechtspopulisten ist, neben der Flüchtlingsthematik, die Frage der sozialen Gerechtigkeit. Mit diesen Themen gelingt es den Rechtspopulisten, vor allem Nichtwähler zu mobilisieren. Die AfD ist – ähnlich wie der Front National oder die FPÖ – der politische Ausdruck einer Bewegung polanyischen Typs. Diese Bewegungen richten sich gegen die Universalisierung von Marktvergesellschaftung und Konkurrenz und vor allem gegen deren Folgen. Ökonomische Marktmacht wirkt diffus und abstrakt, sie lässt sich selten eindeutig zuordnen und die Kritik an ihr kann in unterschiedliche Richtungen politisiert werden. Bewegungen gegen den Markt können, wie die frühen sozialistischen Arbeiterbewegungen, systemtranszendierende Ziele verfolgen; sie können aber auch bloßen Schutz vor marktvermittelter Konkurrenz einfordern und reaktiv-nationalistische oder, wie im Falle faschistischer Mobilisierungen, geradezu terroristische Züge annehmen. Unter Lohnabhängigen kann nivellierende Markmacht eine spontane Tendenz bestärken, klassenunspezifische Grenzen abzustecken, um vor dem Mahlstrom des Marktes und der Konkurrenz geschützt zu werden. Auf dieses Schutz- und Sicherheitsbedürfnis zielt die imaginäre, weil basale Herrschafts- und Ausbeutungsverhältnisse konservierende, Revolte des zeitgenössischen Rechtspopulismus. Sie postuliert eine Politik mit den Grenzen, die den Schutz der Person und der vertrauten Lebensweise mittels Flüchtlingsabwehr verspricht. Unmut, Unzufriedenheit, Gesellschafts- und Kapitalismuskritik, die unter Ausgeschlossenen wie Lohnabhängigen weit verbreitet sind, dienen dieser Bewegung als Problemrohstoff, der in völkisch-ethnopluralistischen Deutungsmustern angerufen und synchronisiert wird.

Um (7) etwas daran zu ändern, dass Unter- und Arbeiterklassenangehörige die Wahl von Rechtspopulisten als ›eine Art politische Notwehr‹ betrachten (Eribon 2015, 124), ist die Einsicht nötig, dass Sicherheit in verletzlichen Zivilisationen nicht mit immer perfekterer Überwachung, militärisch aufgerüsteter Polizei und Flüchtlingsabwehr an den Außengrenzen der EU zu gewinnen ist. Stattdessen gilt es, die *Ursachen von Ungerechtigkeit, Ausbeutung, Ausgrenzung und Prekarität* wirksam zu bekämpfen, um den Angehörigen von Arbeiter- *und* Unterklassen eine Aussicht auf Besserung ihres Lebens zu eröffnen. Arbeitskonflikte und die zunehmende Zahl von Streiks können hier zu einem wichtigen Anknüpfungspunkt werden. Ein Beispiel bietet der Arbeitskampf in den Sozial- und Erziehungsdiensten (SuE), der 2015 als Auseinandersetzung um die Aufwertung einer ganzen Berufsgruppe und um den gesellschaftlichen Stellenwert von Reproduktionsarbeit geführt wurde. Seitens der zuständigen Gewerkschaften von langer Hand vorbereitet, nahm der Arbeitskampf in manchen Regionen den Charakter einer sozialen Bewegung an. Subjektive Machtressource war das neu erwachte Facharbeiterbewusstsein qualifizierter Erzieherinnen. Mit den Streikdelegierten verfügten die Beschäftigten über eine eigene Repräsentation, die dafür sorgte, dass ein Schlichtungsvorschlag zunächst in einer Mitgliederbefragung mit großer Mehrheit abgelehnt wurde. Ohne unmittelbar ökonomischen Druck auf die Arbeitgeber ausüben zu können, konnte die Verweigerung einer Dienstleistung nur wirken, weil sich Eltern und öffentliche Meinung teilweise mit den Streikenden verbündeten. Obwohl als Erzwingungsstreik angelegt, besaß der Arbeitskampf demonstrative Funktion und wurde bewusst zur Rekrutierung neuer Mitglieder genutzt. Der Konflikt fand gewissermaßen innerhalb von Staat und Zivilgesellschaft statt, und er berührte zumindest indirekt den Kausalmechanismus staatlich-politischer Unterklassenbildung. Das Anliegen nach Aufwertung und angemessener gesellschaftlicher Anerkennung reproduktiver Tätigkeiten klagt letztendlich einen grundlegenden Umbau der Gesellschaft, ihres Sorgearbeits-Sektors und seiner Finanzierung ein. Solche

Ziele zu verwirklichen ist nicht nur für Migrantinnen und zwangsverpflichtete Erwerbslose, die in diesem Sektor arbeiten, wichtig und gerecht, sondern liegt auch im Interesse von Eltern und betreuten Kindern (Dörre et al. 2016, 163–169). Um derartige Zusammenhänge deutlich machen zu können, benötigen wir in einem ersten Schritt Begriffe und Konzepte mobilisierter (Unter-)Klassen, die den Mechanismus der Klassenbildung mittels Distinktion und Abwertung kritisch hinterfragen. Walter Korpis Idee eines inklusiven »demokratischen Klassenkampfs« (Korpi, 1983) mit neuem Leben zu füllen, sie zu internationalisieren und auf die neuen Unterklassen sowie auf neue Konfliktfelder zu beziehen, wäre dazu ein längst überfälliger diskurspolitischer Schritt, den eine kritische öffentliche Soziologie allerdings erst noch zu leisten hat.

Literatur

Bach, Stefan/Thiemann, Andreas/Zucco, Aline: *The Top Tail of the Wealth Distribution in Germany, France, Spain and Greece.* Berlin 2015.

Bahl, Friederike: *Lebensmodelle in der Dienstleistungsgesellschaft.* Hamburg 2014.

Bescherer, Peter: *Vom Lumpenproletariat zur Unterschicht. Produktivistische Theorie und politische Praxis.* Frankfurt a. M. 2012.

Beste, Jonas/Bethmann, Arne/Gundert, Stefanie: *Materielle und soziale Lage der ALG-II-Empfänger.* 2014. *IAB-Kurzbericht 24/2104.* abrufbar unter http://doku.iab.de/kurzber/2014/kb2414.pdf.

Boltanski, Luc/Chiapello, Ève: *Der neue Geist des Kapitalismus.* Konstanz 2003.

Bourdieu, Pierre: *Die feinen Unterschiede. Kritik der gesellschaftlichen Urteilskraft.* Frankfurt a. M. 1988.

Bourdieu, Pierre: *Die zwei Gesichter der Arbeit. Interdependenzen von Zeit- und Wirtschaftsstrukturen am Beispiel einer Ethnologie der algerischen Übergangsgesellschaft.* Konstanz 2000.

Bourdieu, Pierre: *Gegenfeuer. Wortmeldungen im Dienste des Widerstands gegen die neoliberale Invasion.* Konstanz 1998.

Bourdieu, Pierre: *Über den Staat. Vorlesungen am Collège des France 1989–1992.* Berlin 2014.

Bourdieu, Pierre/Balazs, Gabrielle/Beaud, Stéphane/Sylvain Broccolichi/Patrick Champagne/Christin Rosine et al. (Hg.): *Das Elend der Welt. Zeugnisse und Diagnosen alltäglichen Leidens an der Gesellschaft.* Konstanz 1997.

Bourdieu, Pierre/Wacquant, Loïc: *Reflexive Anthropologie.* Frankfurt a. M. 1996.

Brücker, Herbert/Hauptmann, Andreas/Vallizadeh Ehsan: *Zuwanderungsmonitor Bulgarien und Rumänien. Jahresrückblick 2014: Arbeitnehmerfreizügigkeit bewirkt starkes Beschäftigungswachstum.* Hergegeben vom Institut für Arbeitsmarkt- und Berufsforschung (IAB). Nürnberg 2014.

Castel, Robert: *Die Krise der Arbeit. Neue Unsicherheiten und die Zukunft des Individuums.* Hamburg 2011.

Castel, Robert: *Die Metamorphosen der sozialen Frage. Eine Chronik der Lohnarbeit.* Konstanz 2000.

Destatis (Hg.): *Statistisches Jahrbuch. Deutschland und Internationales.* Wiesbaden 2014.

Dörre, Klaus/Goes, Thomas/Schmalz, Stefan/Thiel, Marcel: *Streikrepublik Deutschland? Die Erneuerung der Gewerkschaften in Ost und West.* Frankfurt a. M./New York 2016.

Dörre, Klaus/Happ, Anja/Matuschek, Ingo (Hg.): *Das Gesellschaftsbild der LohnarbeiterInnen.* Hamburg 2013.

Dörre, Klaus/Scherschel, Karin/Booth, Melanie/Haubner, Tine/Marquardsen, Kai/Schierhorn, Karen: *Bewährungsproben für die Unterschicht? Soziale Folgen aktivierender Arbeitsmarktpolitik.* Frankfurt a. M. 2013.

Eribon, Didier: *Rückkehr nach Reims.* Berlin 2016.

Goffman, Alice: *On the Run. Die Kriminalisierung der Armen in Amerika.* München 2015.

Gramsci, Antonio: *Gefängnishefte. Band 1–10.* Hamburg 1991 ff.

Harvey, David: *Das Rätsel des Kapitals entschlüsseln.* Hamburg 2014.

Hund, Wulf D.: *Negative Vergesellschaftung. Dimensionen der Rassismusanalyse.* Münster 2014.

Jessop, Bob/Ngai-Ling Sum: *Towards Cultural Political Economy: Putting Culture in its Place in Political Economy.* Cheltenham 2003.

Kellershohn, Helmut: Vorbürgerkrieg. In: Bente Gießelmann/Robin Heun/Benjamin Kerst/Lenard Suermann/Fabian Virchow (Hg.): *Handwörterbuch rechtsextremer Kampfbegriffe.* Schwalbach 2016, 326–339.

Korpi, Walter: *The Democratic Class-Struggle.* London 1983.
Kronauer, Martin: *Exklusion. Die Gefährdung des Sozialen im hoch entwickelten Kapitalismus.* Frankfurt a. M. 2002.
Krysmanski, Hans Jürgen: *0, 1 %. Das Imperium der Milliardäre.* Frankfurt a. M. 2012.
Lutz, Burkart: *Der kurze Traum immerwährender Prosperität. Eine Neuinterpretation der industriell-kapitalistischen Entwicklung im Europa des 20. Jahrhunderts.* Frankfurt a. M./New York 1984.
Luxemburg, Rosa: *Die Akkumulation des Kapitals. Ein Beitrag zur ökonomischen Erklärung des Imperialismus* [1913]. Berlin 1974.
Magri, Lucio: *Der Schneider von Ulm. Eine mögliche Geschichte der KPI.* Berlin 2015.
Mann, Michael: Das Ende ist vielleicht nah – aber für wen? In: Immanuel Wallerstein/Randall Collins/Michael Mann/Derluguian Georgi/Craig Calhoun (Hg.): *Stirbt der Kapitalismus? Fünf Szenarien für das 21. Jahrhundert.* Frankfurt a. M./New York 2014, 89–122.
Mückenberger, Ulrich: Krise des Normalarbeitsverhältnisses – nach 25 Jahren revisited. In: *Zeitschrift für Sozialreform* 56/4 (2010), 403–20.
Murray, Charles: *The Emerging British Underclass.* London 1990.
Nolte, Paul: Das große Fressen. Nicht Armut ist das Hauptproblem der Unterschicht. Sondern der massenhafte Konsum von Fast Food und TV. In: *Die Zeit,* 17.12.2003.
Nolte, Paul: *Riskante Moderne. Die Deutschen und der Neue Kapitalismus.* München 2006.
Oxfam: Die wachsende Lücke zwischen Arm und Reich – ein Kernproblem des 21. Jahrhunderts. In: Oxfam (Hg.): *Besser gleich! Schließt die Lücke zwischen arm und reich.* Berlin 2015, 4–8.
Pelizzari, Alessandro: *Dynamiken der Prekarisierung. Atypische Erwerbsverhältnisse und milieuspezifische Unsicherheitsbewältigung.* Konstanz 2009.
Peveling, Barbara: Frankreich: Die Republik frisst ihre Kinder. In: *CafeBabel,* 18.11.2015.
Piketty, Thomas: *Capital in the Twenty-First Century.* London 2014.
Quent, Matthias: *Rassismus, Radikalisierung, Rechtsterrorismus.* Weinheim 2015.
Sarrazin, Thilo: *Deutschland schafft sich ab. Wie wir unser Land aufs Spiel setzen.* München 2015.
Sombart, Werner: *Der moderne Kapitalismus.* München/Leipzig 1928.
Sondermann, Ariadne/Ludwig-Mayerhofer, Wolfgang/Behrend, Olaf: Die Überzähligen – Teil der Arbeitsgesellschaft. In: Robert Castel/Klaus Dörre (Hg.): *Prekarität, Abstieg, Ausgrenzung. Die soziale Frage am Beginn des 21. Jahrhunderts.* Frankfurt a. M./New York 2009, 157–167.
Staab, Philipp: *Macht und Herrschaft in der Servicewelt.* Hamburg 2014.
Standing, Guy: *The Precariat. The New Dangerous Class.* London 2011.
Taguieff, Pierre-André: Die Metamorphosen des Rassismus und die Krisen des Antirassismus. In: Bielefeld, Ulrich (Hg.): *Das eigene und das Fremde.* Hamburg 1991, 221–268.
Wacquant, Loïc: Die Wiederkehr des Verdrängten – Unruhen, »Rasse« und soziale Spaltung in drei fortgeschrittenen Gesellschaften. In: Robert Castel/Klaus Dörre(Hg.): *Prekarität, Abstieg, Ausgrenzung. Die soziale Frage am Beginn des 21. Jahrhunderts.* Frankfurt a. M./New York 2009, 85–112.

III Inklusion von Menschen mit Behinderungen in die Arbeitswelt

7 Inklusion und Arbeit: Was steht auf dem Spiel?

Franziska Felder

1 Einleitung

Die Bedeutung von Arbeit als inklusionsvermittelnde Instanz der Moderne ist unbestritten. Arbeit dient der Absicherung des eigenen Lebensunterhalts, und die durch sie erworbene monetäre Entlohnung und das soziale Prestige sind nicht zu unterschätzende Faktoren in der sozialen Positionierung der Menschen in einer Gesellschaft. Nicht zuletzt deshalb, weil Menschen oft viele Stunden des Tages bei der Arbeit verbringen, ist Arbeit darüber hinaus eine wichtige Quelle sozialer Wertschätzung für erbrachte Leistungen sowie – neben Familie, Freundschaften und Staatsbürgerschaft – Bezugsort sozialer Zugehörigkeit.

Die hohe Bedeutung von Arbeit wird auch von der UN-Behindertenrechtskonvention aufgegriffen (United Nations 2006). In Artikel 27 wird das Recht auf Arbeit für Menschen mit Behinderung festgeschrieben. Es fordert die Möglichkeit, den eigenen Lebensunterhalt durch eine Arbeit zu verdienen, die frei gewählt oder frei angenommen wird. Konkret stellt Artikel 27 der UN-Behindertenrechtskonvention fest, dass damit das Recht auf Arbeit in einem offenen, einbeziehenden und zugänglichen Arbeitsmarkt und Arbeitsumfeld gemeint ist. Um diese Ziele zu erreichen, sieht die UN-Konvention unter anderem ein umfassendes Diskriminierungsverbot vor und fordert Regierungen wie private Arbeitsgeber auf, geeignete Maßnahmen zur Gewährung von Chancengleichheit und reellen Arbeitsmarktchancen behinderter Menschen zu ergreifen.

Die normativen Forderungen der UN-Behindertenrechtskonvention stehen allerdings in scharfem Gegensatz zur Realität, wie folgende ausgewählte Befunde verdeutlichen. Der World Report on Disability beispielsweise zeichnet ein düsteres Bild der Arbeitsmarksituation für behinderte Menschen. Menschen mit Behinderung haben signifikant tiefere Beschäftigungsraten und sind viel häufiger arbeitslos als Menschen ohne Behinderung (World Health Organization/World Bank 2011). Je nach Behinderungsart sind Menschen mit Behinderung bis zu dreimal häufiger von Arbeitslosigkeit betroffen als nicht behinderte Menschen im selben Alter. Das größte Risiko, keine Arbeit zu finden, haben geistig behinderte, psychisch kranke und mehrfachbehinderte Menschen (Maschke 2003).

Eine Arbeit zu finden gestaltet sich für Menschen mit Behinderung zudem schwieriger als für nicht behinderte Menschen. Ein Drittel aller, die eine Arbeit finden, so eine britische Studie, verliert sie im selben oder folgenden Jahr wieder. Zwar sind die personellen und arbeitscharakteristischen Merkmale ähnlich wie bei anderen marginalisierten Gruppen, sie treten aber bei behinderten Menschen besonders deutlich zu Tage: Menschen mit Behinderung verlieren ihre Arbeit schneller und haben größere Mühe, neue Arbeit zu finden (Burchardt 2000).

Bei Menschen mit Behinderung wirken sich darüber hinaus bestimmte gesellschaftliche Entwicklungen, beispielsweise die generelle Zunahme von Arbeitslosigkeit, stärker und häufig auch früher negativ aus als bei anderen Gruppen der Gesellschaft. So sind in den letzten Jahren, gerade im Zuge technischer Entwicklungen, ›einfache‹ Arbeitsplätze weitgehend verschwunden, die vielfach von Menschen mit leichten Behinderungen ausgefüllt wurden.[1] Und selbst wenn diese Arbeitsplätze noch vorhanden waren, war mit ihnen ein hohes Risiko verbunden, trotz Arbeitsplatz arm zu sein.[2] Denn viele dieser ›einfachen‹ Arbeiten sind Niedriglohnarbeiten, die sich mit der Tatsache, aufgrund einer Behinderung einen erhöhten individuellen Bedarf aufzuweisen (u. a. erhöhte Gesundheitskosten), zu einer individuellen Armutslage kumulieren können.[3]

Diskriminierung im Zusammenhang mit Behinderung ist ein bekanntes Phänomen, das sich im Arbeitskontext besonders deutlich zeigt. Viele Menschen mit Behinderung leiden an Diskriminierungen am Arbeitsplatz oder finden aufgrund diskriminierender Einstellungen potenzieller Arbeitgeber keinen Arbeitsplatz. Zahlreiche verlieren ihre Stelle auch aufgrund von Diskriminierung oder mangelnder Rücksicht auf ihre Bedürfnisse. So meinte in einer britischen Studie über ein Viertel der Befragten, die ihre Arbeit aufgrund der Behinderung verloren hatten, es wäre für sie möglich gewesen, ihre Arbeit zu behalten und weiterhin ausführen zu können, wenn Anpassungen am Arbeitsplatz vorgenommen worden wären. Weniger als ein Fünftel der Befragten aber bestätigte, dass ihnen ein solches Angebot für Anpassungen gemacht worden wäre (Meager 1998). In derselben Studie sagten 16% der arbeitslosen Befragten mit Behinderung, sie hätten Diskriminierungen und unfaire Behandlungen am Arbeitsplatz erlebt. Die am häufigsten Formen unfairer Behandlung waren dabei die Vorannahme, sie könnten die Arbeit weniger gut als eine nicht behinderte Person erledigen sowie eine starke Fokussierung auf die Beeinträchtigungen statt auf die Fähigkeiten der Person.

---

1 Ganz unterschiedliche Prozesse wirtschaftlichen Wandels sind dafür verantwortlich: erstens die Globalisierung und die damit verbundene Auslagerung von Arbeitsplätzen in Billiglohnländer sowie zweitens die Deindustrialisierung und der damit verbundene Strukturwandel hin zu einer Dienstleistungsgesellschaft mit anderen Anforderungen an soziale und kulturelle Kompetenzen, an Flexibilität in örtlicher, zeitlicher und kognitiver Hinsicht sowie der Bereitschaft, lebenslang zu lernen. Drittens erfordert die sogenannte »dritte industrielle Revolution«, dank derer Arbeitsplätze rationalisiert und durch Maschinen sowie neue Informationstechnologien ersetzt werden können, so dass weniger Menschen arbeiten müssen (Solga 2002).

2 Zu Armut können erstens die direkten Kosten für Rehabilitationen, Therapien, Hilfsmittel, Transport und Reisen führen. Zweitens entstehen indirekte Kosten für diejenigen, welche nicht direkt betroffen sind, in der Regel Angehörige. Diese meist weiblichen Angehörigen erleben nicht selten aufgrund der Zeit, welche die Pflege und Betreuung ihres Familienmitgliedes an Anspruch nimmt, Ausschluss oder zumindest Reduktion des Erwerbslebens. Drittens können auch Opportunitätskosten wegen des Einkommensverlustes aufgrund der Behinderung zu Armut führen (Department for International Development 2000; Emerson 2007).

3 Wiebke Kuklys (2005) ist in ihrer einflussreichen Studie zum Schluss gekommen, dass dieses Konversionsrisiko von Behinderung – mit Konversion ist die Umwandlung von Gütern in Lebensqualität gemeint – bei Menschen mit Behinderung um 40% erhöht ist. Mit anderen Worten: Menschen mit Behinderung benötigen 40% mehr Güter als Menschen ohne Behinderung, um dasselbe gute Leben führen zu können.

Die Gründe für mangelnde Arbeitsmarktintegration für Menschen mit Behinderung liegen aber nicht nur an fehlenden Arbeitsplätzen, allgemeinen gesellschaftlichen Entwicklungen und erfahrener Diskriminierung. Es gibt auch Anzeichen dafür, dass strukturell bedingte Selbststigmatisierung eine wichtige Rolle spielt. So konnte Heike Solga bei Jugendlichen mit geringer Qualifizierung – also beispielsweise Jugendliche mit Lernbehinderungen – zeigen, dass sich Prozesse verstärkender Auslese über Generationen, Familien und Schichten hinweg fortsetzten (Solga 2002). Aus der Tatsache, dass keine Familienmitglieder, Freunde oder Bekannte qualifizierte Jobs hatten, veränderte sich auch die normative Orientierung der Jugendlichen. Sie wussten beispielsweise nicht, was die Qualifikationsanforderungen einer Arbeitsstelle waren, kannten das Angebot an Arbeitsstellen nicht und konnten nicht einschätzen, ob sie für eine Arbeitsstelle geeignet waren oder nicht, da keine nahen Bezugspersonen relevante Erfahrungen oder Einschätzungen beizusteuern in der Lage waren.

Auch enttäusche Erwartungen spielen eine wichtige Rolle. Eine von Tania Burchardt (2005) in Großbritannien durchgeführte Studie zeigte, dass Jugendliche mit wie ohne Behinderung im Allgemeinen sehr ähnliche Erwartungen betreffend Berufsvorstellungen und -aussichten äußerten.[4] Bei beiden Gruppen waren diese Wünsche stark beeinflusst durch den Bildungs- und Klassenhintergrund der Eltern. Mit 26 aber waren die jungen Erwachsenen mit Behinderung viermal häufiger arbeitslos als ihre nicht behinderten Altersgenossen. 39% der Menschen mit Behinderung waren unterhalb des Levels, den sie zehn Jahre zuvor angestrebt hatten, verglichen mit 28% der nicht behinderten jungen Erwachsenen. Der Einfluss dieser frustrierten Erwartungen war dabei signifikant: Die jungen Menschen mit Behinderung hatten weniger Vertrauen in die eigene Leistung, waren häufiger krank, hatten ein geringeres subjektives Wohlbefinden und wenig Glauben an die Möglichkeiten, im Leben etwas selbst bestimmen zu können (Burchardt 2005).[5]

Die sich wechselseitig verstärkenden Faktoren sozialen Ausschlusses betreffen Frauen mit Behinderung in der Regel besonders stark. Eine US-Studie mit rund 8000 Befragten zeigte, dass 44% der Frauen mit Behinderung keinen Highschool Abschluss und keine Arbeit im freien Arbeitsmarkt hatten, nicht allein wohnten, nicht verheiratet waren und keine Kinder hatten (Wells 2003).

Dass sich die vielfältigen Ausschlussprozesse, denen Menschen mit Behinderung ausgesetzt sind, gerade im Arbeitsbereich besonders deutlich zeigen, hat auch mit den Charakteristiken von Erwerbsarbeit in unserer Gesellschaft zu tun. Nach Kronauer (2010, 52) stellt der Arbeitsbereich derjenige gesellschaftliche Bereich dar, in dem sich Exklusion häufig zeigt, weil sich hier Produktion, Nutzen und soziale Anerkennung überschneiden. Arbeit stellt damit das Gebiet dar, in dem gesellschaftlich zentral über Nutzlosigkeit und Machtlosigkeit entschieden wird. Zwar ist Erwerbsarbeit nicht die einzige Institution, die Zugang zu sozialer Wechselseitigkeit sicherstellt und damit zu Nutzen und Macht herstellen kann. Sie ist aber eine zentrale, weil andere Institutionen auf sie bezogen sind. Am deutlichsten wird dies bei der Institution der Familie, deren Gedeihen in hohem Maße vom Verdienst in der Arbeitswelt abhängig ist.

---

4 Ausnahmen waren Menschen mit psychischen Behinderungen, Menschen mit schwereren Behinderungen sowie Menschen, welche später im Kindesalter behindert wurden.

5 Beispielsweise wurde auf die Frage »Was immer ich tue, hat keinen wirklichen Effekt auf das, was mit mir passiert.« dreimal häufiger mit ja geantwortet.

Angesichts der beobachtbaren Erosion des substanziellen Inhalts sozialer Rechte, die Qualitäten des sozialen Status, der Lebenschancen und des Lebensstandards absichern sollten, aber nicht für Erwerbsarbeit und auch nicht für unterstützende Beziehungen sorgen können, sind wir heute mit besonderen Formen sozialer Ausgrenzung konfrontiert, denen Menschen mit Behinderung in besonderem Maße unterworfen sind. Sie sind zwar Träger sozialer und bürgerlicher Rechte und häufig dennoch nicht fähig am gesellschaftlichen Leben teilzunehmen, weil sie von der Erwerbsarbeit ausgeschlossen sind. Darin liegt nach Kronauer (2010, 114) die neue Qualität der Ausgrenzung, der ›einschließenden Exklusion‹: Betroffene sind zwar im Besitz von politischen und sozialen Bürgerrechten, wie etwa dem Wahlrecht oder dem Recht auf sozialstaatliche Mindestversorgung, sind aber als Überflüssige gleichzeitig aus dem Erwerbsleben ausgeschlossen. Sie sind damit exkludiert, weil der partizipatorische Gehalt dieser Rechte, nämlich Statusgleichheit in der Gesellschaft und die Absicherung angemessener Lebenschancen, nicht mehr garantiert werden kann. Darüber hinaus sind Ressourcen der Interessenvertretung, die aus der Erwerbsarbeit erwachsen (beispielsweise Gewerkschaften), nicht verfügbar oder verloren gegangen.

Angesichts der Realität einer weitgehenden Exklusion behinderter Menschen aus dem Arbeitsmarkt, mit den damit verbundenen Risiken des Ausschlusses von zentralen Anerkennungsbeziehungen sowie des Anstiegs weiterer Risiken sozialer Ungleichheit, wie beispielsweise Armut, ließe sich nun fragen, wie realistisch die Forderungen der UN-Konvention tatsächlich sind. Gerade die Forschungen Martin Kronauers zeigen ja, dass sich die neuen Exklusionsformen nicht auf Menschen mit Behinderung beschränken, sondern allgemeine gesellschaftliche Phänomene widerspiegeln, welche die ›neue soziale Frage‹ ausmachen.

Im Folgenden soll aber weder die Beantwortung der Frage der Realisierbarkeit der Forderungen der UN-Konvention im Zentrum stehen noch eine soziologische Analyse der vielfältigen Wirkmechanismen und Zusammenhänge von Exklusion, denen Menschen mit Behinderungen in der heutigen Gesellschaft ausgesetzt sind. Zwar ist die soziologische Analyse in gewisser Weise Ausgangspunkt der folgenden Überlegungen, nicht aber deren Ziel. Ausgangspunkt meint: Exklusion wird wie bei Kronauer (2010, 19) als »Zustand und Prozess, Wirkkraft und Wirkung zugleich« verstanden und in seinem Verhältnis zu Inklusion gesehen, die sein dialektischer Gegenbegriff darstellt. Das Begriffspaar Exklusion und Inklusion wird dabei nicht als binäre Distinktion aufgefasst werden, als entweder drinnen oder draußen, sondern als Verhältnis von Gleichzeitigkeit.[6]

6 Georg Simmel war der erste Soziologe, der eine gesellschaftliche Position des Armen als Gleichzeitigkeit von Drinnen und Draußen zu verstehen versuchte. Der Arme, so Simmel (1908), sei aufgrund seines Status als Fürsorgeempfänger Objekt gesellschaftlicher Fürsorge und befindet sich damit gegenüber der Gesellschaft in der Rolle des Ausgeschlossenen. Indem sie ihm aber gleichzeitig Fürsorge zukommen lässt, ist er doch Teil der Gesellschaft. Gegenüber Simmels damaliger Prognose zeichnen sich heutige gesellschaftliche Verhältnisse durch einen viel höheren Grad der sozialen Integration des »Drinnen« aus, sei dies über den Wohlfahrtsstaat oder über den allgemein höheren Lebensstandard. Gleichzeitig führt dieser erhöhte Grad an sozialer Integration dazu, dass den Betroffenen die Spannung der Gleichzeitigkeit von Drinnen und Draußen nur noch deutlicher bewusst wird. Sie nehmen das Auseinanderdriften der Ansprüche an die eigene Lebensführung und den tatsächlichen Möglichkeiten der Realisierung wahr; die Spannung zwischen dem Objektstatus und der Erfahrung von Stigmatisierung, Fremdbestimmung und Bevormundung und der Betreuung in und durch sozialstaatliche Einrichtungen.

Der vorliegende Beitrag unterscheidet sich von Kronauers soziologischem Vorgehen allerdings in zweierlei Hinsicht: Erstens möchte er auf den dialektischen Gegenbegriff von Exklusion hinweisen, die Inklusion. Und zweitens möchte er explizit nach dem normativen Gehalt von Inklusion fragen. Dieser Perspektivenwechsel – weg von der ausschließlich soziologischen und empirischen Analyse hin zu einer normativen – ist praktischen und politischen Erfordernissen geschuldet: Wenn wir ein realistisches Bild der Möglichkeiten der Inklusion in den Arbeitsbereich erhalten möchten – und die UN-Behindertenrechtskonvention zwingt uns in gewisser Weise dazu – dann müssen wir auch wissen, was es heißt, inkludiert zu sein. Und angesichts der Tatsache, dass die UN-Behindertenrechtskonvention ein Recht auf Inklusion in den Arbeitsbereich (wie auch andere Bereiche des menschlichen Lebens) einfordert, ist es wichtig zu verstehen, welche Aspekte von Arbeitsinklusion sich rechtlich einfordern lassen und welche Bereiche anderen Quellen der Moral – beispielsweise der Solidarität – überlassen bleiben müssen. Die Beantwortung dieser Frage, die hier zu weit führen würde, erfordert aber zuvörderst eine gründliche Untersuchung des normativen Gehalts von Inklusion. Denn erst durch Hinweise darauf, dass mit Inklusion etwas moralisch Zentrales ›auf dem Spiel‹ steht, ergeben sich Gründe, diese normative Bedeutung durch Rechte abzusichern und sie nicht der Freiwilligkeit menschlichen Handelns alleine zu überlassen.

Die nachfolgenden Überlegungen sind folgendermaßen gegliedert: In einem ersten Schritt möchte ich ein deskriptives Modell von Inklusion vorschlagen, das in einem zweiten Schritt normativ gefüllt wird. Das deskriptive Modell von Inklusion geht von zwei Pfeilern der Inklusion aus: sozialer Intentionalität und Zugehörigkeit. Es unterscheidet weiter analytisch zwischen gemeinschaftlicher und gesellschaftlicher Inklusion. Die in einem zweiten Schritt leitende normative These ist die, dass die Bedeutung von Inklusion sich primär durch die Werte der Anerkennung und der Freiheit ergeben. ›Gute‹ Inklusion, so die Annahme, ist dadurch gekennzeichnet, dass sie Freiheit und Anerkennung ermöglicht. Diese Aspekte ergeben sich durch eine normative Interpretation der deskriptiven Bestandteile von Inklusion, der sozialen Intentionalität und der Zugehörigkeit. Ein abschließender Teil möchte nochmals die Brücke zu den empirischen Ergebnissen und den soziologischen Analysen zu Exklusion schlagen und ausgehend vom normativ gefüllten Verständnis von Inklusion abschließend diskutieren, was bei der Inklusion von Menschen mit Behinderung in den Arbeitsmarkt konkret ›auf dem Spiel‹ steht respektive wo die zentralen moralischen Probleme liegen.

2 Was es heißt, inkludiert zu sein

Inklusion soll im Folgenden als soziales und nicht nur strukturelles Phänomen verstanden werden. Damit wendet sich diese Vorstellung von Inklusion explizit gegen die reduktionistische und für normative Fragen wenig anschlussfähige Sichtweise der Systemtheorie nach Luhmann und anderen. In diesen Ansätzen wird Inklusion rein instrumentell-funktional und auf gesellschaftlicher Ebene angesiedelt verstanden (Luhmann 1984). Mit anderen Worten: Inklusion systemtheoretisch gedacht ist eine rein binäre Angelegenheit. Man ist entweder drinnen oder draußen. Es gibt keine Prozesse der Inklusion und es gibt keine Gemeinschaften als zwischenmenschliche Verbindungen, die ein- oder ausschließen. Inklusion wie auch Exklusion sind darüber hinaus in einem systemtheoretischen Verständnis bewusst nicht normativ gedacht und für solche Fragen auch nicht anschlussfähig.

Diesem Bild von Inklusion will ich ein anderes entgegensetzen und meine, dass dieses Bild auch unser Verständnis dafür schärfen kann, was wir unter ›guter‹ im Sinne von ›voller‹ oder ›substanzieller‹ Inklusion in normativ gehaltvoller Hinsicht verstehen. Dieses Verständnis von Inklusion ist anschlussfähig, wenn auch nicht deckungsgleich, mit den soziologischen Analysen Martin Kronauers (2010) oder auch Robert Castels (2000), die Exklusion/Inklusion als ›neue soziale Frage‹ verstehen und damit in gewisser Weise auch normativ argumentieren, allerdings nicht in expliziter Weise. Zunächst möchte ich mich dem deskriptiven Modell von Inklusion zuwenden.

2.1 Zugehörigkeit

Wenn man sich fragt, was ein zentraler Aspekt von Inklusion ist, drängt sich ›Zugehörigkeit‹ auf. Inklusion ist dann vorhanden, wenn jemand in einem bestimmten Kontext, beispielsweise einer Gruppe, dazu gehört. Was aber ist mit ›Zugehörigkeit‹ gemeint? Klar ist, dass ›Zugehörigkeit‹ mehr meinen muss als nur physische Präsenz oder Anwesenheit oder auch strukturelle Zugehörigkeit über Regeln oder Rechte. Solche drücken zwar bestimmte Momente von Inklusion aus – jemand ist physisch an einem Ort präsent oder hat formelle Rechte, an einem Ort sein zu können – aber es genügt nicht für einen gehaltvolleren Begriff von Inklusion, der auch anschlussfähig ist an die von der UN-Konvention aufgeworfenen normativen Fragen. Inklusion muss Aspekte von Beteiligung an gesellschaftlichen Gütern, aber auch Aspekte zwischenmenschlicher, affektiver Zugehörigkeit – beispielsweise zu Freundschaften oder anderen Formen von Gemeinschaften – beinhalten.

2.2 Soziales Handeln und Intentionalität

Das zweite Element von Inklusion geht von der Annahme aus, dass Inklusion mehr ist als ein bloß zufälliges Zusammensein verschiedener Menschen, beispielsweise in öffentlichen Verkehrsmitteln oder Einkaufszentren. Inklusion kennzeichnet nicht isoliertes, individuelles Handeln, sondern *kollektives oder geteiltes, soziales* Handeln, welches sozial gerichtete Ziele und Intentionen impliziert.

Soziales Handeln zeichnet sich durch zwei Eigenschaften aus: Erstens handelt – zumindest in einem schwachen Sinne – das Wir und nicht mehr das Individuum. Das Handeln ist *soziales* Handeln in dem Sinne, dass es nicht einfach eine Aggregation individuellen Handelns ist. Zweitens sind Individuen in einer Art und Weise an Handlungen beteiligt, die zeigt, dass sie ein *gemeinsames* Ziel verfolgen. Parallele Ziele zu verfolgen reicht dazu nicht aus. So können zwar mehrere Menschen miteinander qualitativ dasselbe Ziel verfolgen, beispielsweise mit dem Zug von einem Ort A nach einem Ort B zu fahren, das genügt aber weder zum Vorliegen eines gemeinsamen Ziels noch als Kennzeichnung einer sozialen Handlung. Beides liegt erst dann vor, wenn die Teilnehmenden ihre Handlungen auf ein *gemeinsames* Ziel ausrichten (Schmid 2007).

Die Form von Inklusion, die einer Person offensteht, ist dabei abhängig von der Intentionalität und somit von sozial gerichteten Einstellungen wie Handlungen einer anderen Person, einer Gruppe oder einer Institution. Nur so ist Inklusion als *soziales* Phänomen zu verstehen. Die Inklusion allerdings kann sich in schwachem wie in starkem Sinne auf

Intentionalität beziehen. In schwachem Sinn intentional sind alle Handlungen, die wir als sozial bezeichnen. Das reicht vom Betätigen einer Banküberweisung, über Brot kaufen beim Bäcker bis hin zu Vereinstätigkeiten. In analoger Weise können wir allen diesen Formen sozialen Handelns, das auf Intentionalität beruht, bestimmte Formen von Inklusion zuweisen. Nur ist dies in vielen Fällen nicht interessant und deckt nicht diejenigen Fälle, die wir üblicherweise als inklusive Momente auszeichnen würden. Am Beispiel des Zugfahrens kann dies gut gezeigt werden. Fahren ein paar Menschen zufällig mit dem Zug von A nach B, gehen wir – jedenfalls in der alltäglichen Verwendungsweise – nicht davon aus, dass das ein Moment von Inklusion darstellt. Wir sprechen aber von einer Zugfahrt als inklusivem Moment, wenn wir annehmen können, dass die einzelnen Passagiere ihren Zielen wechselseitig sozial aufeinander Bezug nehmen. In gewissem Sinne sind also mit stärkerer und schwächerer Form von Intentionalität auch stärkere und losere Formen von Inklusion verbunden. Während stärkere, verbindlichere Formen von Inklusion ein kollektives Teilen von Wünschen, Zielen oder Interessen bedingt, ist dies bei loseren Formen nicht der Fall. So kann man in einem schwachen Sinne durchaus in die soziale Praxis des Zugfahrens inkludiert sein, nicht aber zwingend auch in stärkerer Form, als Zugehöriger zu einer ganz konkreten Reisegruppe.

2.3 Gemeinschaft und Gesellschaft

An dieser Stelle zeigt sich, dass die den zwei Elementen von Inklusion – Zugehörigkeit und soziales Handeln respektive soziale Intentionalität – übergreifende Differenzierung die soziologisch geläufige Unterscheidung in Gemeinschaft und Gesellschaft ist. Diese Unterscheidung, die beispielsweise Max Weber in seinem Standardwerk *Wirtschaft und Gesellschaft* (1922) vorgenommen hat, unterscheidet zwischen Kontexten, in denen sich Zugehörigkeit vorwiegend über affektive Zugehörigkeitsgefühle zeigt (Gemeinschaft) und solchen, die zumindest nicht über diese konstituiert werden und in denen vielmehr Interessenverbindungen und Zweckrationalität von zentraler Bedeutung sind (Gesellschaft).

Damit zeichnet sich ein Inklusionsbegriff ab, der in den zwei Sphären jeweils eine unterschiedliche Form von Zugehörigkeit bezeichnet: Eine Inklusion im Nahbereich respektive auf gemeinschaftlicher Ebene, in welcher sich Menschen als konkrete Andere wechselseitig anerkennen sowie eine Inklusion auf gesellschaftlicher Ebene, in welcher Menschen einander als abstrakte Andere, als Bürger, gegenübertreten und deren Anerkennungsdimension einerseits über diesen Status, andererseits auch über Organisationen sowie Institutionen laufen kann.

In gemeinschaftlicher Weise begegnen sich Menschen als konkrete Andere. Die dazu gehörenden Formen von Inklusion sind direkt zwischenmenschlich und die Formen von Anerkennung, die über sie gebildet werden und die in gewissem Sinne auch Inklusion ausdrücken, sind horizontal und interpersonal. Freundschaft ist eine paradigmatische Form gemeinschaftlicher Inklusion. Sie wird gebildet und getragen von Gefühlen des Vertrauens und der Zuneigung, die alle Partner (zwei oder mehr) einander gegenüber hegen.

In gesellschaftlicher Weise sind Menschen abstrahiert von subjektiven Gefühlen, Interessen und Eigenschaften als abstrakte Andere gedacht, typischerweise als Bürgerinnen oder Bürger. Inklusion ist in dem Fall institutionell vermittelt, beispielsweise dann, wenn eine Behörde Gebäude so konzipiert und baut, dass sie für alle, also auch Rollstuhlfahrer oder blinde Menschen, zugänglich sind. Diese Form der Inklusion ist deshalb institutionell vermittelt, weil sie sich nicht zwischen konkreten Menschen abspielt (wie in gemeinschaftlicher Inklusion), sondern weil sie in gewissem Sinne die Einstellungen einer Behörde und damit des Staates reflektiert und diese Einstellungen sich auf abstrakte Andere, beispielsweise die Nutznießer eines Gebäudes, richten.[7]

Neben diesen klaren Formen zwischenmenschlicher, gemeinschaftlicher und institutionell vermittelter, gesellschaftlicher Inklusion gibt es natürlich ganz viele Zwischenformen. Die Trennung in zwischenmenschliche, gemeinschaftliche Inklusion und gesellschaftliche Inklusion ist eine analytische. Im realen Leben kommen beide Formen zum Ausdruck, meist in gemischter Form. Deutlich wird das auch und gerade im Arbeitsleben. Einerseits dient Arbeit und der damit erworbene Verdienst dem Erwerb und Erhalt einer gesellschaftlichen Stellung, es sichert gesellschaftliches Prestige ab. Als arbeitstätige Person ist man darüber hinaus ins Wirtschaftsleben integriert, genauso wie als Kunde. Andererseits ist Arbeit und die Zugehörigkeit zu konkreten Arbeitsgemeinschaften auch eine wichtige Quelle sozialer, zwischenmenschlicher Anerkennung und gemeinschaftlicher Zugehörigkeit.

Mit diesen Differenzierungen sind bereits eine Reihe von Fragen aufgeworfen, unter anderem: Wie hängt soziale Anerkennung mit der Handlungs- und Zieldimension von Inklusion zusammen? In welchem Verhältnis stehen Zugehörigkeit und Anerkennung?

Teilweise weisen diese Fragen über die Struktur bereits auf die normative Relevanz von Inklusion. So zeigt sich beispielsweise in Anerkennung in einem normativen Sinn die Art und Weise, *wie* und *in welchen Kontext* jemand inkludiert wird: als geliebter Partner, als Person mit gleichen Rechten oder als Arbeitskollegin, die sozial wertgeschätzt wird, um Beispiele zu nennen. Gerade in dem für den vorliegenden Zusammenhang so wichtigen intrapersonalen Aspekt von Inklusion, nämlich der subjektiv empfundenen Zugehörigkeit, wird deutlich, dass Anerkennung eine Voraussetzung für das positive Selbstverhältnis von Personen ist (Honneth 1994).

Welcher gehaltvolle Begriff von Inklusion zeigt sich, wenn diese grobe deskriptive Struktur von Inklusion normativ gefüllt wird?

3 Warum Inklusion wertvoll ist

Das Inklusionsmodell, das ich vorschlagen möchte, geht davon aus, dass sich der Wert von Inklusion aus Bezügen der Anerkennung und der Freiheit ergibt. Wertvoll ist die Inklusion eines Menschen in soziale Bezüge demnach dann, wenn sie Freiheit und Anerkennung absichert und ermöglicht. Diese beiden Bezüge ergeben sich aus den eingangs erwähnten Aspekten von Inklusion: Soziale Intentionalität und Zugehörigkeit. Beide Aspekte werden normativ gefüllt.

Das zeigt sich besonders deutlich am Aspekt der sozialen Intentionalität, dessen ›dünner‹, deskriptiver Gehalt nun normativ gedeutet wird. Soziale Intentionalität ist zwar

7 Natürlich gibt es auch andere Formen gesellschaftlicher Inklusion, beispielsweise solche, bei denen sich Bürger in horizontaler Weise als abstrakte Wesen begegnen, so etwa bei Wahlen. Diese Formen gesellschaftlicher Inklusion müssen unterschieden werden von vertikalen Weisen, in denen der Staat seine Bürger inkludiert, beispielsweise, wie oben genannt, indem er Gebäude und öffentliche Verkehrsmittel für alle zugänglich gestaltet.

ein notwendiger Bestandteil von Inklusion, sie genügt aber nicht, um von Inklusion in vollem und positivem Sinn als Wert zu sprechen. Um als positives soziales Phänomen zu gelten, ist es wichtig, dass die Einstellungen und die Handlungen, die Inklusion ausmachen, *anerkennende* Handlungen oder Einstellungen sind (Ikäheimo 2003). Anders gesagt: Wir inkludieren andere in positiver Weise, indem wir ihnen anerkennende Einstellungen gegenüberbringen oder gemeinsam mit ihnen Handlungen tätigen. Diese horizontalen Akte der Anerkennung können intersubjektiv, aber auch institutionell vermittelt sein (Ikäheimo 2014). Wenn Chefs die Leistungen ihrer Untergebenen anerkennen, tun sie das in ihrer institutionellen Rolle als Vorgesetzte. Damit zeigen sie institutionell vermittelte horizontale Anerkennung. Das bereits genannte Beispiel des Zugfahrens hatte demgegenüber intersubjektive horizontale Anerkennung angedeutet. Eine Gruppe von Freunden plant einen gemeinsamen Urlaub. Am Morgen der Reise treffen sich alle am Bahnhof und fahren anschließend gemeinsam von A nach B. Die intersubjektive Anerkennung zwischen den Reisenden bezieht sich nicht auf institutionelle Rollen, die den einzelnen Reisenden auch noch zukommen mögen, sondern einzig auf die psychologischen Zustände, Einstellungen und andere Prozesse, die innersubjektiv und intersubjektiv sind. Anders die institutionell vermittelte horizontale Anerkennung: Sie bezieht sich auf Subjekte als Inhaber von bestimmten Rollen, die in deontischen Machtbefugnissen wie Rechten und Pflichten bestehen. Hier spielt es nur eine sekundäre Rolle, worin genau die Einstellungen der Einzelnen oder ihre Beziehungen zueinander bestehen. Anerkennung ist hier primär eine Sache von Handlungen und Unterlassungen, weniger von Einstellungen.

Der zweite genannte Aspekt von Inklusion, Zugehörigkeit, verdeutlicht neben Anerkennung auch die Bedeutung von Freiheit für Inklusion. Diese Freiheit meint erstens, nicht zu Zugehörigkeit gezwungen zu werden und zweitens, die Freiheit zu haben, Inklusionskontexte frei und selbstbestimmt wählen zu können. Auf diesen Aspekt weist auch die UN Behindertenrechtskonvention hin, wenn sie schreibt, Menschen mit Behinderung müssten, wie andere Menschen auch, das Recht haben, einen Arbeitsplatz frei und selbstbestimmt wählen zu können. Aber noch ein dritter, distinkter Aspekt von Freiheit wird sichtbar, der seinerseits wieder auf den Aspekt der sozialen Intentionalität zurückweist: die soziale Freiheit. Diese Freiheit ist insofern sozial, als sie erst durch und insofern sie an einen sozialen Zusammenhang gebunden ist, lebbar wird. Freiheit, wenn man so will, ist die Freiheit, die ich zu geben bereit bin, in Anerkennung der Freiheit anderer. Diese Form der Freiheit, die nicht negativ oder positiv, sondern sozial intentional ist, ist die eigentliche Freiheit, die sich *in* Inklusion ausdrückt.

Im Folgenden möchte ich die beiden normativen Pfeiler von Inklusion – Anerkennung und Freiheit – ausführen und aufzeigen, dass diese beiden Werte das ausmachen, was wir unter einem gehaltvollen, substanziellen Inklusionsbegriff respektive ›guter‹ Inklusion verstehen.

3.1 Anerkennung

Um den Zusammenhang zwischen Anerkennung und Inklusion zu verstehen, lohnt es sich, zu differenzieren, was wir genau unter Anerkennung verstehen. »Anerkennung« in einem normativen Sinn bezieht sich auf die Anerkennung von Personen und nicht (wie im Sinne von acknowledgment) auf die Anerkennung von Normen oder Regeln. Verstehen wir »Anerkennung« als Anerkennung von Personen, können wir drei Dimensionen der Anerkennung unterscheiden: in der Form von interpersonalen Beziehungen als Liebe oder Freundschaft sowie als partikulare Rücksicht (axiologische Dimension), in der Form von Respekt (deontologische Dimension) und in der Form sozialer Wertschätzung (kontributive Dimension).[8]

Folgen wir der Anerkennungstheorie Axel Honneths (1994), können wir in Erweiterung seines Ansatzes vier Formen der Anerkennung unterscheiden. Die erste Form der Anerkennung ist die der Liebe. Die Form der mit Liebe überschriebenen Anerkennung ist intersubjektiv, insofern sie zwischen Individuen geleistet werden muss. Und sie deckt die axiologische Dimension der Werte, Sorge und Liebe ab. Anerkennung richtet sich in Gestalt von Liebe und Fürsorge auf die elementaren Bedürfnisse des Menschen in personalen Nahbeziehungen. Sie ist damit partikular auf einzelne konkrete Menschen gerichtet und hilft Selbstvertrauen abzusichern. Der Hintergrund für die hohe ontologische Bedeutung dieser Form der Anerkennung für die Thematik der Inklusion ist der, dass der Mensch ein Wesen ist, das auf Fürsorge und Erfahrung des Umsorgtseins angewiesen ist. Das gilt insbesondere für den Beginn menschlichen Lebens. Menschen können nicht überleben und gedeihen, wenn sie nicht von nahen Angehörigen geliebt und umsorgt werden (Spitz 1945). Es deutet allerdings vieles darauf hin, dass sich diese Angewiesenheit auf umsorgende, zwischenmenschliche Kontakte eine Konstante menschlichen Lebens ist und dieses zu einem Teil auch im Erwachsenenleben ausmacht (MacIntyre 1999).

Selbstverständlich ist auch diese Form der Anerkennung nicht nur von den subjektiven Einstellungen oder Handlungen der beteiligten Personen abhängig. Das, was wir intersubjektive Beziehung nennen, ist immer eingebettet in und abhängig von objektiven Bedingungen. Diese sind Elemente, die als wesentlich oder wichtig für die Beziehungen zwischen Personen zu verstehen sind (Ikäheimo 2014). Ja, es ist sogar anzunehmen, dass objektive Bedingungen wie Strukturen und institutionelle Bedingungen in modernen, hoch funktionalen Gesellschaften zentral sind, indem sie über Lebenschancen entscheiden. Neben der Arbeit kommt auch dem gesellschaftlichen Gut der Schulbildung diese hohe gesellschaftliche und nicht nur personale Bedeutung zu.

Die zweite Form der Anerkennung ist der Respekt, der üblicherweise in Rechten zum Ausdruck kommt und hilft, Würde und Achtung sowie Selbstachtung abzusichern. Rechte erlauben es dem Träger, so Joel Feinberg (1970), anderen aufrechten Hauptes begegnen zu können. Rechte verleihen Macht, das Handeln anderer Personen beschränken, aber auch ein bestimmtes Handeln erwarten zu können. Mit Thomas H. Marshall (1950) kann man historisch konstatieren, dass jede neue Generation von Rechten eine verstärkte Inklusion und Gleichstellung ihrer Rechtsträger hin zu vollwertigen Gesellschaftsmitgliedern zur Folge hatte. Dies gilt auch für die Rechte in der UN Behindertenrechtskonvention (United Nations 2006), die ausdrückt (und damit anerkennt), dass Menschenrechte in vollumfänglichem Maße auch Menschen mit Behinderung zukommen sollen.

Die dritte Form ist die soziale Wertschätzung, über die das Selbstwertgefühl abgesichert wird. Anerkennung in Form sozialer Wertschätzung bezieht sich auf Personen als

8 Ich folge mit dieser Unterscheidung derjenigen des Anerkennungstheoretikers Axel Honneth (1994), füge aber Gedanken von Heikki Ikäheimo (2014) und Susanne Schmetkamp (2011) hinzu, die beide hierzu wichtige Differenzierungsmomente geliefert haben: Ikäheimo, indem er zwischen interpersonaler und institutionell vermittelter Anerkennung (und damit auch Formen der Inklusion) unterscheidet; Schmetkamp, indem sie die Form der Rücksicht als zweiten Modus intersubjektiver Anerkennung identifiziert.

Träger bestimmter Eigenschaften oder Fähigkeiten. Diese Dimension wird von Ikäheimo (2014) kontributive Dimension genannt, weil über sie diejenigen Personen (oder besser Eigenschaften von Personen) anerkannt werden, die einen wertvollen Beitrag zu unserem Leben leisten.

Genau genommen müssen wir an dieser Stelle zwei unterschiedliche Dimensionen von Leistung unterscheiden. Zum einen meint Leistung den *Input* einer Tätigkeit, beispielsweise Talent, Qualifikation, aber auch Aufwand, Anstrengung oder Engagement. Zum anderen bezeichnet Leistung aber auch den *Output* einer Tätigkeit, die nicht Funktion des *Inputs* ist. Leistung kann dabei ein sachliches (beispielsweise ein qualitativ gutes Produkt), ein soziales (das Lösen eines Problems) oder ein ökonomisches Ergebnis kennzeichnen (wie Gewinn, Umsatz oder Rendite).

Weil Menschen ihrer Natur nach kooperative Wesen sind, ist die Wertschätzung von Leistung, zumindest im Verständnis von Leistung als *Input*, von der Gestalt der geteilten Zwecke abhängig. Mit anderen Worten: Sie ist abhängig von der Definition dessen, was als sachlicher, ökonomischer oder sozialer *Output* gilt und demzufolge auch, was als Beitrag dazu verstanden werden kann. Das, worauf sich ein Beitrag bezieht, ist dabei häufig umstritten und Feld von Anfechtungen und Kämpfen. Besonders deutlich zeigt sich das beispielsweise beim Kampf um Anerkennung unbezahlter »Familienarbeit«.

Was aber heißt es, jemanden für seine Leistung zum Wohl der anderen wertzuschätzen? Wertschätzung kann nach Voswinkel (2013) in Bewunderung und Würdigung differenziert werden. Bewunderung bezieht sich dabei auf die Anerkennung von besonderen Leistungen, Erfolgen oder Fähigkeiten. Würdigung hingegen meint die Anerkennung von Einsatz, Bemühungen oder Zugehörigkeit. Diese beiden Formen von Anerkennung als sozialer Wertschätzung konstituieren Selbstschätzung und schützen die Ehre und Würde der Arbeitenden. Aber umfasst Wertschätzung nur instrumentelle Wertschätzung, meint sie also nur Eigenschaften, die Mittel zum Zweck sind, beispielsweise Eigenschaften, die jemanden dazu befähigen, viel Geld zu verdienen, hohe Steuern zu zahlen und damit in einem indirekten Sinne zur Gemeinschaft beizutragen? Sind damit andere, nicht instrumentelle Eigenschaften – beispielsweise aufrichtige, uneigennützige Sorge um jemanden – abgewertet? Ikäheimo (2014) ist der Ansicht, dass man jemanden anders als nur instrumentell wertschätzen kann. Diese nicht-instrumentelle Wertschätzung zeigt sich als Dankbarkeit, beispielsweise für die aufrichtige Reaktion auf eine uneigennützige Handlung eines anderen. Nach Ikäheimo ist es dieser Aspekt von Wertschätzung, bei dem sich Eigenständigkeit einer dritten Form der Anerkennung erst zeigt.

Man kann, wie bereits angedeutet, auch noch eine vierte Form von Anerkennung anführen, die gerade beim Thema der Inklusion von Menschen mit Behinderungen zentral ist: die Rücksicht. Die für den vorliegenden Zusammenhang wichtige Überlegung ist diese: Eine gute Gesellschaft muss auch einfühlend auf Besonderheiten ihrer (Ko-) Mitglieder als *konkrete* Andere Rücksicht nehmen, wenn gewährleistet sein soll, dass alle als moralisch Gleiche am gesellschaftlichen Leben teilhaben können (Schmetkamp 2011). Dazu gehört auch spezifische, partikulare Rücksicht. Sie sichert wie die Liebe die elementaren Bedingungen der persönlichen Identität, fällt aber nicht mit der Liebe zusammen, da sie nicht umfassend auf die Person gerichtet ist. Sie nimmt nur spezifische Besonderheiten in den Blick, beispielsweise Behinderungen.

Inkludiert zu sein ist also eine Form der Anerkennung und Anerkennung verdeutlicht in spezifischer Weise, dass und wie jemand inkludiert ist. Wir können das in vier Hinsichten spezifizieren: Der Einzelne wird inkludiert als partikularer Anderer mit spezifischen Bedürfnissen und Interessen in Form von Liebe und als jemand mit spezifischen Ausgangslagen und Besonderheiten wie beispielsweise Behinderungen in Form von Rücksicht. Weiter wird der Andere als abstrakter Anderer inkludiert, als Gleicher unter Gleichen in Form von Respekt, die als Rechte zum Ausdruck kommen. Und zuletzt zählt auch sein Beitrag zu einem gemeinschaftlichen oder gesellschaftlichen Mehrwert und damit seine Leistung, die in Form von Wertschätzung zum Ausdruck kommt.

Die Fähigkeiten, die es für die für Inklusion in ihren unterschiedlichen Ausdrucksweisen notwendige Anerkennung braucht, kann man mit Verweis auf Martha Nussbaum als »*capabilities for affiliation*« bezeichnet. *Capabilities for affiliation* sind sozial eingebundene Fähigkeiten. Damit sind sie gleichermaßen individuelle Fähigkeit wie soziale Bedingung (und damit an interne wie externe Bedingungen zu Freiheit gebunden). Zum einen meint »*capabilities for affiliation*« nach Nussbaum (2000, 79 f.) »being able to live with and toward others, to recognize and show concern for other humans, to engage in various forms of social interaction; to be able to imagine the situation of another«. Zum anderen meint es »having the social bases of self-respect and nonhumiliation; being able to be treated as a dignified being whose worth is equal to that of others (ebd.)«.

Capabilities for affiliation sind also einerseits in engerem Sinne Fähigkeiten zu zwischenmenschlicher, gemeinschaftlicher Inklusion und an Formen zwischenmenschlicher Anerkennung in Form von Liebe oder Rücksicht gebunden. In den *capabilities for affiliation* kommen aber auch Aspekte gesellschaftlicher Inklusion zum Ausdruck, die sich mit der zweiten Form von Anerkennung decken: der deontologischen Dimension des Respekts, wie sie vorwiegend in institutionellen Rechten zum Ausdruck kommt. Fähig zu sein, als Gleicher unter Gleichen zu erscheinen, als jemand, dessen Würde den gleichen Wert hat wie die eines anderen, sind Verweise auf die externen Bedingungen von *capabilities for affiliation* und damit auf sozial bedingte Freiheit. *Capabilities for affiliation* verbinden damit die vier genannten Anerkennungsformen und fassen diese als individuelle Fähigkeiten *und* soziale Bedingungen: als Fähigkeit, sich empathisch, liebend und sorgend anderen zuzuwenden und als soziale Basis dafür, sich anderen als respektierte, geachtete Person zuwenden zu können. Mit den sozialen Dimensionen der *capabilities for affiliation* ist der zweite Aspekt von Inklusion, die Freiheit, bereits angedeutet.

3.2 Freiheit

Der zweite Aspekt von Inklusion geht von der Annahme aus, dass Inklusion – wenn auch nicht in jedem Falle ursprünglich freiwillig gewählt – so doch von allen Beteiligten im sozialen Kontext bejaht werden muss. Darüber hinaus muss in Inklusion (zumindest minimale) Selbstbestimmung ausgedrückt werden. Bin ich in einem Schachklub anwesend, weil mich jemand dahingefahren hat, ich habe aber überhaupt kein Interesse an Schach, kann diese Form der Inklusion und die darüber vermittelte Anerkennung (beispielsweise eine gute Schachspielerin zu sein) nicht gut, sondern im besten Fall moralisch neutral sein. Und Inklusion, die so fremdbestimmt ist, dass sie jeden Winkel unseres Lebens erfasst, kann unschwer als gutes Beispiel umfänglich schlechter Inklusion dienen.[9]

9 Aus diesem Grund zögern wir auch, die Bewohner von Diktaturen wie Nordkorea als in ihr Land »inkludiert« respektive als Bürger ihres Landes zu bezeichnen. In Diktaturen ist es Menschen

Bei gemeinschaftlichen Formen von Inklusion scheint die Freiheitsannahme unbestritten zu sein. Freundschaft als Form gemeinschaftlicher Inklusion ist beispielsweise keine richtige Freundschaft, wenn nur der eine die Freundschaft bejaht respektive überhaupt als solche benennt. Freundschaft hat offensichtlich auch mit Freiheit zu tun: Sie ist nur dann Freundschaft, wenn sie freiwillig gewählt und aufrechterhalten wird, wenn sie auf Affektion und Zuwendung beruht und nicht aus Pflichtgefühl oder Anstand besteht.

Etwas weniger naheliegend ist die Annahme, Inklusion habe mit Wahlfreiheit und Bejahung sowie Mitbestimmung zu tun, wenn man an gesellschaftliche Formen von Inklusion denkt. Ist jetzt der einzelne kein Bürger mehr, wenn er beispielsweise seine Bürgerrechte nicht wahrnimmt und nicht wählen geht? Dass das so sein sollte, wirkt auf den ersten Blick fremd. Schließlich verliert er ja zumindest in einer Demokratie nicht alle seine Rechte, wenn er sich entschließt, nicht wählen zu gehen, um damit seiner Unzufriedenheit mit den politischen Zuständen im Land zum Ausdruck zu bringen. Und wir würden auch nicht sagen, dass eine Gesellschaft (so wie das bei einer Freundschaft der Fall ist) auseinanderbricht, wenn sie von einem einzelnen aufgekündigt wird. Dennoch muss auch gesellschaftliche Inklusion, und damit vom Einzelnen als Bürger, zumindest in einem schwachen Sinne bejaht werden, um gesellschaftlich betrachtet als ›volle‹ und ›substanzielle‹ Inklusion zu gelten. Und ab einer gewissen Schwelle – z. B. dann, wenn sich eine bestimmte kritische Masse der Bürgerinnen und Bürger nicht mehr aktiv an gesellschaftlichen Prozessen beteiligt (indem sie beispielsweise nicht mehr wählen geht) – ist eine Demokratie auch keine funktionierende Demokratie mehr.[10] In einer funktionierenden Demokratie muss es der Staat als Institution es schaffen, dass die Bürger einer Gesellschaft ihn zumindest in einem schwachen Sinne akzeptieren und bejahen. Es ist sehr naheliegend anzunehmen, dass ein Staat, der dies nicht schafft, von innen ausgehöhlt wird.[11]

In gewisser Weise verdeutlicht der Freiheitsaspekt gesellschaftlicher Inklusion nochmals das grundlegende Problem, Inklusion zu denken. Denken wir nämlich Demokratie als gemeinschaftliches Projekt und nicht mehr nur – individualistisch – als Regierungsform oder als Form individueller Beteiligung (beispielsweise des Wählens), sondern auch als Kultur (Anderson 2009; Dewey 1969), dann weist dieser Freiheitsaspekt wiederum auf die eingangs genannte soziale Intentionalität und Demokratie als soziales Handeln hin.

Wie ist nun aber das Freiheitsverständnis, das bei Inklusion zum Ausdruck kommt, genauer zu fassen? Es ist ein wichtiges Verdienst des von Amartya Sen und Martha Nussbaum begründeten *capability approaches*, auf die Bedeutung von Freiheit (gerade auch im Zusammenhang von Inklusion von Menschen mit Behinderung) verwiesen zu haben.

---

nicht möglich, ihrem Sosein selbstbestimmt Ausdruck zu verleihen und über ihr gemeinsames Schicksal als Nation mitzuentscheiden.

10 An dieser Stelle muss noch einmal daran erinnert werden, dass ich hier nicht davon spreche, dass Inklusion gar nicht möglich ist, wenn sie nicht bejaht oder gewählt ist. Ich sage vielmehr nur, dass sie nicht »volle« oder »substanzielle« im Sinne einer normativ gehaltvollen, wertvollen Inklusion ist.

11 Umgekehrt gilt natürlich auch, dass zu »voller« Inklusion alle Mitbürger Mitsprache erhalten und auch ausüben können. Demokratie als institutionalisierte Form gesellschaftlicher Mitsprache umfasst nicht nur Rechte. Sie umfasst auch Verpflichtungen, sich als Bürger aktiv in die Gesellschaft zu inkludieren.

Die zentrale begriffliche Unterscheidung des Ansatzes ist die zwischen »*capabilities*« und »*functionings*«.

Das Wohlergehen von Menschen sollte nach Sen daran gemessen werden, was Menschen in ihrem Leben tun oder sein können, an ihren Funktionen also: »Functionings represent parts of the state of a person – in particular the various things that he or she manages to do or be in leading a life« (Sen 1993, 31). *Functionings* können beispielsweise darin bestehen, genügend zu essen zu haben, Bildung genießen zu können, oder mobil zu sein.

Capabilities widerspiegeln demgegenüber die alternativen Kombinationen von Funktionen, welche die Person erreichen kann: »The capability of a person reflects the alternative combinations of functionings the person can achieve, and from which he or she can choose one collection« (Sen 1993, 31). *Capabilities* sind somit »notions of freedom, in the positive sense: what real opportunities you have regarding the life you may lead« (Sen 1987, 36).

Ingrid Robeyns (2000, 5 f.) schildert den Unterschied in den Betrachtungen von functionings und capabilities anschaulich am Beispiel des Fahrradfahrens. Das Fahrrad ist ein Gegenstand, mit dem man sich schneller bewegen kann. Kann man Fahrradfahren, so hat man diesbezüglich ein *functioning.* Die *capability* ist nun die Möglichkeit, Fahrradfahren zu erlernen. Dies ist von bestimmten Voraussetzungen abhängig, körperlichen wie auch sozialen (beispielsweise der Erlaubnis der Eltern, das Fahrradfahren zu erlernen oder auch dem Vorhandensein eines Fahrrades). Diese beiden Voraussetzungen bilden die Konversions- oder Umwandlungsfaktoren von Möglichkeiten in tatsächliches Vermögen.

Zum einen betont der *capability approach*, dass bestimme Menschen (unter anderem Menschen mit Behinderung), mehr Güter benötigen als andere Menschen, um dieselben Lebenschancen zu haben. Hier ist Freiheit als Ergebnis angesprochen, ein Leben führen zu können, das man selbst gewählt hat. Zum anderen akzentuiert der *capability approach* auch die Bedeutung von Freiheit als Wahlmöglichkeit, und damit als Prozess (und nicht als Ergebnis) des Wählens. Es macht einen Unterschied, ob man eine bestimmte Lebenssituation selbst gewählt hat oder nicht. Im Ergebnis können beide Situationen gleich sein, aber die eine Situation ist durch Freiheit zustande gekommen, die andere, weil man keine andere Wahl hatte. Sen illustriert diesen Unterschied am Beispiel des Fastenden und des Hungernden. Beide haben nichts zu essen, aber der eine wählte diesen Umstand beispielsweise für seelisch-geistige Läuterung, der andere hat keine Möglichkeiten, sich zu ernähren.

Dabei stellen *capabilities* die substanziellen Freiheiten eines Menschen dar, bestehend aus (üblicherweise verbundenen) Wahl- und Handlungsmöglichkeiten. Sen schreibt dazu:

> »A person's ›capability‹ refers to the alternative combinations of functionings that are feasible for her to achieve. Capability is thus a kind of freedom: the substantive freedom to achieve alternative functioning combinations« (Sen 1999, 75).

Es sind also nicht nur die Fähigkeiten einer Person im Sinne interner Anlagen, sondern die Freiheiten bestehend aus einer Kombination von internen Anlagen und den Möglichkeiten, die das soziale, politische und ökonomische Umfeld bietet. Nussbaum nennt diese substanziellen Freiheiten »kombinierte Verwirklichungschancen« (*combined capa-*

bilities). Sie sind von zwei anderen Formen von *capabilities* abzugrenzen: *basic capabilities* und *internal capabilities* (Nussbaum 2000). Alle drei Formen können auf die Thematik der Inklusion Anwendung finden, und zwar sowohl hinsichtlich personaler Fähigkeit, wie auch hinsichtlich notwendiger Umweltbedingungen.

Basic capabilities sind dem Menschen innewohnend. Mit diesen *capabilities* werden Menschen geboren. Auch wenn diese angeborenen Anlagen keine Bedürfnisse im eigentlichen Sinne sind, reflektieren sie solche. Zu diesen Anlagen gehören auch soziale. Studien des Entwicklungspsychologen Michael Tomasello (2009) beispielsweise zeigen, dass die Fähigkeit zu sozialer Kooperation dem Menschen angeboren ist. Die spezifisch menschlichen kognitiven Fähigkeiten können, so Tomasello, nur als sozial-kognitive Fähigkeiten verstanden werden. Es sind biologisch basierte Formen der Identifikation mit anderen, die bereits sehr früh in dyadischer Interaktion mit den Eltern oder nahen Bezugspersonen zutage treten. Ab dem Ende des ersten Lebensjahres, also dann, wenn das Kind beginnt, planvoll zu handeln, mündet diese in ein Verständnis von anderen und sich selbst als handelnden Subjekten. Es sind damit die Fähigkeiten zur intersubjektiven Identifikation und intersubjektiven Verstehens, die Menschen angeboren sind, aber ein soziales Umfeld benötigen, um sich in vollem Maße zu entwickeln. Menschliche Kinder, so die mittlerweile empirisch gut belegte These Tomasellos, verfügen über eine biologisch begründete Form der Identifikation mit anderen und entwickeln aus dieser heraus ab etwa einem Jahr einfache Formen von Intentionalität höherer Ordnung. Sie verstehen andere und sich als intentionale Subjekte, die sich wahrnehmend und handelnd auf die Welt beziehen. Diese einfache Form von Intentionalität höherer Ordnung ermöglicht Identifikation mit und dadurch kulturelles Lernen von anderen. Und sie führt geradezu automatisch zu sozialer Intentionalität und damit zu Kooperation und (kooperativer) Kommunikation.[12] Diese hatte ich im ersten Teil als Grundlagen für Anerkennung bereits angedeutet. Hier treten sie auch in Gestalt der Grundlagen für Freiheit auf.

Internal capabilities als zweite Schicht von *capabilities* bauen auf *basic capabilities* auf, benötigen aber zu ihrer Entwicklung soziale Anregung, Interaktion und Institutionen, beispielsweise der Bildung und Erziehung. Sprache ist ein typisches Beispiel für eine solche interne Fähigkeit, die zwar auf *basic capabilities* aufbaut, aber zu ihrem Ausbau ein Lernumfeld benötigt. Dasselbe gilt für viele andere Fähigkeiten, die der Mensch im Laufe seines Lebens entwickelt und die abstrakter oder detaillierter benannt werden können. So sind sowohl die Fähigkeit lesen zu können als auch die Fähigkeit, Schach zu spielen oder einen Computer bedienen zu können, interne Fähigkeiten. Diese Fähigkeiten sind nicht isoliert zu sehen, sondern immer in Beziehung und ihrem Austausch zu und mit der Umwelt. Das heißt, diese Fähigkeiten können je nach hinderlicher oder förderlicher Umwelt ausgebaut oder verhindert und eingedämmt werden. Anders als reine *basic capabilities* entwickeln sie sich nicht natürlich in einem evolutionären Prozess, der bereits ontogenetisch im Menschen angelegt ist. In ihrer Entwicklung und ihrem Ausbau kommt mit der Umwelt der Freiheitsaspekt und damit das, was mit *capabilities* eigentlich ge-

12 Dabei teilen Menschen, anders als höher entwickelte Tiere wie Menschenaffen, eine höhere Form von Intentionalität. Menschenaffen sind fähig, einander als handelnde Agenten zu erleben. Menschen sind demgegenüber in der Lage, andere als kooperative Partner zu sehen. Sie entwickeln damit ein Verständnis von kollektiver Intentionalität. Der Unterschied kann am Beispiel eines Fussballspiels verdeutlicht werden. Affen sind in der Lage, mit anderen ein Fussballspiel zu schauen und andere als Mit-Zuschauer zu sehen. Menschen können in Fussballteams mitspielen oder anders gesagt, als ein Mitspieler neben zehn anderen die Aufmerksamkeit auf *ein* Spiel richten.

meint ist, zum Ausdruck: Nicht Fähigkeiten im Sinne von Fertigkeiten, sondern Verwirklichungschancen.

Wie aber hängen nun die individuellen und sozialen Bedingungen von Freiheit zu Inklusion, wie sie Nussbaum in *basic, interal* und *combined* capabilities angesprochen hatte, mit der Notwendigkeit der Bejahung von Inklusionskontexten zusammen? Was ist überhaupt mit »Bejahung« gemeint? Hier lässt sich daran anknüpfen, was Harry G. Frankfurt über »*care*« (verstanden als individuelle Fähigkeit) denkt. Frankfurt schreibt:

> »A person who cares about something is, as it were, invested in it. He identifies himself with what he cares about in the sense that he makes himself vulnerable to losses and susceptible to benefits depending upon whether what he cares about is diminished or enhanced. Thus he concerns himself with what concerns it, giving particular attention to such things and directing his behavior accordingly. Insofar as the person's life is in whole or in part devoted to anything, rather than being merely a sequence of events whose themes and structures he makes no effort to fashion, it is devoted to this« (Frankfurt 1982, 260).

Bejahen ist in diesem Sinne essentiell selbstreflexiv und damit an Handlungsfähigkeit und Selbstbewusstsein gebunden. Angesprochen sind sowohl *basic capabilities*, also angeborene Fähigkeiten des Menschen zu sozialer Intentionalität (wie Tomasellos Forschung gezeigt hat) als auch *internal capabilities*, also Fähigkeiten zu Empathie oder Solidarität, die in einem sozialen Umfeld gelernt und angewandt werden müssen. Gleichzeitig sind auch *combined capabilities* angesprochen und damit Umweltfaktoren, Bedingungen »äußerlicher Freiheit«. Ein positives, anregendes Umfeld – bei dem sich jeder Einzelne dem anderen beispielsweise empathisch öffnet – fördert *care* und damit Bejahung von Inklusionskontexten.

Verbinden wir diese Ausführungen wiederum mit dem Aspekt der Anerkennung, zeigt sich folgendes Bild: In deontologischer Hinsicht ist mit *care* die Bejahung von Normen, Autorität und Respekt sowie der Rechte und Pflichten anderer als gleichberechtigte Partner angesprochen. Und in axiologischer Hinsicht meint es, sich und anderen in empathischer Hinsicht zugeneigt sein, beispielsweise in Form von Freundschaft, Liebe oder spezifischer Rücksicht. In kontributiver Hinsicht schließlich ist gemeint, sich den Leistungen und damit dem Beitrag anderer zum gemeinsamen Wohl zuzuwenden und diese Beiträge als wertvolle Beiträge anzuerkennen.

Auch die weiteren zentralen Aspekte von Freiheit, die sich in Inklusion zeigen, erhalten in der Perspektive des *capability approaches* ihre besondere Bedeutung. Den ersten fundamentalen Aspekt hatte ich bereits angesprochen. Für das Leben von Menschen über die ontogenetisch bedingten Phasen der Abhängigkeit in den ersten Lebensjahren hinaus ist es von fundamentaler Bedeutung, Inklusionskontexte frei wählen zu können. Dabei geht es vor allen Dingen um die Qualität dieser Wahl. Es geht also nicht nur um das Ergebnis, es geht auch um den Prozess und damit die Frage, wie diese Wahl zustande gekommen ist.[13]

13 An dieser Stelle muss betont werden, dass dieses hier ausgedrückte Freiheitsverständnis kein atomistisches sein kann. Wir wählen viele Inklusionskontexte nicht, sondern sind aufgrund externer Umstände in sie hineingeworfen worden. Menschen entwickeln sich relational zu und mit anderen und die Freiheit, Inklusionskontexte wählen und bejahen zu können, muss somit ebenfalls relational und kontextabhängig gedacht werden.

Inklusion ist dabei nicht nur an negative oder positive Freiheit gebunden, um die berühmte Unterscheidung Isaiah Berlins (1969) aufzugreifen. Wir sind nicht dann bereits inkludiert, wenn wir von äußeren Eingriffen geschützt sind und wir unsere persönlichen Interessen selbstbestimmt verfolgen können. Zweifelsohne sind diese Aspekte wichtig. Sie weisen auf die Bedeutung der Freiheit von Zwang hin sowie auf die nicht zuletzt für die Identitätsentwicklung zentrale Bedeutung der Möglichkeit der Verfolgung unserer eigenen Ziele und Pläne. Für den einen ist die Inklusion in den Kaninchenzüchterverein wichtig, während genau dieser Kontext einem anderen nichts bedeutet.

Aber in gewissem Sinne bleibt das Freiheitsverständnis, das für Inklusion notwendig ist, so unvollständig. Negative und positive Freiheit sind notwendige Bedingungen für Inklusion, aber sie stellen nicht die Arten von Freiheit dar, in denen sich Inklusion selbst zeigt, in denen sich Inklusion mit anderen Worten verwirklicht. Versteht man Inklusion – wie ich das eingangs vorgeschlagen hatte – als soziales, intentionales Phänomen, dann muss auch die Freiheit, in der sich Inklusion verwirklicht, sozial gedacht werden.

Für ein solches Nachdenken über Freiheit fehlen uns aber, so Axel Honneth (2015), historisch die Begrifflichkeiten. Honneth schlägt daher, ausgehend vom Hegelschen Verständnis konkreter Freiheit, vor, Freiheit in einem dritten Sinne sozial zu denken. Die Bedeutung dieser sozial gedachten Freiheit liegt im sozialen Zusammenwirken, in der sozialen Intentionalität als Bedingung für Inklusion. Soziale Freiheit meint Freiheit, die notwendigerweise an Freiheit des anderen und damit an Kooperation und an ein Wir gebunden ist. Eine solches Freiheitsverständnis ist ungewöhnlich, weil wir uns kooperative oder intersubjektive Akte gemeinschaftlicher oder gesellschaftlicher Art häufig als individuelle vorstellen. Man könnte auch sagen: wir stellen uns diese Akte der Inklusion nicht als soziale, sondern als individuelle vor und damit in gewissem Sinne nur nachrangig von individueller Freiheit negativer und positiver Art berührt, nicht aber essentiell und im Kern sozial. Besonders deutlich zeigt sich das nach Honneth (ebd., 116) am Beispiel demokratischen Handelns. Üblicherweise stellen wir uns unter Demokratie den Gang an die Wahlurne vor, als individuellen, in sich abgeschlossenen Akt nach einer ebenso privaten wie individuellen Meinungsbildung über die eigenen politischen Präferenzen. Das sei, so hatte das schon John Dewey (1969) kritisiert, allerdings nur um den Preis des der Demokratie notwendigerweise innewohnenden Anteils der Partizipation zu sehen. Zu Demokratie gehören auch öffentliche Diskussionen, freie Berichterstattung und Prozesse wechselseitiger Beeinflussung zwischen diesen Elementen. Diese Bestandteile von Demokratie sind nicht willkürlich, sie machen einen konstitutiven Teil dessen aus, was Demokratie ist. Jedenfalls ist dies dann der Fall, wenn man Demokratie nicht nur als Regierungsform und Organisation gesellschaftlicher Mitgliedschaft ansieht, sondern auch als Form von Kultur (Anderson 2009). Demokratie verstanden als Kultur ist nur sozial zu denken, als gemeinsames Unternehmen, in dem gemeinsame, gesellschaftliche Ziele diskutiert, abgewogen und vereinbart werden.

Soziale Freiheit prägt auch das innere Verständnis und die konkrete Gestaltung von Inklusionsformen. Soziale Freiheit meint, gleichberechtigt mit anderen Mitbestimmung, Macht und Ko-Autorität in der Gestaltung der Werte und Normen in einer Gesellschaft zu haben. Diese Freiheit, die Normen und Werte mitgestalten zu können, drückt sich auch in zwischenmenschlicher, partikularer Inklusion aus: Das, was Freundschaft *konkret* für den Einzelnen ist, bestimmen die Partner in ihrer Freundschaft.

4 Anerkennung, Freiheit, Arbeit: Was steht auf dem Spiel?

Folgt man der These Axel Honneths (1994), so stellt wechselseitige Anerkennung die Grundlage der menschlichen Identitätsentwicklung dar. Anerkennung zu erfahren, ist damit notwendig für den Aufbau, aber auch den Erhalt gelingender Identitätsentwicklung und gleichzeitig notwendig für Aufbau und den Erhalt gerechter gesellschaftlicher Verhältnisse. Sie ist daher gleichsam auch Folie und Maßstab kritischer Gesellschaftstheorie.

Arbeit kommt dabei doppelte Bedeutung zu. Einerseits ist sie Quelle des Lebensunterhalts, andererseits ganz allgemein gesprochen eine zentrale Quelle sozialer Inklusion sowie von Selbstwertgefühl und Sinnerfahrung in modernen Gesellschaften. Aus dieser doppelten Bedeutung heraus kommt der Erfahrung von Ausschluss aus Arbeitsverhältnissen, aber auch der Erfahrung von Missachtung und Diskriminierung in Arbeitsverhältnissen eine so hohe Bedeutung zu.

Studien wie beispielsweise diejenige von Tania Burchardt (2005), welche die niedrigen Selbstwirksamkeitserwartungen behinderter Jugendlicher im Arbeitsleben nachweisen konnte, weisen auf die psychologisch schädigenden Wirkungen hin, welche Arbeitslosigkeit, Arbeitsplatzverlust oder Diskriminierung am Arbeitsplatz auf Menschen mit Behinderung haben können. Da Arbeit ein für viele Menschen ein wichtiger und auch zeitlich bedeutsamer Teil des Lebens darstellt, ist auch anzunehmen, dass durch Arbeitslosigkeit wichtige Quellen individueller Entwicklung verbaut werden. Darauf weist unter anderem der *capability approach* mit seiner Differenzierung in *internal* und *combined capabilities* hin, wie die Ausführungen weiter oben bereits gezeigt haben.

Neben dieser individuellen Sicht zeigt sich aber auch an dieser Stelle bereits die gemeinschaftliche und gesellschaftliche Bedeutung von Arbeitslosigkeit generell und im Zusammenhang mit Behinderung besonders deutlich.

Neben Rechten, die kognitive Achtung ausdrücken und jedem Menschen geschuldet sind, zeigt sich gerade in Arbeitsverhältnissen der Werthorizont der sozialen Wertschätzung. Und schließlich sind Arbeitsbeziehungen immer auch durchdrungen von Formen affektiver Zuwendung, die sich in Sympathie und Freundschaft vielleicht sogar Liebe äußern können. Diese sichern Anerkennung in Form emotionaler Zuwendung ab.

Häufig wird Anerkennung im Kontext von Arbeit auf Leistung respektive Wertschätzung von Leistung reduziert. Beim Thema Behinderung wird diese Anerkennung zudem negativ gedeutet und der Entzug von Wertschätzung häufig über den Rekurs auf eine Behinderung respektive eine Schädigung verbunden mit einer Beeinträchtigung von Partizipation und Aktivität legitimiert. Weil Menschen mit Behinderung häufig nicht in der Lage sind, ohne Hilfsmittel oder Unterstützung in derselben Zeit dieselbe Leistung zu erbringen wie andere Menschen und weil Leistung verstanden als Inputfaktor häufig vor dem Hintergrund standardisierter gesellschaftlicher Erwartungen gesehen wird, kommt ihnen Bewunderung meist nur vor einer Negativfolie dieser gesellschaftlichen Normerwartungen zu. Menschen mit Behinderung werden dann bewundert, *weil und insofern* sie trotz vielfältigen Herausforderungen und Hürden ihr Schicksal meistern. Dasselbe gilt für den Aspekt der Würdigung, der sich ebenfalls eher negativ denn positiv ergibt: als Würdigung von Einsatz und Bemühungen trotz Behinderung. Es versteht sich von selbst, dass in dieser Einschätzung Behinderung respektive der Arbeitnehmer mit Behinderung von potenziellen und aktualen Arbeitgebern bestenfalls neutral (die Behinderung spielt keine Rolle) viel häufiger aber als negativ, als Bürde eingeschätzt wird.[14] Aus diesen gesellschaftlichen Sichtweisen ergibt sich das eingangs genannte Gefühl vieler behinderter Menschen, am Arbeitsplatz diskriminiert zu werden. Und da anerkennende Einstellungen auch wichtig sind für die Selbstwahrnehmung und die eigene Identität, verdeutlichen sich auch die negativen Folgen mangelnder Wertschätzung für Leistung für die individuelle Selbstwahrnehmung. Hier zeigt sich eine Quelle frustrierter Erwartungen und von Selbststigmatisierung besonders deutlich.

Die Tendenz, Behinderung vor allem als Bürde zu sehen, zeigt sich auch in anderer Hinsicht deutlich. So werden Anpassungen am Arbeitsplatz für Menschen mit Behinderung respektive die damit verbundenen Aufwände häufig nur als Bürde gesehen, selten aber als Gewinn für dritte Parteien, also beispielsweise andere Arbeitnehmer, Lieferanten oder Kunden (Emens 2008). Dabei sind solche durchaus vorhanden: Geräusche reduzierende Teppiche nützen nicht nur hörbehinderten Menschen, sondern auch Menschen, die geräuschempfindlich sind. Und sie verbessern das akustische Klima, das zur Konzentration benötigt wird. Lifte und Rampen sind auch für vorübergehend gehbehinderte Arbeitnehmer sowie ältere und gehbehinderte Besucher wertvoll sowie solche, die schwere Lasten transportieren müssen. Und ein Arbeitsklima, das positiv auf behinderte Menschen ausgerichtet ist, wird auch von anderen Menschen als warm und unterstützend wahrgenommen. Die Tatsache, dass Behinderung respektive Menschen mit Behinderung insbesondere in kontributiver und axiologischer Hinsicht häufig als Bürde gesehen werden, entzieht Menschen mit Behinderung nicht nur wichtige Quellen individueller Selbstbeziehung, sie tendiert auch dazu, Menschen mit Behinderung nur als Objekte zu sehen – als Objekte, denen Rechte, Liebe, Wertschätzung oder Rücksicht, wenn auch in reduzierter Weise zukommen.

Diese Sichtweise vergisst aber, Menschen mit Behinderung als Subjekte zu sehen, die mit ihrem Handeln andere Subjekte beeinflussen und prägen: als Subjekte, die Sorge zeigen können, um nochmals mit Harry Frankfurt zu sprechen; als Menschen, die sowohl in axiologischer Hinsicht (geschätzter Arbeitskollege, vielleicht gar Freund am Arbeitsplatz) als auch kontributiver Hinsicht (geschätzter Beitragender zu einem gesellschaftlichen Wohl) gesehen werden. In diesem Entzug des Subjektstatus – wenn auch nicht in grundlegender, rechtlicher und universaler Weise, so doch in axiologischer und kontributiver Hinsicht – verdichtet sich das Lebensgefühl vieler behinderter Menschen, in dieser Gesellschaft keinen Platz zu haben. Denn das Fehlen der mit einem umfassenden Subjektstatus verbundenen Freiheits- und Anerkennungsdimensionen kann nur teilweise rechtlich aufgefangen oder auf andere Weisen kompensiert werden (beispielsweise über interpersonale Freundschaften und Liebe außerhalb des Arbeitsbereiches). Wenn die soziologische Diagnose der Bedeutung von Arbeit in der heutigen Gesellschaft zutrifft (Kronauer 2010) und man die vorliegende normative Rekonstruktion von Inklusion teilt, dann steht mit dem weitgehenden Ausschluss behinderter Menschen aus dem Arbeitsbereich moralisch betrachtet viel auf dem Spiel. Zentrale Anerkennungs- und Freiheitsdimensionen bleiben verschlossen, und die daraus entstehenden Herausforderungen und Probleme betreffen nicht nur Individuen, sondern die ganze Gesellschaft.

---

14 Es kann spekuliert werden, ob diese Negativsicht auf behinderte Menschen als Bürde auf eine existenzielle Bedrohung zurückzuführen ist, wie Harlan Hahn (1988) vermutet. Nach dieser sind Berührungsängste mit behinderten Menschen einer Abwehrreaktion geschuldet, die nicht behinderte Menschen erfasst, wenn sie daran denken, dass sie ebenfalls eine Behinderung erwerben könnten.

Literatur

Anderson, Elizabeth: Democracy: Instrumental vs. Non-Instrumental Value. In: Thomas Christiano/John Christman (Hg.): *Contemporary Debates in Political Philosophy*. Oxford 2009, 213–227.
Berlin, Isaiah: Two Concepts of Liberty. In: Ders. (Hg.): *Liberty*. Oxford 1969, 166–217.
Burchardt, Tania: *The Education and Employment of Disabled Young People: Frustrated Ambition*. York 2005.
Burchardt, Tania: *Enduring Economic Exclusion: Disabled People, Income and Work*. York 2000.
Castel, Robert: *Die Metamorphosen der sozialen Frage: Eine Chronik der Lohnarbeit*. Konstanz 2000.
Department for International Development: *Disability, Poverty and Development*. London 2000.
Dewey, John: The Ethics of Democracy. In: Ders. (Hg.): *The Early Works, Bd. 1*. Carbondale/Edwardsville 1969, 227–249.
Emens, Elizabeth F.: Integrating Accommodation. In: *University of Pennsylvania Law Review* 156/4 (2008), 839–922.
Emerson, Eric: Poverty and People with Intellectual Disabilities. In: *Mental Retardation and Developmental Disabilities* 13 (2007), 107–113.
Feinberg, Joel: The Nature and Value of Rights. In: *Journal of Value Inquiry* 4 (1970), 243–257.
Frankfurt, Harry: The Importance of What We Care About. In: *Synthese* 53/2 (1982), 257–272.
Hahn, Harlan: The Politics of Physical Differences: Disability and Discrimination. In: *Journal of Social Issues* 44/1 (1988), 39–47.
Honneth, Axel: Drei, nicht zwei Begriffe der Freiheit: Ein Vorschlag zur Erweiterung unseres moralischen Selbstverständnisses. In: Bruno Accarino/Jos de Mul/Hans-Peter Krüger (Hg.): *Internationales Jahrbuch für Philosophische Anthropologie* 2015, 113–130.
Honneth, Axel: *Kampf um Anerkennung – Zur moralischen Grammatik sozialer Konflikte*. Frankfurt a. M. 1994.
Ikäheimo, Heikki: *Analysing Social Inclusion in Terms of Recognitive Attitudes*. Sydney 2003.
Ikäheimo, Heikki: *Anerkennung*. Berlin 2014.
Kronauer, Martin: *Exklusion – Die Gefährdung des Sozialen im hoch entwickelten Kapitalismus*. Frankfurt a. M. 2010.
Kuklys, Wiebke: *Amartya Sen's Capability Approach: Theoretical Insights and Empirical Application*. Berlin 2005.
Luhmann, Niklas: *Soziale Systeme. Grundriss einer allgemeinen Theorie*. Frankfurt a. M. 1984.
MacIntyre, Alasdair: *Rational Dependent Animals*. London 1999.
Marshall, Thomas H.: *Citizenship and Social Class and Other Essays*. Cambridge 1950.
Maschke, Michael: Die sozioökonomische Lage behinderter Menschen in Deutschland. In: Günther Cloerkes (Hg.): *Wie man behindert wird – Texte zur Rekonstruktion einer sozialen Rolle und zur Lebenssituation betroffener Menschen*. Heidelberg 2003, 165–181.
Meager, Nigel/Bates, Peter/Dench, Sally/Honey, Sheila/Williams, Matthew: *Employment of Disabled People: Assessing the Extent of Participation*. Nottingham 1998.
Nussbaum, Martha C.: *Women and Human Development: The Capabilities Approach*. Cambridge 2000.
Schmetkamp, Susanne: *Respekt und Anerkennung*. Paderborn 2011.
Schmid, Hans Bernhard: Autonomie ohne Autarkie – Begriff und Problem des pluralen Handelns. In: *Deutsche Zeitschrift für Philosophie* 55/3 (2007), 457–472.
Sen, Amartya: *Development as Freedom*. Oxford 1999.
Simmel, Georg: *Soziologie: Untersuchungen über die Formen der Vergesellschaftung*. München/Leipzig 1908.
Solga, Heike: »Ausbildungslosigkeit« als soziales Stigma in Bildungsgesellschaften – Ein soziologischer Erklärungsbeitrag für die wachsenden Arbeitsmarktprobleme von gering qualifizierten Personen. In: *Kölner Zeitschrift für Soziologie und Sozialpsychologie* 54/3 (2002), 476–505.
Spitz, René A.: Hospitalism – An Inquiry Into the Genesis of Psychiatric Conditions in Early Childhood. In: *Psychoanalytic Study of the Child* 1 (1945), 53–74.
Tomasello, Michael: *Why We Cooperate*. Cambridge 2009.
United Nations: *Convention on the Rights of Persons with Disabilities*. Genf 2006.
Voswinkel, Stephan: Anerkennung und Identität im Wandel der Arbeitswelt. In: Lucie Billmann/Josef Held (Hg.): *Solidarität in der Krise: Gesellschaftliche, soziale und individuelle Voraussetzungen solidarischer Praxis*. Wiesbaden 2013, 211–235.
Weber, Max: *Wirtschaft und Gesellschaft*. Tübingen 1922.

Wells, Thomas/Sandefur, Gary D./Hogan, Dennis P.: What Happens after the High School Years among Young Persons with Disabilities. In: *Social Forces* 82/2 (2003), 803–832.
World Health Organization/World Bank: *World Report on Disability*. Genf 2011.

8 Das Hilfsmitteldispositiv bei Behinderung. Reflexion paradoxer Verhältnisse der Inklusion

Miklas Schulz

1 Ausgangsüberlegung

Gegenwärtig findet sich unter dem Begriff Inklusion eine Vielzahl unterschiedlicher wissenschaftlicher Diskurse und professioneller Ansätze verhandelt. Diese können je nach Disziplin, Diskurstradition und Anwendungsfeld verschiedene Bedeutungsinhalte von Inklusion akzentuieren (vgl. Wansing/Westphal 2014; für einen Überblick vgl. Hinz 2013). Verbunden werden die jeweiligen Konzepte von Inklusion mit weiteren Begriffen wie Integration, Exklusion, Diversity, Intersektionalität, Partizipation und Teilhabe. In der deutschen Debatte sticht die bildungspolitische Dimension heraus und dies obgleich der menschenrechtlich fundierte Inklusionsbegriff sich potentiell über alle Lebensphasen erstreckt (vgl. Wansing/Westphal 2014, 19). Trotz solch knapper Bestandsaufnahme, die Klärungsbedarfe anmeldet, soll in diesem Beitrag keine konzeptionelle Begriffsarbeit im engeren Sinne geleistet werden, was sicher angeraten und naheliegend wäre. Ähnlich den kritischeren Debatten in der Sozialen Arbeit (vgl. Dannenbeck 2012), der Heilpädagogik (vgl. Dederich 2013) oder auch der Soziologie (vgl. Wansing 2012) sollen vorliegend die Paradoxien im Handlungsfeld der Inklusion und ihrer Orientierungen Berücksichtigung finden. Im Mittelpunkt steht dabei weniger die bildungspolitische, denn vielmehr eine arbeitsmarktbezogene Perspektive. Einer kritischen Reflexion unterzogen werden soll die implizit zirkulierende Idee, nach der es so etwas wie einen Zustand einer inklusiven Gesellschaft ein für alle Mal geben könne; als existiere eine Zielmarkierung mit deren Übertritt die Debatten zum Erliegen kommen (könnten), da alle Ansprüche geregelt und die Arbeitsfähigen in den Arbeitsmarkt inkludiert sind. An einer solchen Vorstellung können gewisse Bedenken angemeldet werden: Zum einen müssen gar nicht alle - grundsätzlich und/oder unter den (an)gebotenen Umständen –in das System des Arbeitsmarktes inkludiert werden wollen. Zum anderen gerät auf der Suche nach dem richtigen Weg inklusiver Praxen (potentiell) die zweite Dimension des Inklusionsbegriffs aus dem Blick, die neben der Handlungs-/Haltungsnorm die systemanalytische Relevanz bei einer Rekonstruktion der Verhältnisse betont (vgl. Dannenbeck 2012, 57).

Vorliegend soll davon ausgegangen sein, dass das Konstitutionsverhältnis von Inklusion und ihren Praktiken ein ebenso komplexes wie bedenkenswürdiges Phänomen ist. Demnach bedarf die Auseinandersetzung mit jenem Gegenstand einer differenzierten und differenzierenden Analyse. Mittels solcher ist es möglich die verschiedenen, mehrdimensionalen und miteinander wechselseitig verwobenen Ebenen des Phänomenkomplexes (bzw. des Praxisfeldes) der Inklusion zu entziffern. Verdeutlicht werden soll die Relevanz eines solchen Zugriffs anhand des konfigurational zu denkenden Zusammenspiels aus Diskursen, Menschen und Dingen, die sich über spezifische (historisch ebenso situierte wie kontingente) Praxisformen miteinander ins Verhältnis gesetzt finden. Hierfür bietet sich eine dispositivanalytisch geleitete Forschungsperspektive an (vgl. Bührmann/Schneider 2008).

Seitens eines New Materialism und im Zuge eines *Material Turn* (Bennett 2010) wird der dispositivtheoretischen Forschungsperspektive vorgehalten, sie befinde sich zu nah an den paradigmatischen Setzungen eines *Linguistic Turn* und überbewerte dadurch die sprachlich-symbolische Sphäre und ihren Einfluss auf die Konstitution des Sozialen. Demgegenüber verspreche der neue Materialismus eine angemessenere Konzeption der Materie, indem er sie als aktiven, wirkmächtigen und vielschichtig wirkenden Bestandteil von Kultur und Gesellschaft entwirft (vgl. Bennett 2004, 348 f.; Alaimo/Hekman 2008; Coole/Frost 2010).[1] Nicht zuletzt bezugnehmend auf solche (kritischen und selbst kritikwürdigen) Positionen soll in diesem Beitrag exemplarisch gezeigt werden, in welchem Maße das Dispositivkonzept anschlussfähig an Ideen von Bruno Latour ist, der in seiner *Actor-Network-Theory (ANT)* die Differenz zwischen Materialität und Sozialität in ihrer Dichotomisierung zu überwinden sucht und die Dinge durchaus als mit Agency versehene Handlungsprogramme verstanden wissen will (vgl. Latour 1996). So ordnet sich der vorliegende Beitrag einer Kritik am Material Turn zu, die im Kontext des Practice Turn zu zeigen versucht, dass eine dispositivtheoretisch orientierte Forschungsperspektive genau die Berücksichtigung der (Re)Produktion sozialer Praktiken »in und mit Hilfe von Dingen« (Bührmann/Schneider 2016, 10) zu leisten im Stande ist. Zwecks Plausibilisierung finden sich maßgeblich eigene (Behinderungs)Erfahrungen einbezogen, die sich aus der Teilhabe[2] am Arbeitsleben ableiten. Zurückgegriffen wird dafür auf autoethnografisch geleitete Reflexionen (vgl. Ellis/Adams/Bochner 2010; Schulz 2014).

Gleichzeitig ist damit eine (wissenschafts-)theoretische Prämisse gesetzt, der zufolge ein objektives Erkennen, das nicht durch den subjektiven Standort und die Positioniertheiten des Forscher-Subjekts beeinflusst wäre, unmöglich ist. Es gilt die Begleitumstände der Forschung, zu denen gleichwohl die Erfahrungen und Empfindungen der am Forschungsprozess Beteiligten zählen, transparent und so einer Reflexion zugänglich zu machen; ist doch nicht zuletzt aus einer dispositivtheoretischen Perspektive eine unhintergehbare Standortgebundenheit in einem wissenssoziologischen Sinne zu konstatieren, wie es die Rede von einem epistemischen Bruch im Anschluss an Foucaults Diskurstheorie verdeutlicht (vgl. Bührmann/Schneider 2008, 16 f.). Formuliert ist damit ein Appell soziale Konstruktionsprozesse in ihrer wissensbasierten Fundierung zu reflektieren. Im Mittelpunkt steht vorliegend die (soziale sowie diskursive) Konstruktion von Hilfsmitteln, die für Menschen mit (technisch zu kompensierenden) Beeinträchtigungen[3] von Kostenträgern finanziert und zwecks der in Aussicht gestellten Teilhabe am Arbeitsleben individuell angeeignet werden. Zuvor sind jedoch einige konzeptionelle Ausführungen anzubringen.

1 Für eine kritische Perspektive dieser womöglich überkonturierten Position vgl. Lemke 2014, der im Anschluss an dem Spätwerk Michel Foucaults entstammender Überlegungen eine dort bereits angelegte Idee einer »Regierung der Dinge« rekonstruiert.

2 Teilhabe ist in Deutschland ein normativer, da sozialrechtlich fundierter Begriff, der das gesamte System »Rehabilitation und Teilhabe« (*Neuntes Buch Sozialgesetzbuch [SGB IX]*) anleitet.

3 Solch Einschränkung deutet an, dass nicht alle denkbaren Formen der Beeinträchtigung technologisch »behoben« werden können; und dies ganz abgesehen davon wie erstrebenswert solch ein Unterfangen (normativ betrachtet) sein mag.

2 Zu einem dispositivtheoretisch fundierten Inklusionsverständnis

Im Sinne der auch von Deutschland 2009 ratifizierten Behindertenrechtskonvention der vereinten Nationen (UN-BRK) bedeutet Inklusion auf der Basis gleicher Rechte die Gewährleistung gesellschaftlicher Teilhabe für alle Menschen in allen Lebensbereichen. Ein solch weit gefasster Inklusionsbegriff gilt als eine normative Leitstrategie im Umgang mit (neu) beobachtbaren Formen sozialer Ungleichheit und Ausgrenzung (Exklusion),

> »durch die bestimmte Personen an den Rand der Gesellschaft gedrängt und durch ihre Armut bzw. wegen unzureichender Grundfertigkeiten oder fehlender Angebote für lebenslanges Lernen oder aber infolge von Diskriminierung an der vollwertigen Teilhabe gehindert werden« (Europäische Kommission 2004, 12).

So ist »Inklusion [...] ein kategorialer Hinweis auf den menschenrechtlichen Schutz freier sozialer Bezüge und Beziehungen, über die gesellschaftliche Zugehörigkeit erfahren und vermittelt wird« (Aichele 2013, 34). Da ein Inklusionsverständnis nach Luhmann (vgl. 1999) die Einbeziehung in die Eigenlogik sozialer Systeme betont, wird sich von einem solchen abgegrenzt. Vielmehr ist den vorliegenden Überlegungen ein kritisch reflexiver Inklusionsbegriff zugrunde gelegt, wie ihn Gudrun Wansing (2013) entfaltet. Ein solcher Begriff verortet sich in einem konstruktivistischen Paradigma insofern, als mit seiner Hilfe gefragt werden kann, wie im Vollzug von Inklusion selbst Verschiedenheiten, einschließlich Behinderungen und anderer Formen ungleicher Teilhabe, durch soziokulturelle Strukturen und institutionelle Praktiken hervorgebracht, klassifiziert und bearbeitet werden. Unter die Inklusionspraktiken fällt dann auch eine wohlfahrtsstaatliche Handhabe.

Innerhalb der Behandlung der hieran anschließenden Fragen soll in diesem Beitrag ein Stück weit geklärt werden, inwiefern die amtlichen Praktiken der Herstellung von Teilhabe am Arbeitsleben durch die Integrationsämter als inklusiv zu bezeichnen sind. Anders formuliert geht es darum zu untersuchen, ob sich bei der Umsetzung von Inklusionsansprüchen womöglich ambivalente Effekte ausmachen lassen und welchen Anteil daran jeweils diskursive und nicht-diskursive Praktiken haben. Insofern findet sich vorliegend eine These formuliert, der zufolge Inklusion nicht nur ein ambivalentes Unterfangen ist, sondern dies notwendig auch bleibt, da es sich durch konstitutive, im Gegenstand und seinen Ebenen eingeschriebene Paradoxien auszeichnet. In einem kurzen Vorgriff dispositivtheoretisch reformuliert, stellen die diskursiven wie nicht-diskursiven Praktiken auf paradoxe und zuweilen unreflektierte Weise Differenzen her und verfestigen so Unterschiede, deren Einfluss sie eigentlich zu überwinden bemüht sind. Solch eine Perspektivierung ist im Folgenden genauer zu explizieren.

Wenn wir also danach fragen, wie gewisse zuweilen paradoxe Inklusionseffekte entstehen, hilft es, die Verwobenheit verschiedener Ebenen aufzuzeigen, wie es bereits kurz mit dem Verweis auf das Zusammenspiel aus diskursiven und nicht-diskursiven Praktiken angedeutet wurde. Folglich handelt es sich um eine Beschreibung die nachzuzeichnen versucht, wie sich eine – als gegeben wahrgenommene – soziale Wirklichkeit herstellt. Michel Foucault hat eine solche Perspektive in verschiedenen Studien seines Spätwerkes im Themenfeld des Gefängnisdispositivs (vgl. Foucault 1977) oder im Zusammenhang mit der Sexualität entwickelt (vgl. Foucault 1983). Machtdispositive entwirft er dabei als Ensembles aus höchst heterogenen Elementen. Sie bestehen aus

> »Diskursen, Institutionen, architekturalen Einrichtungen, reglementierenden Entscheidungen, Gesetzen, administrativen Maßnahmen, wissenschaftlichen Aussagen, philosophischen, moralischen oder philanthropischen Lehrsätzen, kurz, aus Gesagtem ebensowohl, wie Ungesagtem« (Foucault 1978, 119).

Das Dispositiv ist nun genauer vorzustellen als ein Netz, das dieses Ensemble von Elementen konfiguriert. Andrea Bührmann und Werner Schneider greifen diese Idee auf und formulieren eine dezidiert sozialwissenschaftliche Forschungsperspektive. Von einem analytischen Standpunkt aus wird so zwischen Subjektivationen und Objektivationen sowie zwischen diskursiven und nicht-diskursiven Praktiken unterschieden.

Die Idee dabei ist, das kontingente Geworden-Sein des Gegebenen zu rekonstruieren, ebenso wie es sich in Subjektivationen und Objektivationen (re-)produziert. Zu berücksichtigen ist dabei immer auch eine Frage nach dem strukturierenden Einfluss von Macht und Herrschaftsverhältnissen bzw. nach den gouvernementalen Regierungsrationalitäten (Lemke et al. 2000). Dabei geht der Begriff des Dispositivs über den Diskursbegriff in zweifacher Weise hinaus: Insofern er erstens auf nicht-diskursive Elemente und deren Arrangement zielt und zweitens die Frage nach den macht- und herrschaftsstrategischen Funktionen der Lösung diskursiv hervorgebrachter, gesellschaftlicher Problemstellungen systematisch adressiert (vgl. Bührmann/Schneider 2013).

Unter Objektivationen werden die in und durch Praktiken hergestellten Dinge verstanden. Dazu zählen z. B. beobachtbare Handlungsergebnisse, materielle Gegenstände oder sonstige Artefakte; also in welcher Form auch immer objektivierte Wissensbestände. Objektivationen können weiterhin durch diskursiv prozessierte und solchermaßen vermittelte normative Vorgaben strukturiert werden. Zugleich können sie strukturierend wirken, indem sie »als gelebte Praxen auf diskursive Konstruktionsprozesse ein, bzw. rückwirken« (Bührmann 2014, 44).

Subjektivationen differenzieren sich weiterhin in Subjektivierungsform und Subjektivierungsweise. Der Begriff Subjektformierung zielt darauf, zu klären

> »wie Menschen, auf einer normativ programmatischen Ebene, über bestimmte Praktiken, oder Übungsprogramme lernen sollen, sich selbst und andere wahrzunehmen, zu erleben und zu deuten« (ebd. 44).

Demgegenüber wird mit der analytischen Kategorie der Subjektivierungsweise danach gefragt, wie Menschen sich selbst und andere wahrnehmen, erleben und deuten.

Man bekommt es im Rahmen einer solchen Forschungsperspektive mit ausschließlich empirisch zu klärenden Umständen zu tun. Aufgeworfen finden sich Fragen danach, wie sich Menschen die ihnen diskursiv zugemuteten und als Referenz zur Verfügung gestellten Anrufungen und Identitätsangebote tatsächlich individuell aneignen. Je nachdem wie die Menschen, sich selbst und die diskursiven Konstruktionen ausdeutend, sich ins Verhältnis zur diskursiven Ebene setzen, lässt sich klären, was von denen sie auf spezifische Weise positionierenden Anrufungen wirksam und somit wirklich wird.

Die anvisierte Inklusion erfolgt gegenwärtig in zunehmendem Maße vermittels des Konsums, der für spätkapitalistische Vergesellschaftung von zentraler Bedeutung ist (vgl. Schrage 2008). Unter einem solchen Paradigma wird Anschlussfähigkeit an gesetzte, gesellschaftliche Orientierungen gleich auf mehreren Ebenen hergestellt: Nicht nur, dass die Subjektposition des Konsumenten einen anschlussfähigen Möglichkeitsraum darstellt sich als Teil unserer Gesellschaft und Kultur zu begreifen und so gesehen zu werden. Auch ist der Einzelne auf die Angebotsvielfalt des Marktes verwiesen. Es gibt mittlerweile eine Vielzahl von unternehmerischen Hilfsmittel-Spezialisten/Innen, die einen (neuen) Markt für sich entdeckt haben. Es ist eine wachsende Ausdifferenzierung der teilhabeversprechenden[4] Produkte zu konstatieren, die allein im blindenspezifischen Bereich eine unübersichtliche Vielfalt an Möglichkeiten offerieren. Eine eigens zu leistende sowie informiert zu treffende Wahl zwischen diesen verfügbaren Konsummöglichkeiten wird zur Herausforderung. Mit einer wachsenden Zahl von Beeinträchtigung geht ein Kompensationserfordernis einher, zu dem – sofern die entsprechende Kompensation technisch oder durch entschiedenes Engagement zu bewerkstelligen ist – Personen mit Behinderungserfahrung[5] sich angerufen fühlen (sollten).

Man ist im Sinne einer – an neoliberale Diskurse auf frappierende Weise anschlussfähigen – Selbstoptimierung gehalten, das für sich beste und hilfreichste Hilfsmittel ausfindig zu machen. Sabine Schäper bezeichnet diese Form neoliberaler Umdeutung eines Inklusionsgedankens als die Transformation von einem »*Teilhabe-Recht*« zu einer »*Teilhabe-Erwartung*«, die dann zu einem selbst zu verantwortenden Unterfangen wird (vgl. Schäper 2015, 79). Wenngleich hier nur angedeutet, so wird einsichtig, in welchem Maße auch dem Inklusionsdiskurs gewisse normalisierende Logiken eingeschrieben sind (zur Normalisierung vgl. etwa Foucault 1977). Über (steigerungsfähige) Produktivitätserwartungen und Verwertbarkeitslogiken an die Inklusionspraxis wird ein Maßstab angelegt, welcher der in ihren Körperfunktionen nicht eingeschränkten Mehrheitsgesellschaft entstammt und dem sich (wieder) anzupassen ist. Als gouvernementales Instrument einer Regierungspraxis fungiert sodann die Selbstbestimmung, die entworfen wird als das Medium, in dem Subjektivierungsprozesse mit Herrschaftsformen (potentiell) kurzgeschlossen sind. »Regieren heißt in diesem Sinne, das Feld eventuellen Handelns der anderen zu strukturieren« (Foucault 1987, 255). Dabei wirken die nicht zuletzt auch über Inklusion in Aussicht gestellten Freiheitsräume motivierend.

Fragen ließe sich in einer solch kritischen Perspektive, inwiefern für »Inklusionsversager/Innen« die Gefahr besteht, dass sie ihren Misserfolg im Sinne gegenwärtig gängiger Verantwortungsrhetoriken als selbstverschuldet zugeschrieben bekommen. Notwendig führt eine solche Diskursivierung dazu, dass Exklusionsmechanismen nicht als ein Teil von Inklusionsbemühungen reflektiert werden. Ausgeblendet bleibt so zugleich die Frage, ob und in welchem Maße in der blitzlichthaft aufgerufenen Bedeutungsmatrix Emanzipation und Autonomie mit sozialpolitischen Disziplinierungen amalgamieren. Vorgegeben wäre eine Denkrichtung, in der sich einer (vermeintlich oder womöglich

4 Wie es sich gut mit dem in der Warenästhetik angelegten Gebrauchswertversprechen in Zusammenhang bringen lässt (vgl. Haug 1980, 197).

5 Mit dem Begriff der Behinderungserfahrung ist auf die Differenz verwiesen, wie sie in den Disability Studies gängig geworden ist. Während Beeinträchtigung auf die Ebene funktionaler Einschränkungen zielt, fokussiert der Terminus Behinderung einen sozialen Prozess und ist »Resultat und Kategorie einer negativen Wechselwirkung von Beeinträchtigungen und soziokulturellen Kontextfaktoren« (Wansing 2013, 18). In denen an Beeinträchtigungen gekoppelten Behinderungen zeigt sich, inwieweit Menschen häufig erst dadurch zu Behinderten gemacht werden, dass ihnen spezifische Erfahrungen der Differenz zugemutet werden.

existierenden) stillen Komplizität zwischen einer neoliberalen Regierung von Behinderung und den Praxen der Integrationshilfe zu stellen wäre.

3 Zumutungen diskursiver Konstruktionen eines Integrationserfordernisses

Es gibt verschiedene Diskurse, die an der Konstruktion des Phänomens der Inklusion bei Behinderung beteiligt sind. Das Feld erstreckt sich von der bereits angesprochenen BRK, über den pädagogisch-soziologischen Inklusionsdiskurs, bis zu den Regelungen der Teilhabe am Arbeitsleben (vgl. Kubek 2011; Pieper/Mohammadi 2014; Wansing 2012), wie sie in die Zuständigkeit der Integrationsämter fällt. Auf letztere soll im Folgenden kurz der Fokus gelegt sein.

Über den Zuspruch und die Formen gewährter institutioneller sozialer Unterstützungsleistungen entscheiden (zumeist indirekt) u. a. medizinische, juristische und psychologische Fachleute. Grundlage für die Beurteilungspraxis sind Klassifikationen von Symptomen und entsprechender Diagnosen, die Aufschluss über (normalistisch konstruierte) Normabweichungen geben und als wissensbasierte Entscheidungsgrundlage den Versorgungsämtern zur Verfügung gestellt werden, in deren Auftrag die Expert/Innen die (gesundheitliche) Verfassung von Personen begutachten. Dabei stehen weniger Motivationen oder Entfaltungspotentiale des Einzelnen im Mittelpunkt, denn vielmehr die feststellbare Verhaltensdifferenz (vgl. Groenemeyer 2015, 1499 ff.).

Die Sozialgesetzgebung, in der die Integrationshilfe für die Teilhabe am Arbeitsleben geregelt ist, entwirft das Subjekt als defizitär und die zu ergreifenden Maßnahmen dann analog dazu als Nachteile und funktional-körperliche Beeinträchtigungen kompensierende Instrumente. Demnach schreibt sich hier ein Modell von Behinderung als hegemonial fort, das im Fachdiskurs des längeren als überkommen betrachtet wird (vgl. Oliver 1996, Waldschmidt 2005, Schillmeier 2010). Es handelt sich in anachronistischer Weise um eine medizinisch, auf gesunde Funktionalitäten ausgerichtete, individualisierende Wissensordnung. Solch eine Zuschreibungslogik entspricht nicht der Vorstellung eines sozialen Modells von Behinderung und schon gar nicht einer konstruktivistischen Perspektivierung, wie sie im kulturellen Modell von Behinderung nach Anne Waldschmidt diskutiert wird (vgl. Waldschmidt 2007). Es scheint als folge die Praxis der Integrationsämter einer Logik individualisierender Maßnahmen, die mit der Selbstverantwortung des Klientels verbunden wird. Erforderlich scheint es, sich ein Wissen über Fördermöglichkeiten und Ausstattungen anzueignen, um letztlich entsprechende Ansprüche (auch rechtlich) geltend machen zu können.

Bezieht man die dispositivtheoretischen Ebenen hier in die Reflexion ein, so zeigt sich, dass wir es mit diskursiven Praktiken zu tun haben, die eine Subjektivierungsform entwerfen. Einer solchen, das Selbst adressierenden Anrufung, ist sich im amtlichen Antragsprozedere formal zu unterwerfen: Sofern ein Antrag Aussicht auf Erfolg haben soll, muss sich das antragsstellende Subjekt als hilfsbedürftig positionieren. Erweckt werden sollte der Eindruck willens und engagiert zu sein, einen Platz in den Verwertungszusammenhängen des Arbeitsmarktes zu beanspruchen. Zugleich sollte man jedoch nicht zu selbstständig wirken, da sich dies nachteilig auf die als Unterstützung entworfene Bewilligungspraxis auswirken könnte. Dies gilt sowohl für die Beantragung von Arbeitsassistenz wie auch für technische Ausstattungen.

Offenkundig hat man Normvorstellungen eines bedürftigen (da funktional eingeschränkten) Subjekts zu entsprechen, womit weiterhin die Zuschreibung der ebenso virulenten wie konstruierten[6] Kompetenzdefizite verbunden ist. So formuliert Bendel diese Verstrickung:

> »Die Relevanz sozialer Zuschreibungsprozesse und die hieran geknüpfte Interpretation der Lebenslage von Menschen mit Behinderungen gründet sich jedoch gleichwohl auf vorsoziale Eigenschaften und nicht auf originär sozial konstruierte Muster kulturellen Wissens und gesellschaftlicher Differenzierung« (Bendel 1999, 303).

Das heißt, dass die behindernden Umstände, wie sie sich in strukturellen Begebenheiten eingeschrieben finden, nicht problematisiert werden. Damit geht aber auch die wachsende Gefahr einher, dass sie den normativen Ansprüchen einer teilhabeorientierten Idee von Inklusion zuwiderlaufen.

Im Folgenden soll es jedoch zunächst darum gehen, in konzeptioneller Hinsicht zu thematisieren, wie das Zusammenspiel aus Hilfstechnologie und dem Aneignungssubjekt zu entwerfen ist, das für eine Teilhabe am Arbeitsleben in vielen Fällen erforderlich scheint.

3.1 Die Verbindung von Mensch und Technologie als Hybrid

Allgemein gefasst sind Hilfsmittel, und damit auch die blinden-spezifischen, Teil einer umfassenden Wissensordnung. In ihrer Materialität selbst sind gewisse Handlungsprogramme oder spezifische Verwendungsweisen impliziert. Diese wirken strukturierend auf die ermöglichten Aneignungspraxen und leisten so einen relevanten Beitrag für die Subjektivierung. Vermittels der Aneignung von Hilfstechnologien entsteht eine hybride Wesenhaftigkeit, die menschliches und nicht-menschliches zusammenschließt. In den Worten von Bruno Latours *ANT* wirken verschiedene Aktanten zusammen, die das Netz der Beziehungen ausweiten und neue Bündnisse eingehen. Latour veranschaulicht dies an dem Beispiel eines doppelbärtigen Schlüssels – wie er ihn in Berlin kennenlernte – der aufgrund seiner besonderen Beschaffenheit die Inhaber/Innen verpflichtet, nachts, wenn sie nach Hause kommen, abzuschließen. Gewährleistet wird dies durch eine technische Vorrichtung, die es – je nach Einstellung – nicht erlaubt den Schlüssel wieder aus dem Schloss abzuziehen, ohne abzuschließen.

Latours Vorschlag folgend bekommt man es in derartigen Konstellationen, in denen sich Aktanten zusammenschließen, nun mit »sozialen Beziehungen, mit Moral, mit Gesetzen« (Latour 1996, 50) zu tun, die in der spezifischen Ausgestaltung eines Artefakts mehr oder weniger verbindliche Handlungsprogramme anlegen, welche er als »Fortsetzung sozialer Beziehungen mit anderen Mitteln« bezeichnet (ebd. 51). Grundlegend konstatiert er dann:

---

6 Was an dieser Stelle auf die Beschaffenheit von materiellen Gebrauchsgegenständen des Alltags und der Arbeitswelt verweist, die nach den Logiken eines gesunden, durchschnittlichen Normkörpers entworfen sind, wie sie über das Konzept des *Ableism* kritisiert werden (vgl. Campbell 2009).

> »Der Sinn ist nicht vor den technischen Vorrichtungen da. [...] Wenn der Stahlschlüssel kein bloßes Werkzeug mehr ist, gewinnt er die ganze Dignität eines Mittlers, eines sozialen Akteurs, eines Agenten, eines Aktiva« (ebd. 51).

Mit den Begriffen der ANT ist eine erweiterte Perspektivierung des Sozialen verbunden, die Hilfstechnologie und Subjektivität zusammenschließt und damit neu konfiguriert.

Die Konstruktion hilfsmitteltechnischer Subjektivität erfolgt nun im Zusammenhang der angedeuteten Diskurse und erfährt so eine gewisse Zielrichtung. Gewährleistet sein soll über den diskursiv beförderten Zusammenschluss von Subjekt und Hilfsmittel die Kompensation von Beeinträchtigungen. Folglich finden Hilfsmittel als symbolisch materiale Objektivationen Eingang in das strategische Handeln einer amtlichen Bewilligungspraxis; erscheint doch die Erwartung begründet, über die Ausstattung mit Hilfsmitteln einen relevanten Beitrag zur Inkludierbarkeit und Arbeitsfähigkeit leisten zu können.

Gleichzeitig ist das zu einem Aktanten erweiterte Arbeitssubjekt nicht nur für die amtliche Bewilligungspraxis relevant. Der weiter zu entwerfende, konzeptionelle Vorschlag zielt auf diese Hybridisierung. Das Arbeitssubjekt wird somit erst durch die agentielle, hilfstechnologische Erweiterung seiner Fertigkeiten zu einem auf dem Arbeitsmarkt verwertbaren Subjekt. Insofern sollte das zu inkludierende Arbeitssubjekt nicht länger als eines betrachtet werden, das losgelöst ist von technisch gestützten Hervorbringungsleistungen und analoger Wissensordnungen. Vielmehr ist das inkludierbare Arbeitssubjekt als ein mit Materialitäten und Objektivationen verschränktes Phänomen zu begreifen. Es gilt demnach als ein Effekt dieses komplexen Zusammenspiels verschiedener Elemente und stellt sich als eine Konfiguration aus ebenso menschlichen wie dinglichen Potentialen dar, die als Resultat in den agentiellen Materialisierungen und in Bezug auf die beschriebenen Diskursivierungen hervorgebracht wird. Dabei sollte allerdings nicht verkürzend von einer einseitigen kausalen Ursache-Wirkungs-Verkettung ausgegangen sein. Auch bringen die materialisierten Aktanten ihre Potentiale in diese entstehende Realität mit ein: Ein als inklusionsbedürftig markiertes Arbeitssubjekt ist nicht eine gegebene, stabile, selbstevidente Entität. Die Grenzen des ihm (Un-)Möglichen sind stets erst das Ergebnis seines Zusammenspiels mit den materialen Bedingungen seiner Hervorbringung, abhängig von der je gegebenen Situation.

Ausgehend von einem eher körpersoziologisch ansetzenden Behinderungsverständnis und analoger Überlegungen kommt Michael Schillmeier zu einer ähnlichen Einschätzung, was die als Vermittlung zu denkende Relation von Menschen und Dingen anbelangt. So formuliert er einleitend zu »*Rethinking Disability*«, welches Bezug auf die Science and Technology Studies (STS)[7] nimmt, die Hauptthese seines Werkes: »›the social‹ is in need of explanation by the practices and experiences of disability that emerge from the different ways of how bodies, minds, senses and things relate« (Schillmeier 2010, 10). Wenngleich vorliegend weniger sich leiblich wahrnehmende Körper im Zentrum des Erkenntnisinteresses stehen, verdeutlicht eine solche Grundlegung doch, inwiefern die deutungssetzenden und bedeutungsvollen Praxen zentral für eine Analyse von Disability sind.

Nachdem nun exemplarisch aufgezeigt wurde, inwieweit etwas Verschränktes und Neues entsteht, das sich aus dem Zusammenspiel von diskursiven und nicht-diskursiven

7 Die bekanntermaßen auch maßgeblich von den Schriften Bruno Latours und der der ANT inspiriert sind.

Praktiken, Subjektivationen und Objektivationen sowie aus hilfstechnologischen Artefakten konfiguriert, soll im Weiteren kurz nach Inklusionseffekten gefragt werden, die diese heterogenen Ensembles zuweilen unintendiert mit sich bringen mögen.

3.2 Die Hilfsmittelaneignung im Spiegel situationsabhängiger Ambivalenz

Referierend auf die oben genannte Ebene der Subjektivierungsform war in meinem Fall die Anrufung als integrationsbedürftiges und ebenso unterstützungswürdiges wie arbeitswilliges Subjekt erfolgreich. Ich habe diese Positionierung angenommen und mich gemäß der in ihren Zuschreibungslogiken eingelagerten Erwartungshaltungen verhalten. Selbst wenn die Betonung von Defiziten und deren Kompensationserfordernissen sich nicht unbedingt und uneingeschränkt in Übereinstimmung mit meiner Selbstwahrnehmung befindet, ist eine solche (Selbst-)Positionierung – temporär und im Antragsprozess – schon allein aus strategischen Gründen hinzunehmen bzw. zu forcieren. Anders formuliert hat man sich scheinbar gemäß dem stereotypen Bild von Menschen mit Behinderungen und analoger Askriptionen zu inszenieren. Den Anträgen auf Arbeitsplatzausstattung mit einem blindengerecht eingerichteten Computer sowie mit Assistenzkräften wurde somit in meinem Fall zum wiederholten Male anstandslos stattgegeben. Eine Teilhabe am Arbeitsleben scheint strukturell gewährleistet, sodass in den Akten des Integrationsamts ein weiterer Fall als Erfolg verbucht werden kann.

Dennoch ist an dieser Stelle kurz innezuhalten. Zu erinnern ist an die Vielfalt der Menschen, die verwobenen Merkmalsträgerschaften, die sich in einer Person kreuzen und ihre je individuelle Ausstattung mit Ressourcen bedingen, sodass zugleich eine intersektional geleitete Annäherung geboten ist; sind doch die Möglichkeiten, sich erfolgreich von den angedeuteten Subjektformierungen mit Blick auf die eigene Identität nicht nachhaltiger beeindrucken zu lassen, durchaus unterschiedlich. Insbesondere Menschen, die in ihren Positioniertheiten mehrfach benachteiligt sind und deren Diskriminierungsgefahr (am Arbeitsmarkt) umso größer ist, mag eine – für ein gesundes Selbstwertgefühl naheliegende – Abgrenzung von solchen defizitorientierten Subjektpositionen schwerer fallen. Sobald wenig Möglichkeitsspielräume in alternativen gesellschaftlichen Handlungsfeldern existieren, die es erlauben sich als handlungsmächtiges – und uneingeschränkt – anerkennungswürdiges Wesen zu entwerfen und zu begreifen, wächst sicherlich die Gefahr, derartige diskursive Zumutungen in die eigene Identität zu integrieren und normalistische – am gesunden, nicht beeinträchtigten Körper ausgerichtete – Selbstentwürfe dadurch wahrzumachen, dass ihnen Evidenz und Relevanz eingeräumt wird. So perspektiviert sind der fördernden amtlichen Initiative neben einer intendierten Herstellung von Teilhabemöglichkeiten zugleich (und immer noch) Parameter eingeschrieben, die wenig wünschenswerte Selbsterfahrungen begünstigen (können) und die in Widerstreit mit der Würde der antragsstellenden Person geraten mögen. Daneben bedeutet die Angewiesenheit bestimmter Personengruppen auf sozialpolitisch verankerte Förderinitiativen nicht automatisch, dass ihnen die Leistungen einzelner Funktionssysteme zugebilligt werden. Voraussetzung dafür sind immer gewisse Zutrittsressourcen, welche hier z. B. nicht ausschließlich im Sinne formaler (Qualifikations-) Belege verstanden sein sollen.

Wenngleich derartige Zutrittsressourcen wie Bildungsgrade für Antragsprozedere im Kontext der Integrationshilfe nicht in erster Linie als relevant gesetzt sein mögen, existieren Umstände in der Bewilligungspraxis, die es erforderlich machen sich sein Recht zuweilen auch erstreiten zu müssen.[8] Spätestens in solchen Momenten müssen Einflüsse angenommen werden, die mit dem Bildungshintergrund der Antragsteller/Innen in Zusammenhang stehen und die sich auf eine erfolgreiche Teilhabe bzw. auf die Chancenverteilung zur selbigen nachteilig auswirken dürften; und dies selbst in Fällen, in denen nicht einmal eine diese Problematik weiter verschärfende geistige oder andere Formen komplexer Beeinträchtigung vorliegt.

Bezugnehmend auf die Ebene der Subjektivierungsweise tauchen weitere Irritationen auf. Darauf, inwiefern mich die eigene, hilfstechnologische Aneignungspraxis temporär zu einem anderen macht,[9] soll nun kurz eingegangen werden. Herauszustellen sind auch hier ambivalente Effekte, wie sie bestimmte kompensatorisch orientierte Praktiken mitunter auszeichnen.

Die für meine Arbeit erforderliche PC-Verwendung verweist mich auf eine Sprachausgabe, mittels derer ich sowohl Texte eigenständig verfasse als auch mir (dieselben oder andere, elektronisch vorliegende) im Modus des Auditiven ausgeben lassen kann.

Selbst wenn mir nun – was ich hier gar nicht diskreditieren möchte – beispielsweise als Vorbereitung zu einem gemeinsamen Kolloquium vorab Unterlagen zugesandt werden, sodass ich diese, wie die anderen Teilnehmenden auch, parallel zu einem Vortrag mitverfolgen kann, der über eine PowerPoint-Präsentation begleitet wird, zeitigt diese Form der Inklusionspraxis gewisse unintendierte Nebeneffekte. Sehe ich mich doch in dem angedeuteten Setting mehr oder weniger genötigt (nicht zuletzt auch, um andere nicht zu stören) auf Kopfhörer zurückzugreifen, die mir eine ungestörte Arbeit auch in der Gegenwart Dritter erlauben. Mit der Verwendung von Ohrhörern geht allerdings auch eine akustische Raumspaltung einher (vgl. Schätzlein 2001). So ist mir dadurch zum einen die Möglichkeit geboten, mich besser auf den akustischen Text zu fokussieren und Umwelteinflüsse so auszublenden. In interaktiven Kontexten, wie einem Kolloquium, bringt dies jedoch zuweilen exklusive Tendenzen mit sich, nämlich dann, wenn ich schreiben will, dafür wie gewohnt auf meinen Hörsinn zurückgreife, der zugleich aber auch für eine parallel stattfindende Interaktion mit anderen präsenten Menschen hilfreich wäre. Da die Gleichzeitigkeitswahrnehmung im Hörmodus im Vergleich zum Sehen eingeschränkt ist, aktualisiert eine solche Vortragssituation (sowie auch die sich gängigerweise anschließende Diskussionssituation) die Unterschiede zwischen den Anwesenden.

Das Versenden von Unterlagen zwecks der Ermöglichung von (gleichberechtigter) Teilhabe während des optisch über Folien erweiterten Vortrags produziert somit wiederum Exklusion. Geschehen kann dies, da an der strukturellen Begebenheit des Settings und seinen Orientierungen an der selbstverständlich gesetzten körperlichen Normalverfasstheit nicht gerüttelt wird. Die situativ gegebenen und machtvoll wirksamen Strukturen bleiben letztlich unberührt. Vielmehr wird – und hierin der Paradoxie auf Ebene der Subjektformierung ähnlich – implizit eine Form der Besonderung hergestellt, die die zweifelsohne existierenden Differenzen zwischen blinden und nichtblinden Menschen

8 So hat sich der Verfasser dieser Zeilen selbst bereits sowohl mit der Arbeitsagentur (Abteilung Integrationshilfe) als auch mit einer Krankenkasse im Rechtsstreit um die Bewilligung von Hilfsmitteln befunden.

9 Gleichwohl ließe sich solch eine Verschiebung in der Subjektkonstitution auch im Lichte der Diskussionen um die Verkörperung (*embodiment*) thematisieren (vgl. für einen Überblick zur Debatte um das Konzept Fingerhut et al. 2013; Gugutzer 2012), worauf in diesem Beitrag jedoch nicht genauer eingegangen werden kann.

(re-)produziert. Es geht hier nicht darum, anzuklagen, ebenso wenig wie (voreilig) Lösungsvorschläge liefern zu wollen. Nicht zuletzt, da sich dies als schwierig herausstellen dürfte. Noch wichtiger ist jedoch, dass eine solche auf Lösung der Widersprüche zielende Praxis nun nicht einseitig von dem Menschen mit Behinderungserfahrung vorgegeben werden kann und sollte. Idealerweise ist eine solche vielmehr in einem egalitären Diskurs zu entwerfen und gemeinsam zu erproben.

4 Fazit und Ausblick

Formuliert wird vorliegend ein Vorschlag, der einen erweiterten Blick auf das Thema der Inklusion wirft. Demnach sind Selbsterfahrungen und (Fremd-)Positionierungen neben Hilfstechnologien und den diese heterogenen Elemente verbindenden Praktiken konsequent zusammenzudenken. Hilfreich hierfür ist – wie gezeigt – eine dispositivtheoretische Perspektive, da eine solche es erlaubt, verschiedene Ebenen und ihre konstitutiven Wechselwirkungen differenziert zu betrachten und systematisch zu reflektieren. Dabei spielt die Idee, das zu inkludierende Arbeitssubjekt selbst als einen Kreuzungspunkt zu verstehen, indem sich verschiedene Wissensordnungen – nicht zuletzt auch in Form technologischer Handlungsprogramme – mit der Verfasstheit des Menschen begegnen, eine wesentliche Rolle.

Anschluss genommen ist so an gegenwärtige Diskussionen im Kontext der Dispositivforschung, in denen davon ausgegangen ist, dass gerade auch die Dinge – wie das technische Artefakt eines blinden-spezifisch eingerichteten PCs – einen relevanten und daher über ihren Einfluss auf die »Formierung der Regelhaftigkeit sozialer Praktiken« zu thematisierenden Beitrag auf die Konstitution des Sozialen besitzt (Bührmann/Schneider 2016, 10).

Sobald das Arbeitssubjekt als Schnittmenge aus wissensbasierten Selbst- wie Fremdpositionierungen sowie als Produkt des Konglomerats diskursiver und nicht-diskursiver Praktiken entworfen wird, weitet sich die (ebenso konstruktivistisch wie kontingent verstandene) Wirklichkeit des Sozialen auf angemessene Weise. Gestärkt werden kann so das Bewusstsein für die Verstrickungen aus (körperlich auf spezifische Weise verfassten) Menschen, Dingen und diskursiven wie nicht-diskursiven Praktiken. So wird es möglich das Feld der Inklusion und seine in den Umsetzungspraktiken (zuweilen) verborgenen Paradoxien in den Fokus der Aufmerksamkeit zu rücken.

Benannt werden konnten in dem Beitrag so zwei ambivalente Tendenzen, die sich auf je unterschiedlichen Ebenen konfigurieren: Zum einen auf einer diskursiven Ebene, die eine subjektformierende Anrufung im Sinne eines hilfsbedürftigen Subjekts thematisiert, und der entsprochen sein will. Zugleich kann jedoch deren Defizitorientierung in Divergenz zur Selbstwahrnehmung und zu individuellen Identitätsentwürfen stehen. Eine Ermöglichung von Teilhabe ist somit scheinbar notwendig an diskursive Zumutungen gekoppelt und eine Gleichberechtigung mit anderen nicht als unterstützungsbedürftig markierten Subjekten insofern als problematisch zu betrachten, wie sich entwürdigenden Prozeduren institutioneller Fallbearbeitung ausgesetzt werden muss, wenn der Wunsch besteht am Arbeitsleben teilzunehmen.

Weiter betont wurde zum anderen eine zwecks der Teilhabe am Arbeitsleben vollzogene Aneignung einer Hilfstechnologie und die über sie gleichzeitig situativ und unintendiert produzierten Exklusionseffekte. Es konnte aufgezeigt werden, dass die ergriffenen, kompensatorischen Maßnahmen, die mit der Hilfsmittelaneignung umgesetzt wurden, interessanterweise dazu führten, dass Differenzen im Kolleg/Innenkreis über die erforderlichen, auf die Hilfstechnologie zielenden Aneignungspraxen aktualisiert werden. Es steht die Frage im Raum, was sich daraus nun Weitergehendes ableiten lässt.

Wie gezeigt, werden Inklusionsordnungen und Exklusionsordnungen durch wandelnde Praxen immer wieder neu hergestellt. Das heißt aber auch, dass permanent über Inklusionspraxen mitproduzierte Exklusionseffekte zu reflektieren ist. Weder aus konzeptionellen, noch aus Gründen der Reflexion von Inklusionspraxen verbietet es sich eine diese Paradoxien ins Bewusstsein hebende Perspektive auszublenden.

Eine differenzierte, unterschiedliche Ebenen akzentuierende Analyse ist gefordert, um den Dynamiken zumindest und zuerst mittels einer unvoreingenommenen Reflexion angemessen entgegentreten zu können. Nur insofern Inklusion eine Herausforderung für das bleibt, was ist, bleibt es ein kritisch reflexives Konzept (vgl. Dannenbeck 2012, 66).

Inklusion aus der Perspektive einer differenztheoretisch organisierten Sozialtheorie, in Abgrenzung zu systemtheoretischen Ansätzen und inspiriert durch poststrukturalistische Theorien zu verhandeln bedeutet, das Verständnis dafür zu schärfen, dass Inklusion nicht nur wünschenswerte Teilhabe an der Gesellschaft eröffnet, sondern uns immer wieder und gleichzeitig mit gewissen Normalitätsimperativen konfrontiert. So kommen auch die unterschiedlichen, zuweilen gegenläufigen Tendenzen für die Verwirklichung von Teilhabe, Selbstbestimmung und sich in diesem Spannungsfeld ergebende Handlungsspielräume in den Blick.

Literatur

Aichele, Valentin: Inklusion als menschenrechtliches Prinzip: der internationale Diskurs um die Behindertenrechtskonvention. In: *ARCHIV für Wissenschaft und Praxis der sozialen Arbeit* 44/3 (2013), 28–36.

Alaimo, Stacy/Hekman, Susan: Introduction. Emerging Models of Materiality in Feminist Theory. In: dies. (Hg.) *Material Feminisms. Bloomington and Indianapolis*. Indiana 2008, 1–19.

Bendel, Klaus: Behinderung als zugeschriebenes Kompetenzdefizit von Akteuren. Zur sozialen Konstruktion einer Lebenslage. In: *Zeitschrift für Soziologie* 28/4 (1999), 301–310.

Bennett, Jane: The Force of Things: Steps Toward an Ecology of Matter. In: *Political Theory*, 32/3 (2004), 347–372.

Bennett, Tony/Joyce, Patrick: *Material Powers. Cultural Studies, History and the Material Turn*. London/New York 2010.

Bührmann, Andrea D./Schneider, Werner: Das Dispositiv als analytisches Konzept: Mehr als nur Praxis – Überlegungen zum Verhältnis zwischen Praxis- und Dispositivforschung. In: *Zeitschrift für Diskursforschung* 1 (2016), 5–28.

Bührmann, Andrea D.: Die Dispositivanalyse als Forschungsperspektive in der (kritischen Organisationsforschung – Einige grundlegende Überlegungen am Beispiel des Diversity Managements. In: Ronald Hartz/Matthias Rätzer (Hg.): *Organisationsforschung nach Foucault. Macht – Diskurs – Widerstand*. Bielefeld 2014, 39–60.

Bührmann, Andrea D./Schneider, Werner: Vom ›discursive turn‹ zum ›dispositive turn‹. Folgerungen, Herausforderungen und Perspektiven für die Forschungspraxis. In: Joannah Caborn Wengler/Britta Hoffarth/Lukasz Kumięga (Hg.): *Verortungen des Dispositiv-Begriffs. Analytische Einsätze zu Raum, Bildung, Politik*. Wiesbaden 2013, 21–36.

Bührmann, Andrea D./Schneider, Werner: *Vom Diskurs zum Dispositiv: Eine Einführung in die Dispositivanalyse*. Bielefeld 2008.

Campbell, Fiona Kumari: *Contours of ableism. The Production of Disability and Abledness*. Basingstoke 2009.

Coole, Diane/Frost, Samantha: Introducing the New Materialisms. In: Diane Coole/Samantha Frost (Hg.): *New Materialisms: Ontology, Agency, and Politics*. Durham/London 2010, 1–43.

Dannenbeck, Clemens: Wie kritisch ist der pädagogische Inklusionsdiskurs? Entpolitisierungsrisiko und theoretische Verkürzung. In: Kerstin Rathgeb (Hg.): *Disability Studies. Kritische Perspektiven für die Arbeit am Sozialen.* Wiesbaden 2012, 55–68.

Dederich, Markus: Gibt es Grenzen der Inklusion von Menschen mit geistiger Behinderung? In: *ARCHIV für Wissenschaft und Praxis der sozialen Arbeit,* 8/3 (2013), 58–69.

Ellis, Carolyn/Adams, Tony E./Bochner, Arthur P.:Autoethnography: An Overview [40 paragraphs]. In: *Forum Qualitative Sozialforschung/Forum: Qualitative Social Research* 12/1, Art. 10 (2011). Verfügbar unter: http://nbn-resolving.de/urn:nbn:de:0114-fqs110 1108. (10.11.2016).

Europäische Kommission: Gemeinsamer Bericht über die soziale Eingliederung. Soziale Sicherheit und soziale Integration. Luxemburg: Amt für amtliche Veröffentlichungen der Europäischen Gemeinschaften. Brüssel 2004.

Fingerhut, Joerg/Hufendiek, Rebekka/Wild, Markus: *Philosophie der Verkörperung. Grundlagentexte zu einer aktuellen Debatte.* Frankfurt a. M. 2013.

Foucault, Michel: Das Subjekt und die Macht. In: Hubert L. Dreyfus/Paul Rabinow (Hg.): *Jenseits von Strukturalismus und Hermeneutik.* Frankfurt a. M. 1987, 241–261.

Foucault, Michel: *Sexualität und Wahrheit. Der Wille zum Wissen.* Frankfurt a. M. 1983.

Foucault, Michel: *Dispositive der Macht. Über Sexualität, Wissen und Wahrheit.* Berlin 1978.

Foucault, Michel: *Überwachen und Strafen. Die Geburt des Gefängnisses.* Frankfurt a. M. 1977.

Groenemeyer, Axel: Soziale Probleme. In: Hans-Uwe Otto/Hans Thiersch (Hg.): *Handbuch Soziale Arbeit: Grundlagen der Sozialarbeit und Sozialpädagogik.* München 2015, 1499–1514.

Gugutzer, Robert: *Verkörperung des Sozialen. Neophänomenologische Grundlagen und soziologische Analysen.* Bielefeld 2012.

Haug, Wolfgang Fritz: *Warenästhetik und kapitalistische Massenkultur.* Berlin 1980.

Hinz, Andreas: Inklusion – von der Unkenntnis zur Unkenntlichkeit!? – Kritische Anmerkungen zu einem Jahrzehnt Diskurs über schulische Inklusion in Deutschland. In: *Zeitschrift für Inklusion,* 1 (2013). Verfügbar unter: http://www.inklusion-online.net/index.php/inklusion-online/article/view/26/26. (10.11.2016).

Kubek, Vanessa: Humanität beruflicher Teilhabe im Zeichen der Inklusion. In: *Zeitschrift für Arbeitswissenschaft* 65/4 (2011), 277–284.

Latour, Bruno: *Der Berliner Schlüssel. Erkundungen eines Liebhabers der Wissenschaften.* Berlin 1996.

Lemke, Thomas/Krasman, Susanne/Bröckling, Ulrich: Gouvernementalität, Neoliberalismus und Selbsttechnologien. Eine Einleitung. In: Lemke, Thomas/Krasman, Susanne/Bröckling, Ulrich (Hg.): *Gouvernementalität der Gegenwart. Studien zur Ökonomisierung des Sozialen.* Baden-Baden 2000, 8–40.

Luhmann, Niklas: *Die Gesellschaft der Gesellschaft. Bd. 2.* Frankfurt a. M. 1998.

Oliver, Michael: *Understanding Disability: From Theory to Practice.* Basingstoke 1996.

Pieper, Marianne/Mohammadi, Jamal Haji: Partizipation mehrfach diskriminierter Menschen am Arbeitsmarkt. In: Gudrun Wansing/Manuela Westphal (Hg.): *Behinderung und Migration.* Wiesbaden 2014, 221–251.

Rathgeb, Kerstin: Einleitung: Kritische Perspektiven auf soziale Phänomene und die Arbeit am Sozialen. In: Kerstin Rathgeb (Hg.): *Disability Studies. Kritische Perspektiven für die Arbeit am Sozialen.* Wiesbaden 2012, 9–20.

Schäper, Sabine: Vom Verschwinden der Inklusionsverlierer. Gouvernementalitätstheoretische Einblicke in die unsichtbaren Hinterhöfe eines Diskurses. In: *Jahrbuch Für Pädagogik* 1 (2015), 77–89.

Schätzlein, Frank: Der Walkman als Wahrnehmungsmaschine. In: Mobile Klangkunst. Über den Walkman als Wahrnehmungsmaschine. http://www.akustische-medien.de/texte/mobile1.htm. (24.04.2016).

Schillmeier, Michael: *Rethinking Disability. Bodies, Senses, and Things.* London 2010.

Schrage, Dominik: *Die Verfügbarkeit der Dinge. Eine historische Soziologie des Konsums.* Frankfurt a. M. 2008.

Schulz, Miklas: Disability meets Diversity. Dispositivtheoretische Überlegungen zum Verhältnis von Situativität, Intersektionalität, Agency und Blindheit. In: *Soziale Probleme: Zeitschrift für soziale Probleme und soziale Kontrolle* 25/2 (2014), 286–300.

Waldschmidt, Anne: Macht – Wissen – Körper. Anschlüsse an Michel Foucault in den Disability Studies. In: Anne Waldschmidt/Werner Schneider, (Hg.): *Disability Studies, Kultursoziologie und Soziologie der Behinderung. Erkundungen in einem neuen Forschungsfeld.* Bielefeld 2007, 55–78.

Waldschmidt, Anne: Disability Studies: Individuelles, soziales und/oder kulturelles Modell von Behinderung? In: *Psychologie & Gesellschaftskritik* 29/1 (2005), 9–31.
Wansing, Gudrun: Der Inklusionsbegriff zwischen normativer Programmatik und kritischer Perspektive. In: *Archiv für Wissenschaft und Praxis der sozialen* Arbeit 44/3 (2013), 16–27.
Wansing, Gudrun: Inklusion in einer exklusiven Gesellschaft. Oder: Wie der Arbeitsmarkt Teilhabe behindert. In: *Behindertenpädagogik* 51/4 (2012), 381–396.
Wansing, Gudrun/Westphal, Manuela: Behinderung und Migration. Kategorien und theoretische Perspektiven. In: Gudrun Wansing/Manuela Westphal (Hg.): *Behinderung und Migration. Inklusion, Diversität, Intersektionalität.* Wiesbaden 2014, 17–47.

IV Die UN-Behindertenrechtskonvention

9 Inklusion und Arbeit – ein ganz dickes politisches Brett

Gerd Weimer

1 Vorbemerkung

Der Autor dieses Beitrags war in den Jahren 2011 bis 2016 Beauftragter der Landesregierung von Baden-Württemberg für die Belange von Menschen mit Behinderungen. In diesem Zeitraum traf die damals regierende grün-rote Landesregierung einige richtungsweisende Entscheidungen zur Umsetzung der UN-Behindertenrechtskonvention. Neben zahlreichen gesetzlichen und untergesetzlichen Maßnahmen ist in diesem Zusammenhang an erster Stelle der *Aktionsplan der Landesregierung* zu nennen mit insgesamt elf Handlungsfeldern und über 230 verschiedenen Projekten (vgl. Ministerium für Arbeit und Sozialordnung, Familie, Frauen und Senioren 2015). Politische Ziele zu formulieren, ist bekanntlich eine Sache, diese Ziele aber zu erreichen und umzusetzen, steht auf einem anderen Blatt.

Als besonders hartnäckig bei der Umsetzung von Inklusion in den Alltag erweist sich das Handlungsfeld *Schwerbehinderte und erster Arbeitsmarkt*. Der Unterschied zwischen Anspruch und Wirklichkeit könnte größer nicht sein. Dies betrifft in besonderer Weise auch und gerade das wirtschaftsstarke Bundesland Baden-Württemberg. Deshalb war der Autor auch überaus dankbar, dass die Universität Stuttgart bzw. das Institut für Philosophie (Prof. Dr. Catrin Misselhorn) im Wintersemester 2015/2016 eine Ringvorlesung unter der Überschrift *Arbeit, Gerechtigkeit und Inklusion* organisierte. Der Autor hatte die Gelegenheit, einen Vortrag zu halten, in dem er sowohl auf die Schwierigkeiten als auch auf mögliche politische Lösungsansätze einging. Dieser Beitrag fußt auf dem damaligen Vortrag.

2 Rechtliche Grundlagen

Als die Generalversammlung der Vereinten Nationen am 13. Dezember 2006 die Behindertenrechtskonvention (UN-BRK) beschloss, dauerte es noch zwei Jahre, bis der Deutsche Bundestag am 4. Dezember 2008 dieses wegweisende Dokument ratifizierte. Es war ein einstimmiger Beschluss. Am 19. Dezember 2008 stimmten die 16 Bundesländer ebenfalls einmütig zu. Einstimmigkeit in beiden Kammern ist im Parlamentarismus der BRD eher die Ausnahme, nicht die Regel. Dieses zu betonen, ist deshalb wichtig, weil sich damit alle politisch relevanten Parteien, Fraktionen und Akteure der Republik zur Umsetzung dieser Charta bekannt haben. Folgerichtig wurde dieser aus heutiger Sicht fast schon legendäre Beschluss auch im Bundesgesetzblatt (*BGBl. 2008 Teil II Nr. 3, 1419ff.*) veröffentlicht.

Im August 2011 legte die damalige Bundessozialministerin Ursula von der Leyen den ersten »Nationalen Aktionsplan zur Umsetzung der UN-BRK« vor (vgl. Bundesministerium für Arbeit und Soziales 2011). Ihre Pressemeldung vom 15. Juni 2011 dazu trug die hübsche Überschrift: ›Einfach machen!‹. Als ob z. B. die Beschäftigung von Menschen mit Behinderungen in den Betrieben und Verwaltungen ›ganz einfach‹ zu machen wäre! Leider sieht die Wirklichkeit anders aus! Der maßgebliche Artikel 27 der UN-BRK zeigt die Richtung unmissverständlich auf. Dort heißt es:

»Arbeit und Beschäftigung

(1) Die Vertragsstaaten anerkennen das gleiche Recht von Menschen mit Behinderungen auf Arbeit; dies beinhaltet das Recht auf die Möglichkeit, den Lebensunterhalt durch Arbeit zu verdienen, die in einem offenen, integrativen und für Menschen mit Behinderungen zugänglichen Arbeitsmarkt und Arbeitsumfeld frei gewählt oder angenommen wird. Die Vertragsstaaten sichern und fördern die Verwirklichung des Rechts auf Arbeit, einschließlich für Menschen, die während der Beschäftigung eine Behinderung erwerben, durch geeignete Schritte, einschließlich des Erlasses von Rechtsvorschriften, um unter anderem
   a) Diskriminierung aufgrund von Behinderung in allen Angelegenheiten im Zusammenhang mit einer Beschäftigung gleich welcher Art, einschließlich der Auswahl-, Einstellungs- und Beschäftigungsbedingungen, der Weiterbeschäftigung, des beruflichen Aufstiegs sowie sicherer und gesunder Arbeitsbedingungen, zu verbieten;
   b) das gleiche Recht von Menschen mit Behinderungen auf gerechte und günstige Arbeitsbedingungen, einschließlich Chancengleichheit und gleichen Entgelts für gleichwertige Arbeit, auf sichere und gesunde Arbeitsbedingungen, einschließlich Schutz vor Belästigungen, und auf Abhilfe bei Missständen zu schützen;
   c) zu gewährleisten, dass Menschen mit Behinderungen ihre Arbeitnehmer- und Gewerkschaftsrechte gleichberechtigt mit anderen ausüben können;
   d) Menschen mit Behinderungen wirksamen Zugang zu allgemeinen fachlichen und beruflichen Beratungsprogrammen, Stellenvermittlung sowie Berufsausbildung und Weiterbildung zu ermöglichen;
   e) für Menschen mit Behinderungen Beschäftigungsmöglichkeiten und beruflichen Aufstieg auf dem Arbeitsmarkt sowie die Unterstützung bei der Arbeitssuche, beim Erhalt und der Beibehaltung eines Arbeitsplatzes und beim beruflichen Wiedereinstieg zu fördern;
   f) Möglichkeiten für Selbständigkeit, Unternehmertum, die Bildung von Genossenschaften und die Gründung eines eigenen Geschäfts zu fördern;
   g) Menschen mit Behinderungen im öffentlichen Sektor zu beschäftigen;
   h) die Beschäftigung von Menschen mit Behinderungen im privaten Sektor durch geeignete Strategien und Maßnahmen zu fördern, wozu auch Programme für positive Maßnahmen, Anreize und andere Maßnahmen gehören können;
   i) sicherzustellen, dass am Arbeitsplatz angemessene Vorkehrungen für Menschen mit Behinderungen getroffen werden;
   j) das Sammeln von Arbeitserfahrung auf dem allgemeinen Arbeitsmarkt durch Menschen mit Behinderungen zu fördern;

k) Programme für die berufliche Rehabilitation, den Erhalt des Arbeitsplatzes und den beruflichen Wiedereinstieg von Menschen mit Behinderungen zu fördern.

(2) Die Vertragsstaaten stellen sicher, dass Menschen mit Behinderungen nicht in Sklaverei oder Leibeigenschaft gehalten werden und dass sie gleichberechtigt mit anderen vor Zwangs- oder Pflichtarbeit geschützt werden« (Vereinte Nationen 2011).

Die Politik will also, dass Menschen mit Behinderungen auf dem ersten Arbeitsmarkt die gleichen Chancen und Rechte haben wie Menschen ohne Handicaps. Alle Menschen sollen Selbstverwirklichung, Identität und Selbstwert aus ihrer Arbeit beziehen können. Fürwahr ein hoher Anspruch.

Als am 26. und 27. März 2015 in Genf eine hochrangige UN-Delegation Vertreterinnen und Vertreter von Bund und Ländern vortragen ließ, wie dieses ›Recht auf Arbeit‹ in Deutschland umgesetzt wird, kamen die Repräsentanten des UN-Fachausschusses für die Rechte von Menschen mit Behinderungen zu einem nahezu vernichtenden Urteil. Bezüglich des Artikels 27 heißt es in ihrem Bericht unter der Ziffer 49:

»Der Ausschuss ist besorgt über

(a) Segregation auf dem Arbeitsmarkt des Vertragsstaates;

(b) finanzielle Fehlanreize, die Menschen mit Behinderungen am Eintritt oder Übergang in den allgemeinen Arbeitsmarkt hindern;

(c) den Umstand, dass segregierte Werkstätten für behinderte Menschen weder auf den Übergang zum allgemeinen Arbeitsmarkt vorbereiten noch diesen Übergang fördern« (Vereinte Nationen 2015.

In der nachfolgenden Ziffer 50 formuliert der Fachausschuss verschiedene Empfehlungen, wie der Vertragsstaat (Deutschland) wirksam einen inklusiven, mit dem ›Übereinkommen in Einklang stehenden Arbeitsmarkt‹ schaffen könnte.

»Der Ausschuss empfiehlt dem Vertragsstaat, durch entsprechende Vorschriften wirksam einen inklusiven, mit dem Übereinkommen in Einklang stehenden Arbeitsmarkt zu schaffen, durch

(a) die Schaffung von Beschäftigungsmöglichkeiten an barrierefreien Arbeitsplätzen gemäß der Allgemeinen Bemerkung Nr. 2 (2014) des Ausschusses, insbesondere für Frauen mit Behinderungen;

(b) die schrittweise Abschaffung der Werkstätten für behinderte Menschen durch sofort durchsetzbare Ausstiegsstrategien und Zeitpläne sowie durch Anreize für die Beschäftigung bei öffentlichen und privaten Arbeitgebern im allgemeinen Arbeitsmarkt;

(c) die Sicherstellung, dass Menschen mit Behinderungen keine Minderung ihres sozialen Schutzes bzw. der Alterssicherung erfahren, die gegenwärtig an die Werkstätten für behinderte Menschen geknüpft sind« (ebenda).

Wie und ob diesen Vorgaben des UN-Fachausschusses gefolgt wird, soll am exemplarischen Beispiel von Baden-Württemberg als einem Bundesland mit besten Wirtschaftsdaten nachgegangen werden (vgl. Kap. 4). Doch zunächst einige grundsätzliche Aspekte zur Inklusion.

3 Grundsätzliches zur Inklusion

Drei Aspekte sollen hier etwas grundsätzlicher erörtert werden.

a) Die Beschlussfassungen in Bundestag und Bundesrat stellen in der deutschen Behindertenpolitik einen echten Paradigmenwechsel dar: weg von der Fürsorge und Integration, hin zur Selbstbestimmung und Inklusion. Wer ehrlich ist, muss zugeben, dass Menschen mit Handicap in den zurückliegenden Jahrzehnten der sogenannten ›Integration‹ sehr, sehr große, eigene Anpassungsleistungen erbringen mussten, wenn sie bei gesellschaftlichen Prozessen ›dabei‹ sein wollten. Im Zeitalter der Inklusion wird der Spieß genau umgedreht: Die Gesellschaft, also wir alle, müssen unsere Normen, unsere Rahmenbedingungen, unsere Gesetze, unsere Werte, kurz: unser ganzes Denken und Handeln so verändern, dass es Menschen mit Behinderungen sehr viel leichter fällt, sich autonom in gesellschaftliche Prozesse einzubringen. Inklusion setzt also Umdenken voraus und ist eine Frage von Einstellungen. Dazu müssen in allererster Linie die Barrieren in den Köpfen der Menschen verschwinden.
Über die Ratio hinaus muss der Prozess aber auch die Herzen erreichen. Inklusion hat sehr viel mit Empathie zu tun. Dieser rational und emotional notwendige Prozess fällt aber vielen Menschen sehr schwer. Er fällt ihnen deshalb so schwer, weil die deutsche Gesellschaft nach den feigen Morden der Nationalsozialisten an Menschen mit Behinderungen nach 1945 versäumt hat, die Überlebenden in die Mitte der Gesellschaft aufzunehmen. Stattdessen wurden mit viel Geld exklusive und segregierende Strukturen aufgebaut. Viele stationäre Einrichtungen (›Anstalten‹, ›Heime‹) befinden sich noch heute weit weg von den Ballungsräumen, salopp ausgedrückt: ›hinter dem Wald‹.
Dasselbe gilt im Prinzip für die Werkstätten für behinderte Menschen. Vor allem schwerstbehinderte Menschen kamen deshalb in der Öffentlichkeit praktisch gar nicht vor. Baden-Württemberg hat es sogar geschafft, für jede einzelne Art der Behinderung eine exklusive Schulform aufzubauen. Andere Länder haben solche Formen der Exklusion entweder hinter sich gelassen oder nie begonnen. Im letzteren Fall ist an die Länder der Dritten Welt zu denken, die gar nicht das Geld hätten, exklusive Infrastrukturprojekte für gehandicapte Menschen zu finanzieren. Skandinavische Länder wiederum haben die Diskussionen, die gegenwärtig in Deutschland zum Thema Inklusion geführt werden, schon vor mehr als 30 Jahren geführt und sind deshalb Deutschland weit voraus. Norwegen hat z. B. ein komplett inklusives Schulsystem, in dem selbst schwerstmehrfachbehinderte Schüler die Regelschule besuchen.
Durch die Ratifizierung der UN-BRK ist die Inklusionsdebatte endlich auch in Deutschland angekommen. Jetzt geht es um die Frage, wie der überfällige Umsteuerungsprozess gestaltet wird, denn Inklusion funktioniert nicht auf Knopfdruck. Es geht um die Frage veränderter politischer Rahmenbedingungen, und das ist vor allem auch eine Geldfrage.

b) Inklusion gibt es nicht zum Nulltarif, Inklusion kostet. Die Vorstellung vieler Finanzpolitiker jedweder Couleur, man könne Inklusion finanzneutral durch Umschichten von Ressourcen finanzieren, geht an der Realität komplett vorbei. Das Deutsche Institut für Urbanistik hat im Auftrag der Kreditanstalt für Wiederaufbau (KfW) in der Studie *Altersgerechter Umbau der Infrastruktur: Investitionsbedarf der Städte und Gemeinden* ermittelt, dass es der stolzen Summe von 53 Milliarden Euro bedarf, um die

Städte und Gemeinden in Deutschland infrastrukturell bis zum Zieljahr 2030 auch nur halbwegs barrierefrei zu gestalten (vgl. Eberlein/Klein-Hitpaß 2012). Der Hinweis, das Geld sei nicht da, man müsse sparen, um die Schuldenbremsen in den Verfassungen einzuhalten, steht im eklatanten Widerspruch zum Beschluss der UN-BRK.
Deutschland ist ein unendlich reiches Land. Die öffentlichen Haushalte von Bund, Ländern und Kommunen haben kein Ausgabenproblem. Sie haben ein Einnahmeproblem. Es ist zwar richtig, dass die öffentlichen Hände eine Gesamtverschuldung von rund 2,15 Billionen Euro (Maastricht Schuldenstand) haben. Richtig ist aber auch, dass in deutschen Haushalten ein fünfmal höheres Privatvermögen (11 Billionen Euro) gebunkert wird.
Nach Zahlen der Deutschen Bundesbank (vgl. Deutsche Bundesbank 2016; Süddeutsche Zeitung, 22.03.2016) verfügen die reichsten 10 Prozent der Haushalte über rund 60 Prozent des Gesamtvermögens und das reichste Prozent ist sogar im Besitz von 3,5 Billionen, was einem Anteil von 34 Prozent entspricht! Weshalb die Politik bei diesem skandalösen Sachverhalt immer noch zögert mit der Wiedereinführung einer Vermögenssteuer für die Superreichen, ist unverständlich. Diese wäre im Übrigen, wie bis 1997, eine reine Ländersteuer und könnte den Landesregierungen nachhaltig bei der Finanzierung von Inklusion helfen!

c) Ein dritter, fundamentaler Aspekt der Inklusionsdebatte kommt in der öffentlichen Auseinandersetzung leider immer noch viel zu kurz. Die Diskussion findet allerhöchstens unter ›Insidern‹, unter Philosophen, Ethikern oder Sozialmedizinern statt, obwohl die Auseinandersetzung über die sogenannte Selektionsmedizin, über Pränataldiagnostik und die damit verbundenen ethischen Debatten längst in eine breitere Öffentlichkeit gehörten. Lediglich 2011, als eine Konstanzer Pharma-Firma einen Bluttest auf den Markt brachte, der Trisomie 21 im Mutterleib identifizieren kann, gab es ein gewisses mediales Echo. Als Landesbehindertenbeauftragter habe ich damals sehr kritisch Stellung bezogen. Warum? Heute geht es um die Identifizierung von ungeborenem Leben mit einer sogenannten geistigen Behinderung. Die USA sind da schon wieder weiter. In Kalifornien existiert z. B. eine Firma, deren Aktienkurse durch die Decke schießen. Dieses Unternehmen hat eine Analysemethode entwickelt, die sich im Augenblick nur reiche Leute leisten können und die in der Lage ist, bis zu 80 genetische Parameter zu messen. Der Test ermöglicht es, chronische Krankheiten ebenso wie Gendefekte zu analysieren (vgl. Rochman 2012). Am 1. Februar 2016 war in der *Süddeutschen Zeitung* zu lesen, dass »in Großbritannien die Behörden erstmalig Forschern erlaubt haben, in das Erbgut von gesunden menschlichen Embryonen einzugreifen, um diese gezielt zu verändern.« (Süddeutsche Zeitung, 01.02.2016) Bislang war der aktive Eingriff ins menschliche Erbgut ethisch tabu und technisch unzuverlässig. Seit 2013 existiert eine neue Methode, die das ›Editieren‹ von Genen vereinfacht. Das sogenannte ›Genome Editing‹ ist billig, einfach und erlaubt hochpräzise Veränderungen der Erbsubstanz. Obwohl hochrangige Wissenschaftlicher zumindest ein weltweites Moratorium für das ›Genome Editing‹ fordern, wird fröhlich in eine höchst gefährliche Richtung geforscht und laboriert. Um nicht missverstanden zu werden: Die Freiheit von Forschung ist ebenso zu respektieren wie das Recht jedes Menschen, jeder Frau auf Selbstbestimmung! Aber im Moment gibt es klare Anzeichen einer Selektionsmedizin, die einen unheilvollen Prozess in Gang setzen kann. Nicht alles, was technisch und medizinisch machbar ist, ist von den gesellschaftspolitischen Folgen her betrachtet wünschens-

wert. Das Designer-Baby mit Idealmaßen, hohem IQ, gewünschter Haar- und Augenfarbe halte ich persönlich für keine erstrebenswerte medizinische Innovation. Es besteht viel mehr zu Recht die Sorge, dass sich die Eltern, die es der Natur oder dem lieben Gott überlassen wollen, welches Baby geboren wird, dass sich diese Eltern der Gefahr aussetzen, von ihrem Umfeld stigmatisiert zu werden, nur weil sie von den technisch-medizinischen Möglichkeiten keinen Gebrauch machen und sich zu ihrem gehandicapten Kind bekennen!
Deshalb erscheint eine gesellschaftspolitische Diskussion über dieses schwierige Thema überfällig zu sein. Auch vor diesem Hintergrund ist es unerlässlich, alle Anstrengungen zu unternehmen, um die UN-BRK in Deutschland, in Baden-Württemberg, vollumfänglich umzusetzen. Es muss normal werden, verschieden zu sein! Und die Würde des Menschen muss unantastbar bleiben, wie Artikel 1 des Grundgesetzes es garantiert.

4 Bestandsaufnahme

Seit Jahren verfügt Baden-Württemberg über einen robusten, exportorientierten Arbeitsmarkt. Das Land konkurriert mit dem Nachbarland Bayern um die besten Wirtschaftsdaten der Bundesländer. Ideale Voraussetzungen also, um auch mehr Menschen mit Behinderungen auf dem ersten Arbeitsmarkt Chancen zu eröffnen, jedenfalls in der Theorie. Leider sollte der mehr oder minder witzige Slogan ›Wir können alles außer Hochdeutsch‹ um die Worte ›und Inklusion‹ erweitert werden.

Das sind die Fakten[1]: In Baden-Württemberg mit einer Bevölkerung von etwa 10,8 Millionen lebt eine knappe Million Menschen mit einer schweren Behinderung. Die meisten (über 90 Prozent) sind mit ihrer Behinderung nicht geboren worden. Eine Vielzahl der Behinderungen ist auf Unfälle oder chronische Erkrankungen zurückzuführen. Wenn ein solcher Schicksalsschlag eintritt, verschlechtern sich die Chancen für die Betroffenen auf dem Arbeitsmarkt auf einen Schlag. Die Zahl der Langzeitarbeitslosen mit einem Handicap ist doppelt so hoch wie die Zahl derer ohne Handicap. Sie sind auch doppelt so lang arbeitslos wie arbeitssuchende Menschen ohne Handicap.

Betriebe mit mehr als 20 Beschäftigten müssen gesetzlich Schwerbehinderte beschäftigen. Davon gibt es in Baden-Württemberg rund 21.100 Unternehmen, aber nur 9.500 Arbeitgeber erfüllen die Beschäftigungspflicht nach dem SGB IX. Anders ausgedrückt: Mehr als die Hälfte aller Betriebe zahlt lieber die Ausgleichsabgabe, kauft sich quasi ›frei‹ von der Verpflichtung gegenüber Menschen mit Behinderungen. Während im Zeitraum 2010–2015 die Zahl der Arbeitslosen mit den Merkmalen ›Alleinerziehend‹ oder ›Migrationshintergrund‹ zum Glück signifikant zurückgegangen sind, stagniert die Zahl der schwerbehinderten Arbeitslosen seit Jahren auf hohem Niveau. Selbst die meisten DAX-Konzerne, die im ›Ländle‹ gutes Geld verdienen, zahlen in den Ausgleichsabgabentopf ein oder lassen sich Aufträge, die sie an Werkstätten für behinderte Menschen vergeben, auf ihre Quoten anrechnen.

1 Alle Zahlenangaben beziehen sich auf das Referenzjahr 2015 und stammen aus den Veröffentlichungen der Bundesagentur für Arbeit 2016, Aktion Mensch 2015 und dem Kommunalverband für Jugend und Soziales Baden-Württemberg 2016.

Die logische Konsequenz: Die Privatwirtschaft von Baden-Württemberg erfüllt die 5-Prozent-Quote mit 4,3 Prozent bei weitem nicht und liegt damit im Bundesländervergleich auf einem bescheidenen Mittelplatz.

Noch schlechter schneidet der öffentliche Dienst im Land ab, obwohl es sowohl dem Land selber als auch seinen kommunalen Gebietskörperschaften finanziell vergleichsweise gut geht. Mit 5,8 Prozent erfüllt der öffentliche Sektor zwar die Quote. Er liegt damit aber unter 16 Bundesländern auf dem 13. Platz! Selbst die Landesverwaltung als größter Arbeitgeber in Baden-Württemberg mit rund 240.000 Beschäftigten ist mit 5,1 Prozent von einer Vorbildfunktion meilenweit entfernt. Insgesamt kommen private und öffentliche Arbeitgeber zusammen auf 4,5 Prozent, ein für Baden-Württemberg blamables Ergebnis.

Was diesen Sachverhalt noch dramatischer erscheinen lässt, ist der Umstand, dass im Gegenzug die Zahl der Werkstattbeschäftigten tendenziell ansteigt. Zur Erinnerung: Der UN-Fachausschuss für die Rechte von Menschen mit Behinderungen hatte sich bei der Prüfung des ersten deutschen Staatenberichts in Genf ›besorgt‹ gezeigt über »den Umstand, dass segregierte Werkstätten für behinderte Menschen weder auf den Übergang zum allgemeinen Arbeitsmarkt vorbereiten noch diesen Übergang fördern« (Vereinte Nationen 2015, 9).

Es wird in einem marktwirtschaftlichen System vermutlich nicht möglich sein, auf Werkstätten für Menschen mit Behinderungen gänzlich zu verzichten. Aber der Grundsatz sollte wenigstens lauten: So viel erster Arbeitsmarkt wie irgendwie möglich und so viel Werkstatt wie unbedingt nötig. Tatsächlich ist die Zahl der Werkstattbeschäftigten in Baden-Württemberg von etwa 28.000 Menschen im Jahre 2011 auf heute rund 29.000 angestiegen!

Über die Ursachen kann trefflich spekuliert werden. Zum einen liegt es sicher daran, dass immer mehr Menschen mit psychischer oder seelischer Erkrankung sich geradezu in eine Werkstatt flüchten. Sie haben Angst vor Mobbing, Furcht vor dem Druck des ersten Arbeitsmarktes, vor prekärer Beschäftigung, vor Rentenausfallzeiten und entscheiden sich für die Werkstatt. Dort erhalten sie zwar nur einen bescheidenen Werkstattlohn, aber sie leben in einem sicheren Sozialsystem. Nach 20 Jahren in der Werkstatt für behinderte Menschen ist ein Anspruch auf Erwerbsminderungsrente erworben.

Inwieweit das Bundesteilhabegesetz (BTHG) in diesem Zusammenhang bessere Rahmenbedingungen für den ersten Arbeitsmarkt schafft (Rechtsanspruch auf ein Budget für Arbeit, 75 Prozent Lohnkostenzuschuss an den Arbeitgeber dauerhaft etc.), bleibt abzuwarten. Vielleicht schaffen es solche Maßnahmen ja, bei einigen Arbeitgebern ein Umdenken einzuleiten, zumal 52 Prozent der Bevölkerung davon überzeugt sind, dass Inklusion die Kreativität und den Ideenreichtum im Unternehmen fördert und nicht behindert. Wer im Alltag mit Einschränkungen zu kämpfen hat, bringt auch im Beruf neue und ungewohnte Denkansätze ein, ganz abgesehen davon, dass die sozialen Kompetenzen des Unternehmens gestärkt werden.[2]

2 Vgl. Ergebnis einer Studie »Inklusion in Beruf und Alltag« der Coloplast GmbH, durchgeführt von FORSA (2016).

5 Wer Inklusion will, sucht Lösungen

Die dargestellten Befunde machen deutlich, dass Inklusion und Arbeit ein ganz dickes (gesellschafts-)politisches Brett darstellen, bei dem noch lange gebohrt werden muss.

Wie könnten, wie müssten Lösungen aussehen?

Es ist nicht so, dass von politischer Seite, aber auch von der Agentur für Arbeit und dem Kommunalverband für Jugend und Soziales Baden-Württemberg sowie den Stadt- und Landkreisen nichts unternommen wird, um das dicke Brett zu durchbohren. Deren Ansätze sowie eigene Lösungsvorschläge sollen abschließend zur Diskussion gestellt werden.

Drei Schwerpunkte werden dargestellt:

5.1 Lösungsansätze in der öffentlichen Verwaltung

Öffentliche Arbeitgeber, zumal deren Personalchefs, müssen von ihren demokratisch legitimierten Kontrollgremien (Kreistage, Gemeinderäte) viel stärker in die Verantwortung genommen werden. Der öffentliche Dienst hat bei der Beschäftigung von Menschen mit Behinderungen eine Vorbildfunktion. Konkret ist dabei u. a. an Stufenpläne zur Erhöhung der Schwerbehindertenbeschäftigtenquote mit klaren Zielsetzungen zu denken. Die Landesregierung Baden-Württemberg hat sich in ihrem Aktionsplan (Ministerium für Soziales und Integration 2015, 112) neben der Schaffung zusätzlicher Ausbildungsplätze speziell für schwerbehinderte Jugendliche in den Regierungspräsidien sowie weiteren sieben Maßnahmen insbesondere zum Ziel gesetzt, die eigene Beschäftigungsquote von 5,1 Prozent auf 6 Prozent zu erhöhen. Niemand hindert die Stadt- und Landkreise sowie die Kommunen daran, sich solche Selbstverpflichtungen ebenfalls aufzuerlegen.

In Verbindung mit der Schaffung von zusätzlichen barrierefreien Arbeitsplätzen und einem intensivierten betrieblichen Eingliederungsmanagement (BEM) sollte es möglich sein, auf diesem Feld endlich voranzukommen.

5.2 Lösungsansätze in der Privatwirtschaft

Solange der Privatwirtschaft keine anderen politischen Vorgaben gemacht werden, ist es nur möglich, auf Best-Practice-Beispiele, also auf Leuchttürme, in Verbindung mit den Vorteilen hinzuweisen, die die Beschäftigung von Menschen mit Behinderungen erbringen.

Ein sehr gutes Best-Practice-Beispiel ist der bis heute familiengeführte Pharmakonzern Böhringer, ein Global Player mit großen Werken unter anderem in Ingelheim (Rheinland-Pfalz) und Biberach (Baden-Württemberg). Die Konzernverantwortlichen haben im Jahr 2012 einen auf zunächst acht Jahre angelegten betrieblichen Aktionsplan zur Umsetzung der UN-BRK vorgelegt. In ihm werden 16 Ziele und eine Vielzahl von Maßnahmen beschrieben, die alle den Zweck verfolgen, mehr Menschen mit Handicaps »die Teilhabe am ersten Arbeitsmarkt und das gemeinsame Arbeiten von Menschen mit und ohne Behinderung zu ermöglichen und zu fördern« (Boehringer Ingelheim Pharma GmbH & Co. KG 2012, 3).

Es ist auch nicht so, dass nur in großen Firmen allmählich Bewegung in das Thema kommt, also dort, wo aktive Betriebsräte und Schwerbehindertenvertrauensleute sich engagieren.

In einer südbadischen Kleinstadt gibt es einen Malerbetrieb mit rund 30 Beschäftigten. Für den Chef, einen Malermeister, ist es eine Selbstverständlichkeit, immer wieder auch gezielt Sonderschüler einzustellen und auszubilden, die als Alternative sonst in einer Werkstatt für behinderte Menschen landen würden. Ihm ist das Thema auch deshalb so wichtig, weil in der Familie eine persönliche Betroffenheit vorliegt.

Was ebenfalls Mut macht, ist die Entwicklung der Integrationsfirmen, Unternehmen, die im freien Wettbewerb bestehen müssen. Nach Angaben des Kommunalverbandes für Jugend und Soziales Baden-Württemberg gab es 2014 78 Integrationsbetriebe mit 3.274 Beschäftigten, davon 1.452 schwerbehinderte Menschen (Kommunalverband für Jugend und Soziales Baden Württemberg 2016). Sie erhielten durch das KVJS-Integrationsamt 8,56 Millionen Euro Förderung. Nachdem auch seitens der Bundesregierung das Thema ›Integrationsfirmen‹ verstärkt aufgegriffen wird (Bundeszuschüsse, Gleichstellung mit Werkstätten bei der erleichterten Vergabe öffentlicher Aufträge) ist mit einem Anwachsen dieses Arbeitsmarktsegmentes zu rechnen – ein Schritt in die richtige Richtung.

Nicht unerwähnt bleiben soll auch die schon im Jahr 2005 angelaufene *Aktion 1000* des Kommunalverbandes für Jugend und Soziales. Ziel war ursprünglich, eintausend Vermittlungen für wesentlich behinderte Menschen zu schaffen. Die Aktion wurde weitergeführt, und bis Anfang 2015 war es gelungen, insgesamt 3.290 Vermittlungen zu tätigen. Erfreulich ist, dass es sich um überdurchschnittlich stabile Arbeitsverhältnisse handelt mit einer Nachhaltigkeitsquote von 84 Prozent!

All diesen positiven Ansätzen und Leuchtturmprojekten zum Trotz ist die Gesamtbilanz von Menschen mit Behinderungen im ersten Arbeitsmarkt, wie dargelegt, höchst unbefriedigend. Die Politik, der Gesetzgeber ist gefordert.

5.3 Politische Lösungsansätze

Es gab und gibt in jüngerer Zeit mindestens drei Werbekampagnen, um bei Arbeitgebern für mehr Offenheit gegenüber Schwerbehinderten zu werben. Die Kampagne *DUICH-WIR* des Landessozialministeriums lief über ein Jahr (2014/2015) flächendeckend im ganzen Land. Die Regionaldirektion Baden-Württemberg der Agentur für Arbeit startet 2016 eine ähnliche Öffentlichkeitsaktion. Auch die Wirtschaftsverbände selbst versuchen mit der Kampagne *Wirtschaft Inklusiv* seit 2014 ihre Mitglieder, also die Unternehmen selbst, für mehr Inklusion zu sensibilisieren.

Inwieweit solche PR-Projekte etwas bewegen können, wird man sehen. Der politische Handlungsbedarf ist jedenfalls evident und der Bundesgesetzgeber ist in erster Linie gefordert.

Der von der Bundesregierung im Juni 2016 vorgelegte Gesetzentwurf zu einem Bundesteilhabegesetz (BTHG)[3] enthält, neben diversen Schwachpunkten, einige Ansätze für mehr Inklusion in die Arbeitswelt, die in die richtige Richtung gehen. Erwähnenswert ist die Einführung des ›Budgets für Arbeit‹, das Menschen mit Behinderungen, die ansonsten in einer Werkstatt für behinderte Menschen arbeiten würden, mit Abschluss eines Arbeitsvertrags erhalten. Dies ist eine wichtige Flexibilisierung an der Schnittstelle

---

3 [Das Bundesteilhabegesetz wurde am 1. Dezember 2016 vom Bundestag beschlossen. Im Wortlaut findet sich der Gesetzestext unter der Drucksache 18/9522 des deutschen Bundestags oder unter http://dip21.bundestag.de/dip21/btd/18/095/180 9522.pdf (Anm. d. Hrsg.).]

Werkstatt und erster Arbeitsmarkt, da sozialversicherungsrechtliche Arbeitsverhältnisse mit tarifvertraglicher bzw. ortsüblicher Entlohnung entstehen. Auch die besseren Freistellungsregelungen für die Schwerbehindertenvertretungen sind eine wichtige Weichenstellung.

Was leider fehlt und ein entscheidender politischer Hebel für mehr Beschäftigung von Menschen mit Behinderungen auf dem ersten Arbeitsmarkt wäre, ist die drastische Anhebung der Ausgleichsabgabe. Sie beträgt im Durchschnitt 2.100 Euro, nicht im Monat, sondern im Jahr! Es liegt deshalb auf der Hand, dass bei derart marginalen Beträgen Arbeitgeber lieber in den Ausgleichstopf einzahlen. Zahlreiche Experten in der Sozialpolitik sind sich längst einig, dass nur über die deutliche Anhebung der Ausgleichsabgabe echte materielle Anreize für die Betriebe geschaffen werden, um mehr Schwerbehinderte zu beschäftigen. Bereits in ihrer Mainzer Erklärung vom 26. September 2012 haben das u. a. alle Landes-Behindertenbeauftragten zusammen mit dem Bundes-Behindertenbeauftragten zum Ausdruck gebracht (vgl. *Mainzer Erklärung zur Inklusion behinderter Menschen auf dem allgemeinen Arbeitsmarkt 2012*). Prominente Unterstützung bekamen die Befürworter übrigens am 17. Juli 2015, als sich Bundesfinanzminister Wolfgang Schäuble für ›die Verdoppelung‹ der Strafzahlungen von Unternehmen aussprach, wenn sie nicht genügend Schwerbehinderte beschäftigen (vgl. Schmergal/Reiermann 2015). Dass das SPD-geführte Bundesarbeitsministerium dem Finanzminister bei seinem Vorstoß bis heute die kalte Schulter zeigt, bleibt unverständlich.

6 Fazit

Der Beitrag versuchte aufzuzeigen, dass Inklusion als gesellschaftspolitisches Thema in einer breiteren Öffentlichkeit angekommen ist. Das ist gut so. Es ist auch unbestreitbar, dass es speziell in Baden-Württemberg in den letzten Jahren auf den unterschiedlichsten Handlungsfeldern große Fortschritte gegeben hat. Dies gilt exemplarisch für den gesamten Bereich von Erziehung und Bildung, für das weitgespannte Handlungsfeld Kultur, Freizeit und Sport oder für die kommunalpolitische Verankerung des Themas durch professionelle Strukturen. Im Gegensatz dazu gibt es beim Handlungsfeld *Arbeit* aber noch jede Menge Luft nach oben, bei privaten wie bei öffentlichen Arbeitgebern. Es bleibt unverständlich, weshalb ausgerechnet das ›Muschderländle‹ mit hervorragenden ökonomischen Daten in der Beschäftigungsfrage von Menschen mit Behinderungen so schlechte Kennziffern aufweist. Allein mit gut gemeinten PR-Kampagnen, mit der Propagierung von Best-Practice-Beispielen und Appellen an den guten Willen auf freiwilliger Basis wird man nicht wesentlich vorankommen. Deshalb sind politische Entscheidungen des Gesetzgebers zwingend, wenn die einstimmige Ratifizierung auch des Artikels 27 der UN-BRK im Jahr 2009 wirklich ernst gemeint war.

Literatur

Aktion Mensch (Hg.): *Inklusionsbarometer Arbeit. Ein Instrument zur Messung von Fortschritten bei der Inklusion von Menschen mit Behinderung auf dem deutschen Arbeitsmarkt.* Bonn 2015.

Boehringer Ingelheim Pharma GmbH & Co. KG (Hg.): *Aktionsplan 2012–2020. Umsetzung der UN-Konvention über die Rechte von Menschen mit Behinderungen.* Ingelheim am Rhein 2012.

Bundesagentur für Arbeit (Hg.): *Statistik der Bundesagentur für Arbeit. Arbeitsmarkt in Zahlen. Bestand an Arbeitslosen als Zeitreihe.* Baden-Württemberg. Nürnberg 2016.

Bundesarbeitsgemeinschaft der Integrationsämter und Hauptfürsorgestellen (BIH) (Hg.): *Jahresbericht 2014/2015. Arbeit & Inklusion*. Münster 2015.
Bundesgesetzblatt: BGBl. 2008 Teil II Nr. 38.
Deutsche Bundsbank: Vermögen und Finanzen privater Haushalte in Deutschland: Ergebnisse der Vermögensbefragung 2014. In: *Monatsbericht* 68/3 (2016), 61–86.
Bundesministerium für Arbeit und Soziales (BMAS) (Hg.): *Unser Weg in eine inklusive Gesellschaft. Der Nationale Aktionsplan der Bundesregierung zur Umsetzung der UN-Behindertenrechtskonvention*. Berlin 2011. Online unter: https://www.bmas.de-/SharedDocs/Downloads/DE/PDF-Publikationen/a740-nationaler-aktionsplan-barrierefrei.pdf?__blob=publicationFile (08.08.2016).
Coloplast (Hg.): Inklusion in Beruf und Alltag. Hamburg 2016. Online unter: https://www.coloplast.de/inklusionunternehmen#section=Studie%3a-Deutsche-fordern-bessere-Inklusion-chronisch-Kranker_353 868 (20.01.2017).
Deutsche Rentenversicherung Baden-Württemberg (Hg.): *Tätigkeitsbericht der Gemeinsamen Servicestellen für Rehabilitation in Baden-Württemberg für das Jahr 2014*. Karlsruhe 2015.
Eberlein, Marion/Klein-Hitpaß, Anne: Altengerechter Umbau der Infrastruktur: Investitionsbedarf der Städte und Gemeinden. In: Deutsches Institut für Urbanistik (Hg.): *Difu Impulse, Bd. 6*. Berlin 2012.
Kommunalverband für Jugend und Soziales Baden-Württemberg (KVJS) (Hg.): *Geschäftsbericht 2015*. Stuttgart 2016. Online unter: http://www.rehadat-statistik.de/de/berufliche-teilhabe/regionale-statistiken/baden-wuerttemberg-kvjs-geschaeftsbericht/ (08.08.2016).
Mainzer Erklärung zur Inklusion behinderter Menschen auf dem allgemeinen Arbeitsmarkt, 25.–26.09.2012. Online unter: https://sozialministerium.baden-wuerttemberg.de/fileadmin/redaktion/m-sm/intern/downloads/Downloads_Ministerium/Mainzer-Erklaerung_Inklusion-auf-Arbeitsmarkt.pdf (08.08.2016).
Ministerium für Arbeit und Sozialordnung, Familie, Frauen und Senioren (Hg.): *Aktionsplan der Landesregierung zur Umsetzung der UN-Behindertenrechtskonvention (UN-BRK) in Baden-Württemberg*. Stuttgart 2015.
Rochman, Bonnie: The DNA dilemma: a test that could change your life. In: *Time* 180/26 (2012), 42–47.
Rollingplanet: *Inklusion am Arbeitsplatz – eine Studie mit verblüffenden Ergebnissen, 12.04.2016*. Online unter: http://rollingplanet.net/inklusion-am-arbeitsplatz-eine-studie-mit-verblueffenden-ergebnissen/ (08.08.2016).
Schmergal, Cornelia/Reiermann, Christian: Verdoppelte Strafen. In: *Der Spiegel 30 (2015), 61*. Online unter: http://www.spiegel.de/wirtschaft/soziales/wolfgang-schaeuble-will-strafen-fuer-unternehmen-verdoppeln-a-104 4167.html (29.06.2016).
Vereinte Nationen: *Übereinkommen der Vereinten Nationen über die Rechte von Menschen mit Behinderung*, herausgegeben vom Bundesministerium für Arbeit und Soziales. Bonn 2011. Online unter: http://www.bmas.de/SharedDocs/Downloads/DE/PDF-Publikationen/a729-un-konvention.pdf?__blob=publicationFile&v=2 (08.08.2016).
Vereinte Nationen: *Abschließende Bemerkungen über den ersten Staatenbericht Deutschlands. Staatenberichtsprüfung*. Genf 2015. Online unter: http://www.institut-fuer-menschenrechte.de/fileadmin/user_upload/PDF-Dateien. (08.08.2016). Das englische Original ist unter der Kennung CRPD/C/DEU/CO/1 registriert und findet sich unter: https://documents-dds-ny.un.org/doc/UNDOC/GEN/G15/096/31/PDF/G1509631.pdf?OpenElement.
Zinkant, Kathrin: Erstmals Eingriffe ins menschliche Erbgut erlaubt. In: *Süddeutsche Zeitung*, 01.02.2016. Online unter: http://www.sueddeutsche.de/politik/gentechnik-erstmals-eingriffe-ins-menschliche-erbgut-erlaubt-1.2844242 (08.08.2016).
Zydra, Markus: Unterschied zwischen Arm und Reich wächst. In: *Süddeutsche Zeitung*, 22.03.2016. Online unter: http://www.sueddeutsche.de/politik/studie-der-bundesbank-der-unterschied-zwischen-arm-und-reich-waechst-1.2917389 (22.03.2016).

10 Das gleiche Recht von Menschen mit Behinderungen auf Arbeit nach Art. 27 UN-Behindertenrechtskonvention

Felix Welti

1 Einführung

Das gleiche Recht von Menschen mit Behinderung ist ein Thema, das an verschiedene Grundfragen des Sozialen rührt: Gibt es ein Recht auf Arbeit und was kann sein Inhalt sein? Kann es dieses Recht auch für Menschen mit Behinderungen geben? Wenn ja, wie kann es ein gleiches Recht unter unterschiedlichen Bedingungen sein? Die UN-Behindertenrechtskonvention (UN-BRK) enthält in Art. 27 UN-BRK ein solches gleiches Recht von Menschen mit Behinderungen auf Arbeit. Dies hat in der Bundesrepublik Deutschland als Vertragsstaat der UN-BRK und weltweit die Diskussion dieser Fragen belebt und ihnen neues Gewicht im Diskurs der Politik und des Rechts gegeben. Bislang vorwiegend sozialphilosophische und sozialpolitische Fragen werden so stärker im positiven Recht fundiert. Zugleich sind die Wissenschaften neu herausgefordert, zwischen philosophischen Idealen, politischen Forderungen und begründbaren Rechtspflichten zu differenzieren. Zudem müssen für die allgemeinen Verpflichtungen aus der UN-BRK in den nationalen Rechtsordnungen Adressaten und Anschlussstellen gefunden werden. Der internationale Diskurs wird intensiver und neu strukturiert, wenn ihm konsentierte gemeinsame Ziele zu Grunde liegen.

Zuletzt ist bei der Diskussion um das Bundesteilhabegesetz deutlich geworden, dass die UN-BRK die nationale Gesetzgebung beeinflusst und von ihr in Bezug genommen wird (Gesetzesbegründung, BT-Drs. 18/9522 vom 5.9.2016, 1, 188). Zugleich wurde stärker erkennbar, dass die Rechte aus der UN-BRK unterschiedlich interpretiert werden und der Umsetzung in den jeweiligen nationalen rechtlichen und politischen Kontext bedürfen.

2 Rechtsquellen und Geltung

2.1 Das Recht auf Arbeit

Das Recht auf Arbeit wird spätestens seit der Französischen Revolution intensiv als Teil der Menschenrechts- und Grundrechtsverbürgungen von Verfassungen und internationalen Verträgen und Deklarationen diskutiert. Dabei kann unterschieden werden zwischen einem Recht auf Arbeit im Sinne des Zugangs zu existenzsichernder Erwerbsarbeit, einer Freiheit zur Arbeit im Sinne der Freiheit von Leibeigenschaft, Zwangs- und Pflichtarbeit und des Rechts, Beruf und Arbeit frei zu wählen und einem Recht in der Arbeit im Sinne menschenwürdiger und existenzsichernder Arbeitsbedingungen (Eichenhofer 2013). Alle drei Dimensionen hängen eng zusammen, haben aber unterschiedliche Adressaten und Instrumente der Realisierung. Sie alle wurden zu drängenden sozialen Anliegen mit der ökonomischen und gesellschaftlichen Verallgemeinerung von Erwerbsarbeit als zentralem Modus der Existenzsicherung und der Einbindung der Einzelnen in die immer umfassendere, auch internationale, gesellschaftliche Arbeitsteilung. Indem rechtliche Institutionen wie die Sozialversicherung existenzsichernde Erwerbsarbeit voraussetzen und andere Medien des Zugangs zu Existenzsicherung und Teilhabe wie Familie und örtliche Gemeinschaften geschwächt wurden, wird die Frage nach dem Zugang zur Erwerbsarbeit und seinen Bedingungen immer drängender.

Die Weimarer Reichsverfassung gewährleistete ein menschenwürdiges Dasein für alle (Art. 151 WRV) und den Schutz der Arbeitskraft durch ein einheitliches Arbeitsrecht (Art. 157 WRV). In Deutschland wie in den anderen am Krieg beteiligten Staaten stellte sich zugleich die Frage der Rehabilitation und Beteiligung an der Erwerbsarbeit durch behinderte Menschen dringlich durch die Millionen von Kriegsbeschädigten. Mit dem Schwerbeschädigtengesetz von 1919, das eine Beschäftigungspflicht enthielt, die sogar durch Zwangseinstellung durchgesetzt werden konnte, und zugleich öffentliche Unterstützung für die Beschäftigung Schwerbeschädigter regelte, wurde das Recht auf Arbeit behinderter Menschen unmittelbar zum Gegenstand des deutschen Arbeits- und Sozialrechts.

Nach dem Ersten Weltkrieg wurde mit der 1919 gegründeten Internationalen Arbeitsorganisation (ILO) erstmals das Arbeits- und Sozialrecht systematisch zum Thema internationaler Vereinbarungen unter Beteiligung der Staaten, Gewerkschaften und Arbeitgeberverbände. Die ILO stellte Rehabilitation und Teilhabe am Arbeitsleben behinderter Menschen schon 1944 in der *War-to-Peace-Resolution* in den Mittelpunkt. Ihre Konventionen finden heute unmittelbar und mittelbar Eingang in die deutsche Rechtsordnung (Lörcher 2015, 165; Zimmer 2013, 29), auch die ILO-Konvention 159 zur beruflichen Rehabilitation.

Die Vereinten Nationen, nach dem Zweiten Weltkrieg als Gegenentwurf zu Krieg und Gewaltherrschaft gegründet, proklamierten 1948 die Allgemeine Erklärung der Menschenrechte (AEMR), in der auch das Recht auf Arbeit, auf freie Berufswahl, auf angemessene und befriedigende Arbeitsbedingungen sowie auf Schutz gegen Arbeitslosigkeit, auf gleichen Lohn für gleiche Arbeit, angemessene Entlohnung und auf Bildung von und Beitritt zu Berufsvereinigungen enthalten ist (Art. 23 AEMR). Auf die Menschenrechte bezog sich auch das 1949 beschlossene Grundgesetz (GG) der Bundesrepublik Deutschland (Art. 1 Abs. 2 GG), das im Übrigen die freie Berufswahl und Berufsausübung schützt (Art. 12 Abs. 1 GG) und einen sozialen Rechtsstaat proklamiert (Art. 20 Abs. 1 GG), aber keine expliziten sozialen Grundrechte enthält. Dies ist einer der Gründe, aus denen Recht und Politik in der Bundesrepublik einem Recht auf Arbeit oft skeptisch oder ablehnend gegenüberstanden. Doch ist das Recht auf Arbeit auch Gegenstand von Art. 6 des Paktes über wirtschaftliche, soziale und kulturelle Rechte von 1966 (Sozialpakt), dem die Bundesrepublik Deutschland 1973 beigetreten ist, so dass es Teil der deutschen Rechtsordnung ist, der Sozialrecht und Arbeitsrecht beeinflusst (Eichenhofer 2015, 89).

Das Recht auf Arbeit ist, durch systematischen Zusammenhang ausgewiesen, ein soziales und wirtschaftliches Recht (Welti 2015a, 17). Es ist gesellschaftlich gebunden und bedingt. Das Recht auf Arbeit setzt voraus, dass Erwerbsarbeit im Regelfall auf freiwilliger Übereinkunft zweier Seiten beruht. Primärer Adressat des Rechts auf Arbeit sind die Staaten, die es meist nicht unmittelbar durch Beschäftigung der Einzelnen im Staatsdienst oder durch verpflichtende Herstellung eines Arbeitsverhältnisses einlösen. Das ergibt sich nicht nur aus dem Kontext anderer geschützter Rechte, wie des Eigentums und der Berufsfreiheit, sondern auch aus der Einordnung der zu schaffenden Arbeit als einer frei gewählten. Das Recht auf Arbeit ist insofern ein Rechtsprinzip, keine strikte Regel. Es ist zu optimieren, kann aber nicht unbedingt in jeder Situation gleichermaßen gewährleistet werden. Insoweit unterscheidet es sich vom Recht auf das Existenzminimum, das zwar auch konkretisierungsbedürftig, aber im Kern ein unbedingtes Recht ist (Bundesverfassungsgericht – BVerfG – Urt. v. 10.2.2010, 1 BvL 1/09 u. a., BVerfGE 125, 175).

In der deutschen Rechtsordnung findet das Recht auf Arbeit seine Anknüpfung vor allem im Arbeitsförderungsrecht (SGB III), in der Grundsicherung für Arbeitsuchende (SGB II) und im Rehabilitationsrecht (SGB IX) sowie – in unterschiedlicher Ausprägung – in der staatlichen Finanz-, Beschäftigungs- und Konjunkturpolitik, die gemeinsam auf einen hohen Beschäftigungsstand und eine gute Beschäftigungsstruktur ausgerichtet sind (§ 1 Abs. 1 SGB III). Das Recht auf Arbeit wirkt im Verständnis der freien Berufswahl und Berufsausübung (Bryde 1984, 2177). In den Schutzbereich dieses Grundrechts sind die abhängige Arbeit und das Interesse an ihrer Aufrechterhaltung und freien Eingehung einbezogen. Das Recht die Bildung von Gewerkschaften und Arbeitgeberverbänden wird durch die Koalitionsfreiheit als Grundrecht geschützt (Art. 9 Abs. 3 GG), die auch die Gestaltung von Arbeitsbedingungen durch Tarifverträge umfasst. Im Übrigen werden die Arbeitsbedingungen durch das staatliche Arbeitsrecht gestaltet und geschützt.

2.2 Die UN-Behindertenrechtskonvention

Die UN-BRK wurde 2006 von der Generalversammlung der Vereinten Nationen beschlossen und kann seitdem von den Mitgliedstaaten ratifiziert werden. Bis heute (Stand: 26.1.2017) haben dies 168 Staaten getan, die Bundesrepublik Deutschland 2008, für die sie zum 26. März 2009 verbindlich geworden. Sie wurde 2010 auch von der Europäischen Union (EU) ratifiziert und hat daher eigenständige Geltung für das EU-Recht.

Die UN-BRK ist der Erkenntnis geschuldet, dass die Realisierung der Menschenrechte für Menschen mit Behinderungen auf besondere Schwierigkeiten stößt. Sie enthält zwar neue Regelungen, aber im Kern keine neuen Menschenrechte. Vielmehr konkretisiert sie die schon bisher durch den Zivilpakt und den Sozialpakt (auch für Menschen mit Behinderungen) gewährleisteten Rechte, so auch das Recht auf Arbeit, so dass Art. 27 UN-BRK eng mit Art. 6 Sozialpakt zusammenhängt. Da das Hauptanliegen der UN-BRK der volle und gleichberechtigte Genuss der Menschenrechte (Art. 1 UN-BRK) ist, ist sie ganz wesentlich ein Übereinkommen gegen Diskriminierung wegen Behinderung.

2.3 Völkerrecht, europäisches und deutsches Recht

Als völkerrechtlicher Vertrag bindet die UN-BRK zunächst die Vertragsstaaten, die gegenseitige und gemeinsame Mechanismen der Überwachung vereinbart haben. Fraglich ist, inwieweit sie auch soweit Geltung hat, dass sich Menschen, insbesondere solche mit Behinderungen, gegenüber den Vertragsstaaten auf sie berufen können. Einen Hinweis darauf, dass dies gewollt ist, gibt zunächst das von der Bundesrepublik Deutschland ebenfalls ratifizierte Zusatzprotokoll, das die Möglichkeit individueller Beschwerden an den zuständigen Ausschuss der Vereinten Nationen eröffnet. Im Übrigen bestimmt sich die innerstaatliche Wirksamkeit und Umsetzung eines völkerrechtlichen Vertrags nach dem innerstaatlichen Recht. Seine Normen sind nur dann unmittelbar anwendbar – so dass sich ein Mensch unmittelbar darauf berufen kann – wenn dies aus dem Text erkennbar ist und sie hinreichend konkret sind. Für Art. 27 UN-BRK wird dies nicht angenommen, wohl aber für das allgemeine Diskriminierungsverbot nach Art. 5 UN-BRK.

Die Verpflichtung, die UN-BRK umzusetzen, gilt jedoch nach Art. 4 Abs. 1 und Abs. 5 UN-BRK für Gesetzgebung, Verwaltung und Rechtsprechung, Bund und Länder gleichermaßen, so dass die deutschen Gesetze – auch des Arbeitsrechts und Sozialrechts – von ihnen möglichst so anzuwenden und auszulegen sind, dass sie geeignet sind, die Rechte aus der UN-BRK umzusetzen (vgl. Banafsche 2015a, 57; Uerpmann-Wittzack 2016, 29). Dies entspricht der auch vom BVerfG festgehaltenen Pflicht der Staatsorgane zur menschen- und völkerrechtsfreundlichen Auslegung des Rechts (BVerfG v. 14.10.2004, 2 BvR 1481/04, BVerfGE 111, 307). Da sich diese auch auf die Auslegung des Grundgesetzes erstreckt, sind die Grundrechte des Grundgesetzes möglichst im Einklang mit den von Deutschland ratifizierten Menschenrechtspakten auszulegen. Insofern können diese mittelbaren Verfassungsrang gewinnen, wenn und soweit sie die Grundrechte konkretisieren. Mit welcher Deutlichkeit dies geschieht, hängt wesentlich davon ab, ob und wie die Gerichte die UN-BRK aufgreifen (Nieding 2016; Welti 2016; Nebe 2014, 1, 9) und sie in der Rechtsvertretung genutzt wird (Tolmein 2015). Die UN-BRK wird im juristischen Diskurs von einigen Stimmen auch als ein im Wesentlichen politisches Dokument angesehen, das rechtlich bedeutungslos sei bzw. sein solle (Luthe 2016, 40, 45).

Die Ratifikation der UN-BRK durch die EU hat dazu geführt, dass der Europäische Gerichtshof (EuGH) sie zur Auslegung des EU-Rechts, namentlich der Gleichbehandlungsrahmenrichtlinie für Beschäftigung und Beruf heranzieht (vgl. EuGH v. 11.4.2013, C-335-11/337-11, Skouboe Werge). Dies hat wiederum Einfluss auf die Auslegung des die Richtlinie umsetzenden nationalen Rechts, in Deutschland insbesondere des Allgemeinen Gleichbehandlungsgesetzes (AGG).

2.4 Soziale Menschenrechte und Progressionsvorbehalt

Obwohl es sich um Rechtsnormen handelt, werden die sozialen Menschenrechte zum Teil so angesehen, als handele es sich vor allem um politische Programme (vgl. kritisch: Welti 2015a, 17). Ein Grund dafür ist der Progressionsvorbehalt, der für die wirtschaftlichen, sozialen und kulturellen Rechte in Art. 2 Abs. 1 Sozialpakt und in Art. 4 Abs. 2 UN-BRK festgeschrieben ist. Danach verpflichten sich die Vertragsstaaten unter Ausschöpfung ihrer verfügbaren Mittel nach und nach die volle Verwirklichung dieser Rechte zu erreichen. Damit werden der Prinzipiencharakter und die Ressourcenabhängigkeit der sozialen Rechte verdeutlicht, wie sie auch für soziale Teilhaberechte im deutschen Recht festgestellt sind (BVerfG v. 18.7.1972, 1 BvL 32/70 u.a., BVerfGE 33, 303). Die sozialen Rechte werden damit jedoch nicht unverbindlich. Der Progressionsvorbehalt soll vor allem der Situation der sich entwickelnden postkolonialen Staaten entgegenkommen. Für entwickelte und reiche Länder sollte er kein Grund sein, die sozialen Rechte hintan zu stellen. In Art. 4 Abs. 2 UN-BRK ist er zudem mit der Einschränkung versehen »unbeschadet derjenigen Verpflichtungen aus diesem Übereinkommen, die nach dem Völkerrecht sofort anwendbar sind.« Dies kann als Verweis auf die unmittelbare Anwendbarkeit insbesondere des Diskriminierungsverbots (Art. 5 UN-BRK) gesehen werden, das als bürgerliches und politisches Recht sofort anwendbar ist.

Das bedeutet: Die Vertragsstaaten bestimmen ihr jeweiliges Niveau der sozialen Rechte. Dieses ist aber ohne Diskriminierung für Menschen mit Behinderungen auszugestalten. Der Realisierungsgrad etwa des Rechts auf Arbeit darf nicht für Menschen mit Behinderungen niedriger sein als für andere Menschen. Angesichts der geringeren Erwerbsbeteiligung, verbreiteteren unterqualifizierten Beschäftigung und höheren Arbeitslosigkeit von Menschen mit Behinderungen ist damit die Herausforderung durch Art. 27 UN-BRK aufgezeigt.

2.5 Menschenrechte und Partizipation

Eine besondere Regelung enthält Art. 4 Abs. 3 UN-BRK, wonach die Vertragsstaaten bei der Ausarbeitung und Umsetzung von Rechtsvorschriften und politischen Konzepten zur Durchführung der UN-BRK und bei anderen Entscheidungen, die Menschen mit Behinderungen betreffen, mit den Menschen mit Behinderungen über die sie vertretenden Organisationen enge Konsultationen führen. Damit wird der Slogan ›Nicht über uns ohne uns‹ normativ übersetzt. In der deutschen Gesetzgebung ist hierfür die Beauftragte für die Belange behinderter Menschen zuständig (§ 18 Abs. 2 BGG). Zudem können Ministerien und Parlamente, wie in der Gesetzgebung zum BTHG (BT-Drs. 18/9522, 2, 190), Verbände konsultieren. Dabei wird jedoch auch das Spannungsverhältnis zwischen Menschenrechten und Demokratie deutlich: Entscheiden müssen die demokratisch legitimierten Institutionen. Betroffene Minderheiten, wie Menschen mit Behinderungen, müssen dazu gehört werden und Gelegenheit haben, auf ihre Lebenssituation und Rechte hinzuweisen.

Das Konsultations- und Partizipationsgebot setzt sich in der Verwaltung fort. Hier kann auf die beratenden Ausschüsse bei den Integrationsämter und bei der Bundesagentur für Arbeit sowie auf die Widerspruchsausschüsse in Angelegenheiten schwerbehinderter Menschen hingewiesen werden (§§ 103, 105, 119, 120 SGB IX; ab 1.1.2018: §§ 186, 188, 202, 203 SGB IX), in denen Verbände von Menschen mit Behinderungen vertreten sind. In der Eingliederungshilfe hingegen fehlt eine solche verbindliche Partizipation. Die dafür funktionalisierbare Regelung der Beteiligung sozial erfahrener Personen nach § 116 SGB XII wird sogar durch das BTHG für die Eingliederungshilfe ab 1.1.2020 außer Kraft gesetzt. Allerdings werden Verbände behinderter Menschen an Leistungserbringungsverträgen, auch mit den WfbM, beteiligt werden (§ 131 Abs. 2 SGB IX ab 1.1.2020).

Partizipation als Grundsatz weist über den öffentlichen Sektor hinaus. Dies wird im Schutz der Arbeitnehmer- und Gewerkschaftsrechte in Art. 27 Abs. 1 lit. c UN-BRK deutlich. Zur Partizipation gehört auch die Beteiligung an der Rehabilitation durch die Unterstützung durch andere Menschen mit Behinderungen (›peer support‹), wie sie in Art. 26 UN-BRK vorausgesetzt wird. Sie soll nach dem BTHG als unabhängige Beratung verstärkt gefördert werden (§ 32 SGB IX ab 1.1.2018; BT-Drs. 18/9522, 245 ff.).

2.6 Überwachung und Durchsetzung

Rechtsnormen unterscheiden sich von moralischen Normen durch ihre Verbindlichkeit und Durchsetzbarkeit. Diese ist bei Prinzipiennormen wie dem Recht auf Arbeit schwieriger als bei strikten Regeln. Nach Art. 33 Abs. 1 UN-BRK bestimmen die Vertragsstaaten eine Anlaufstelle, welche die Umsetzung koordiniert. Dies ist in Deutschland das Bundesministerium für Arbeit und Soziales (BMAS), was für das Recht auf Arbeit hinreichende Aufmerksamkeit erhoffen lässt. Nach Art. 33 Abs. 2 und 3 UN-BRK sollen unabhängige Mechanismen geschaffen werden, die auch die Zivilgesellschaft einschließen. Dies geschieht durch die Monitoring-Stelle beim Deutschen Institut für Menschenrechte (DIM).

Nach Art. 34–36 UN-BRK legen die Vertragsstaaten dem Ausschuss der UN für die Rechte von Menschen mit Behinderungen alle vier Jahre einen Bericht vor, den dieser prüft. im Rahmen der Prüfungen werden Bemerkungen verfasst (CRPD/C/DEU/CO/1 v. 17.4.2015). Die Berichte werden Gegenstand der innerstaatlichen Diskussion, etwa in Bezug auf Art. 27 UN-BRK durch ihre kritische Position zu den Werkstätten für Menschen mit Behinderungen (Weinreich 2016, 145). Nach dem Fakultativprotokoll befasst sich der Ausschuss zudem mit individuellen Beschwerden; die Prüfergebnisse übermittelt er dem Vertragsstaat. Diese Dokumente haben nicht die Bedeutung von Gerichtsentscheidungen. Sie können aber zur Interpretation der UN-BRK herangezogen werden.

Primärer Modus des Schutzes individueller Rechte aus der UN-BRK muss also das jeweils nationale Rechtsschutzsystem sein, innerhalb dessen jedenfalls in Deutschland die Gerichte die UN-BRK in methodisch vertretbarer Weise zur Interpretation des nationalen Rechts heranzuziehen haben (vgl. Nieding 2016; Welti 2016; Nebe 2014, 1, 9). Würde dieses im Widerspruch zur UN-BRK stehen, müssten die Gerichte prüfen, ob darin zugleich ein Verstoß gegen das Grundgesetz liegt. Dies könnte der Fall sein, weil das Gericht die UN-BRK nicht hinreichend zur Interpretation eines Grundrechts, z. B. des Benachteiligungsverbots wegen einer Behinderung, heranzieht oder weil es den Widerspruch zwischen nationalem Recht und ratifiziertem Völkervertragsrecht für rechtsstaatswidrig hielte. In diesen Fällen müsste das Gericht das Verfahren aussetzen und die Norm zur Überprüfung dem BVerfG vorlegen (Art. 100 Abs. 1 GG).

3 Grundbegriffe und Zusammenhänge

3.1 Behinderung

Nach Art. 1 Satz 2 UN-BRK zählen zu den Menschen mit Behinderungen Menschen, die langfristige körperliche, seelische, geistige oder Sinnesbeeinträchtigungen haben, welche sie in Wechselwirkung mit verschiedenen Barrieren an der vollen, wirksamen und gleichberechtigten Teilhabe an der Gesellschaft hindern können. Dieses Verständnis von Behinderung knüpft an die International Classification of Functioning, Disability and Health (ICF) der Weltgesundheitsorganisation an, die 2001 den fachlichen Konsens festhielt, dass Behinderung sich aus gesundheitlichen Beeinträchtigungen und Kontextfaktoren zusammensetzt. Mit dem BTHG wird § 2 Abs. 1 SGB IX, der für das deutsche Recht maßgebliche Behinderungsbegriff, vom 1.1.2018 an in der Formulierung an die UN-BRK angenähert werden (BT-Drs. 18/9522, 227). Dies könnte auch für die Feststellung des Status als schwerbehindert und für die Bedarfsfeststellung der Rehabilitationsträger von Bedeutung sein (vgl. Hirschberg 2016, 46). Allerdings verpflichtet auch § 13 SGB IX i. d. F. des BTHG diese von 2018 an noch nicht auf eine einheitliche Bedarfsfeststellung nach ICF-Kriterien (BT-Drs. 18/9522, 233).

Für das Arbeitsleben wird dem Grunde nach schon immer ein sozialer Behinderungsbegriff angenommen. Ob jemand behindert ist, lässt sich nicht alleine aus seiner gesundheitlichen Beeinträchtigung ablesen, sondern daran, ob diese beim jeweiligen Stand von Arbeitsumwelt und Arbeitsmarkt die Vermarktung und Vergesellschaftung der Arbeitskraft beeinträchtigt. Erst durch diese Auswirkung auf die individuelle und gesellschaftliche Notwendigkeit und Erwartung, an der gesellschaftlichen Arbeit teilzunehmen und auf diese Weise den Lebensunterhalt zu decken, wird aus einem Gesundheitsproblem eine sozial, politisch und rechtlich relevante Behinderung. Entsprechend wurden die Kontextfaktoren Arbeitsmarkt und Arbeitswelt stets beim Verständnis von Behinderung mitbedacht. Allerdings wurden diese etwa im Erwerbsminderungsrenten- und im Schwerbehindertenrecht vielfach als abstrakte Bedingungen des allgemeinen Arbeitsmarktes angesehen, so dass von konkreten persönlichen, regionalen oder konjunkturellen Faktoren abstrahiert wurde. Wenig überzeugend ist die Kritik, es handele sich beim Behinderungsbegriff der UN-BRK um einen sozialutopischen Begriff, der zu einer unangemessenen Ausweitung von Leistungsberechtigungen führen könne (so Luthe 2016, 40, 50).

Durch den EuGH und das Bundesarbeitsgericht (BAG) wurde zuletzt verdeutlicht, dass gesundheitliche Zustände zu Behinderungen werden können, wenn sie auf Grund diskriminierender Zuschreibungen und Erwartungen zu Benachteiligungen im Arbeitsleben führen, so im Falle von Adipositas (EuGH v. 18.12.2014, C 354/13, NJW 2015, 391) und von symptomloser HIV-Infektion (BAG v. 19.12.2013, 6 AZR 190/12, BAGE 147, 60). Das Bundessozialgericht (BSG) hat für chronische Krankheiten, hier Diabetes, aufgezeigt, dass die konkrete Behandlungslast zu Behinderungen führen kann (BSG v. 16.12.2014, B 9 SB 2/13 R, SozR 4-3250 § 69 Nr 18).

3.2 Gleichheit

Das gleiche Recht auf Arbeit ist im Lichte des Gleichheitsrechts nach Art. 5 UN-BRK zu betrachten. Dies konkretisiert für Menschen mit Behinderungen die Diskriminierungsverbote nach Art. 2 Abs. 2 Sozialpakt und kann zugleich der Interpretation des Benachteiligungsverbots nach Art. 3 Abs. 3 Satz 2 GG dienen. Es verpflichtet die Vertragsstaaten auf Gleichbehandlung (Art. 5 Abs. 1 UN-BRK) und fordert von ihnen, Privaten – auch Arbeitgebern – jede Art von Diskriminierung aufgrund Behinderung zu verbieten (Art. 5 Abs. 2 UN-BRK).

Die Vertragsstaaten verpflichten sich zu allen geeigneten Schritten, um die Bereitstellung angemessener Vorkehrungen (reasonable accommodation) zu gewährleisten (Art. 5 Abs. 3 UN-BRK). Dabei handelt es sich um Maßnahmen im Einzelfall, um die gleichberechtigte Ausübung von Menschenrechten zu gewährleisten (vgl. Art. 2 UN-BRK). Angemessene Vorkehrungen können etwa in der individuellen Anpassung von Arbeitsplätzen und Arbeitsmitteln bestehen. Schließlich wird klargestellt, dass positive Maßnahmen zur Herbeiführung der tatsächlichen Gleichberechtigung keine Diskriminierung sind (Art. 5 Abs. 4 UN-BRK). Solche Maßnahmen können z. B. in einer Beschäftigungsquote oder der bevorzugten Einladung zum Vorstellungsgespräch bestehen. Das Gleichheitsverständnis der UN-BRK orientiert sich an der Gleichheit im Ergebnis, nicht an formaler Gleichheit, die von unterschiedlichen Voraussetzungen abstrahiert. Damit ist es dem Phänomen Behinderung angemessen, bei dem häufig Gleichheit im Ergebnis erst durch eine Berücksichtigung von Verschiedenheit erreicht wird (Fuerst 2009).

3.3 Teilhabe

Teilhabe, ein weiterer Grundsatz der UN-BRK, verweist auf das Ziel gleicher Freiheiten und zugleich auf deren materielle Grundlagen und Voraussetzungen. Er schließt kulturelle und politische Teilhabe ein (vgl. Art. 29, 30 UN-BRK). Hierfür wird häufiger das letztlich synonyme ›Partizipation‹ verwendet. Teilhabe ist im deutschen Recht bereits durch das SGB IX als wesentlicher Begriff des Rechts der Menschen mit Behinderungen, auch das Arbeitsleben betreffend, eingeführt.

3.4 Selbstbestimmung

Selbstbestimmung ist ein in Art. 3 lit. a UN-BRK (offizielle Übersetzung ›Autonomie‹) und in § 1 SGB IX prominenter Grundsatz, der akzentuiert, dass ein Recht auf Arbeit ein Recht auf einen selbstgewählten Beruf und eine selbstgewählte Arbeitsstelle bedeutet. Dies wird sozialrechtlich im Wunsch- und Wahlrecht (§ 9 SGB IX) und der Berücksichtigung der Neigung deutlich (Banafsche 2016; Nebe 2014, 1, 6) und zeigt, dass alternativlose Angebote geschützter Beschäftigung keine adäquate Realisierung sind.

3.5 Inklusion und Integration

In vielen Diskussionen über die UN-BRK finden sich die Begriffe ›Inklusion‹ und ›Integration‹. Hier wird auch darauf abgestellt, ob in der veröffentlichten deutschen Übersetzung aus den verbindlichen Sprachen Englisch, Französisch, Spanisch, Arabisch und Chinesisch (Art. 50 UN-BRK) ein Grundsatz der Konvention richtig mit »*Einbeziehung in die Gesellschaft*« (Art. 3 lit. c UN-BRK) und das Attribut des Arbeitsmarkts in Art. 27 UN-BRK richtig mit ›*integrativ*‹ übersetzt worden ist. Österreich hat sich 2015 von der 2008 zwischen Deutschland, Österreich, der Schweiz und Liechtenstein konsentierten Übersetzung distanziert und diese Stellen mit ›*Inklusion*‹ und ›*inklusiv*‹ übersetzt. Die fraglichen Wörter lauten in Englisch ›*Inclusion*‹ und ›*inclusive*‹, in Französisch ›*Intégration*‹ und ›*favorisant l'inclusion*‹ und in Spanisch ›*Inclusión*‹ und ›*inclusivos*‹. Aus dieser unvollständigen Übersicht lässt sich erschließen, dass der richtige Gehalt im Feld beider Begriffe liegt und sich ein gewisses Übergewicht für ›Inklusion‹ und ›inklusiven Arbeitsmarkt‹ finden lässt.

Die gelegentliche Konstruktion beider Begriffe als Gegensätze oder einander ausschließende Paradigmen findet sprachlich keine Stütze. Unterschiedlich ist der Ausgangspunkt: Während Integration als Herstellung eines Ganzen definiert werden kann, ist Inklusion die Einbeziehung in ein Ganzes. Im menschenrechtlichen Kontext kennzeichnet Inklusion etwas klarer, dass es darum geht, jede einzelne Person in Gesellschaft und Arbeitsmarkt einzubeziehen. Andererseits kann Integration im Kontext der UN-BRK nicht anderes heißen, als dass ein Ganzes unter Einbeziehung von Menschen mit Behinderungen hergestellt wird. Inklusion und Integration weisen also ein Spannungsverhältnis auf (vgl. Wansing 2012, 93; 99). Die Aufladung der Begriffswahl mit der Frage, ob in dem Ganzen auch Sondereinrichtungen bestehen oder ob sich eher das Ganze oder eher die Einzelnen verändern müssten, lässt sich aus den Begriffen selbst nicht begründen. Sie wird auch der komplexen Dynamik nicht gerecht, mit der sich die Gesellschaft und ihre Subsysteme reproduzieren und verändern

3.6 Zugänglichkeit

Zugänglichkeit ist ein weiterer, in Art. 9 UN-BRK näher ausgeformter Grundsatz, der zugleich in Art. 27 UN-BRK auf den Arbeitsmarkt bezogen wird. Durch Zugänglichkeit der physischen Umwelt, von Transport, Information und Kommunikation sowie von

Einrichtungen und Diensten sollen unabhängige Lebensführung und Teilhabe ermöglicht werden. Während angemessene Vorkehrungen sich auf den Einzelfall beziehen, ist Zugänglichkeit generalisiert und präventiv (Welti 2015c). Sie soll Barrieren vermeiden und positive Kontextfaktoren schaffen. Art. 9 UN-BRK beschreibt die Maßnahmen der Vertragsstaaten als Feststellung und Beseitigung von Zugangshindernissen und -barrieren, die unter anderem für Arbeitsstätten gelten.

3.7 Arbeit und Beschäftigung

Diskutiert wird, was Arbeit im Sinne von Art. 27 UN-BRK ist. Im allgemeinen Sprachgebrauch ist Arbeit auch solche, die etwa als Eigenarbeit, Familienarbeit, Sorgearbeit oder Freiwilligenarbeit verrichtet wird. Wäre das Begriffsverständnis weiter, so könnten in die Gewährleistung auch solche Arbeitsformen aufgenommen werden. Dagegen spricht aber der enge Bezug im Text auf die Sicherung des Lebensunterhalts (wie in Art. 6 Sozialpakt) sowie auf den Arbeitsmarkt, die eindeutig auf Erwerbsarbeit hinweisen. Dagegen kann auch nicht die Doppelung mit »und Beschäftigung« in der Überschrift angeführt werden. Im deutschen Recht ist dies der sozialrechtliche Begriff (§ 7 SGB IV), im englischen Text ist von ›*Employment*‹ die Rede, was eindeutig auf Erwerbsarbeit bezogen ist.

Das Recht auf Arbeit hebt die Erwerbsarbeit heraus, ohne sie zu verabsolutieren (Brose 2016, 135, 140; Ritz 2016, 34, 39). Andere Formen von Arbeit sind etwa in Art. 23 UN-BRK (Achtung der Wohnung und der Familie), Art. 29 UN-BRK (Teilhabe am politischen und öffentlichen Leben) und Art. 30 UN-BRK (Teilhabe am kulturellen Leben sowie an Erholung, Freizeit und Sport) aufgehoben. Sozialpolitische und sozialwissenschaftliche Diskussionen über abnehmende Bedeutung der Erwerbsarbeit haben keine Entsprechung in der ökonomischen, politischen und gesellschaftlichen Empirie gefunden. Es wäre daher verfehlt – und mit Art. 27 UN-BRK nicht vereinbar – diese Bedeutung ausgerechnet für Menschen mit Behinderungen zu negieren.

Gleiche Rechte werden nicht durch die Schwere der gesundheitlichen Beeinträchtigung begrenzt. Insofern steht das Recht nach Art. 27 UN-BRK allen Menschen mit Behinderungen zu. Eine Begrenzung durch ein Mindestmaß wirtschaftlich verwertbarer Arbeitsleistung (§ 136 Abs. 2 Satz 2 SGB IX), wie sie auch mit dem BTHG beibehalten wird (ab 1.1.2018: § 219 Abs. 2 SGB IX), ist daher problematisch (Schumacher 2016; Wendt 2015). Arbeit ist ein gesellschaftlich kooperativer Prozess, an dem sich Menschen mit sehr unterschiedlichen Leistungen beteiligen. Erst wenn, auch unter Ausschöpfung von Zugänglichkeit und angemessenen Vorkehrungen, keine Kooperation möglich ist, kann auch keine Arbeit realisiert werden.

3.8 Arbeitsmarkt

Entsprechend ist der offene, integrative (oder inklusive) und für Menschen mit Behinderungen zugängliche Arbeitsmarkt ein zentraler Inhalt von Art. 27 UN-BRK. Für die Interpretation kommt es dabei nicht unwesentlich auf das politisch-ökonomische Vorverständnis vom Arbeitsmarkt an. Wird dieser im Wesentlichen als Markt gesehen, auf dem Angebot und Nachfrage über die Vermarktung von Arbeitskraft entscheiden, so sind Offenheit, Inklusivität und Zugänglichkeit letztlich dem Arbeitsmarkt fremde Attribute, die von außen an ihn herangetragen werden. Dieses Vorverständnis könnte auch zu Grunde liegen, wenn Beschäftigung von Menschen mit Behinderungen z. B. in Werkstätten als außerhalb des Arbeitsmarktes liegend angesehen wird.

Wird der Arbeitsmarkt hingegen von vornherein als regulierte soziale Institution angesehen, die nicht alleine von ökonomischen ›Marktgesetzen‹, sondern auch durch staatliche und tarifliche Regulierungen und sozialmoralische Verständnisse der Beteiligten konstituiert wird, ist es näher liegend, Offenheit, Inklusivität und Zugänglichkeit für Menschen mit Behinderungen in das gesellschaftliche Arrangement des Arbeitsmarktes aufzunehmen (Brose 2016, 135, 141; Weinreich 2016, 145, 149). Ein solches Verständnis würde auch dadurch befördert, dass Art. 27 UN-BRK das Verdienen des Lebensunterhalts durch Arbeit betont und damit nicht den Marktpreis, sondern die Reproduktionskosten der Arbeitskraft in den Mittelpunkt stellt.

3.9 Recht auf Bildung

Bildung erschöpft sich nicht in der Vorbereitung auf die Arbeitswelt. Gleichwohl ist die Ausbildung verwertbarer Arbeitskraft und die Positionierung in der arbeitsteiligen Gesellschaft eine der wichtigsten Funktionen des Bildungssystems. Das Recht auf Bildung auf der Grundlage der Chancengleichheit in einem integrativen (oder inklusiven) Bildungssystem nach Art. 24 UN-BRK ist daher eine der wichtigsten Voraussetzungen des Rechts auf Arbeit. Hierbei werden auch ausdrücklich die allgemeine Hochschulausbildung, Berufsausbildung und das lebenslange Lernen genannt (Art. 24 Abs. 5 UN-BRK), deren Bezug zu Arbeit und Beschäftigung noch deutlicher ist als bei der Primarbildung.

3.10 Rehabilitation

Neben der inklusiven Teilhabe an wichtigen Lebensbereichen und Systemen der Gesellschaft benennt Art. 26 UN-BRK auch Habilitation und Rehabilitation als diejenigen wirksamen und geeigneten Maßnahmen, um Menschen mit Behinderungen in die Lage zu versetzen, ein Höchstmaß an Unabhängigkeit und umfassende körperliche, geistige, soziale und berufliche Fähigkeiten zu erreichen. Damit wird deutlich, dass Rehabilitation kein Gegensatz zu einer menschenrechtsbasierten Behinderungspolitik ist, sondern funktional für die Voraussetzungen von Menschenrechten sein soll.

3.11 Recht auf angemessenen Lebensstandard und sozialen Schutz

Auch wenn der Sozialpakt und Art. 27 UN-BRK dem Recht auf Arbeit eine zentrale Rolle bei der Sicherung des Lebensunterhalts geben, wird doch eigenständig in Art. 9 und 11 Sozialpakt und in Art. 28 UN-BRK das Recht auf soziale Sicherheit bzw. sozialen Schutz und auf angemessenen Lebensstandard festgeschrieben, weil bei Eintritt bestimmter sozialer Risiken ergänzend oder ersetzend zur Erwerbsarbeit sozialstaatliche Sicherung erforderlich ist. Gerade für Menschen mit Behinderungen kann zeitweise oder insgesamt beeinträchtigungsbedingt Erwerbsarbeit nicht in Betracht kommen. In Deutschland ist dabei das Recht auf das Existenzminimum als aus dem Schutz der Menschenwürde abgeleitetes soziales Grundrecht anerkannt.

Mit der Formulierung »angemessener Lebensstandard« geht Art. 28 UN-BRK über den Schutz des Existenzminimums hinaus. Die Armutsbekämpfung wird in Art. 28 Abs. 2 lit. a–c UN-BRK mit einer gewissen Priorität herausgestellt. Mit dem Hinweis auf die »stetige

Verbesserung der Lebensbedingungen« wird jedoch ein nicht nur Armut bekämpfender Sozialstaat in Bezug genommen, der – etwa zur Altersversorgung (Art. 28 Abs. 2 lit. e UN-BRK) – auch die Bildung von Ersparnissen, Vermögen und Anwartschaften möglich macht und organisiert. Dies steht im Spannungsverhältnis zu Leistungen der Rehabilitation, die, wie in der Eingliederungshilfe, nur bei Einsatz des Arbeitseinkommens beansprucht werden können. Die durch das BTHG vorgesehene Anhebung der Freigrenzen greift dies auf (BT-Drs. 18/9522, 198; §§ 135 ff. SGB IX ab 1.1.2020), ohne das Problem abschließend zu lösen.

4 Verwirklichung

Art. 27 UN-BRK benennt, ohne Anspruch auf Vollständigkeit, Mittel, um die Verwirklichung des Rechts auf Arbeit zu sichern und zu fördern.

4.1 Diskriminierungsverbot

Nach langen Auseinandersetzungen wurde die Diskriminierung wegen einer Behinderung in allen Angelegenheiten im Zusammenhang mit einer Beschäftigung gleich welcher Art, einschließlich der Auswahl-, Einstellungs- und Beschäftigungsbedingungen, der Weiterbeschäftigung, des beruflichen Aufstiegs sowie sicherer und gesunder Arbeitsbedingungen 2006 durch §§ 1, 2, 7 AGG verboten. Damit ist ein gleiches Recht auf Arbeit festgeschrieben. Bei allen Auswahlentscheidungen, die den Zugang zu Erwerbsarbeit betreffen, darf Behinderung kein ausschließendes oder benachteiligendes Kriterium sein, es sei denn, dass dies wegen der Art der auszuübenden Tätigkeit oder ihrer Bedingungen eine wesentliche und entscheidende berufliche Anforderung ist (§ 8 Abs. 1 AGG). Dabei ist insbesondere auf alle Möglichkeiten angemessener Vorkehrungen zu achten, zu denen der Arbeitgeber verpflichtet ist und die, auch mit Hilfe von Rehabilitationsträgern und Integrationsamt, möglich sind (BAG v. 26.6.2004, 8 AZR 547/13, Behindertenrecht 2015, 92). Das Fehlen rechtlich gebotener Barrierefreiheit der Arbeitsstätte kann ein Indiz dafür sein, dass der Nicht-Zugang zu Arbeit diskriminierend ist.

4.2 Gleiches Recht auf gerechte und günstige Arbeitsbedingungen

Auch das gleiche Recht auf gerechte und günstige Arbeitsbedingungen (Art. 27 lit. b UN-BRK) ist Gegenstand des AGG. Damit wird auch verboten, eine geringere Vergütung für gleiche oder gleichwertige Arbeit wegen Behinderung zu vereinbaren, weil wegen Behinderung besondere Schutzvorschriften gelten (§ 8 Abs. 2 AGG). Dieser Gedanke spricht auch gegen besonders gesetzlich geregelte Erleichterungen z. B. der Befristung, wie sie nach wie vor für zuvor beschäftigungslose ältere Beschäftigte bestehen (§ 14 Abs. 3 TzBfG). Auch ist es denkbar, dass die Begrenzung öffentlicher Förderung, etwa des künftig bundesgesetzlichen Budgets für Arbeit, auf ein bestimmtes Entgeltniveau gleiche Arbeitsbedingungen bei gleicher Arbeit beeinträchtigt. Sehr problematisch ist in diesem Zusammenhang, dass die Beschäftigung in Werkstätten für Menschen mit Behinderungen kein vollwertiges Arbeitsverhältnis, sondern ein arbeitnehmerähnliches Rechtsverhältnis begründet (Wendt 2014, 59; Mrozynski 2016, 299, 306), auch nach dem BTHG (§ 221 SGB IX ab 1.1.2018). In dessen Rahmen gilt zwar der Arbeitsschutz, aber insbesondere nicht das Mindestlohngesetz. Es erscheint möglich, dass diese Gestaltung auch im Lichte der neueren Rechtsprechung des Europäischen Gerichtshofs nicht haltbar ist (EuGH, Urt. v. 26.9.2015 – C 316/13 – Fenoll, NZA 2015, 1444).

4.3 Gleiche Arbeitnehmer- und Gewerkschaftsrechte

Dass Menschen mit Behinderungen ihre Arbeitnehmer- und Gewerkschaftsrechte gleichberechtigt mit anderen ausüben können (Art. 27 lit. c UN-BRK), ist in Deutschland auch Gegenstand des Grundrechts aus Art. 9 Abs. 3 GG. Die individuelle und kollektive Rechtsausübung ist essentiell, damit gesetzliche Rechte auch im konkreten Arbeitsverhältnis verwirklicht werden. Für einzelne Menschen mit Behinderungen bedeutet dies zunächst, dass ihre gleiche Anerkennung vor dem Recht (Art. 12 UN-BRK) und ihr Zugang zur Justiz (Art. 13 UN-BRK) verwirklicht werden. Hierzu ist das Betreuungsrecht entsprechend auszugestalten und Beschäftigten unter rechtlicher Betreuung größtmögliche Freiheit und nötige Unterstützung zu geben (vgl. §§ 1903 Abs. 1 Satz 2, 113 BGB). In gerichtlichen Verfahren ist gegebenenfalls ein besonderer Vertreter zu bestellen (BAG v. 28.5.2009, 6 AZN 17/09, NJW 2009, 1665). Die Wahrnehmung der Arbeitnehmerrechte darf nicht an Prozessunfähigkeit scheitern. Für die Arbeitnehmerrechte ist auch essentiell, dass zu ihrer Durchsetzung ein niedrigschwelliger Rechtsweg besteht, wie er in Deutschland durch die Arbeitsgerichte und die Sozialgerichte (dazu Behrend 2015) gewährleistet ist.

Die Arbeitnehmerrechte werden innerbetrieblich auch durch und mit Hilfe des Betriebsrats oder Personalrats wahrgenommen. Hier ist zunächst wichtig, dass diesem ein entsprechender ausdrücklicher Auftrag erteilt ist (§§ 75 Abs. 1, 80 Abs. 1 Nr. 4 BetrVG). Die allgemeine Interessenvertretung ist notwendig, um behinderungsgerechte Arbeitsbedingungen zu konkretisieren und durchzusetzen (Nassibi 2012, 720). Behinderungsbedingter Aufwand bei der Betriebsratsarbeit ist auszugleichen und die Betriebsratswahl barrierefrei durchzuführen (Kohte 2013, 110).

Der Gedanke eigener Partizipation von Menschen mit Behinderungen wird im deutschen Recht durch die Schwerbehindertenvertretung (SBV, § 95 SGB IX; ab 1.1.2018 § 178 SGB IX) ausgefüllt, die mit Betriebsrat und Arbeitgeber zusammenarbeitet und die Interessen schwerbehinderter Menschen vertritt. Die SBV übernimmt im deutschen Recht als besondere Interessenvertretung eine wichtige Funktion bei der Durchsetzung individueller Rechte und der Barrierefreiheit der Arbeitsplätze (Groskreutz/Welti 2016, 105).

Die Beschränkung der SBV auf Schwerbehinderte ist mit Blick auf die größere Anzahl beeinträchtigter Menschen im Arbeitsverhältnis nicht unproblematisch. Sie wird aber z. B. beim Betrieblichen Eingliederungsmanagement (§ 84 SGB IX; ab 1.1.2018 § 167 SGB IX) und bei der Inklusionsvereinbarung (§ 83 SGB IX; ab 1.1.2018 § 166 SGB IX) bereits durchbrochen. Das BTHG hat Verbesserungen für die SBV gebracht, insbesondere eine Unwirksamkeitsregelung bei Kündigungen ohne ihre Beteiligung (§ 95 Abs. 2 S. 3 SGFB IX; ab 1.1.2018: § 179 Abs. 2 S. 3 SGB IX, BT-Drs. 18/10523, 64). Problematisch ist wiederum das geminderte Partizipationsniveau bei Beschäftigten der WfbM, für die Werkstatträte (§ 139 SGB IX; ab 1.1.2018 § 222 SGB IX) eingerichtet sind, für die aber das BetrVG nicht gilt.

Die Beteiligung an Gewerkschaften ist, selbst bei Bestehen einer rechtlichen Betreuung, für Menschen mit Behinderungen möglich. Es ist grundsätzlich deren Aufgabe, die Bedingungen für Mitgliedschaft und Mitarbeit festzulegen. Die meisten Gewerkschaften beziehen sich in ihren Satzungen positiv auf die Beteiligung von Menschen mit Behinderungen und deren betriebs- und sozialpolitische Interessenvertretung. Für die Zugänglichkeit der Gewerkschaftsarbeit sind sie selbst verantwortlich. Angemessene Vorkehrungen, etwa nötige Assistenz für Gewerkschaftsarbeit, sollten den Leistungen zur Teilhabe am Arbeitsleben zugeordnet werden, zumal der Umfang von Leistungen zur sozialen Teilhabe, mit denen bürgerschaftliches Engagement unterstützt wird, begrenzt ist (ab 1.1.2018 § 78 Abs. 5 SGB IX).

4.4 Arbeitsförderung

Menschen mit Behinderungen sollen wirksamen Zugang zu allgemeinen fachlichen und beruflichen Beratungsprogrammen, Stellenvermittlung sowie Berufsausbildung und Weiterbildung haben (Art. 27 lit. d UN-BRK). Damit ist das Spektrum derjenigen Leistungen angesprochen, die über das SGB III – Arbeitsförderung – oder SGB II – Grundsicherung für Arbeitsuchende – geleistet werden. Deren allgemeine Leistungen müssen diskriminierungsfrei angeboten werden und dürfen Diskriminierungen von Arbeitgebern bei der Bewerbersuche nicht unterstützen (§ 33c SGB I; § 36 Abs. 2 SGB III). Sie können als allgemeine Leistungen zur Teilhabe (§ 115 SGB III) frei von versicherungsrechtlichen Voraussetzungen und Bedürftigkeitsprüfungen geleistet werden. Dies ist auch notwendig, da mit dem BTHG die Träger der Eingliederungshilfe für dieses Leistungsspektrum nicht mehr verantwortlich sein sollen (§ 111 SGB IX ab 1.1.2020; § 140 SGB XII ab 1.1.2018). Wichtig ist umso mehr, dass die Bundesagentur als Rehabilitationsträgerin und Trägerin der Arbeitsvermittlung sich nicht an der leistungsrechtlichen Grenze der Erwerbsfähigkeit (§ 8 SGB II) orientiert, sondern allen Menschen mit Behinderungen offensteht.

4.5 Individuelle Förderung

Die Vertragsstaaten sollen für Menschen mit Behinderungen Beschäftigungsmöglichkeiten und beruflichen Aufstieg auf dem Arbeitsmarkt sowie die Unterstützung bei der Arbeitssuche, beim Erhalt und bei der Beibehaltung eines Arbeitsplatzes und beim beruflichen Wiedereinstieg fördern (Art. 27 lit. e UN-BRK). Diese Aufgaben sind in Deutschland den Rehabilitationsträgern Unfallversicherung, Versorgungsamt, Rentenversicherung und Bundesagentur für Arbeit (§§ 6, 6a, 33 SGB IX) sowie den Integrationsämtern (§ 102 SGB IX; ab 1.1.2018 § 185 SGB IX) zugewiesen.

Problematisch ist dabei wiederum, ob diese Förderung auch für solche Personen hinreichend zur Verfügung steht, die als nicht geeignet für den allgemeinen Arbeitsmarkt gelten (§ 8 SGB II; § 43 SGB VI). Diese Kategorisierung mag notwendig für den Zugang zu Renten und zu Grundsicherungsleistungen für Erwerbsgeminderte sein, ist aber als Schranke für den Zugang zu Unterstützung auf dem Arbeitsmarkt mit dem Recht auf Arbeit für Menschen mit Behinderungen kaum vereinbar.

Der Ausschuss der Vereinten Nationen hatte über die Individualbeschwerde im Fall Gröninger zu entscheiden (vgl. Nebe/Giese 2015). Hier hatte ein junger Mann mit Beeinträchtigungen keinen Lohnkostenzuschuss beantragen können, weil das Antragsrecht nur Arbeitgebern zusteht. Er machte geltend, die Bundesagentur habe versucht, ihn in eine WfbM und in die Zuständigkeit der Eingliederungshilfe abzuschieben. Der Ausschuss sah darin eine Verletzung von Art. 27 UN-BRK und führte aus, dass die bürokratischen Schwierigkeiten im deutschen System in Diskriminierung umschlagen könnten.

Die Schwierigkeiten von Personen im Randbereich der Erwerbsfähigkeit, auf dem allgemeinen Arbeitsmarkt außerhalb von WfbM tätig zu werden, sollen durch das Budget für Arbeit, einen Lohnkostenzuschuss, gemildert werden, das nach dem BTHG vom 1.1.2018 an als bundesgesetzliche Leistung verfügbar sein soll (§ 61 SGB IX ab 1.1.2018, BT-Drs. 18/9522, 255).

4.6. Förderung selbstständiger Tätigkeit

Die Vertragsstaaten sollen auch Möglichkeiten für Selbstständigkeit, Unternehmertum, die Bildung von Genossenschaften und die Gründung eines eigenen Geschäfts fördern (Art. 27 lit. f UN-BRK). Diese Bereiche haben besondere Bedeutung angesichts des Arbeitsmarkts der sich entwickelnden Länder. Sie können aber auch in Deutschland bedeutsam sein, auch zur Weiterentwicklung eines Sektors sozialer Unternehmen. Die Förderung der Selbstständigkeit ist Gegenstand des Arbeitsförderungs- und Rehabilitationsrechts (§ 33 Abs. 3 Nr. 6 SGB IX; ab 1.1.2018 § 49 Abs. 3 Nr. 6 SGB IX). Sie wird auch vom Integrationsamt unterstützt.

4.7 Beschäftigung im öffentlichen Sektor

Traditionell hat der öffentliche Sektor eine hohe Bedeutung bei der Beschäftigung behinderter Menschen. Dies wird auch deutlich durch die auf 6% erhöhte Beschäftigungsquote (§ 159 Abs. 1 SGB IX; ab 1.1.2018 § 241 Abs. 1 SGB IX), die stärkere Einhaltung der gesetzlichen Quote und die Pflicht zur Einladung zum Vorstellungsgespräch (§ 82 SGB IX; ab 1.1.2018 § 165 SGB IX). Durch die Zunahme befristeter und anderweitig prekärer Beschäftigung im öffentlichen Sektor sowie formelle oder materielle Privatisierung gerade einfacher Arbeiten (z. B. Stadtreinigung) werden jedoch die Vorreiterrolle des öffentlichen Sektors und deren Wirksamkeit für den Arbeitsmarkt zunehmend in Frage gestellt.

4.8 Positive Maßnahmen und Anreize im privaten Sektor

Die Förderung der Beschäftigung von Menschen mit Behinderungen im privaten Sektor durch positive Maßnahmen und Anreize (Art. 27 Abs. 1 lit. h UN-BRK) gehört seit fast 100 Jahren zur deutschen Rechtsordnung. Derzeit beträgt die Beschäftigungsquote schwerbehinderter Menschen für Unternehmen ab 20 Beschäftigten 5%, wobei besonders stark betroffene Menschen und die Ausbildung höher gewichtet werden (§§ 71, 72, 76 SGB IX; ab 1.1.2016 § 154, 155, 159 SGB IX). Die Beschäftigung schwerbehinderter Menschen wird durch begleitende Hilfen im Arbeitsleben der Integrationsämter (§ 102 SGB IX; ab 1.1.2018 § 185 SGB IX) und Leistungen der Rehabilitationsträger (§ 34 SGB IX, ab 1.1.2018 § 50 SGB IX) unterstützt. Wird die Beschäftigungsquote nicht erfüllt, ist eine Ausgleichsabgabe zu zahlen, die je nach Erfüllungsgrad der Quote monatlich zwischen 125 € und 320 € beträgt. Die eingenommenen Mittel werden für die Arbeit der Integrationsämter aufgewandt.

Ob und wie diese Anreize zielführend und hinreichend sind, ist umstritten. Ein moralischer Reflex, der die Ausgleichsabgabe als ›freikaufen‹ kritisiert, führt nicht weit. Wer so argumentiert, müsste wirksamere Mittel benennen und konkretisieren, etwa eine Zwangseinstellung oder ein Sich-Verlassen auf Freiwilligkeit. Ernsthafter ist eine Diskussion über die angemessene Höhe der Ausgleichsabgabe und deren noch genauere Zuschneidung auf diejenigen schwerbehinderten Menschen, für die auf dem allgemeinen Arbeitsmarkt besondere Barrieren bestehen. Beschäftigungspflicht ist nicht nur Vertragsabschlusspflicht (Deinert 2015, 119, 125). Ihre Überwachung ist bislang defizitär (Düwell 2011, 27, 30). Auch ist zu diskutieren, wie mit damit umzugehen ist, dass nicht alle für Erwerbsarbeit in Betracht kommenden beeinträchtigten Personen als schwerbehindert anerkannt sind.

4.9 Angemessene Vorkehrungen am Arbeitsplatz

Die Vertragsstaaten sind verpflichtet sicherzustellen, dass angemessene Vorkehrungen am Arbeitsplatz getroffen werden (Art. 27 Abs. 1 lit. i UN-BRK; vgl. Nebe 2014, 1, 3). Diese Verpflichtung gilt im Rahmen des EU-Rechts bereits seit 2000 (Art. 5 RL 2000/78/EG), so dass heute schon ein internationaler Vergleich der Implementation möglich ist (Ferri/Lawson 2016). Sie wird mit der Pflicht zu behinderungsgerechten Arbeitsplätzen, Arbeitszeiten und Arbeitsbedingungen vor allem im Schwerbehindertenrecht umgesetzt (§ 81 Abs. 3–5 SGB IX; ab 1.1.2018 § 164 Abs. 3–5 SGB IX). Für andere behinderte Beschäftigte ist sie im Rahmen des allgemeinen Arbeitsrechts umsetzbar (AGG, § 618 BGB). Um dies zu konkretisieren, können Betriebsvereinbarungen und Inklusionsvereinbarungen genutzt werden.

4.10 Förderung der Arbeitserfahrung

Nach Art. 27 Abs. 1 lit. j UN-BRK soll das Sammeln von Arbeitserfahrung auf dem allgemeinen Arbeitsmarkt durch Menschen mit Behinderungen gefördert werden. Diese Regelung zielt ersichtlich auf solche Personen, die bislang vom allgemeinen Arbeitsmarkt ausgeschlossen sind. Entsprechende Regelungen bestehen neben den schon genannten Instrumente bereits bisher in den Eingliederungszuschüssen an Arbeitgeber (§ 34 Abs. 1 S. 1 Nr. 2 SGB IX; ab 1.1.2018 § 50 Abs. 1 S. 1 Nr. 2 SGB IX), der Unterstützten Beschäftigung (§§ 38a, 102 Abs. 3a SGB IX; ab 1.1.2018 §§ 55, 185 Abs. 4 SGB IX). Sie sollen durch das Budget für Arbeit nach dem BTHG verstärkt werden und insgesamt auf ihre Wirksamkeit überprüft werden (Nebe/Giese 2015).

4.11 Berufliche Rehabilitation

Die Vertragsstaaten sind verpflichtet, Programme für die berufliche Rehabilitation, den Erhalt des Arbeitsplatzes und den beruflichen Wiedereinstieg für Menschen mit Behinderungen zu fördern (Art. 27 Abs. 1 lit. k UN-BRK). Dies steht im Zusammenhang zu Art. 26 UN-BRK. Damit wird darauf hingewiesen, dass diese Programme die Unterstützung durch andere Menschen mit Behinderungen einschließen (›peer support‹) und so gemeindenah wie möglich zur Verfügung stehen sollen, auch in ländlichen Gebieten.

Dies verdeutlicht, dass bisherige Konzepte, die vor allem auf zentrale Einrichtungen setzen, einer Ergänzung und Transformation bedürfen. Das geltende Recht ist für eine möglichst betriebs- und gemeindenahe Rehabilitation offen (§§ 19 Abs. 2, 35 Abs. 2 SGB IX). Für den beruflichen Wiedereinstieg nach längerer Arbeitsunfähigkeit ist insbesondere die stufenweise Wiedereingliederung (§ 28 SGB IX) zu erwähnen (Nebe 2016).

4.12 Geschützte Beschäftigung und allgemeiner Arbeitsmarkt

Bemerkenswert ist, dass Art. 27 UN-BRK keine Aussagen zu geschützter Beschäftigung enthält, wie sie in Deutschland in den WfbM und in anderen Staaten in anderen Formen realisiert ist. Der UN-Ausschuss hat jedoch in seinen abschließenden Bemerkungen zum deutschen Staatenbericht kritisiert, dass die Werkstätten vom allgemeinen Arbeitsmarkt abgeschlossen sind, der Übergang auf den Arbeitsmarkt durch Fehlanreize verhindert wird und WfbM es nicht schaffen, Beschäftigte auf den allgemeinen Arbeitsmarkt vorzubereiten. Der Ausschuss empfiehlt daher, Beschäftigungsmöglichkeiten in zugänglichen Arbeitsplätzen zu schaffen, Werkstätten auslaufen zu lassen (›*phasing out with immediately enforceable exit strategies*‹), sicherzustellen, dass soziale Sicherung und Rentenversicherung nicht an WfbM gebunden werden und Daten über die Zugänglichkeit von Arbeitsplätzen auf dem allgemeinen Arbeitsmarkt zu sammeln.

Aus den Empfehlungen wird deutlich, dass die Zugänglichkeit von Arbeitsmarkt und Arbeitsbedingungen nicht im engen Sinne der Barrierefreiheit nach der Arbeitsstättenverordnung, sondern umfassender als eine Offenheit von betrieblichen und Arbeitsmarktstrukturen zu verstehen ist, die auch solche Menschen einschließt, die in der traditionellen Systematik des deutschen Rechts als außerhalb des allgemeinen Arbeitsmarkts stehend angesehen werden. Damit wird die durch § 136 Abs. 1 SGB IX (ab 1.1.2018 § 219 Abs. 1 SGB IX) definierte Funktionsbeschreibung der WfbM in Frage gestellt, wonach diese Einrichtungen für Personen sind, »die wegen Art oder Schwere der Behinderung nicht, noch nicht oder noch nicht wieder auf dem allgemeinen Arbeitsmarkt beschäftigt werden können.« Aus einem solchen Verständnis der WfBM bedarf es ›exit strategies‹. Diese werden jedoch voraussichtlich nicht in der Schließung der WfbM bestehen können, zumal viele Beschäftigte sich in vielen Jahren an diese gewöhnt haben und sie zum Teil auch schätzen. Auch erscheint es nicht angemessen, im Sinne eines »gleichen Rechts auf Arbeitslosigkeit« auf eine wachsende Zugänglichkeit des Arbeitsmarkts zu vertrauen und das gegenwärtige hohe Niveau von Zugang zu geschützter Beschäftigung und sozialer Sicherheit einseitig zu senken (Becker 2016; Trenk-Hinterberger 2015, 652, 656). Viele Menschen mit Behinderungen sind besonders dadurch gefährdet, dass Arbeitslosigkeit auch zu sozialer Exklusion führt und sich verfestigt. Kritische Analysen zeigen, dass die gegenwärtige Rolle der WfbM in weitere Exklusionsmechanismen des Bildungssystems und Arbeitsmarkts eingebettet ist (Beck 2015) und es an empirischer Fundierung von Strategien fehlt (Ritz 2016).

Erforderlich sind daher eine Transformation der WfbM in soziale Unternehmen, die Menschen mit Behinderungen Zugang zum Arbeitsmarkt verschaffen und die Schaffung verschiedener Optionen des Arbeitsmarktzugangs und Arbeitsumfelds für Menschen mit Behinderungen, auch wenn diese als nicht erwerbsfähig gelten (Brose 2016, 135, 143; Weinreich 2016, 145, 148; Nicklas-Faust 2016, 201, 207; Ritz 2016, 34; Mrozynski 2016, 299, 306; Trenk-Hinterberger 2015, 652, 658; Finke 2010, 46). Ziel muss sein, dass die Arbeit in einer WfbM – insbesondere in einer bestimmten WfbM – nicht einziger und alternativloser Zugang zu Arbeit und Beschäftigung ist. Das Sozialrecht enthält dazu mit den Integrationsprojekten (§ 132 SGB IX: ab 1.1.2018 Inklusionsbetriebe, § 215 SGB IX) eine Form, in der den Menschen mit Behinderungen in einem Anteil von zwischen 25 und 50% in richtigen Arbeitsverhältnissen beschäftigt werden. Zur Beschäftigung in anderen Betrieben und Verwaltungen werden die Unterstützte Beschäftigung (§ 38a SGB IX) und das von 2018 an bundesweit verfügbare Budget für Arbeit stärker genützt werden müssen (Ritz 2016, 34, 45; Wuschech/Bruère/Beyer 2016, 10).

Ein wichtiger Treiber der Veränderung könnte die arbeitsrechtliche Gleichstellung der Menschen in WfbM mit anderen Arbeitgebern sein. Dies würde insbesondere bedeuten, das Mindestlohngesetz anzuwenden, was auch in anderen Staaten in geschützter Beschäftigung geschieht (Weinreich 2016, 145, 151). Damit würde das Einkommen von WfbM-Beschäftigten erhöht, dessen Aufstockung durch Arbeitsförderungsgeld, Grundsicherung für dauerhaft Erwerbsgeminderte und Erwerbsminderungsrente wäre weniger erforderlich. Allerdings wäre vermutlich in vielen Fällen ein dauerhafter Lohnkostenzuschuss notwendig, um fehlende Produktivität der Arbeitskraft auszugleichen.

Neu geordnet werden müsste auch die sozialrechtliche Stellung der WfbM-Beschäftigten. Gegenwärtig vermittelt die WfbM-Beschäftigung den Zugang zu allen Zweigen der Sozialversicherung außer der Arbeitslosenversicherung. Die Sicherung für das Alters-, Erwerbsminderungs- und Hinterbliebenenrisiko in der gesetzlichen Rentenversicherung erfolgt mit steuerfinanzierten Beiträgen des Bundes, durch die sie so gestellt werden, als verdienten sie 80% des Durchschnittseinkommens der Rentenversicherten (§§ 162 Nr. 2a, 168 Abs. 1 Nr. 2, 2a SGB VI). Nach 20 Jahren WfbM-Beschäftigung können sie zusätzlich zu dieser eine Erwerbsminderungsrente in Anspruch nehmen. Diese Regelung schafft für die zweite Lebenshälfte, also typischerweise nach Ende elterlichen Unterhalts, eine nicht bedürftigkeitsgeprüfte Einkommensquelle und kann Altersarmut vermeiden helfen. Problematisch ist aber, dass diese Regelung an den Beschäftigungsort WfbM oder Integrationsprojekt/Inklusionsbetrieb gebunden ist. Erforderlich wäre eine Regelung, die unabhängig vom Beschäftigungsort hinreichende soziale Sicherung für diejenigen Personen gewährleistet, die behinderungsbedingt nur niedrige Erwerbseinkommen erreichen. Mit einem existenzsichernden Mindestlohn sowie mit einer Rentenreform, die den sozialen Ausgleich für niedrigere Einkommen stärkt, wäre eine solche Reform realistisch.

4.13 Fürsorge und Sozialversicherung

Ein wesentlicher Gegenstand der strittigen Diskussion um das BTHG war die Frage, wieweit der Anspruch der Reform eingelöst wurde, die Leistungen der bisherigen Eingliederungshilfe aus dem Fürsorgesystem herauszulösen (BT-Drs. 18/9522, 2, 190). Die für Art. 27 UN-BRK relevanten Sozialleistungen betrifft dies unmittelbar beim Arbeitsbereich der WfbM. Diese Leistungen zur Teilhabe am Arbeitsleben werden im Wesentlichen durch die Träger der Eingliederungshilfe geleistet. Sie sind damit – vor dem BTHG wie danach – grundsätzlich von der Bedürftigkeit, also einer Prüfung von Einkommen, Vermögen und vorrangigen Sozialleistungen, abhängig. Dagegen sind die Leistungen im Berufsbildungsbereich der WfbM der Bundesagentur für Arbeit zugeordnet.

Öffentliche Fürsorge im Sinne der Kompetenznorm Art. 74 Abs. 1 Nr. 7 GG sind alle Sozialleistungen, die nicht der Sozialversicherung, der Ausbildungsbeihilfe oder der Kriegsopferversorgung zuzuordnen sind. Zu ihnen gehören also auch die Leistungen der Integrationsämter und des Jugendamts. Diese Beispiele zeigen, dass die Bedürftigkeitsprüfung keine notwendige Voraussetzung für Fürsorge ist. Auch die Leistungen zur Teilhabe am Arbeitsleben der Bundesagentur sind keine klassischen Sozialversicherungsleistungen, da sie nicht an einen Versicherungsstatus oder Vorversicherungszeiten gebunden sind. Eine leistungsrechtliche Zuordnung nach der Logik eines steuer- oder abgabefinanzierten Nachteilsausgleichs ist also rechtlich und sozialpolitisch möglich.

Diese Frage weist über die unmittelbar arbeitsbezogenen Leistungen hinaus auf die Leistungen zur Teilhabe am Leben in der Gemeinschaft (ab 2018: Leistungen zur sozialen Teilhabe) und der Hilfe zur Pflege. Werden nämlich Arbeitseinkommen behinderter Menschen oder Ersparnisse daraus bei der Einkommens- und Vermögensprüfung wegen solcher existenznotwendiger Leistungen herangezogen, so wirkt dies entmutigend für die Inanspruchnahme des Rechts auf Arbeit. Wenn auch für Menschen mit Behinderungen gelten soll, dass Leistung sich lohnen und in einem besseren Lebensstandard und einer höheren Altersvorsorge sich niederschlagen soll, kann die Anrechnung als Verstoß gegen das Recht auf angemessenes Einkommen und sozialen Schutz nach Art. 28 UN-BRK gesehen werden. Insoweit sind die erhöhten Einkommens- und Vermögensfreibeträge in der Eingliederungshilfe Schritte auf dem Weg zur gleichberechtigten Teilhabe, sie erreichen dieses Ziel jedoch noch nicht.

5 Ausblick

Wenn der Staat, die kollektiven und individuellen Akteure des Arbeitsmarktes, Gewerkschaften, Verbände und Unternehmen sowie die Fachkräfte der Rehabilitation mit den Menschen mit Behinderungen über die Voraussetzungen eines zugänglichen Arbeitsmarktes und Arbeitsumfeldes im Diskurs sind und zusammenwirken, um die nötigen Informationen zu sammeln, mit denen Barrieren und fördernde Faktoren erkannt werden können (Art. 31 UN-BRK), trägt die Debatte über Art. 27 UN-BRK selbst zur Bewusstseinsbildung (Art. 8 UN-BRK) und damit zu einer der Voraussetzungen des gleichen Rechts auf Arbeit bei. Dabei ist auch die Forschung partizipativ auszugestalten (Weber 2016, 78; 83).

Dieser Diskurs kann zur Erkenntnis beitragen, dass der Arbeitsmarkt kein der menschlichen Einwirkung entzogener Schicksalsprozess, sondern eine politisch gestaltbare soziale Institution ist, mit der Produktivität, Freiheit und soziale Rechte in Einklang miteinander gebracht werden sollen. Ein universelles Design des Arbeitsmarktes kann dabei Menschen mit und ohne Beeinträchtigungen nutzen.

Literatur

Banafsche, Minou: Die internationalen Menschenrechte und das deutsche Recht – ein Überblick. In: Minou Banafsche/Hans-Wolfgang Platzer (Hg.): *Soziale Menschenrechte und Arbeit.* Baden-Baden 2015a, 57–88.

Banafsche, Minou: Personalisierung: Wunsch- und Wahlrecht. Am Beispiel der Teilhabe am Arbeitsleben. In: *Schriftenreihe des Deutschen Sozialrechtsverbandes* (SDSRV) Bd. 66 (2016), 157–194.

Beck, Iris: Unterstützte oder geschützte Beschäftigung? Vielfalt, Angemessenheit und Nutzen beruflicher Eingliederung – Eignung als Exklusionsfaktor? In: Ulrich Becker/Elisabeth Wacker/Minou Banafsche (Hg.): *Homo faber disabilis? – Teilhabe am Erwerbsleben.* München 2015, 65–81.

Becker, Uwe: Erster Arbeitsmarkt statt Werkstatt? Zur Diskussion um die Inklusion von Menschen mit Behinderungen. In: *Archiv für Wissenschaft und Praxis der sozialen Arbeit* Nr. 4 (2016), 56–63.

Behrend, Nicola: Bedeutung einer eigenständigen Sozialgerichtsbarkeit für die Durchsetzung und Fortentwicklung der sozialen Menschenrechte. In: Minou Banafsche/Hans-Wolfgang Platzer (Hg.): *Soziale Menschenrechte und Arbeit.* Baden-Baden 2015, 179–184.

Brose, Wiebke: Das Recht auf Arbeit behinderter Menschen nach Art. 27 UN-BRK. In: Karl-Jürgen Bieback/Christoph Bögemann/Gerhard Igl/Felix Welti (Hg.): *Der Beitrag des Sozialrechts zur Realisierung des Rechts auf Gesundheit und des Rechts auf Arbeit für behinderte Menschen.* Berlin 2016, 135–144.

Bryde, Brun-Otto: Artikel 12 Grundgesetz – Freiheit des Berufs und Grundrecht der Arbeit. In: *Neue Juristische Wochenschrift* 37/39 (1984), 2177–2184.
Deinert, Olaf: Die Beschäftigungspflicht der Arbeitgeber und ihre praktische Wirksamkeit. In: Ulrich Becker/Elisabeth Wacker/Minou Banafsche (Hg.): *Homo faber disabilis? – Teilhabe am Erwerbsleben*. München 2015, 119–138.
Eichenhofer, Eberhard: Recht auf Arbeit im aktivierenden Wohlfahrtsstaat – internationale Garantie und inländisches Recht. In: Wolfgang Däubler/Reingard Zimmer (Hg.): *Arbeitsvölkerrecht – Festschrift für Klaus Lörcher*. Baden-Baden 2013, 203–216.
Eichenhofer, Eberhard: Soziale Menschenrechte und deutsches Sozialrecht. In: Minou Banafsche/Hans-Wolfgang Platzer (Hg.): *Soziale Menschenrechte und Arbeit*. Baden-Baden 2015, 89–102.
Ferri, Delia/Lawson, Anna: *Reasonable accommodation for disabled people in employment – A legal analysis of the situation in EU member States, Iceland, Liechtenstein and Norway*. Brussels 2016.
Fuerst, Anna-Miria: *Behinderung zwischen Diskriminierungsschutz und Rehabilitationsrecht – Ein Vergleich zwischen Deutschland und den USA*. Baden-Baden 2009.
Düwell, Franz Josef: Zugang zum Arbeitsmarkt und Beschäftigungsfähigkeit behinderter Menschen. In: *Vierteljahresschrift für Sozialrecht (VSSR)* (2011), 27–36.
Finke, Bernd: Reform der Eingliederungshilfe – Warum muss auch das Werkstättenrecht weiterentwickelt werden? In: *Behindertenrecht* 49/2 (2010), 46–52.
Groskreutz, Henning/Welti, Felix: Betriebliche Barrierefreiheit als Aufgabe der Schwerbehindertenvertretung. In: *Arbeit und Recht* Nr. 3 (2016), 105–108.
Hirschberg, Marianne: Welche Bedeutung hat das Behinderungsverständnis der ICF für die Erhebung von Teilhabebedarfen? In: Markus Schäfers/Gudrun Wansing (Hg.): *Teilhabebedarfe von Menschen mit Behinderungen*. Stuttgart 2016, 46–56.
Kohte, Wolfhard: Die Bedeutung der UN-Behindertenrechtskonvention für das Wahlrecht der Beschäftigtenvertretungen in Deutschland. In: Wolfgang Däubler/Reingard Zimmer (Hg.): *Arbeitsvölkerrecht – Festschrift für Klaus Lörcher*, Baden-Baden 2013, 110–124.
Lörcher, Klaus: Weltfriede durch soziale Gerechtigkeit – Arbeit ist keine Ware! – Zur aktuellen Auseinandersetzung um die ILO-Normen. In: Minou Banafsche/Hans-Wolfgang Platzer (Hg.): *Soziale Menschenrechte und Arbeit*. Baden-Baden 2015, 165–178.
Luthe, Ernst-Wilhelm: Behindertenrechtskonvention – viel Lärm um nichts. In: Burkhard Küstermann/Mirko Eikötter (Hg.): *Rechtliche Aspekte inklusiver Bildung und Arbeit*. Weinheim und Basel 2016, 40–55.
Mrozynski, Peter: Überkommene und innovative Ansätze in der Teilhabe am Arbeitsleben behinderter Menschen. In: *Zeitschrift für die sozialrechtliche Praxis (ZfSH/SGB)* 55/6 (2016), 299–306.
Nassibi, Ghazaleh: Die Durchsetzung der Ansprüche auf Schaffung behinderungsgerechter Arbeitsbedingungen. In: *Neue Zeitschrift für Arbeitsrecht (NZA)* 29/13 (2012), 720–725.
Nebe, Katja: Leistungen zur Teilhabe am Arbeitsleben – Zuständigkeit und Verantwortlichkeit. In: *Sozialrecht aktuell* 18/1 *Sonderheft* (2014), 1–11.
Nebe, Katja/Giese, Maren: Leistungen zur Teilhabe am Arbeitsleben aus dem Blickwinkel der UN-Behindertenrechtskonvention. In: *Recht und Praxis der Rehabilitation (RPReha)* 2/1 (2015), 55–61.
Nebe, Katja: Der Beitrag des Sozialrechts zur Realisierung des Rechts auf Arbeit behinderter Menschen durch betriebsnahe und betriebliche Rehabilitation. In: Karl-Jürgen Bieback/Christoph Bögemann/Gerhard Igl/Felix Welti (Hg.): *Der Beitrag des Sozialrechts zur Realisierung des Rechts auf Gesundheit und des Rechts auf Arbeit für behinderte Menschen*. Berlin 2016, 177–190.
Nicklas-Faust, Jeanne: Zukunft der Werkstätten für behinderte Menschen. In: *Schriftenreihe des Deutschen Sozialrechtsverbandes (SDSRV)* Bd. 66 (2016), 201–208.
Nieding, Joachim: Die Rechtsprechung zur Bedeutung der UN-Behindertenrechtskonvention in Deutschland. In: *Schriftenreihe des Deutschen Sozialrechtsverbandes (SDSRV)* Bd. 66 (2016), 77–92.
Ritz, Hans-Günther: Teilhabe von Menschen mit wesentlichen Behinderungen am Arbeitsmarkt. In: *Behindertenrecht* Nr. 2 *2016*, 34–61.
Trenk-Hinterberger, Peter: Das Recht auf Arbeit im Kontext der UN-Behindertenrechtskonvention. In: Stamatia Devetzi/Constanze Janda (Hg.): *Freiheit – Gerechtigkeit – Sozial(es) Recht – Festschrift für Eberhard Eichenhofer*. Baden-Baden 2015, 652–670.
Schumacher, Norbert: Teilhabe am Arbeitsleben für alle – auch bei hohem Unterstützungsbedarf. In: *Rechtsdienst der Lebenshilfe* Nr. 2 (2016), 94–97.
Tolmein, Oliver: Soziale Menschenrechte vor Gericht – ein Fallbeispiel. In: Minou Banafsche/Hans-Wolfgang Platzer (Hg.): *Soziale Menschenrechte und Arbeit*. Baden-Baden 2015, 185–192.

Uerpmann-Wittzack, Robert: Völker- und verfassungsrechtliche Vorgaben für die Gleichstellung und Teilhabe von Menschen mit Behinderungen. In: *Schriftenreihe des Deutschen Sozialrechtsverbandes (SDSRV)* Bd. 66 (2016), 29–76.

Wansing, Gudrun: Der Inklusionsbegriff in der Behindertenrechtskonvention. In: Antje Welke (Hg.): *UN-Behindertenrechtskonvention mit rechtlichen Erläuterungen.* Berlin 2012, 93–103.

Weber, Andreas: Partizipation im Kontext von Bedarfsfeststellung – empirische Beispiele aus den Bereichen Medizinische Rehabilitation und Teilhabe am Arbeitsleben. In: Markus Schäfers/Gudrun Wansing (Hg.): *Teilhabebedarfe von Menschen mit Behinderungen.* Stuttgart 2016, 78–90.

Weinrich, Bettina: Das Recht auf Arbeit: Realisierung und Defizite für Personen, die als nicht erwerbsfähig gelten. In: Karl-Jürgen Bieback/Christoph Bögemann/Gerhard Igl/Felix Welti (Hg.): *Der Beitrag des Sozialrechts zur Realisierung des Rechts auf Gesundheit und des Rechts auf Arbeit für behinderte Menschen.* Berlin 2016, 145–152.

Welti, Felix: Soziale Menschenrechte in Wissenschaft und Praxis. In: Minou Banafsche/Hans-Wolfgang Platzer (Hg.): *Soziale Menschenrechte und Arbeit.* Baden-Baden 2015a, 17–32.

Welti, Felix: Die Rolle der Dienste und Einrichtungen der beruflichen Rehabilitation – zwischen »Arbeitgeber« und Vermittler. In: Ulrich Becker/Elisabeth Wacker/Minou Banafsche (Hg.): *Homo faber disabilis? – Teilhabe am Erwerbsleben.* München 2015b, 83–98.

Welti, Felix: Barrierefreiheit und angemessene Vorkehrungen. In: *Sozialer Fortschritt* 64/11 (2015c), 267–273.

Welti, Felix: Potential und Grenzen der menschenrechtskonformen Auslegung des Sozialrechts am Beispiel der UN-BRK. In: Ulrich Faber/Kerstin Feldhoff/Katja Nebe/Kristina Schmidt/Ursula Waßer (Hg.): *Gesellschaftliche Bewegungen – Recht unter Beobachtung und in Aktion. Festschrift für Wolfhard Kohte.* Baden-Baden 2016, 635–658.

Wendt, Sabine: Ist das arbeitnehmerähnliche Rechtsverhältnis für behinderte Beschäftigte in Werkstätten für behinderte Menschen noch zeitgemäß? In: *Behindertenrecht* Nr. 3 (2014), 59–65.

Wendt, Sabine: Teilhabe am Arbeitsleben für alle – Welche Hindernisse gibt es? In: *Sozialrecht aktuell* 19/4 (2015), 133–136.

Wuschech, Simone/Bruère, Kerstin/Beyer, Christoph: Das »Budget für Arbeit« – wesentlicher Baustein für die Weiterentwicklung der Teilhabe am Arbeitsleben für Menschen mit einer Behinderung. In: *Behindertenrecht* Nr. 1 (2016), 10–14.

Zimmer, Reingard: Wirkungsweise, Auslegung und Implementierung der Standards der Internationalen Arbeitsorganisation in Deutschland. In: Wolfgang Däubler/Reingard Zimmer (Hg.): *Arbeitsvölkerrecht – Festschrift für Klaus Lörcher.* Baden-Baden 2013, 29–41.

11 Recht auf Arbeit qua Ausgleichsabgabe? Anerkennungstheoretische Analysen der Inklusion von Menschen mit Behinderungen in die Arbeitswelt

Katja Stoppenbrink

1 Einleitung

> [...] recognition is a *normative* attitude. To recognize someone is to take her to be the subject of normative statuses, that is, of commitments and entitlements, as capable of undertaking responsibilities and exercising authority [...]
> [Robert B. Brandom (2007, 136); meine Kursivierung, K. S.]

Das ›Recht auf Arbeit‹ hat in der Menschenrechtsgeschichte einen problematischen Status. So gilt es einerseits als Garant für soziale Gleichstellung, andererseits als ›systemwidrig‹ oder zumindest schwer zu verwirklichen – zumal in einer wettbewerblich organisierten Arbeitswelt. Das Übereinkommen der Vereinten Nationen über die Rechte von Menschen mit Behinderungen (UN-BRK)[1] sieht in seinem Art. 27 ein »gleiche[s] Recht von Menschen mit Behinderungen auf Arbeit« vor (Abs. 1). In meinem Beitrag untersuche ich die Implikationen dieses besonderen ›Rechts auf Arbeit‹, indem ich zunächst die anerkennungstheoretischen Grundlagen rekonstruiere und schließlich einzelne Umsetzungsinstrumente auf ihre anerkennungstheoretische Bilanz hin prüfe.

Für erwachsene Menschen ist die Arbeitswelt ein besonders relevanter sozialer Kontext, in dem Akzeptanz, Respekt und Anerkennung geschaffen werden (können). Im Sinne der Inklusion von Menschen mit Behinderungen kommt es daher darauf an, allen Betroffenen eine *langfristige* Möglichkeit der Partizipation am *ersten* Arbeitsmarkt zu eröffnen. Dies gilt jedenfalls dann, wenn man die marktförmige Organisation der Arbeitswelt nicht in Frage stellt und – wie Art. 27 UN-BRK – die Teilhabe am ›ersten‹ bzw. ›allgemeinen‹ Arbeitsmarkt als erstrebenswerte Zieldimension von Inklusion voraussetzt und beabsichtigt, »die Anerkennung der Fertigkeiten, Verdienste und Fähigkeiten von Menschen mit Behinderungen und ihres Beitrags zur Arbeitswelt und zum Arbeitsmarkt zu fördern [...]« (Art. 8 Abs. 2 lit. a Ziffer (iii) UN-BRK).

Die Analyse verschiedener aktueller rechtlicher Instrumente der arbeitsweltlichen Inklusion von Menschen mit Behinderungen zeigt deren jeweilige Stärken und Schwächen aus anerkennungstheoretischer Perspektive auf. Vor dem Hintergrund des deutschen Arbeits- und Sozialrechts erweist sich die sogenannte ›Ausgleichsabgabe‹ als weniger problematisch als die gängige Praxis der – zumal befristeten – Lohnkostenzuschüsse, die etwa im Rahmen eines ›Budgets für Arbeit‹ oder ähnlicher Formen von Eingliederungshilfen gezahlt werden. Beide Instrumente, Ausgleichsabgabe und Lohnkostenzuschüsse,

1 Vgl. die Registrierung der *Convention on the Rights of Persons with Disabilities* in der *United Nations Treaty Series* (UNTS), Vol. 2515, S. 3, UN-Res A/RES/61/106.

weisen Anreizstrukturen auf, die sie zwar für (manche) Arbeitgeber attraktiv machen; sie haben aber langfristig (auch) *unerwünschte Auswirkungen auf die Anerkennung und Unterstützung von Menschen mit* Behinderungen in der Arbeitswelt und verfehlen daher in ihren gegenwärtigen Formen ihre Ziele. Diese Beurteilung kommt, nota bene, aufgrund begrifflich-normativer Untersuchungen zustande; ihr liegt keine empirische Studie zugrunde. Vorzugswürdige Alternativen könnten etwa die Ausweitung des Inklusionsinstruments einer persönlichen Assistenz (vgl. Art. 19 lit. b UN-BRK) auch auf den Arbeitsplatz oder – zur Gewährleistung einer langfristigen vertraglichen Beziehung – ein bedingungsloses Grundeinkommen (BGE) auf vertraglicher Basis sein. Letzteres stellte ein Novum und nach Ansicht der Verfasserin ein bedenkenswertes Instrument der Inklusionsermöglichung dar. Freilich mangelt es gegenwärtig an empirischen Studien sowohl zum BGE als auch zu Kosten, Langfristigkeit und weiteren Erfolgsfaktoren des Einsatzes von persönlichen Assistenten am Arbeitsplatz.[2] Nicht nur aus anerkennungstheoretischer Sicht bestehen hier dringende interdisziplinäre Forschungsdesiderata.

In meinem Beitrag rekonstruiere ich in einem ersten Schritt (Abschnitte 2 bis 5) die normativen Grundlagen des ›Rechts auf Arbeit‹ nach Art. 27 UN-BRK. In einem zweiten Schritt analysiere ich einzelne in der deutschen Rechtsordnung vorgesehene rechtliche Instrumente der arbeitsweltlichen Inklusion von Menschen mit Behinderungen aus anerkennungstheoretischer Perspektive (Abschnitt 7). Die Vielzahl der programmatischen und politischen Stellungnahmen zur Inklusion von Menschen mit Behinderungen selbst auf nationaler Ebene verlangt nach einem stark selektiven Zugriff, soll ein bloß diskursanalytischer Ansatz vermieden werden. Im Vordergrund der vorliegenden Ausführungen soll aus Gründen der Repräsentativität und Aktualität daher die rechtsethische Interpretation des jüngsten Nationalen Aktionsplans (NAP 2.0) der Bundesregierung zur UN-BRK stehen, der am 28.06.2016 verabschiedet wurde und die unterschiedlichen zur Umsetzung der Konvention relevanten Gesetzgebungsvorhaben auflistet. Die Hauptthese meines Beitrags lautet:

HT: Aus anerkennungsphilosophischer Perspektive kommt es darauf an, Menschen mit Behinderungen eine *langfristige* Möglichkeit der Partizipation am ersten Arbeitsmarkt zu eröffnen.

Die Argumentation dazu findet sich hauptsächlich in Abschnitt 6.

---

2 Vgl. Bundesministerium für Arbeit und Soziales (2013, 164; in der Folge zitiert als »Teilhabebericht«): »Bei diesen Erhebungen zur subjektiven Perspektive der Menschen mit Beeinträchtigungen und Behinderungen müssten auch Aspekte des individuellen Unterstützungsbedarfs (einschließlich Assistenz) sowie zur Verwirklichung der individuellen Berufswünsche betrachtet werden. Hierzu liegen derzeit keine hinreichenden Befragungsergebnisse vor. Dasselbe gilt hinsichtlich der Prüfung der Chancengleichheit im Hinblick auf die Entfaltung von Interessen und Fähigkeiten im Beruf. Auf der Basis der verfügbaren Datenlage ist es gegenwärtig insgesamt nicht möglich, differenzierte Befunde nach Art der Beeinträchtigung(en) und darauf fußenden spezifischen Beschränkungen von (beruflichen) Aktivitäten und Exklusionstendenzen zu erheben«.

2 Inklusion und Integration: eine begriffliche Annäherung

> [...] auffällig ist in diesem Zusammenhang, dass sich im Kontext der sonderpädagogischen Diskussion um Inklusion die Ansicht durchgesetzt hat, dass Inklusion vollständige Eingebundenheit meine, der im Gegensatz zu Integration nie ein Ausschluss oder eine Separation vorangegangen sei. [...] |Dennoch macht die Aussage, Inklusion sei dann umgesetzt, wenn man ›immer schon dazugehöre‹, es keine Exklusion mehr gebe, empirisch wie begriffslogisch keinen Sinn [...]
> [Franziska Felder (2012, 18 f.)]

Spricht man gegenwärtig von ›Inklusion‹, so wird – trotz eines dezidiert umfassenden Inklusionsbegriffs[3] – vor allem auf die gesellschaftliche Inklusion von Menschen mit Behinderungen abgestellt. In der Bestimmung dessen, was ›Inklusion‹ bedeuten mag, dürfte Einigkeit wohl nur darin bestehen, dass der Inklusionsbegriff ein vielschichtiger, komplexer oder multidimensionaler Begriff ist. Aus unterschiedlichen disziplinären Perspektiven werden Vorschläge unterbreitet, wie ›Inklusion‹ zu verstehen, wie eng oder weit ›Inklusion‹ zu fassen, wie ›Inklusion‹ von dem ebenfalls auch in Politik und medialer Öffentlichkeit verbreiteten Begriff der ›Integration‹ abzugrenzen sei. Im Rahmen dieses Beitrags ist es nicht mein Ziel, die aktuellen semantisch-pragmatischen Debatten, die alltagssprachlichen Verwendungsweisen und wissenschaftlichen Begriffsanalysen nachzuzeichnen und zu beurteilen. Faktisch, so meine Prognose, wird sich die politische Öffentlichkeit in Deutschland den Inklusionsbegriff der Bundesregierung zueigen machen, der etwa im zweiten nationalen Aktionsplan (BMAS 2016, im Folgenden: NAP 2.0) zum Ausgangspunkt gemacht wird. Danach wird Inklusion als ein »universelles Prinzip«[4] verstanden; Ziel ist es,

---

3 Vgl. etwa die Leitlinien der deutschen UNESCO-Kommission zur Bildungspolitik (2010, 7 [engl. Fassung 2009]): »erweitertes Konzept von Inklusion«.

4 Bedeutung und Status dieses Prinzipenbegriffs sind unklar: Rechtsphilosophisch wird gemeinhin zwischen *Regeln* und *Prinzipien* unterschieden. Für (den Rechtspositivismuskritiker) Ronald Dworkin unterscheiden sich beide hinsichtlich ihrer argumentativen Kraft (»force in argument«; 1978, 71): »a ›principle‹ [is] a standard that is to be observed [...] because it is a requirement of justice or fairness or some other dimension of morality« (ibid., 22), Regeln hingegen sind für Dworkin »applicable in an all-or-nothing fashion« (ibid., 24), sie folgen etwa dem Schema ›Tatbestand-Rechtsfolge‹. Auch die UN-BRK gibt der Inklusion den Status eines ›Prinzips‹. (Nach Art. 3 lit. c UN-BRK gehört »die volle und wirksame Teilhabe an der Gesellschaft und Einbeziehung [in der nichtamtlichen deutschen Fassung bekanntlich nach wie vor *sic*!; eine Überprüfung steht an, vgl. NAP 2.0, 12 f.] in die Gesellschaft zu den »[a]llgemeinen Grundsätzen«, englisch »General Principles«, des Übereinkommens.) In – zumal internationalrechtlichen – Rechtstexten sind Prinzipien als Auslegungs- oder Abwägungshinweise zwischen konfligierenden Regeln oder – im Völkerrecht – unter bestimmten Bedingungen auch als Rechtsquellen zu verstehen; ›universell‹ dürfte in diesen Kontexten zumeist den *sachlichen* Geltungsbereich des Prinzips angeben. Im NAP 2.0 kann mit ›universell‹ aber auch der *personale* Skopus gemeint sein. Danach stünde im Mittelpunkt, dass es sich um einen alle betreffenden Geltungsanspruch handelte. Inklusion bezöge sich in diesem Sinne auf *alle* Menschen. Nun stellt sich aber weiter die Frage, wer wo bzw. worin zu inkludieren ist. Die Konkretisierung des ›universellen Prinzips‹ müsste notwendigerweise auf

»[...]gesellschaftliche Teilhabe für alle Menschen in allen Lebensbereichen auf der Basis gleicher Rechte zu ermöglichen. Für Menschen mit Beeinträchtigungen bedeutet Inklusion vor allem, Bedingungen vorzufinden, damit sie ihren Aufenthaltsort wählen und entscheiden können, wo und mit wem sie leben, ihre Begabungen und Fähigkeiten ein Leben lang voll zur Entfaltung bringen können und ihren Lebensunterhalt durch frei gewählte oder angenommene Arbeit verdienen können.«[5]

Begriffliche Parallelen in Bildungswesen und Arbeitswelt: Nach einer vor allem im Bildungswesen verbreiteten Faustregel[6] lassen sich ›Integration‹ und ›Inklusion‹ danach unterscheiden, ob die erforderlichen Schritte zum Ziel der ›Integration‹ bzw. der ›Inklusion‹ von institutioneller Seite ausgehen oder von Seiten der Schüler und Schülerinnen.[7] Soll die Institution sich den Voraussetzungen der Schülerinnen und Schüler anpassen und individuell auf diese, deren unterschiedliche Fähigkeitenprofile und Bedürfnisse eingehen, so wird ein *inklusiver* Ansatz verfolgt (Formel »die Schule muss sich ändern«[8]); wird erwartet, dass sich Schülerinnen und Schüler in die vorhandenen Strukturen einbringen und einfügen, so wird ein *integrativer* Ansatz verfolgt (Formel »die Schülerinnen und Schüler müssen sich anpassen, damit sie einbezogen werden können«). Die Schwächen dieser holzschnittartigen begrifflichen Abgrenzung liegen auf der Hand, sollen hier aber nicht näher erörtert werden; vielmehr geht es mir um die Implikationen dieser Lesart von ›Inklusion‹ für die Dimension des Arbeitsmarktes. Stand in früheren Zeiten die ›Integration auf dem Arbeitsmarkt‹ im Vordergrund der Arbeitsmarktpolitik, sollte – etwa im Rahmen einer ›aktivierenden Arbeitsmarktpolitik‹ – die einzelne Arbeitnehmerin mit Weiterbildungsmaßnahmen, Umschulungen usw. ›fit‹ gemacht werden für den Arbeitsmarkt, ihre Tauglichkeit (wieder) hergestellt und die Voraussetzungen für eine erfolgreiche Jobsuche geschaffen werden, so sollte ›Inklusion‹ nunmehr ein beiderseitiges Entgegenkommen erfordern: Arbeitnehmer- wie Arbeitgeberseitig müssten Vorkehrungen getroffen werden, auch ›schwierigen‹ Arbeitnehmern den Weg in die reguläre Beschäftigung zu bahnen.

---

einzelne, partikulare Gruppen oder Lebensbereiche bezogen sein. Eine ›Inklusion in die Weltgemeinschaft‹, so attraktiv und kosmopolitisch dies dem Anspruch nach auch erscheinen mag, wäre mit dem zugleich politisch verfolgten ›Lebenslagenansatz‹ nicht zu vereinbaren bzw. hätte eine andere Bedeutung, die sozusagen quer zur kosmopolitischen Idee steht. Politisch geht es um Inklusion auf dem Arbeitsmarkt, im Bildungswesen, im Sport usw. – und zwar sowohl in einem Prozess- wie auch in einem Resultatsinn. Die politischen Progammpapiere im Zusammenhang mit der nationalen Umsetzung der UN-BRK sind am plausibelsten dahingehend zu interpretieren, dass ›Inklusion‹ nicht als ein bloßes *Ideal* zu verstehen sein soll, das angestrebt, aber nicht verwirklicht werden kann, sondern als ein tatsächliches *Ziel* (Inklusion als *Zustand*), das Schritt für Schritt in verschiedenen Dimensionen und Etappen erreicht werden soll (Inklusion als *Prozess* der ›Inkludierung‹). An dieser Stelle enthalte ich mich der Kritik und frage nicht, ob dies eine tragfähige Lesart von ›Inklusion‹ darstellt. Meine Ausführungen sind lediglich hermeneutisch zu verstehen.

5 NAP 2.0 (2016, 4), zitiert wird hier Wansing (2015, 43–54).

6 Vgl. die Leitlinien der deutschen UNESCO-Kommission zur Bildungspolitik (2010, 14): »Betrachtet man Bildung aus der Perspektive der *Inklusion* [...], so impliziert dies eine Verschiebung: das Problem wird dann nicht beim Kind, sondern im Bildungssystem gesehen. Frühere Sichtweisen betonten, dass die Ursache von Lernschwierigkeiten beim Lernenden zu suchen sei, und ignorierten dabei die Einflüsse der Umgebung auf das Lernen [meine Kursivierung, K. S.].« Für diesen Hinweis danke ich Klaas Macha.

7 Ähnlich auch im NAP 2.0 (2016, 8).

8 Vgl. wiederum die Leitlinien der deutschen UNESCO-Kommission zur Bildungspolitik (2010, 16): »Wie bereits erwähnt, verändert der Blick aus der Perspektive der Inklusion die Wahrnehmung erheblich: nicht das Kind, sondern das Bildungssystem wird als das Problem gesehen.«

3 Inklusion und Anerkennung qua Verrechtlichung: Gibt es ein Recht auf Arbeit?

> Die Vertragsstaaten anerkennen das gleiche Recht von Menschen mit Behinderungen auf Arbeit; dies beinhaltet das Recht auf die Möglichkeit, den Lebensunterhalt durch Arbeit zu verdienen, die in einem offenen, integrativen und für Menschen mit Behinderungen zugänglichen Arbeitsmarkt und Arbeitsumfeld frei gewählt oder angenommen wird.
> [Art. 27 Abs. 1 UN-BRK]

Seit 2006 bietet die UN-BRK eine internationale, in nationalen Rechtsordnungen umzusetzende Rechtsgrundlage für ›Inklusion‹.[9] Doch stellt sich die Frage, ob und inwieweit qua Verrechtlichung auch Anerkennung erreicht werden kann. Recht ist – etwa nach der bekannten Konzeption von Honneth (dazu sogleich) – eine zentrale Dimension von Anerkennung. Bereits aus begrifflichen Gründen ist es aber fraglich, ob es einen Anspruch auf Anerkennung geben kann. Ohne eine Festlegung auf eine bestimmte philosophiehistorische Tradition von ›Anerkennung‹ können sprachanalytisch zumindest die folgenden begrifflichen Merkmale als notwendige und zusammen hinreichende Bedingungen von ›Anerkennung‹ ausgemacht werden: Anerkennung ist (a) relational, (b) reziprok und (c) respektbezogen. Die Nuancierung und Ausdifferenzierung unterschiedlicher Verständnisweisen von ›Anerkennung‹ kann auch an unterschiedliche Lesarten dieser drei Merkmale anknüpfen. So ist der Verweis auf ›Respekt‹ mindestens ambig: Respekt kann als Ausdruck von ›Achtung‹ und von ›Wertschätzung‹[10] verstanden werden. Auch eine Kombination ist denkbar.

Nimmt man die wohl prominenteste sozialphilosophische Anerkennungstheorie der Gegenwart, diejenige von Axel Honneth,[11] zur Grundlage, so werden drei Anerkennungsdimensionen unterschieden: Liebe, Recht und Solidarität. Diesen Dimensionen entsprechen spezifische Realisierungskontexte: soziale Nahbeziehungen, rechtsförmige Verhältnisse und alle diejenigen Kontexte, in denen es um Leistung geht, durch und für die Anerkennung generiert wird. Letzteres kann selbstverständlich auch im Ehrenamt, im Sport, in der Musik und somit auch in Freizeitbeschäftigungen geschehen; hauptsächlich geht es jedoch um den Menschen als *Wirtschaftsbürger* (statt als *Privatperson* oder Familienangehöriger wie in der Liebesdimension oder als *Staatsbürger* wie in der Rechtsdimension von Anerkennung). Anerkennung qua Leistung vermittelt sich v. a. über – selbständige oder angestellte – Erwerbsarbeit. Teilhabe im wirtschaftlichen Leben

9 Inkraftgetreten ist das Übereinkommen am 03.05.2008, in Deutschland am 26.03.2009, siehe: Bundesgesetzblatt (BGBl) 2008 II, 1419.

10 Vgl. die Unterscheidung nach Darwall (1977), der zwischen »recognition respect« (1977, 38) und »appraisal respect« (1977, 39) differenziert. Der erstgenannte *Anerkennungsrespekt* ist für Darwall an den Personstatus gekoppelt und ein *›all-or-nothing concept‹*, der letztgenannte *Wertschätzungsrespekt* hingegen lässt Graduierungen zu. Dazu heißt es, »[S]uch respect, then, consists in an attitude of positive appraisal of that person either as a person or as engaged in some particular pursuit« (ibid., 39).

11 Vgl. Honneth (2010 [2008]) und ([6]2010, Kap. 5 [1994], 148–211) zu den »Mustern intersubjektiver Anerkennung: Liebe, Recht, Solidarität«); zusammenfassend auch Ikäheimo (2014, 135–162).

ist eine zentrale Dimension sowohl für Anerkennung als auch Inklusion. Anerkennung ist, insbesondere nach dem Nationalen Aktionsplan 2.0 (siehe dazu sogleich unter 3), ein erklärtes Ziel von Inklusion – Teilhabe am Wirtschaftsleben ist ein Instrument dazu. Fraglich ist aber, ob Anerkennung qua Leistung von Menschen mit Behinderungen überhaupt zu erbringen ist. Viele Vorbehalte gegenüber der Beschäftigung von Menschen mit Behinderungen auf dem allgemeinen Arbeitsmarkt beziehen sich gerade auf diesen Punkt der Wettbewerbsfähigkeit.[12]

Hier mag die Unterscheidung von Darwall weiterführen: »appraisal respect« ist für ihn zwar eine Form von Wertschätzung, aber gerade nicht, jedenfalls nicht in einem erwerbsbezogenen Sinne, leistungsorientiert. Im Ergebnis ist diese Form von Respekt für Darwall charakterbezogen; natürliche Eigenschaften[13] kommen für ihn nicht als Objekt von *appraisal respect* in Frage. Auch wenn sich die Wertschätzung im Sinne von *appraisal respect* auf die hervorragende Ausführung von Tätigkeiten bezieht, so steht dahinter in der Regel mehr als eine bloß *natürliche* Fähigkeit; diese mag zwar dispositional angelegt sein, wir bewundern und wertschätzen aber mehr als dieses bloße Faktum, nämlich die Überführung bloßer Talente in großes Können, die Errungenschaften, die lange Übung oder hartes Training, kurz: die praktische Entfaltung von dispositionalen Eigenschaften, Fähigkeiten usw. Damit haben wir es doch wiederum mit charakterbezogenen Objekten unserer Wertschätzung zu tun. Denn die Ausbildung eines Talentes, die Entwicklung und Übung sind Charaktereigenschaften. Allerdings gibt es für Darwall Einschränkungen: Nicht jede Einstellung der Wertschätzung ist ein Fall von *appraisal respect*; es kommt auf die Gründe an: »[An] attitude fails of being appraisal respect in that my having it toward the person is conditional on those traits being such as to make him serve a particular purpose that I happen to have [...]« (1977, 44). Dann wäre die bloß *instrumentell* mit einem Arbeitnehmer (AN) umgehende Arbeitgeberin (AG) jemand, die keinen *appraisal respect* hätte, selbst wenn sie die Dienste des AN gern in Anspruch nimmt und der Auffassung ist, der AN mache seine Arbeit gut. In diesem Sinne kann – nach Darwall[14] – *appraisal respect* als Interpretation der kantischen Menschheitsformel des Kategorischen Imperativs (Instrumentalisierungsverbot)[15] verstanden werden. Alle Menschen sind danach erstens als ›Personen‹ anzuerkennen (*recognition respect*); zweitens ergeben sich Grenzen für die Art und Weise[16] des Umgangs mit Personen, eine *bloß* instrumentelle Gesichts-

12 Vgl. Teilhabebericht (2013, 163, Sp. 1) mit Verweis auf die Ergebnisse der Studie »Gruppenbezogene Menschenfeindlichkeit« an der Universität Bielefeld; vgl. Mansel/Endrikat: Die Abwertung von »Überflüssigen« und »Nutzlosen« als Folge der Ökonomisierung der Lebenswelt. In: *Soziale Probleme* 18 (2007) 163–185.

13 Was beispielsweise die Körpergröße eines Basketballspielers angeht, so mag es sein, dass diese uns »appropriately amazed. This is because it is almost never the case that human accomplishments are a result of simple natural ability. Talents and capacities of various sorts are prerequisites for various accomplishments, but almost invariably talents must be developed, disciplined, and exercised in the face of various obstacles, and this will call into play features of persons which we identify as part of their character«; Darwall (1977, 42).

14 Darwall (1977, 44): »We may employ some Kantian terminology here and say that it must be a categorical attitude, one which is unconditional on the fact that the traits in question happen to serve some particular purpose or interest of mine«.

15 Vgl. Kant: *Grundlegung zur Metaphysik der Sitten*. AA 4:429.

16 Vgl. etwa das jüngste Werk von Audi (2016), das eine Interpretation der Menschheitsformel des Kategorischen Imperativs bietet, die vor allem auf die Art und Weise des zwischenmenschlichen Umgangs abstellt. Auf eine Kurzformel gebracht ließe sich mit Audi behaupten, dass ›*manner matters*‹.

punkte berücksichtigende bewertende Haltung gegenüber anderen entspricht nicht dem evaluativen Konzept des auf (durchaus mehr oder weniger) Wertschätzung abstellenden *appraisal respect.*[17]

In der Diskussion darüber, ob Inklusion ein moralisches (Menschen-) Recht ist bzw. sein kann, vertritt etwa Franziska Felder die Position, dass Menschen mit Behinderungen an intersubjektiver und gesellschaftlicher Wertschätzung, im interpersonellen Bereich aber vor allem an Liebe und an Freundschaften, d. h. an bedeutungsvollen zwischenmenschlichen Beziehungen gelegen ist, die sie – nach Tönnies und Weber – dem Bereich der konkreten ›Gemeinschaft‹ im Unterschied zur abstrakten ›Gesellschaft‹ zuordnet. Der Rechtsbegriff wird bei Felder im Sinne der *analytic jurisprudence* so verstanden, dass »der Gegenstand [von Rechten; K. S.] erzwingbar sein [muss]«; weiterhin »muss der Gegenstand, [hier] also Inklusion, in der Verfügungsmacht der Pflichtenträger liegen« (Felder 2012, 57). Ein Recht auf ›Inklusion‹ im Sinne eines ›Rechts auf Anerkennung‹ im konkret-interpersonellen Bereich kann es danach gar nicht geben. Es liegt sozusagen ein analytischer Kategorienfehler[18] vor, denn

> »[G]erade diese beiden Bedingungen [Erzwingbarkeit und Einflussbereich des Verpflichteten; K. S.] sind es aber, die ein Recht im Kontext von Inklusion in vielen Fällen unplausibel werden lassen. Am Beispiel von Liebe und Freundschaft hat sich das besonders deutlich gezeigt. Niemand kann gezwungen werden, eines Anderen Freund zu werden. Und auch das Empfinden von Liebe, von Freundschaft wie auch von Glück liegt nicht im Einflussbereich der Träger von Pflichten. Damit ist ein großes Dilemma in der faktischen Lebenswelt behinderter Menschen angesprochen. Denn gerade das, wonach sich die meisten Menschen [...] sehnen, kann nicht über Recht abgesichert werden. Und es lässt sich darüber hinaus auch nicht oder nur schwer pädagogisch oder technisch herstellen« (Felder 2012, 301).

Dem ist entgegenzuhalten, dass sich diese Erwägungen explizit vor allem auf den Bereich des ›Gemeinschaftlichen‹ beziehen. Anerkennung ist – auch im Sinne Honneths – aber auch qua ›Recht‹ möglich. Institutionalisierte Beziehungen vermögen somit ebenfalls Anerkennung zu (re)produzieren, zu vermitteln und zu ermöglichen. Hier stellt sich die Anschlussfrage, ob es ein ›Recht auf Arbeit‹ gibt oder geben kann, denn ›Arbeit‹ bietet sich als Scharnier zwischen den rechtsförmig-institutionellen Verhältnissen von AG und AN sowie in der Arbeitswelt insgesamt an, bspw. in interpersonellen Beziehungen etwa im Kollegenkreis oder im Verhältnis zu Kunden, die sich z. B. über von Menschen mit Behinderungen erbrachte Dienstleistungen freuen.

Auf den ersten Blick mag man eine analoge Struktur der Problematik eines Anspruchs auf Anerkennung in einer Gemeinschaft (nach Felder) und eines Rechts auf Arbeit an-

---

17 Erläuternd auch Darwall (2009, 122 [2006]): *Appraisal respect* »is an assessment of someone's conduct or character or of something that involves these«; hingegen gilt, dass »[T]he object of recognition respect is not excellence or merit; it is dignity or authority« (ibid., 123). Anerkennungsrespekt gilt einer Person und ihrer Würde; Wertschätzungsrespekt beinhaltet eine Bewertung des Verhaltens oder des Charakters einer Person. Anerkennungsrespekt liegt entweder vor oder eben nicht (binär), Wertschätzung kann im Ausmaß variieren (graduierbar).

18 Fordert man ein (moralisches) ›Recht auf gemeinschaftliche Inklusion‹, so wendet man den Begriff des Rechts in Kontexten an, in denen er sich aus begrifflichen Gründen gar nicht sinnvoll verwenden lässt.

nehmen. Auf den zweiten Blick zeigt sich aber: Betrachtet man die positivrechtliche Faktizität eines Rechts auf Arbeit so hat ein solches ähnlich wie andere ›soziale Menschenrechte‹ v. a. eine *Ermöglichungsfunktion* bezogen auf den Staat als Adressaten und Leistungserbringer: Der Staat ist qua grund- und menschenrechtlichem Recht auf Arbeit in der Pflicht, die Bedingungen der Möglichkeit der Aufnahme von Arbeit durch die berechtigten Individuen zu schaffen. Dabei bleibt auf einer allgemeinen Ebene offen, ob damit marktwirtschaftlich verfasste oder auch zentralistische, staatlich gelenkte Arbeitsmärkte gemeint sind; auch könnte ein Recht auf Arbeit nicht im Sinne von Erwerbsarbeit zu verstehen sein, sondern sich auf die Ermöglichung von Beschäftigung im Rahmen von Freiwilligendiensten bei gleichzeitiger Einführung eines bedingungslosen Grundeinkommens zur Gewährleistung des Lebensunterhaltes beziehen. Diese unorthodoxen Lesarten sind jedenfalls denkbar, wenngleich die Auslegung der positiven internationalrechtlichen Texte, die ein ›Recht auf Arbeit‹[19] vorsehen, üblicherweise enger gehalten ist.

4 Anerkennung durch Arbeit: Anspruch auf Anerkennung?

> Arbeit bietet dem Menschen persönliche Entwicklungsmöglichkeiten, Struktur und Stabilität und ermöglicht soziale Kontakte und *gesellschaftliche Anerkennung*.
> [NAP 2.0 (2016, 34); meine Kursivierung, K. S.]

Eine zentrale Dimension von ›Anerkennung‹ ist – heutzutage wohl unbestritten und empirisch[20] belegt – die Teilhabe im Wirtschaftsleben. Diese Position ist historisch jüngeren Datums, das Ideal antiker Politik oder aristokratischer Herrschaft besteht bekanntlich im ›freien‹ Bürger oder Herrn, der sich dem Austausch mit seinesgleichen auch während standesgemäßer Freizeitbeschäftigungen[21] widmen kann – freilich handelte sich nach zeitgenössischem Verständnis nicht um ›Freizeit‹, die nur als Kontrastbegriff zu ›Arbeit‹ ihre Bedeutung erlangt. Das *Arbeiten*[22] gilt als ›niedere‹ Beschäftigungsform, als eine der bloßen Gattungsreproduktion und Subsistenz dienende Notwendigkeit, während das emphatisch-normativ-republikanisch ›aufgeladene‹ Handeln als Sphäre des Politischen der aristotelischen *praxis* entsprechen soll. Trotz ihrer dezidierten Marxkritik kommt

19 Vgl. Art. 6 des Internationalen Pakts über wirtschaftliche, soziale und kulturelle Rechte (1966), UNTS Vol. 993, S. 3 https://treaties.un.org/Pages/ViewDetails.aspx?src=TREATY&mtdsg_no=IV-3&chapter=4&clang=_en; nur deklarativen Status weist Art. 23 der Allgemeinen Erklärung der Menschenrechte von 1948 auf.

20 Studien zufolge äußern die meisten Menschen mit Behinderungen den Wunsch zu arbeiten, vgl. Marshall, Crowther, Almaraz-Serrano et al. (2001, 33). Die Ergebnisse einer britischen Metaanalyse (*systematic review*) zur Wirksamkeit unterschiedlicher Maßnahmen für Menschen mit schweren geistigen (!) Behinderungen ergibt weiterhin, dass ›*supported employment*‹ (unterstützte Beschäftigung auf dem allgemeinen Arbeitsmarkt), grob gesagt, im Vergleich am besten abschneidet – für diejenigen Menschen, die arbeiten wollen (vgl. ibid., 31, 44).

21 Vgl. Veblens kritische Analyse von »conspicuous leisure« als Hauptdistinktionsmerkmal ökonomisch hochstehender Individuen bzw. einer ganzen Oberschicht, die er »leisure class« nennt (1899, Kapitel 3).

22 Arendt, ibid.

Arendt Marx darin in der Unterscheidung zwischen dem Reich der Notwendigkeit (Arbeit) und dem Reich der Freiheit (Handeln) nahe.[23] Nach diesem Entwurf Arendts, so die zeit- und philosophiegeschichtliche Diagnose der letzten Jahrzehnte, war der Arbeitsbegriff ein kaum beachtetes Thema philosophischer Debatten. Erst im Zuge der Sozialreformen und der Gleichstellungspolitik der jüngeren Zeit, der Einführung sogenannter ›aktivierender Arbeitsmarkpolitik‹ und der zunehmenden Digitalisierung aller Lebenswelten, auch der Arbeitswelt, erhält das Thema ›Arbeit‹ erneute Aufmerksamkeit auch von philosophischer[24] Seite: Arbeit wird nunmehr als Vehikel der Entfaltung, der Entwicklung von Fähigkeiten, sozialer und anderer Kompetenzen und insgesamt als Faktor eines guten und gelingenden Lebens verstanden. Es wird unterdrückerische und ›gute‹ Arbeit unterschieden und nach den Bedingungen für letztere gefragt.[25]

Doch stellt sich die Frage, was es überhaupt im Einzelnen bedeuten mag, Anerkennung durch Arbeit zu erlangen. Im eingangs in diesem Abschnitt zitierten NAP 2.0 wird auf »gesellschaftliche Anerkennung« abgestellt. Nun ließe sich einwenden, ›Anerkennung‹ weise begrifflich eine mindestens zweistellige Relation auf: X erkennt Y an. Man müsste vermutlich noch ergänzen: aufgrund von Z oder hinsichtlich Z, aber diese weitere, inhaltliche Dimension der Anerkennungsrelation kann zunächst vernachlässigt werden. Nun ist der Hinweis auf ›gesellschaftliche‹ Anerkennung mindestens in einer Hinsicht informativ: Ausgeklammert wird die reflexive Variante der ›Selbst-Anerkennung‹, der Anerkennung *vor* und *durch* ›sich selbst‹. Diese Dimension der möglichen Bedeutung von ›Arbeit‹ in der Ethik (nämlich in einer individuenbezogenen Ethik guten Lebens und mit Blick auf personale Identität, die Ausbildung von Persönlichkeit etc.)[26] wird hier nicht aufgezeigt, sollte aber gerade mit Blick auf die Selbstentfaltungs- und Kompetenzentwicklungsmöglichkeiten von Menschen mit Behinderungen in und durch ›Arbeit‹ nicht aus dem Blick geraten. ›Gesellschaftlich‹ kann sich weiterhin auf unterschiedliche gesellschaftliche Gruppen oder in diffuser Weise auf ›Gesellschaft‹ *in toto* beziehen. Der Nexus von Erwerbsarbeit und sozialer Anerkennung ist klärungsbedürftig.

Unterschiedliche Formen von Anerkennung durch Arbeit bzw. in der Arbeitswelt sind denkbar; dazu gehören mindestens die Folgenden, die eine Unterscheidung verschiedener Dimensionen von Arbeit zur Voraussetzung haben: *Erstens* kann der Leistungsaspekt der Arbeit im Vordergrund stehen. Im Rahmen der wirkmächtigen und sprichwörtlich gewordenen calvinistisch-kapitalistischen Arbeitsethik dürfte vorrangig dieser Gesichts-

23 Im 48. Kapitel des dritten Bandes des *Kapitals* findet sich die – von Engels posthum nach Manuskripten von Marx verfasste – berühmte Zitation (MEW 25, 828 sowie MEGA II/15, 794 f.): »Das Reich der Freiheit beginnt in der That erst da, wo das Arbeiten, das durch Noth und äußere Zweckmäßigkeit bestimmt ist, aufhört; [...] |Aber es bleibt dies immer ein Reich der Nothwendigkeit. Jenseits desselben beginnt die menschliche Kraftentwicklung, die sich als Selbstzweck gilt, das wahre Reich der Freiheit, das aber nur auf jenem Reich der Nothwendigkeit als seiner Basis aufblühn kann. Die Verkürzung des Arbeitstags ist die Grundbedingung«.

24 Vgl. beispielsweise Quante (2006), Rössler (2005), neuerdings Veltman (2016).

25 Vgl. etwa jüngst Veltman (2016).

26 Diese Dimension betont Veltman (2016). Zur personalen Identität vgl. etwa auch Rössler (2012) sowie Gini/Sullivan (1987). Bei Honneth gehört die reflexive Form analytisch unterscheidbar, aber sachlich untrennbar zu den Mustern sozialer Anerkennungsverhältnisse dazu. Er unterscheidet terminologisch für die Anerkennungsmodi der Liebe, des Rechts und der Solidarität die praktischen Selbstbeziehungen des Selbstvertrauens, der Selbstachtung und der Selbstschätzung (angelehnt an das englische *self-esteem* der psychologischen Literatur; vgl. etwa [6]2010 [1994, 211] im Überblick).

punkt von Arbeit Grundlage von Anerkennung durch Arbeit sein. Dies *kann* dem Nexus *achievement – appraisal respect* im Sinne von Darwall[27] entsprechen. Zweitens kann sich die Arbeitswelt als Netz *langfristiger* sozialer Beziehungen im Sinne von Hannah Arendts ›Handeln‹ erweisen. In der AG-AN-Beziehung, die auf der rechtlichen Grundlage vertraglicher Autonomie zustande kommt und in der es, zumindest idealtypisch, beidseitig *exit*-Optionen gibt, *können* die Voraussetzungen für eine reziproke Wertschätzung und Anerkennung als Gleiche gegeben sein. Doch ergibt sich in der Praxis oftmals aus einer asymmetrischen Machtbeziehung ein Abhängigkeitsverhältnis, das einer Begegnung von AG und AN auf Gleichordnungsebene und damit dem Idealbild eines liberalen Arbeitsrechts angloamerikanischer Prägung entgegensteht. Arbeitslosigkeit ist in der Regel existenzbedrohlich, der Verlust eines einzelnen fähigen Arbeitnehmers hingegen nicht – wenn es auch ausgesprochene ›Anbietermärkte‹[28] geben kann, etwa im Bereich der Informatik.

5 Anerkennung von Menschen mit Behinderungen: Beeinträchtigungen auf dem Arbeitsmarkt? Oder: Beeinträchtigungen *durch* den Arbeitsmarkt?

> [...] a person is unlikely to fare well in life if he is out of work or if he lacks good work, for even if he can secure [...] goods [...] from sources such as family or leisure activities, he can be expected to lack a fuller array of the psychological, social, moral, and economic goods that flow primarily from good work, and, accordingly, he will not thrive.
> [Andrea Veltman (2016, 10)]

Auch Menschen mit Behinderungen sind mögliche Relata von Anerkennungsbeziehungen auf dem Arbeitsmarkt. Der Zugang zum Arbeitsmarkt birgt auch die Chance auf soziale Anerkennung. Das Inklusionsziel lautet, Menschen mit Behinderungen zu ermöglichen, auf dem (allgemeinen) Arbeitsmarkt ihren Lebensunterhalt zu verdienen. Auch wenn Menschen mit Behinderungen oftmals in bestimmten Hinsichten als ›vulnerabel‹ gelten dürften, lassen sich Beispiele finden, in denen gerade Menschen mit Beeinträchtigungen besondere Fähigkeiten aufweisen, die sie auf dem Arbeitsmarkt in eine verhältnismäßig starke Position zu bringen geeignet sind, etwa manche Menschen mit Hoch- oder Inselbegabung, die ein *Asperger-Syndrom* oder Störungen im *Autismusspektrum aufweisen. Vorherrschend*[29] *ist allerdings das* Faktum der Exklusion: Arbeitslosigkeit, andere Formen von Arbeit oder Nichtarbeit von Menschen mit Behinderungen. In einer aktuellen Studie »Behinderung und Zugang zum allgemeinen Arbeitsmarkt«, die unter

27 Siehe Fn. 13 und 17.

28 Bezogen auf das Angebot an Arbeitskraft, das Menschen mit Behinderungen darstellen, Nachfrager sind bei dieser Betrachtungsweise Arbeitgeber.

29 Vgl. die Daten aus dem ersten Teilhabebericht der deutschen Bundesregierung (2013, 141–146, Kommentar 165): »Die Erwerbslosenquote ist bei Menschen mit Beeinträchtigungen nahezu doppelt so hoch wie in der Vergleichsgruppe« (ibid., 141).

der Ägide der deutschen Antidiskriminierungsstelle[30] durchgeführt wurde, werden die Beeinträchtigungen von Menschen mit Behinderungen beim Eintritt auf den allgemeinen Arbeitsmarkt beschrieben. Nach dem Begriffsverständnis, das sich die Bundesregierung[31] zueigen gemacht hat, werden ›Menschen mit *Beeinträchtigungen*‹ erst dann und dadurch zu ›Menschen mit *Behinderungen*‹, wenn sie in unterschiedlichen sozialen Kontexten, etwa bei der Arbeitssuche, Diskriminierung und Zurücksetzung erfahren.

Doch die staatliche Arbeits- und Sozialpolitik, die für die Eingliederung von Menschen mit Behinderungen in den allgemeinen Arbeitsmarkt wirbt und Wege dahin aufzeigen soll, wirft selbst Probleme auf. Die Kernfrage, um die es dabei geht, ist die Bedeutung eines ›guten Lebens‹ für Menschen mit (unterschiedlichsten) Behinderungen. Stand in der biomedizinischen Ethik lange Zeit in Rede, ob ›Menschen mit Behinderung‹ und ›gelingendes und gutes Leben‹ nicht zwei einander ausschließende Begriffspaare bilden, stellt sich nach der Überwindung dieser früheren Debatte nunmehr (aber keineswegs: ›nurmehr‹) die Frage, *wie* ein gutes Leben für Menschen mit Behinderungen beschaffen sein kann, *was* es bedeuten mag, mit einer Behinderung gut zu leben.[32] Geht man von einer subjektivistischen Grundkonzeption aus – d. h. der Ausgangsannahme, dass Menschen selbst am besten wissen, was ein gutes Leben für sie bedeutet und welche Präferenzen sie haben –, so stellt sich in der Frage der Inklusion von Menschen mit Behinderungen das Problem, dass es unzweifelhaft und unweigerlich Leistungen Dritter bedarf, um diesen Präferenzen Verwirklichungschancen zu verleihen. Diese Dritten können ehrenamtliche Helfer, spendenverteilende private Organisationen oder – in der Regel – sozialstaatliche Institutionen mit oder ohne die Hilfe privater Träger sein. Übergreifend lassen sich alle staatlichen Maßnahmen und Strukturen, die der Inklusion von Menschen mit Behinderung dienen, diesen staatlichen Institutionen zuordnen: Gesundheitswesen, Arbeitsmarktintegration, berufliche Bildung, ›Sozialhilfe‹, sozialarbeiterische Dienstleistungen usw.

Daraus ergibt sich eine Ambivalenz der Arbeitsmarktinklusion: Ganz allgemein und ungeachtet der Konkretisierungen mit Blick auf Menschen mit Behinderungen muss jedes sozialstaatliche System Dienste und Leistungen definieren, um sie rechtsförmig ausgestalten und ›anbieten‹ zu können; Ansprüche müssen politisch gefordert, praktisch eingeführt und begrifflich abgegrenzt, in der Folge geprüft und gebilligt werden. In diesem funktional-institutionellen Sinne hat jedes sozialstaatliche System eine eigene ›Theorie des Guten‹, die den positivierten Individualrechten und eingeräumten Ansprüchen instrumentell zugrunde liegt. Staatliche Leistungen müssen sich an einer objektivierten oder objektivierbaren (zumindest im Sinne von: intersubjektiv geteilten) Auffassung dessen ausrichten, was menschliche (Grund-) Bedürfnisse ausmacht. Die Bedürfnisorientierung steht in einem Spannungsverhältnis zu der normativen Ausgangsvorstellung umfassender menschlicher Freiheit (im Sinne von Selbstbestimmung und positiver ›Freiheit zu‹).

Nun lässt sich entgegenhalten, die sozialstaatlichen Leistungen dienten nur der Unterstützung, dem *empowerment* der Klienten, sie seien *enabling*, freiheitsermöglichend

30 Vgl. die Studie »Zugang zum allgemeinen Arbeitsmarkt für Menschen mit Behinderungen«, von Kardorff/Ohlbrecht (2013), http://www.antidiskriminierungsstelle.de/SharedDocs/Downloads/DE/publikationen/Expertisen/Expertise_Zugang_zum_Arbeitsmarkt.html.

31 Vgl. NAP 2.0 (2016, 11).

32 Vgl. etwa die Beiträge in Bickenbach/Felder/Schmitz (2014).

und dienten der Selbstbestimmung und Selbstentfaltung der Anspruchsberechtigten. Die Zweck-Mittel-Relation sei invers: einzelne Leistungsrechte, die als Ausdruck einer Theorie des Guten verstanden werden könnten, stünden in einer instrumentellen Beziehung zur Ermöglichung der Freiheit der Berechtigten. Handlungsfreiheit und Selbstbestimmung seien *realiter* ohne die unterstützenden, ermöglichenden staatlichen Maßnahmen für die in Rede stehenden Zielgruppen nicht zu erreichen.

Diese Ambivalenz von Ermöglichung und Eingrenzung stellt sich mit besonderer Ausprägung im Bereich der Leistungen zugunsten der arbeitsmarktlichen Inklusion von Menschen mit Behinderungen dar. Mindestens die folgenden Gründe lassen sich dafür ausmachen:

1. Im Fall der arbeitsmarklichen Inklusion ist evident, dass eine Partizipation am Marktgeschehen nicht oder zumindest nicht ohne weiteres aus eigenen freien Stücken möglich ist. Staatliche Arbeitsmarktpolitik ist erforderlich.
2. Die Interventions›tiefe‹ ist beträchtlich: Auf Arbeitgeber- wie Arbeitnehmerseite sind Förderung und Zugeständnisse unvermeidlich.
3. Die Beurteilung der Teilhabe am Arbeitsmarkt nach herkömmlichen Kriterien der Leistungsmessung erscheint unangebracht. Es stellt sich die Frage, wie ermessen werden kann, ob die Arbeitnehmerin mit einer Behinderung einerseits ihren Job gut macht, andererseits eine ›gute‹, ›gelungene‹ oder ›erfolgreiche‹ Integration in den Arbeitsmarkt geschafft hat. Beide Dimensionen können, müssen aber nicht zusammenfallen.
4. Damit eng zusammenhängend ist die Frage nach dem ›gerechten Lohn‹ für die von Menschen mit Behinderungen geleistete Arbeit. Nach dem Verständnis der deutschen Bundesregierung etwa impliziert ›Inklusion‹ »die Möglichkeit [...], den Lebensunterhalt durch frei gewählte Arbeit verdienen zu können«[33]. Bemerkenswert sind an dieser zentralen programmatischen Aussage drei Aspekte: *Möglichkeit – Lebensunterhalt – frei gewählt*: Es dürfen danach keine symbolischen Löhne oder ausbeuterischen Minimallöhne (›Praktikumsentschädigungen‹ etc.) gezahlt werden. Menschen mit Behinderungen sollen in regulären Arbeitsverhältnissen leistungsgerecht entlohnt werden. In der Praxis ist fraglich, ob es Menschen mit Behinderungen überhaupt gelingt, mehr als ein bloßes Existenzminimum zu erwirtschaften. Die Problematik der *Vergütungsgerechtigkeit* sowie der Vereinbarkeit von Erwerbseinkommen mit Sozialleistungen stellt sich mit besonderer Dringlichkeit: Alle sozialrechtlichen Anrechnungserfordernisse und Zuverdienstgrenzen gehören deshalb auf den Prüfstand.
5. Aus der angestrebten bloßen *Möglichkeit* eigener Erwerbstätigkeit kann sich aufgrund unterschiedlicher Mechanismen (sozialer Druck, Erwartungshaltung von Eltern, *peers* usw.) ein faktisches oder zumindest subjektiv erlebtes *Sollen* entwickeln. Dies würde gerade das dialektische Umschlagen der Ermöglichung von Arbeit in eine Eingrenzung und Freiheitsbeschneidung, eine (zwar liberale, nicht straf- oder sonst zwangsbewehrte, aber doch) perfektionistische Politik bedeuten. Während zum Wohl minderjähriger Kinder und Jugendlicher Schulpflicht besteht, gibt es mit guten Gründen keine Arbeitspflicht. Wohlgemeinte Inklusionsmaßnahmen dürfen sich nicht *faktisch* zu einer solchen entwickeln.

---

33 NAP 2.0 (2016, 8).

6. Die Arbeit soll zudem *frei gewählt* sein. Dieser Aspekt sollte sich von selbst verstehen, kontrastriert freilich mit einer historischen Abfolge z. T. grausamer und entwürdigender Freiheitsbeschränkungen und setzt in der Praxis eine entsprechende Auswahlmöglichkeit voraus. Wird ein Arbeitsangebot angenommen, welches alternativlos ist, so steht auch die Wahlfreiheit des Arbeitnehmers in Frage.[34]

Die Punkte (1) und (2) markieren das Spannungsverhältnis zwische Bedürfniserfüllung und Freiheitsgewährung. Punkte (3) bis (6) stehen zudem in engem Zusammenhang mit der Frage von Anerkennung durch oder qua Arbeit.

6 Anforderungen an Anerkennung durch Arbeit: Langfristigkeit

> We don't encounter moral norms in the strict sense until we come to share Hegel's and Durkheim's conviction that the capitalist labor market mustn't merely be a means for increasing economic efficiency, but also a medium of social integration. Only under this premise, which is in no way self-evident, does it become apparent that the functioning of the market depends on the fulfillment of moral premises that are to be described within terms such as »self-respect,« »a fair day's pay for a fair day's work« and »meaningful work«.
> [Axel Honneth (2010, 236)[35]; meine Kursivierung, K. S.]

Wenn wir uns näher mit den Zielen von Anerkennung befassen, so ergeben sich daraus Anforderungen an die instrumentelle Dimension, danach, wie Arbeit beschaffen sein muss, damit – vermittelt *durch* Arbeit – *Anerkennung* überhaupt möglich wird. Arbeit wirkt sich in vielerlei Hinsicht auf das Leben den Arbeitenden aus: So geht es nicht nur – idealerweise – um den Erwerb des eigenen Lebensunterhaltes, die Existenzsicherung und die Verringerung der Abhängigkeit von Sozialleistungen. Dies ist unbestritten eine zentrale Dimension von Selbständigkeit und Selbstbestimmung. Die Arbeitszeiten und Pausen strukturieren zudem den Tagesrhythmus, sorgen für bestimmte bzw. verhindern andere soziale Kontakte, wirken sich in psychischer wie physischer Hinsicht, etwa durch Inspiration, Kreativität, Anstrengung oder Erschöpfung, auf den ganzen Menschen aus. Die Wahl einer Arbeit ist ein zentraler Akt von Selbstbestimmung; faktisch ist gegenwärtig das Grundrecht der Berufsfreiheit[36] bei Behinderten in der Regel nicht

---

34 Diese Frage ist berechtigt, auch wenn hinsichtlich der Zuschreibung von Verantwortlichkeit umstritten ist, ob ein ›*principle of alternate possibilities*‹ gilt, eine ›*freie*‹ Entscheidung auch ohne alternative Möglichkeiten denkbar ist (vgl. Frankfurt 1988 [1969]).

35 Die englische Übersetzung von Honneth (2008, 340 f.) bietet womöglich eine sprechendere Metaphorik für die moralischen Versprechen des Arbeitsmarktes, die in der deutschen Originalfassung als »bürgerliche Ehre«, »Leistungsgerechtigkeit« und »sinnvolle Arbeit« firmieren. Insbesondere der erste Ausdruck ist nur im Kontext von Hegels Rechtsphilosophie zu verstehen.

36 Art. 12 Abs. 1 Grundgesetz (GG).

gewährleistet, doch das mag sich künftig schrittweise ändern. Neben der Ausübung von Selbstbestimmung qua (Wahl und Aufnahme von) Arbeit fördert – das ist weithin unbestritten[37] – auch das Selbstwertgefühl der Arbeitenden, seien es selbständig Arbeitende oder Arbeitnehmer in unselbständigen Arbeitsverhältnissen. Doch ist die Stärkung des Selbstwertgefühls keine Selbstverständlichkeit; vielmehr kommt es dafür auf bestimmte Merkmale der Arbeit bzw. des Arbeitsverhältnisses an, die nicht immer erfüllt sind.

Ich werde im Folgenden kursorisch die Struktur von Anerkennung qua Arbeit analysieren und die normative These vertreten, dass im Zentrum der Bemühungen um Inklusion auf dem Arbeitsmarkt das Streben nach der Schaffung *langfristiger* Beschäftigungsmöglichkeiten für Menschen mit Behinderungen stehen sollte. Als *Implikationen der relationalen Dimension von Anerkennung* lassen sich ausmachen: (i) Langfristigkeit und Dauerhaftigkeit, (ii) Stabilität und (iii) Verläßlichkeit. Das letztgenannte Merkmal steht bei wechselnden Relata in einer Anerkennungsrelation bereits in Frage, im Arbeitsverhältnis etwa bei Betriebsübergängen, Fusionen etc. Bezogen auf die Inklusion von Menschen mit Behinderungen ergibt sich daraus meine einleitend genannte Hauptthese (HT):

HT: Aus anerkennungsphilosophischer Perspektive kommt es darauf an, Menschen mit Behinderungen eine langfristige Möglichkeit der Partizipation am ersten Arbeitsmarkt zu eröffnen.

Diese Forderung nach Langfristigkeit der Beschäftigung von Menschen mit Behinderungen in Unternehmen des sogenannten ersten Arbeitsmarktes ergibt sich aus folgenden Prämissen:

P1: Ein positives evaluatives Selbst- und Weltverhältnis eines Menschen ergibt sich aus der Anerkennung durch andere Menschen.
P2: Die Einbettung in soziale Kontexte ermöglicht erst eine Anerkennung durch andere Menschen.
P3: Für einen erwachsenen Menschen ist die Arbeitswelt ein besonders relevanter sozialer Kontext.
P4: Ein Anerkennungsverhältnis ist – in der Regel sowie *idealiter* – eine *auf Dauer* angelegte soziale Relation.

Die Zeitlichkeitsbedingung nach P4 ermöglicht in deskriptiver wie normativer Hinsicht die Korrektur von Fehlentwicklungen in interpersonalen oder personal-institutionellen Beziehungen, die Beschäftigung mit der je eigenen Historizität, die praktische Möglichkeit, sich beispielsweise über die Zeit hinweg trotz möglicher Fehltritte als eine ›gute Kollegin‹ oder ein ›zuverlässiges Teammitglied‹ zu erweisen. Diese Argumentation beruht auf (mindestens) den folgenden deskriptiven und evaluativen Präsuppositionen, die in dem vorliegenden Zusammenhang nicht in Frage gestellt, sondern als ›gesetzte‹ Hintergrundbedingungen angesehen werden. *Erstens*: Die Arbeitswelt ist marktförmig organisiert. *Zweitens*: Teilhabe am allgemeinen Arbeitsmarkt ist vorzugswürdig gegenüber der Beschäftigung im sogenannten zweiten oder staatlich geförderten Arbeitsmarkt.

37 Vgl. etwa Promberger (2008, 9): »Die soziale Anerkennung durch Erwerbsteilhabe ist [...] Nährboden des Selbstwertgefühles von Arbeitnehmern in Arbeitsgesellschaften«.

Dabei gelten Arbeitgeber sowohl am ersten als auch am zweiten Arbeitsmarkt als wettbewerblich und gewinnorientiert arbeitende Akteure. Weitere, soziale Unternehmensziele sind – etwa im Rahmen von Integrationsprojekten oder Social Enterprises – nicht ausgeschlossen. *Drittens*: Teilhabe am sogenannten ersten Arbeitsmarkt ist vorzugswürdig gegenüber der Beschäftigung in (staatlich geförderten oder privaten) gemeinnützigen Einrichtungen, die (nur oder auch) dem Zweck der Eingliederung von Menschen dienen, die auf dem ersten oder zweiten Arbeitsmarkt chancenlos sind. Der personale Geltungsbereich dieser Hintergrundannahmen erfasst nicht nur Menschen mit Behinderungen, sondern alle potentiellen Arbeitnehmer. Daneben gilt *viertens*: Der normative Egalitarismus, der Grundsatz der Anerkennung als ›Gleiche‹, der als philosophische Grundlage der gegenwärtigen Inklusionsbestrebungen angesehen werden kann, impliziert eine im Einzelnen näher zu bestimmende Gleich*stellung* (nicht lediglich: Gleich*behandlung*) in allen Lebensbereichen, mithin auch in Bezug auf die Arbeitswelt. Die genannten Vorannahmen können selbstverständlich bezweifelt und angegriffen werden. Die erforderlichen Begründungsleistungen für eine jede der vorausgesetzten Thesen würden den Rahmen der vorliegenden Erörterung aber sprengen und werden deshalb ausgeklammert. Auch sonstige gerechtigkeitstheoretische und andere Dimensionen der Beurteilung werden ausgeklammert; dies stellt eine bewusst in Kauf genommene Limitation der hier vorgeschlagenen philosophischen Analyse dar.

Wird der Gedanke der *sozialen Integration* qua Markt nicht berücksichtigt, so kann die emanzipatorisch intendierte Einbeziehung von Menschen mit Behinderungen auf dem Arbeitsmarkt sich als zweischneidiges Schwert entpuppen, als disziplinierende Maßnahme und Unterwerfung unter die Unbill des Marktes erfahren werden. Empirischen Untersuchungen zufolge will die Mehrzahl der befragten Menschen mit Behinderungen gern am ersten Arbeitsmarkt partizipieren. Sie erfährt dies als ›Aufwertung‹ ihres Status und die politisch vorangetriebenen Inklusionsbestrebungen als Chance, als eigenverantwortlicher Wirtschaftsbürger anerkannt zu werden und am Arbeitsmarkt zu partizipieren. Die Dimension sozialer Wertschätzung, die in der Hegelschen Rechtsphilosophie unter dem Begriff der ›Sittlichkeit‹ erörtert wird, erhält bei Axel Honneth die Bestimmung als Anerkennungsmuster der ›Solidarität‹.[38] Anschließend an Durkheim und Mead steht dabei die Idee kooperativer gesellschaftlicher Arbeitsteilung im Vordergrund, die es den Individuen ermöglicht, soziale Wertschätzung zu erlangen. Es kommt nicht in erster Linie auf das Ausmaß individueller Leistungen und den jeweiligen positionalen Rang in einem konkurrenzgeprägten sozialen Umfeld an, sondern vielmehr auf das ›Dass‹ eines gesellschaftlichen Beitrags. Insofern bietet sich auch Menschen mit Behinderungen die Chance, qua Teilhabe am Wirtschaftsleben Wertschätzung und mithin Anerkennung zu erfahren. Nach dem Verständnis von Anerkennung im Modus der Solidarität steht die mögliche ›Minderleistung‹ im Vergleich zu Kollegen der Wertschätzung nicht entgegen. Trotz der Aufmerksamkeit, die in modernen Gesellschaften den individuellen Leistungen gilt, gehen nach Honneth sowohl Hegel als auch Mead davon aus, dass alle Menschen,

38 Den Kommentatoren meines Textes, insbesondere Wulf Loh, sei ausdrücklich für die wiederholten Hinweise auf den Anerkennungsmodus der Solidarität in der Konzeption von Axel Honneth gedankt. Die Potentiale dieser Form von Anerkennung zur Behandlung der Frage der Arbeitsmarktinklusion von Menschen mit Behinderungen habe ich, das erkenne ich an, in früheren Fassungen des vorliegenden Textes nicht hinreichend gewürdigt. Verbleibende Defizite gehen selbstverständlich auf das Konto der Verfasserin.

mithin auch Menschen mit Behinderungen, soziale Wertschätzung im (von Honneth so genannten) Modus der Solidarität erfahren können, denn ([6]2010 [1994], 207) »beide visieren sie [...] eine soziale Wertordnung an, in der die gesellschaftlichen Zielsetzungen eine so komplexe und reiche Auslegung erfahren haben, daß im Grunde genommen jeder einzelne die Chance zur Erlangung sozialen Ansehens erhält«. Die Bestimmungen des Sozialrechts und die arbeitsmarktliche Praxis, die eine Kompensation von ›Minderleistungen‹ von Menschen mit Behinderungen vorsehen (siehe nachfolgend: Fn. 42 und 50), mögen dieser konzeptuellen Variante von Anerkennung auf den ersten Blick widersprechen. Doch handelt es sich dabei um Probleme der Praxis, weniger der sachlichen Unterscheidungen des Anerkennungsbegriffs etwa im Sinne von Honneth (Solidarität) oder Darwall (*appraisal respect*). In der Praxis sind Erfahrungen der Missachtung selbstverständlich keineswegs ausgeschlossen. Honneth unterscheidet entsprechend den Modi der Anerkennung auch Missachtungsformen; der sozialen Wertschätzung im Modus der Solidarität etwa stehen Entwürdigung und Beleidigung als Missachtungsformen gegenüber (vgl. im Überblick etwa: [6]2010 [1994], 211).

Positivrechtlich entsprechen diese Vorannahmen den Forderungen der UN-BRK. So sieht der bereits genannte Art. 27 des Übereinkommens in seinem Abs. 1 »das gleiche Recht von Menschen mit Behinderungen auf Arbeit«, in einem »zugänglichen Arbeitsmarkt« vor. Dies erfasst sowohl die Beschäftigung im »öffentlichen Sektor« (Art. 27 Abs. 1 lit. g) als auch die staatliche Aufgabe, »die Beschäftigung von Menschen mit Behinderungen im privaten Sektor durch geeignete Strategien und Maßnahmen zu fördern, wozu auch Programme für positive Maßnahmen, Anreize und andere Maßnahmen gehören können« (Art. 27 Abs. 1 lit. h). Explizit verlangt das Übereinkommen von den Vertragsstaaten (Art. 27 Abs. 1 lit. j) in diesem Zusammenhang, »das Sammeln von Arbeitserfahrung auf dem allgemeinen Arbeitsmarkt durch Menschen mit Behinderungen zu fördern«.

7 Herausforderungen für den aktuellen Arbeitsmarkt: Ausgleichsabgabe, Lohnkostenzuschüsse oder bedingungsloses Grundeinkommen?

> Das SGB IX, ein eigenes Gesetzbuch für die Rehabilitation und Teilhabe von Menschen mit Behinderungen, hat den Paradigmenwechsel vom Objekt zum Subjekt vollzogen, von der Fremdbestimmung zur Selbstbestimmung. Von einer fürsorgeorientierten hin zu einer teilhabeorientierten Politik.
> [NAP 2.0 (2016, 13)]

Was ergibt sich aus dem Vorangehenden konkret für Menschen mit Behinderungen als Akteure auf dem Arbeitsmarkt bzw. den unterschiedlichen Arbeitsmärkten? Welchen Schwierigkeiten begegnen Menschen mit Behinderungen als Wirtschaftsbürger? Was sind die Herausforderungen für den aktuellen Arbeitsmarkt angesichts des erklärten (rechtlich verbindlichen) Ziels der Inklusion von Menschen mit Behinderungen auf dem Arbeitsmarkt? Aus der eingangs genannten Hauptthese ergeben sich verschiedene Implikationen für die Beurteilung der praktischen Instrumente der Inklusion von Menschen mit Behinderungen im allgemeinen Arbeitsmarkt. Vorliegend beziehe ich mich auf die Rahmenbedingungen des deutschen Arbeits- und Sozialrechts und untersuche vergleichend drei nachfrageorientierte Instrumente, d. h. solche, die auf die Ausweitung bzw. Beeinflussung der Nachfrage nach Arbeitnehmern mit Behinderungen abzielen. Es handelt sich dabei um die sogenannte ›Ausgleichsabgabe‹ (a), Lohnkostenzuschüsse (b) und die persönliche Assistenz am Arbeitsplatz (c). Dabei ergibt sich eine Gemengelage aus sozial- und arbeitsrechtlichen Rahmenbedingungen aus der Zeit *vor* der Ratifikation der UN-BRK, behindertenpolitischen Maßnahmen zur Umsetzung der Konvention und geplanten Maßnahmen nach dem NAP 2.0. »Arbeit und Beschäftigung« stellte bereits im ersten Nationalen Aktionsplan der Bundesregierung zur Umsetzung der UN-BRK vom 15.06.2011 ein bedeutsames Handlungsfeld dar; im aktuellen NAP 2.0 nimmt es den größten Raum ein (vgl. NAP 2.0, S. 25–50). In der Semantik der ›Eingliederung‹ (vgl. etwa frz. ›*insertion professionnelle*‹) kommt traditionell die subjekt- oder personenbezogene Förderung zum Ausdruck: Arbeitssuchende werden gefördert, um in den bestehenden Arbeitsmarkt *integriert* zu werden, es geht vor allem um *employability* der Arbeitssuchenden, weniger um Anpassungen des Arbeitsmarktes auf Seiten potentieller Arbeitgeber. Diese Ausrichtung bleibt im NAP 2.0 erhalten. Dort heißt es bereits einleitend, die Bundesregierung lege einen »besonderen Schwerpunkt auf Maßnahmen zur Förderung der beruflichen *Integration* von Menschen mit Behinderungen in den allgemeinen Arbeitsmarkt« (NAP 2.0, S. 8; meine Kursivierung, K. S.).

a. ›Ausgleichsabgabe‹ nach § 77 SGB IX

Arbeitgeber mit mindestens 20 Beschäftigten sind nach geltendem deutschen Sozialrecht gesetzlich verpflichtet, mindestens 5 Prozent der Arbeitsplätze mit schwerbehinderten Beschäftigten zu besetzen; gelingt ihnen dies nicht oder sehen sie davon ab, so haben sie eine sogenannte ›Ausgleichsabgabe‹[39] zu zahlen, aus deren Aufkommen Maßnahmen zur Förderung der Teilhabe von Menschen mit Behinderungen am Arbeitsmarkt finanziert werden (vgl. § 77 Abs. 5 SGB IX). Die Ausgleichsabgabe, mit der sich folglich Unternehmen einer bestimmten Größenordnung von der Einstellung von Menschen mit Behinderungen ›freikaufen‹ können, ist ein Instrument, das sich zwar in eine marktförmige Organisation von ›Arbeit‹ einfügt, da es eine Kosten-Nutzen-Rechnung erlaubt, das aus anerkennungsphilosophischer Perspektive aber einen ›Fehlanreiz‹ (*disincentive*) bedeutet. Die tatsächlichen Effekte der Ausgleichsabgabe lassen sich dilemmatisch wie folgt darstellen: (1) *Entweder* werden Menschen mit Behinderungen nicht als gleichwertige Arbeitnehmer anerkannt, weil es aus Unternehmensperspektive kosteneffizienter ist, die Ausgleichsabgabe zu leisten als die Bürde auf sich zu nehmen, Menschen mit Behinderungen auszubilden und/oder einzuarbeiten, *oder* (2) Menschen mit Behinderungen werden nicht als gleichwertige Arbeitnehmer anerkannt, weil es aus Unternehmensperspektive lediglich als eine lästige (rechtliche) Pflicht erscheint, Menschen mit Behinde-

39 Vgl. die Ausgleichsabgabe im Sozialgesetzbuch (SGB) Neuntes Buch (IX) – Rehabilitation und Teilhabe behinderter Menschen (i. d. F. vom 19.6.2001, BGBl. I S. 1046; https://www.gesetze-im-internet.de/sgb_9/__77.html) in § 77 Abs. 1: »Solange Arbeitgeber die vorgeschriebene Zahl schwerbehinderter Menschen nicht beschäftigen, entrichten sie für jeden unbesetzten Pflichtarbeitsplatz für schwerbehinderte Menschen eine Ausgleichsabgabe. Die Zahlung der Ausgleichsabgabe hebt die Pflicht zur Beschäftigung schwerbehinderter Menschen nicht auf«.

rungen zu beschäftigen; eine Pflicht, der entsprochen wird, weil die Nichtbefolgung qua Ausgleichsabgabe sanktionsbewehrt ist.

Die Ausgleichsabgabe erhält in der zweiten Variante die symbolische Bedeutung einer Strafe; Menschen mit Behinderungen werden (nur) deshalb eingestellt, weil die Strafe vermieden werden soll. Die Rede von ›Pflichtarbeitsplätzen‹ in § 77 Abs. 1 SGB IX[40] unterstreicht diese intensionale Dimension noch. Die Ausgleichsabgabe verhindert daher die Anerkennung als Arbeitnehmer, weil sie entweder die betreffenden Personen vom Arbeitsmarkt exkludiert oder die Beschäftigung von Menschen mit Behinderungen als lästige Pflicht versteht, der nur zur Vermeidung von Strafe nachgekommen wird.

b. Lohnkostenzuschüsse

Ein in Deutschland verbreitetes Instrument zur Unterstützung der (Wieder-) Eingliederung von Menschen mit Behinderungen in den Arbeitsmarkt sind staatliche Lohnkostenzuschüsse, etwa für sog. Integrationsbetriebe oder im Rahmen eines ›Budgets für Arbeit‹, das den Übergang von der Werkstatt für behinderte Menschen in den allgemeinen Arbeitsmarkt unterstützen soll. Hinsichtlich der *ratio legis* von Lohnkostenzuschüssen ist grundsätzlich zu fragen, ob damit Diskriminierungen im Rahmen der Rekrutierung von Arbeitnehmern verhindert, Produktivitätseinbußen oder andere Minderleistungen kompensiert, sonstige Anreize oder gar – versteckte – Subventionen gegeben werden sollen.[41] Die implizite Annahme, die Einstellung von Menschen mit Behinderungen könne nur dann erfolgen, wenn deren Arbeitskraft für den Arbeitgeber möglichst ›billig‹ ist, wirft zudem die Frage auf, wann die Grenzlinie zur Ausbeutung überschritten ist, die nach Art. 16 UN-BRK in »jeder Form« zu verhindern ist.

Ein besonderes Problem stellt die gängige Praxis *zeitlich befristeter* Lohnkostenzuschüsse dar. Üblich ist etwa bei Eingliederungszuschüssen[42] nach § 34 Abs. 1 Nr. 2 SGB IX eine zweijährige staatliche Unterstützung, die als Übergangszeit und Einstiegshilfe dienen soll, nach deren Ablauf faktisch aber nicht selten das Arbeitsverhältnis endet. Für viele Menschen mit Behinderungen stellt sich deshalb die langfristige Eingliederung in den Arbeitsmarkt als größte Herausforderung dar; kurzzeitige Arbeitsverhältnisse lösen einander ab, mitunter ist, zumal im fortgeschrittenen Alter, die Arbeitssuche gar nicht mehr von Erfolg gekrönt. Die zunächst auch in anerkennungstheoretischer Hinsicht erfolgreiche Inklusion in den ersten Arbeitsmarkt wird durch diese Praxis, die zu wiederholten Frustrationserlebnissen[43] der Betroffenen führt, wieder zunichte gemacht. Das Instrument der befristeten Lohnkostenzuschüsse erweist sich als kontraproduktiv ge-

40 Zum Wortlaut siehe Fn. 40.

41 Hier wird nicht bestritten, dass *hiring* oder *wage susidies* grundsätzlich *inklusiv* wirken und aus volkswirtschaftlicher Perspektive sinnvoll sein können, vgl. etwa Phelps (1997; 2003). Im Fokus stehen hier mögliche *moralische* und *anerkennungstheoretische* Implikationen von Lohnsubventionen. In verschiedenen Ansätzen einzelner deutscher Bundesländer zum ›Budget für Arbeit‹ zahlt der AG 30% des Tariflohns, die Differenz wird zur Kompensation der ›Minderleistung‹ subventioniert.

42 Die unterschiedlichen rechtlichen Möglichkeiten können hier nicht *en détail* erläutert werden; einen Überblick bietet z. B. Luik (2014).

43 Vgl. etwa die O-Töne Betroffener in der Sendung ›Lebenszeit‹ des Deutschlandfunk am 13.03.2015: »Nur eine Worthülse? – Inklusion in der Arbeitswelt«, http://www.deutschlandfunk.de/erwerbsleben-nur-eine-worthuelse-inklusion-in-der.1176.de.html?dram:article_id=313723.

messen an den Prämissen, die der Forderung einer ›Anerkennung qua Arbeit‹ zugrunde liegen (insbesondere P3 und P4; vgl. Abschnitt 6).

In seinen »Abschließenden Bemerkungen« vom 13. Mai 2015 zum ersten Länderbericht Deutschland moniert denn auch der UN-Fachausschuss für die Rechte von Menschen mit Behinderungen unter anderem »finanzielle Fehlanreize, die Menschen mit Behinderungen am Eintritt oder Übergang in den allgemeinen Arbeitsmarkt hindern« (Gliederungspunkt 49, lit. b; siehe: NAP 2.0 (2016, 354)).

c. Assistenz am Arbeitsplatz

Eine Alternative, welche die anerkennungstheoretischen Nachteile der Ausgleichsabgabe und des Lohnkostenzuschusses nicht aufweist, kann die Ausweitung des Inklusionsinstruments der persönlichen Assistenz auf den Arbeitsplatz sein. Die UN-BRK verlangt in Art. 19 lit. b »Zugang zu [...] gemeindenahen Unterstützungsdiensten [...] einschließlich der persönlichen Assistenz, die zur Unterstützung des Lebens in der Gemeinschaft und der Einbeziehung in die Gemeinschaft sowie zur Verhinderung von Isolation und Absonderung von der Gemeinschaft notwendig ist«. Persönliche Assistenten sollen eine Scharnierfunktion erfüllen: Sie unterstützen die praktische Handlungskompetenz der Assistierten (Innenverhältnis) und vermitteln zugleich in sozialen Beziehungen (Außenverhältnis). Sie können damit in der von subjektiven Vorbehalten und Exklusion geprägten Arbeitswelt eine wichtige Rolle übernehmen. Freilich mangelt es gegenwärtig an empirischen Studien zu Kosten, Langfristigkeit und weiteren Erfolgsfaktoren des Einsatzes von persönlichen Assistenten am Arbeitsplatz. Aus anerkennungstheoretischer Perspektive stellt dies gegenwärtig ein interdisziplinäres Forschungsdesiderat dar.[44] Das Problem der tatsächlichen Gleichstellung von Menschen mit Behinderungen im Wettbewerb auf dem allgemeinen Arbeitsmarkt dürfte mit persönlicher Assistenz strukturell allerdings nicht zu lösen sein, denn bereits gegenwärtig gibt es ähnliche Formen der Unterstützung, die sogenannte »Unterstützte Beschäftigung«, die sich am Modell des amerikanischen *supported employment* orientiert und 2009 in Deutschland eingeführt wurde. Sie soll aus den Werkstätten für behinderte Menschen hinausreichen und erste Schritte auf dem allgemeinen Arbeitsmarkt ermöglichen; treffend lässt sich dies mit der englischen Vokabel eines ›*outreach*‹ erfassen.[45] *Werkstätten* sind aber gerade kein Bestandteil des allgemeinen Arbeitsmarktes. Selbst wenn sich die Verhältnisse *in* den Werkstätten grundlegend verändern oder schon sehr verbessert[46] haben, können sie nicht die Eingliederung in den allgemeinen Arbeitsmarkt ersetzen. Die vermeintlichen Übergangshilfen können sich für den einzelnen Menschen mit Behinderung als Endstation entpuppen – womöglich umso mehr, je besser die Werkstatt auf seine Fähigkeiten,

44 Vgl. zur mangelnden Datenlage zur Teilhabe am Arbeitsmarkt auch den Teilhabebericht (2013, 129) und zur persönlichen Assistenz ibid. (2013, 164).

45 Im NAP 2.0 (2016, 26) heißt es dazu: »[...] das Instrument konnte erfolgreich mit einer hohen Eingliederungs- und Verbleibsquote etabliert werden«. Diese Angabe kann im Rahmen dieses Beitrags nicht überprüft werden.

46 Werkstätten unternehmen gegenwärtig erhebliche Anstrengungen *in puncto* Qualitätsmanagement, Anpassung an die Bedingungen des ersten Arbeitsmarktes usw. Dies kann sich allerdings auch als ›Werkstattfalle‹ erweisen, wenn dadurch der Verbleib in einer Werkstatt im Vergleich zum Übergang in den allgemeinen Arbeitsmarkt attraktiver wird.

Fertigkeiten und Bedürfnisse eingeht. Aus der Sicht zahlreicher Interessenvertreter[47] und des UN-Fachausschusses[48] stehen die Werkstätten daher den Anforderungen der UN-BRK an die Teilhabe am Arbeitsmarkt entgegen – nicht im Einzelfall aufgrund konkreter problematischer, der Selbstbestimmung zuwiderlaufender Bedingungen, sondern bereits auf *struktureller* Ebene.

Unter Anerkennungsgesichtspunkten sollte der Ausbau des Angebots an Arbeitsplätzen auf dem allgemeinen Arbeitsmarkt primär über eine Sensibilisierung potentieller Arbeitgeber erfolgen sowie über *langfristige* Verträge, die verhindern, dass die arbeitssuchenden Menschen mit Behinderungen in einer Vielzahl von Befristungen immer wieder erleben müssen, wieder von Neuem mit der Arbeitssuche beginnen zu müssen – noch dazu korrelierend mit dem Auslaufen möglicher Subventionen für den jeweiligen Arbeitgeber im Rahmen von Eingliederungshilfen, dem ›Budget für Arbeit‹[49] o. ä. Eine Möglichkeit wäre, die Lohnsubventionen entsprechend *langfristig* auszugestalten; eine weitere bestünde in der Schaffung intermediärer Vertragspartner, welche die Menschen mit Behinderungen auf dem allgemeinen Arbeitsmarkt vermitteln, aber – im Unterschied zum gewöhnlichen[50] ›Jobcenter‹ (Agenturen für Arbeit etc.) – bereits Arbeitsverträge mit den Klienten schließen und diese an interessierte Arbeitgeber vermitteln. Der mit der Vermittlungsinstanz geschlossene Vertrag wäre nach diesem Modell ein unbefristeter; Zeiten möglicher Beschäftigungslosigkeit würden durch die Zahlung eines ›Grundeinkommens‹ überbrückt. Dieses letztgenannte Modell könnte kombiniert werden mit einem (permanenten) garantierten Basiseinkommen für Menschen mit Behinderungen, einer Sozialleistung, die eine Variante eines bedingungslosen Grundeinkommens (BGE) darstellte. Wie der aktuelle empirische Feldversuch mit Sozialhilfebeziehern in Finnland[51] zeigt, sind diese Modelle heutzutage nicht mehr so ›exotisch‹ wie in den Anfangszeiten

47 Vgl. den illustrativen Beitrag von Brummerloh (2016).

48 So äußert sich der Ausschuss besorgt über die Segregation auf dem Arbeitsmarkt und fordert »die schrittweise Abschaffung der Werkstätten für behinderte Menschen« (Gliederungspunkt 50 lit. b; NAP 2.0 (2013, 355)).

49 Ausgeklammert bleibt im Rahmen dieses Beitrags die Beurteilung des noch laufenden Gesetzgebungsverfahrens zum Bundesteilhabegesetz (BTHG), das in seinem § 61 ein Budget für Arbeit vorsieht. Der Gesetzentwurf ist mit Stand vom 22.06.2016 abrufbar unter http://www.bmas.de/SharedDocs/Downloads/DE/PDF-Meldungen/2016/bundesteilhabegesetz-entwurf.pdf?__blob=publicationFile&v=2. Explizit wird in Abs. 2 die Minderleistung als Subventionsgrund angegeben; die Dauerhaftigkeit der Lohnsubventionen steht auf bundesgesetzlicher Ebene nach wie vor in Frage; auch ist zweifelhaft, inwieweit eine Kontrolle des Umgehungstatbestands nach Abs. 3 praxistauglich sein wird.

50 Der NAP 2.0 (2016, 26) sieht bereits Möglichkeiten intensivierter Betreuung von schwerbehinderten Menschen vor: »Im Rahmen des Förderprogramms der Bundesregierung zur intensivierten Eingliederung und Beratung von schwerbehinderten Menschen entwickeln Agenturen für Arbeit, gemeinsame Einrichtungen und zugelassene kommunale Träger *fortschrittliche Konzepte*, um schwerbehinderte Menschen zusätzlich zum Regelgeschäft in Ausbildung und Beschäftigung zu integrieren« [meine Hervorhebung, K. S.]. Vgl. auch ibid. (2016, 28). Eine Arbeitsvermittlung als Vertragspartner und Auszahlungsstelle eines bedingungslosen Grundeinkommens wäre nach Auffassung der Verfasserin ein solches »fortschrittliches Konzept«. Dieses sollte aber ebenfalls – analog zu anderen Eingliederungsmaßnahmen – aus Steuermitteln, nicht aus dem Ausgleichsfonds finanziert werden. Institutionell könnten etwa die bestehenden Integrationsämter zu derartigen BGE-Vertragspartnern und Beschäftigungsvermittlungsstellen weiterentwickelt werden.

51 Vgl. etwa Hermann, Bedingungsloses Grundeinkommen: Finnland startet Pilotversuch, Neue Zürcher Zeitung vom 03.05.2016; http://www.nzz.ch/wirtschaft/wirtschaftspolitik/bedingungslos es-grundeinkommen-finnland-startet-pilotversuch-ld.17575.

ihrer philosophischen[52] Diskussion. Das bedingungslose Grundeinkommen für Menschen mit Behinderungen stellte nach Auffassung der Verfasserin die beste Möglichkeit der Gewährleistung dauerhafter Teilhabe dar und käme der rechtlichen Verpflichtung nach Art. 28 Abs. 1 UN-BRK nach, Menschen mit Behinderungen einen »angemessenen Lebensstandard für sich selbst und ihre Familien« zu gewährleisten. Die temporale Bedingung für eine gelingende Anerkennungsrelation wäre damit auch erfüllt.

8 Fazit und Ausblick

Ein kurzfristiger Lohnkostenzuschuss widerspricht im Ergebnis mehr noch als die Ausgleichsabgabe der innovativen Forderung der UN-BRK nach vertragsstaatlichen Leistungen zur »Bewusstseinsbildung«; nach Art. 8 Abs. 2 lit. a Ziffer (iii) ist »die Anerkennung der Fertigkeiten, Verdienste und Fähigkeiten von Menschen mit Behinderungen und ihres Beitrags zur Arbeitswelt und zum Arbeitsmarkt zu fördern [...]«. Vorzugswürdig aus anerkennungstheoretischer Perspektive erscheint die Ausdehnung des Instruments der persönlichen Assistenz in die Arbeitswelt hinein – intermediäre Assistenten vermitteln und befördern auch die Anerkennungsrelation, die zwischen AG und AN und unter Kollegen entstehen sollte.

Sollen Menschen mit Behinderung auch als Wirtschaftsbürger ernstgenommen werden, am allgemeinen Arbeitsmarkt partizipieren und mithin auch in dieser wichtigen lebensweltlichen Domäne volle gesellschaftliche Teilhabe erreichen, so ist die Sensibilisierung potentieller Arbeitgeber ein wichtiger Ansatzpunkt; Lohnsubventionen sind ein Hebel, dessen kurzfristige Wirkweise sich aus anerkennungstheoretischer Sicht als ›Bumerang‹ erweisen kann, wenn nach dem Ende der Subventionierung die fraglichen Arbeitnehmer wieder ›freigesetzt‹ werden und damit Zurückweisung erfahren. Eine Abfolge solch mittelfristig erfolgloser Arbeitssuchen ist mit den Merkmalen von Anerkennung unvereinbar. Ein erklärtes politisches Hauptziel der Inklusion auf dem Arbeitsmarkt ist aber die Ermöglichung sozialer Anerkennung. Daneben – und dies ergibt sich v. a. aus einer individualethischen Herangehensweise, wie sie etwa Veltman (2016) verfolgt – geht es um die ›Selbst-Anerkennung‹, die einhergehende Stärkung von Selbstwertgefühl, Selbstwirksamkeitsüberzeugungen und Selbständigkeit. Aus ethischer Perspektive kann Anerkennung durch Arbeit zu einem selbstbestimmten, guten und gelingenden Leben beitragen – unter der Voraussetzung ihrer Langfristigkeit.

Eine Alternative, die bislang in der Diskussion um die Inklusion in der Arbeitswelt selten[53] diskutiert wird, wäre die Einführung eines bedingungslosen Grundeinkommens, das den Lebensunterhalt von Menschen mit Behinderungen sicherte. Sie stünden damit weniger unter dem Druck, zur Sicherung ihres Lebensunterhalts beitragen, auf dem allgemeinen Arbeitsmarkt erfolgreich sein zu müssen. Auch Freiwilligendienste und andere ehrenamtliche Tätigkeiten kämen als vollwertige Beschäftigungsfelder in Frage.[54] Auch diese könnten die erwünschte soziale Anerkennung ermöglichen – möglicherweise wäre

52 Ein historische und gerechtigkeitstheoretische Arbeiten berücksichtigender Literaturüberblick findet sich bei Vanderborght/Van Parijs (2005, 151–164).

53 Ähnlichkeiten weist die Forderung nach einem *Teilhabegeld* auf, die das Forum behinderter Juristinnen und Juristen erhebt, vgl. Teilhabebericht (2013, 164).

54 Vgl. etwa Fuchs-Goldschmidt/Goldschmidt (2012, 166).

hier die Langfristigkeit sogar besser zu erreichen als mit einer (vom BGE nicht ausgeschlossenen) Beschäftigung auf dem allgemeinen Arbeitsmarkt. Menschen mit Behinderungen wären damit gesellschaftliche Avantgarde: Sie wären unabhängiger und deutlich freier in der Auswahl ihrer Aktivitäten als andere Menschen.[55]

Literatur

Arendt, Hannah: *Vita Activa oder Vom tätigen Leben [1958]*. München 2007.

Audi, Robert: *Means, Ends, and Persons: The Meaning and Psychological Dimensions of Kant's Humanity Formula*. New York 2016.

Bickenbach, Jerôme E./Felder, Franziska/Schmitz, Barbara (Hg.): *Disability and the Good Human Life*. New York 2014.

Brandom, Robert B.: The structure of desire and recognition: Self-consciousness and self-constitution. In: *Philosophy & Social Criticism* 33 (2007), 127–150.

Brummerloh, Dorothea: Etikettenschwindel? Die heile Welt der Werkstätten für Menschen mit Behinderungen (Reportage im Deutschlandfunk). Köln 2016; http://www.deutschlandfunk.de/etikettenschwindel-die-heile-welt-der-werkstatten-fur.media.68ac8c424d07b3f29910dbed7df9c3bd.pdf. (14.10.2016)

Bundesministerium für Arbeit und Soziales (BMAS): »Unser Weg in eine inklusive Gesellschaft«. *Nationaler Aktionsplan 2.0 der Bundesregierung zur UN-Behindertenrechtskonvention (UN-BRK)* vom 28.06.2016; http://www.bmas.de/DE/Schwerpunkte/Inklusion/nationaler-aktionsplan-2-0.html [zitiert unter dem offiziellen Akronym NAP 2.0]. (14.10.2016)

Bundesministerium für Arbeit und Soziales (BMAS), *Teilhabebericht der Bundesregierung über die Lebenslagen von Menschen mit Beeinträchtigungen. Teilhabe – Beeinträchtigung – Behinderung* vom 31.07.2013; www.bmas.de/SharedDocs/Downloads/DE/PDF-Meldungen/2013-07-31-teilhabebericht.pdf?__blob=publicationFile (14.10.2016) [zitiert als: Teilhabebericht].

Darwall, Stephen L.: Two Kinds of Respect. In: *Ethics* 88 (1977), 36–49.

Darwall, Stephen L.: *The Second-Person Standpoint. Morality, Respect, and Accountability*. Cambridge/London 2009 [2006].

Deutsche UNESCO-Kommission e. V.: *Inklusion: Leitlinien für die Bildungspolitik*. Bonn, 2. Auflage, 2010 [Original u. d. T. *Policy Guidelines on Inclusion in Education*. Paris 2009]; https://www.unesco.de/fileadmin/medien/Dokumente/Bildung/InklusionLeitlinienBildungspolitik.pdf. (14.10.2016)

Dworkin, Ronald: *Taking Rights Seriously*. Cambridge 1978.

Felder, Franziska: *Inklusion und Gerechtigkeit. Das Recht behinderter Menschen auf Teilhabe*. Frankfurt 2012.

Frankfurt, Harry G.: Alternate Possibilities and Moral Responsibility[1969]. In: Ders.: *The Importance of What We Care About*. New York 1988, 1–10.

Fuchs-Goldschmidt, Inga/Goldschmidt, Nils: Inklusion in die Moderne – Zum systematischen Verständnis des ›Sozialen‹ in der Sozialen Marktwirtschaft. In: *Österreichische Zeitschrift für Soziologie* 37 (2012), 155–170.

Gini, A. R./Sullivan, T.: Work: The Process and the Person. In: *Journal of Business Ethics* 6 (1987), 649–655.

Honneth, Axel: Work and Recognition. A Redefinition. In: Hans-Christoph Schmit am Busch/Christopher F. Zurn (Hg.): *The Philosophy of Recognition: Historical and Contemporary Perspectives*. Lanham, Maryland 2010, 223–240 [Original u. d. T.: Arbeit und Anerkennung. Versuch einer Neubestimmung. In: *Deutsche Zeitschrift für Philosophie* 56 (2008), 327–341.

Honneth, Axel: *Kampf um Anerkennung: Zur moralischen Grammatik sozialer Konflikte* [1994]. Frankfurt a. M., 6. Auflage 2010.

Ikäheimo, Heikki: *Anerkennung*. Berlin/Boston 2014.

Luik, Steffen: Artikel ›Leistungen an Arbeitgeber‹. In: Olaf Deinert/Felix Welti (Hg.): *Stichwort-Kommentar Behindertenrecht*. Baden-Baden 2014, 570–574.

55 Den Kommentatoren einer früheren Version des vorliegenden Textes (namentlich: Wulf Loh, Tobias Störzinger und einer anonymen Person) gilt mein herzlicher Dank für die zahlreichen Nachfragen und Hinweise! Die verbleibenden Mängel habe ich ganz allein selbst zu verantworten (K. S.).

Marshall, M./Crowther, R./Almaraz-Serrano, A. et al.: Systematic reviews of the effectiveness of day care for people with severe mental disorders: (1) Acute day hospital versus admission; (2) Vocational rehabilitation; (3) Day hospital versus outpatient care. In: *Health Technology Assessment* 5 (2001), 1–75.

Marx, Karl/Engels, Friedrich: *Das Kapital. Kritik der politischen Ökonomie*, Band 3. In: Marx-Engels-Werke (MEW), Band 25 Berlin 1964 sowie Marx-Engels-Gesamtausgabe (MEGA) II/15. Berlin 2012 [1867], Erstveröffentlichung Hamburg 1894]; hier zitiert nach: http://telota.bbaw.de/mega/ (14.10.2016).

Promberger, Markus (2008): Arbeit, Arbeitslosigkeit und soziale Integration. In: *Aus Politik und Zeitgeschichte. Beilage zur Wochenzeitschrift Das Parlament*. 40–41 (2008), 7–15.

Quante, Michael: Enabling Social Policy: Basic Goals and Main Tasks. In: Bernd v. Maydell/Katja Borchardt/Klaus-Dirk Henke/Rupert Leitner/Ruud Muffels/Michael Quante/Pirkko-Liisa Rauhala/ Gert Verschraegen/Maciej Zukowski: *Enabling Social Europe*. Berlin/Heidelberg 2006, 73–92.

Phelps, Edmund S.: *Rewarding Work: How to Restore Participation and Self-Support to Free Enterprise*. Cambridge 1997.

Phelps, Edmund S. (Hg.): *Designing Inclusion: Tools to Raise Low-end Pay and Employment in Private Enterprise*. Cambridge 2003.

Rössler, Beate: Arbeit, Anerkennung, Emanzipation. In: *Deutsche Zeitschrift für Philosophie* 53 (2005), 389–413.

Roessler, Beate: Meaningful Work: Arguments from Autonomy. In: *Journal of Political Philosophy* 20 (2012), 71–93.

UN-Fachausschuss zum Schutz der Rechte von Menschen mit Behinderungen (Committee on the Rights of Persons with Disabilities – CRPD): *»Abschließende Bemerkungen« vom 13. Mai 2015 zum ersten Länderbericht Deutschland*, wiedergegeben im NAP 2.0, Berlin 2016, 347–357; siehe auch die Originalfassung des Länderberichts unter http://tbinternet.ohchr.org/_layouts/treatybodyexternal/ TBSearch.aspx?Lang=en&TreatyID=4&DocTypeID=29 (14.10.2016).

Vanderborght, Yannick/Van Parijs, Philippe: *Ein Grundeinkommen für alle? Geschichte und Zukunft eines radikalen Vorschlags*. Frankfurt 2005 [frz. Orig. u. d. T. *L'Allocation Universelle*. Paris 2005].

Veblen, Thorstein Bunde: *The Theory of the Leisure Class*. New York 1899.

Veltman, Andrea: *Meaningful Work*. New York 2016.

Wansing, Gudrun: Was bedeutet Inklusion? Annäherungen an einen vielschichtigen Begriff. In: Theresia Degener/Elke Diehl (Hg.): *Handbuch Behindertenrechtskonvention. Teilhabe als Menschenrecht – Inklusion als gesellschaftliche Aufgabe*. Bonn 2015, 43–54.

V Gerechte Teilhabe am Arbeitsleben

12 Die Güter der Arbeit (jenseits des Geldes!)[1]

Anca Gheaus und Lisa Herzog
(übersetzt aus dem Englischen von Lisa Herzog)

1 Einleitung

John Rawls wurde dafür berühmt, dass er Gerechtigkeit als die faire Verteilung der Nutzen und Lasten sozialer Kooperation beschrieb. In modernen Gesellschaften ist eine der zentralen Formen sozialer Kooperation die bezahlte Arbeit. Die meisten von uns müssen arbeiten, um ihren Lebensunterhalt zu verdienen, und dies nimmt viel Zeit in Anspruch. Der unvermeidbare und zeitintensive Charakter von Arbeit impliziert, dass die Struktur von Arbeitsmärkten in mehreren Hinsichten gerechtigkeitsrelevant ist: Die meisten Menschen können bezahlte Arbeit nicht vermeiden, deswegen muss sichergestellt werden, dass sie nicht ihre Möglichkeit unterminiert, ein angemessenes Leben zu führen. Und weil bezahlte Arbeit einen Großteil unseres Erwachsenenlebens in Anspruch nimmt, ist eine wichtige Frage der Verteilungsgerechtigkeit, wer Zugang zu welchen der Vorteile von Arbeit hat.

In diesem Aufsatz argumentieren wir dafür, dass die Bewertung von Arbeitsmärkten und von spezifischen Arbeitsplätzen den *Pluralismus* der Güter und Lasten von Arbeit berücksichtigen muss.[2] Neuere Gerechtigkeitstheorien konzentrieren sich oft auf das offensichtlichste Gut, das durch Arbeit erzeugt wird, und das auch viele Leute dazu motiviert, zu arbeiten: einen anständigen Lohn zu verdienen. Oder aber sie konzentrieren sich auf die Vermeidung einiger der Nachteile von Arbeit, wie z. B. Gesundheitsrisiken, das Fehlen von Freizeit oder zeitlicher Flexibilität, oder unterdrückerische Hierarchien am Arbeitsplatz.

Aber es gibt nicht nur ein Gut der Arbeit – finanzielle Vorteile – sondern viele. Wir stellen ein Kategorienschema vor, das es erlaubt, über die Güter nachzudenken, die wir die »Güter der Arbeit« nennen, weil Arbeit ein bevorzugter Kontext ihrer Realisierung ist. Bei der Auswahl der Güter der Arbeit leiten uns drei Überlegungen, die aus der Per-

---

1 Für hilfreiche Kommentare zu diesem Paper möchten wir uns bedanken bei John Baker, Sandrine Blanc, Daniel Engster, Jean-Sébastian Gharbi, Graham Long, Anne Newman, Tom Parr, Mark Reiff, Ingrid Robeyns, Andrew Walton, zwei anonymen Reviewern des *Journal of Social Philosophy* und den Teilnehmern von Kolloquien an den Universitäten Aix-Marseille und Newcastle.

2 Wir verwenden hier einen alltagssprachlichen Begriff von Arbeit, von dem wir annehmen, dass er die Mehrzahl der Fälle abdeckt.

spektive der Verteilungsgerechtigkeit relevant sind: Erstens finden viele Menschen diese Güter wertvoll, was sich daran zeigt, dass diese Güter sie zur Arbeit motivieren und dass Reflexionen über diese Güter in verschiedenen Traditionen des Nachdenkens über Arbeit auftauchen.[3] Zweiten haben Individuen in Gesellschaften, in denen es kein bedingungsloses Grundeinkommen gibt und in denen die meisten Menschen kein arbeitsunabhängiges Vermögen besitzen und deshalb auf ein Arbeitseinkommen angewiesen sind, wenig Gelegenheiten, diese Güter außerhalb ihrer Berufe zu verwirklichen, schlicht und einfach aufgrund zeitlicher Einschränkungen. Und zuletzt sind die Güter der Arbeit geeignet für Überlegungen der Verteilungsgerechtigkeit, weil ihre Verteilung von öffentlichen Institutionen bestimmt wird. Vielleicht verlangt Gerechtigkeit Fairness in der Verteilung des *gesamten Bündels* an Vor- und Nachteilen, die Individuen durch bezahlte Arbeit erhalten. Alternativ könnte es sein, dass Gerechtigkeit die Verteilung *jedes* der Güter von Arbeit betrifft. In beiden Fällen ist es wichtig, sich darüber klar zu werden, was die Güter der Arbeit sind, deren Verteilung gerechtigkeitsrelevant ist. Wir hoffen deshalb, einen zweifachen Beitrag zu leisten: erstens diese Güter besser zu verstehen und ihre analytische – wenn auch nicht immer praktische – Unterscheidbarkeit aufzuzeigen; und zweitens ihre Relevanz für Verteilungsgerechtigkeit zu zeigen.

Es gibt schon länger eine Diskussion über die Bedeutung ›sinnvoller‹ Arbeit.[4] Unsere Beschreibung der Güter von Arbeit kann verstanden werden als eine Ausdifferenzierung der Arten, auf die Arbeit ›sinnvoll‹ sein kann. Allerdings wäre eine weitergehende Analyse nötig, um zu bestimmen, welche Kombination dieser Güter notwendig oder hinreichend ist, um Arbeit ›sinnvoll‹ zu machen. Im Rahmen dieses Artikels kann dies allerdings nicht geleistet werden. Indem wir empirische Ergebnisse aus der Psychologie und der Soziologie und Einsichten aus verschiedenen Denktraditionen über Arbeit zusammenbringen, hoffen wir dennoch, die meisten oder alle zentralen Güter von Arbeit zu erfassen, die, neben Arbeitslöhnen, in folgende Kategorien fallen: 1) unterschiedliche Arten von Könnerschaft zu erreichen; 2) einen gesellschaftlichen Beitrag zu leisten; 3) Gemeinschaft zu erfahren; und 4) soziale Anerkennung zu erlangen.[5] Wir diskutieren Beispiele, in denen eines oder mehrere der Güter von Arbeit nicht realisiert werden können, um zu zeigen, dass sie sich analytisch unterscheiden lassen, auch wenn sie in der Praxis oft gemeinsam vorliegen.

Wir schlagen ein begriffliches Schema vor, um über die Güter der Arbeit nachzudenken und um den Geltungsbereich von Theorien der Gerechtigkeit im Arbeitsmarkt zu erweitern: der Arbeitsmarkt und auch einzelne Arbeitsplätze können nicht nur dann

3 Diese Forschung umfasst Psychologie, Soziologie und Verhaltensökonomie (Literaturangaben folgen weiter unten). Interessanterweise wird viel Forschung über Arbeit in Hinblick darauf unternommen, wie Beschäftigte produktiver gemacht werden können. Es gibt viel weniger Studien darüber, was Beschäftigte selbst wollen, oder was sie aus Gerechtigkeitsperspektive erhalten sollten. Obwohl das Ziel dieses Aufsatzes ein philosophisches ist, könnte er auch dazu beitragen, neue Forschungsrichtungen für die kritischen Sozialwissenschaften, die sich mit Arbeit beschäftigen, zu entwickeln.

4 Ein prominentes Beispiel ist Arneson 1987. Manche Kommentatoren verstehen sinnvolle Arbeit als ein distributives Gut, siehe z. B. Walsh 1994. Kürzlich beschrieb Yeoman (2014a) sinnvolle Arbeit als ein Grundbedürfnis, das den Zugang zu Freiheit, Autonomie und Würde mitbestimmt.

5 Wie unten klar werden wird, lassen sich andere »Güter« der Arbeit, die in der Literatur genannt wurden, z. B. Autonomie, als allgemeinere Güter verstehen, die von Arbeit nicht *unterminiert* werden sollten. Aber ihnen fehlt die spezifische Verbindung zu der Motivation zu arbeiten, die wir unten diskutieren.

beanstandet werden, wenn sie inadäquat entlohnt werden oder Individuen bestimmten Schädigungen ausgesetzt werden, sondern auch dann, wenn die Gelegenheiten zur Realisierung dieser Güter ungerecht verteilt sind. Diese anderen Güter der Arbeit zu berücksichtigen, stärkt die Relevanz von Gerechtigkeitstheorien für die praktischen Fragen, die heutige Arbeitsmärkte aufwerfen, zum Beispiel, wenn einzelne Beschäftigte von der Gemeinschaft anderer Arbeitender ausgeschlossen werden oder wenn es um Arbeit geht, bei der die Einzelnen keine Chance haben, wertvolle Fertigkeiten zu entwickeln. Sofern Ressourcen knapp sind, mag es gerechtfertigt sein, der Versorgung mit und Verteilung von Einkommen die höchste Priorität einzuräumen, weil Einkommen ein Mittel für die Befriedigung der grundlegendsten Bedürfnisse ist. Aber in vielen Gesellschaften können wir es uns heutzutage leisten, die darüber hinausgehenden Güter der Arbeit ebenfalls zu berücksichtigen.[6] Deswegen lohnt es sich, zu fragen, wie Arbeitsmärkte gestaltet werden sollten, damit sie nicht die Fähigkeit der Individuen unterminieren, diese Güter zu genießen, und sie ihnen ausreichende und fair verteilte Gelegenheiten dazu bieten, diese zu verwirklichen. Unregulierte Arbeitsmärkte oder Arbeitsmärkte, die ausschließlich in Bezug auf finanzielle Auszahlungen reguliert werden, können defizitär in dem Sinne sein, dass sie Individuen keine ausreichenden Gelegenheiten dafür bieten, und diese Ungleichheiten im Zugang zu den Gütern der Arbeit sind selbst gerechtigkeitsrelevant.

Wir argumentieren für drei Punkte. Der erste, und am wenigsten kontroverse, ist, dass ein multidimensional gerechter Arbeitsmarkt verlangt, dass alle Beschäftigten vor den schlimmsten *Nachteilen* von Arbeit geschützt werden – Nachteilen, die ihre Fähigkeit unterminieren, ein angemessenes Leben zu führen, z. B. weil ihre Gesundheit, ihre Fähigkeit, ein Familienleben zu führen, oder ihr Status als gleichberechtigte Gesellschaftsmitglieder unterminiert wird. Der zweite, zentrale Punkt ist, dass ein multidimensional gerechter Arbeitsmarkt die Beschäftigten nicht der Fähigkeit berauben sollte, die Güter der Arbeit zu verwirklichen, entweder innerhalb ihrer Jobs oder in anderen Kontexten. Die attraktivsten Jobs sind oftmals diejenigen, die es Beschäftigten erlauben, diese Güter *innerhalb ihrer bezahlten Arbeit* zu verwirklichen. Der dritte, und kontroverseste, Punkt ist deshalb, dass die Verteilung der (Gelegenheiten zur Verwirklichung der) Güter der Arbeit selbst eine Frage der Gerechtigkeit ist.[7]

Mehrere Theorien aus dem Spektrum liberaler egalitärer Gerechtigkeitstheorien können die Punkte, die wir hier vortragen, aufnehmen. Sie sind kompatibel mit unterschiedlichen Verteilungsprinzipien (z. B. Gleichheit, Priorität, und Suffizienz) und mit den meisten, wenn auch vielleicht nicht allen, Maßstäben (*metrics*) für Gerechtigkeit. Wenn den Individuen eine faire Verteilung von Wohlergehen, von Chancen, Wohlergehen zu erlangen, oder von Fähigkeiten (*capabilities*) geschuldet wird, dann ist die Verteilung

6 Diese Güter können zum Glück und zur Lebenszufriedenheit von Individuen möglicherweise mehr beitragen als ein immer weiter steigendes Einkommen. Die empirische Forschung zum Verhältnis von Einkommen und Glück oder Lebenszufriedenheit ist höchst umstritten. Wir finden es plausibel, dass oberhalb einer bestimmten Schwelle zusätzliches Einkommen nicht zu einem Mehr an Glück oder Lebenszufriedenheit führt, aber unsere Argumente hängen nicht von dieser Annahme ab.

7 Dieser dritte Punkt bezieht sich nicht nur auf eine Welt wie die unsrige, in der die meisten Individuen auf bezahlte Arbeit angewiesen sind. Sogar in einer Welt mit einem bedingungslosen Grundeinkommen wäre die Verteilung der Gelegenheiten, diese Güter *durch* Arbeit zu verfolgen, eine Frage der Gerechtigkeit. Z. B. sind manche Jobs besser dafür geeignet, Könnerschaft zu verwirklichen als andere, und angenehme und sozial respektierte Positionen im Bereich der Freiwilligenarbeit könnten ebenfalls knapp sein.

der Vor- und Nachteile von Arbeit, die wir hier identifizieren, eine Frage der Gerechtigkeit, denn sie sind plausiblerweise sowohl für Wohlergehen als auch für Fähigkeiten relevant.[8] Eine Version ressourcenbasierter Ansätze dagegen scheint inkompatibel mit unseren Punkten, und zwar diejenigen, die ausschließlich Einkommen und Vermögen als Maßstäbe der Gerechtigkeit sieht: Wenn es gerecht ist, dass Individuen gleiche – oder vielleicht ausreichende – Geldbeträge erhalten, aber Verteilungsgerechtigkeit neutral gegenüber der Frage ist, wie diese Ressourcen in (Gelegenheiten für) Wohlergehen oder Fähigkeiten übersetzt werden können, dann ist es schwierig zu sehen, warum gerade die Verteilung der Vor- und Nachteile von Arbeit eine Frage der Gerechtigkeit sein sollte.[9] Wir hoffen jedoch, dass unsere Analyse einen *pro tanto*-Grund zur Verfügung stellt, materialistische ressourcenbasierte Ansätze zurückzuweisen. Über diese Bemerkungen hinaus wollen wir uns hier nicht auf einen bestimmten Maßstab der Gerechtigkeit festlegen. Stattdessen betrachten wir die Güter der Arbeit als einen Teil der Menge an Gütern und Maßnahmen, die für die Verteilung zur Verfügung stehen, um eine faire Verteilung anhand des Maßstabs der Gerechtigkeit zu realisieren, was auch immer dieser ist.[10]

Eine Hauptquelle des Widerstands gegen unsere Vorgehensweise ist der Glaube daran, dass freie Arbeitsmärkte Menschen ein adäquates Set an Gütern zur Verfügung stellen, die sie innerhalb ihrer bezahlten Arbeit verfolgen können. Zum Beispiel impliziert John Tomasis neulich vorgelegte Verteidigung freier Märkte, dass Individuen in ihnen ausreichend Gelegenheit haben, die Arbeit zu finden, die sie gerne machen möchten.[11] Aber Arbeitsmärkte stellen Individuen oft keine derartigen Gelegenheiten bereit, und deshalb muss bei der institutionellen Gestaltung des Rahmenwerks für Arbeitsmärkte die Frage nach den ›Gütern der Arbeit‹ explizit in den Blick genommen werden. Diese Güter sind breit und allgemein, und sind Element vieler unterschiedlicher Vorstellungen vom guten Leben; dass sie so starke Wertschätzung erhalten, ist ein guter Grund zu glauben, dass sie zum Wohlergehen der Individuen beitragen (zumindest in den Fällen, in denen Individuen sie wünschen). Wenn durch eine nicht-optionale und zeitraubende Tätigkeit den Arbeitenden Güter verweigert werden, die einen signifikanten, nicht-monetären Wert haben, kann dies ein Gerechtigkeitsproblem aufwerfen, gegen das auch die Forderung nach der Neutralität staatlicher Maßnahmen kein Einwand ist.

Im nächsten Abschnitt diskutieren wir kurz die Nachteile von Arbeit und stellen anschließend die vier Güter der Arbeit, die wir unterscheiden, genauer dar: Könnerschaft, gesellschaftliche Beiträge, Gemeinschaft, und soziale Anerkennung. Danach führen wir genauer aus, warum diese nicht-monetären Güter der Arbeit gerechtigkeitsrelevant sind. Der fünfte Abschnitt beschäftigt sich mit den zwei oben erwähnten Einwänden: dass unregulierte Arbeitsmärkte Individuen ausreichende Gelegenheiten geben würden, diese

---

8 Eine Ausnahme sind holistische Egalitaristen, die glauben, dass verschiedene Kategorien von Gütern untereinander austauschbar sind, so dass eine Form der Ungleichheit durch eine andere Ungleichheit ausgeglichen oder kompensiert werden darf. Wir gehen hier von einem Wertepluralismus aus, der, wenn er korrekt ist, diese Art des Holismus weniger plausibel erscheinen lässt.

9 Eine nicht-materialistische Form ressourcenbasierter Ansätze könnte allerdings mit unserem Ansatz kompatibel sein, wenn nicht-materielle Güter ebenfalls als Ressourcen verstanden werden. Richard Arneson versteht z. B. Beziehungen als Ressourcen (2000, 339).

10 Die Unterscheidung zwischen dem Maßstab der Gerechtigkeit und der Menge an Gütern und Maßnahmen, die verteilt werden sollen, ist nicht sehr gebräuchlich, wird aber in Gheaus 2016 näher dargestellt.

11 Tomasi 2012, 66, 78; er diskutiert dort das Beispiel einer Unternehmerin, die einen Hundesalon eröffnet.

Güter zu realisieren, und dass die staatliche Neutralität Eingriffe in den Arbeitsmarkt verbieten würde. Wir schließen mit einigen kurzen Überlegungen zu möglichen praktischen Konsequenzen unseres Ansatzes.

2 Die dunklen Seiten von Arbeit

Bevor wir unsere Diskussion der nicht-monetären *Güter* der Arbeit und ihrer Relevanz für die Vereteilungsgerechtigkeit beginnen, ist es wichtig, die Existenz und Gerechtigkeitsrelevanz einiger *Nachteile* von Arbeit anzuerkennen. Manche dieser Nachteile sind einfach die Abwesenheit – oder das Fallen unterhalb eines bestimmten Schwellenwerts – von Gütern von Arbeit. Eine Untergruppe dieser Nachteile sind finanzieller Natur, oder haben eine wichtige finanzielle Dimension: unangemessene Entlohnung und das Fehlen von Leistungen wie Pensionszahlungen, bezahltem Urlaub, bezahlter Elternzeit oder Gesundheitsversorgung. Eine andere Untergruppe betrifft das Fehlen der nicht-monetären Güter, die wir in diesem Aufsatz identifizieren (und im nächsten Abschnitt genauer behandeln): Könnerschaft, gesellschaftliche Beiträge, Gemeinschaft, und soziale Anerkennung. Manche Jobs sind extrem langweilig und repetitiv und deswegen schädlich für die Entwicklung jedweder Fähigkeiten; manchen gelingt es nicht nur nicht, einen sozialen Beitrag zu leisten, sondern die Tätigkeiten sind sogar gesellschaftlich destruktiv – zum Beispiel, indem sie ansonsten überlebensfähige Firmen zugunsten kurzfristiger Gewinne zerstören oder sich an gesellschaftlich schädlicher Finanzspekulation beteiligen; andere Arbeitsplätze bringen es mit sich, in ständiger Isolation von den Mitbeschäftigten zu arbeiten, oder sie unterminieren den sozialen Status der Arbeitnehmer.

Aber es gibt auch andere nicht-monetäre Nachteile von Arbeit, die nicht nur in der Abwesenheit von (monetären oder nicht-monetären) Gütern bestehen. Stattdessen kommen sie dadurch zustande, dass *andere* wichtige Güter nicht hinreichend geschützt werden, z. B. die Gesundheit der Beschäftigten, ihre Freizeit, oder, in Fällen, in denen Jobs durch unterdrückerische Hierarchien strukturiert werden, ihr Recht auf Freiheit von Unterdrückung.

Unser erster Punkt bezieht sich auf die Nachteile von Arbeit. Er besagt, dass diese vermieden werden sollten, wo immer dies möglich ist; wo dies nicht möglich ist, ist ihre *Verteilung* gerechtigkeitsrelevant. Wir gehen davon aus, dass dies der am wenigsten kontroverse unserer Punkte ist, zumindest in Bezug auf extreme Nachteile, die die Bedingungen für ein angemessenes Leben gefährden; in Bezug auf andere Nachteile – z. B., was den Schutz vor fehlender Freizeit oder übermäßig hierarchischen Arbeitsverhältnissen angeht – ist er kontroverser, aber wir nehmen hier dennoch an, dass er gut begründet ist: Es ist ungerecht, wenn Beschäftigte vermeidbarerweise und trotz besseren Wissens ernsten Gesundheitsrisiken, einschließlich Risiken für die psychische Gesundheit, ausgesetzt werden. Auf ähnliche Weise ist es problematisch, wenn der Arbeitsmarkt oder bestimmte Arbeitsplätze wichtige Güter wie Selbstachtung[12] oder persönliche Autonomie[13] unterminieren, die grundlegenden Voraussetzungen dafür sind, eine Vorstellung des Guten

12 Vgl. z. B. Rawls zu den sozialen Grundlagen von Selbstachtung als einem ›Primärgut‹ (2001, 58 f.). Zum Verhältnis von Selbstachtung und sinnvoller Arbeit siehe Moriarty 2009.

13 Wir verstehen Autonomie hier in einem minimalistischen Sinn als Voraussetzung vernünftigen und rationalen Handelns; vgl. auch Rösler 2012 und Keat 2012.

zu entwickeln und zu verwirklichen. Ein häufig erhobener Vorwurf gegen unregulierte kapitalistische Arbeitsmärkte ist, dass sie diese Güter unterminieren und damit grundlegende Gerechtigkeitsstandards verletzen. Adina Schwartz (1982) hat dafür argumentiert, dass Individuen, denen systematisch sinnvolle Arbeit verweigert wird, unfähig werden, eine eigene Konzeption des Guten zu formulieren, zu überarbeiten und zu verfolgen. Wenn sie damit Recht hat, ist die Forderung, die Nachteile von Arbeit zu vermeiden, gleichbedeutend mit der Forderung, dass kein Job unter eine bestimmte Schwelle der Sinnhaftigkeit fallen darf. In vielen Arbeitsmärkten werden Beschäftigte rechtlich vor einigen der Nachteilen von Arbeit geschützt. Die Konventionen der Internationalen Arbeitsorganisation fassen diese Forderungen zusammen, die auch in den gesetzlichen Ordnungen vieler Länder verankert sind.

Die Forderungen der Gerechtigkeit in Bezug auf nicht-monetäre Nachteile von Arbeit können plausiblerweise erweitert werden um die Möglichkeit, dass Individuen außerhalb ihrer bezahlten Arbeit wichtige Güter verwirklichen können, die ein Teil vieler Vorstellungen des guten Lebens sind. Das betrifft z. B. die Fähigkeiten von Menschen, für ihre Familien zu sorgen. Daniel Engster (2007, Kap. 4) schlägt vor, dass es ungerecht ist, wenn Menschen sich entscheiden müssen zwischen einem anständig bezahlten Vollzeit-Job, der ihnen die materielle Versorgung ihrer Familie ermöglicht, aber ihnen keine Zeit lässt, liebevolle Beziehungen mit ihnen zu entwickelt, und einem niedrig bezahlten Job, der ihnen genug Zeit lässt, um sich selbst um sie zu kümmern, aber nicht genug Einkommen, um sie materiell zu versorgen. Die Gerechtigkeit eines Wirtschaftssystems hängt seiner Ansicht nach auch davon ab, ob Individuen genug verdienen können, um sich und ihre Angehörigen zu versorgen, während sie in Jobs arbeiten, die ihnen auch genug Zeit und Flexibilität lassen, um liebevolle Beziehungen zu ihnen aufzubauen. Nach Engster sollten Wirtschaftssysteme so gestaltet werden, dass der Arbeitsplatz einem *sowohl* ein angemessenes Einkommen für einen selbst und die eigenen Familienangehörigen *als auch* genügend Zeit für häufige und regelmäßige Interaktion mit ihnen ermöglicht. Derartige Gerechtigkeitsforderungen rechtfertigen Arbeitsmarktregulierungen, zumindest solange keine anderen, noch grundlegenderen Gerechtigkeitsforderungen (z. B. jedermanns Recht auf die Sicherung des Lebensunterhalts) verletzt werden. Dies mag manchmal die ökonomische Effizienz reduzieren, besonders, wenn Effizienz in einem engen monetären Sinn verstanden wird, aber solche Effizienzverluste werden aufgewogen durch die Notwendigkeit, diese Nachteile zu vermeiden. Und insofern (manche der) Nachteile von Arbeit unvermeidbar sind, ist ihre *Verteilung* eine Frage der Gerechtigkeit.

3 Die zentralen Güter von Arbeit

Zahlreiche empirische Untersuchungen bestätigen, dass Leute in ihrer Arbeit mehr sehen als nur ein Mittel, um ein Einkommen zu verdienen.[14] In diesem Abschnitt stellen wir eine Reihe von Gütern von Arbeit vor, die *zusätzlich* zu dem – unleugbaren und unumstrittenen – Gut eines adäquaten Lohns eine Rolle spielen. Unter Bezugnahme auf empirische Studien identifizieren wir vier Kategorien derartiger Güter: Könnerschaft, gesellschaftliche Beiträge, Gemeinschaft, und soziale Anerkennung. Alle haben in phi-

14 Diese allgemeine Aussage wurde von unterschiedlichen qualitativen soziologischen Studien bestätigt. Siehe z. B. Schultheis et al. 2010 oder Terkel 1972.

losophischen Traditionen des Nachdenkens über Arbeit eine Rolle gespielt; wir verstehen sie hier in einem breiten und »dünnen« Sinn. Normalerweise gibt es diese Güter in Abstufungen. Auf einem hohen Abstraktionsgrad kann man die Güter der Arbeit mit hinreichender Objektivität bestimmen, zumindest in dem Sinne, dass man sich objektiv auf extreme Fälle einigen kann, in denen diese Güter fehlen, und oft auch auf Fälle, in denen sie mehr oder weniger stark vorhanden sind.[15]

3.1 Könnerschaft

Eine Form von Könnerschaft zu erreichen, motiviert viele Leute, zu arbeiten – es kann die Motivation für die lebenslange Beschäftigung in einem Tätigkeitsfeld aufrechterhalten. Könnerschaft ist ein regulatives Ideal, das in einem breiten Sinne verstanden werden sollte: als das Erlangen unterschiedlicher Dinge wie Wissen, technische Leistung, oder Schönheit. Könnerschaft beinhaltet die Entwicklung der eigenen Fähigkeiten – z. B. einer guten Urteilskraft – aber auch die Ausführungen, die aus der Ausübung dieser Fähigkeiten resultieren – z. B. ein Stück guter Handwerksarbeit. Könnerschaft betrifft also das Verhältnis zwischen der arbeitenden Person und dem, was er oder sie tut, nicht das Verhältnis der Person oder der Produkte zu Dritten.

Arbeit ist ein privilegierter Kontext für das Streben nach Könnerschaft, das typischerweise langanhaltende Anstrengung und Konzentration erfordert, und das oft, aber nicht notwendigerweise, Produkte erzeugt, die im Markt wertgeschätzt werden. Die Tatsache, dass es viel Zeit braucht, Könnerschaft zu erwerben, in Verbindung mit der Tatsache, dass die meisten Menschen einen signifikanten Anteil ihrer Zeit mit Arbeit verbringen, bedeutet, dass man Könnerschaft oft nicht in der Freizeit erwerben kann. Das gilt zumindest für Individuen, die zusätzlich zu ihrem Job Verantwortlichkeiten für Familienangehörige und deswegen wenig freie Zeit haben. Und Könnerschaft kann offensichtlich nicht mit Geld gekauft werden. Die Gelegenheit zu haben, die eine oder andere Art von Könnerschaft zu erreichen, bedeutet für die meisten Menschen, dass sie einen Job finden müssen, in dem sie dies erreichen können.

Die Philosophie hat seit langem das Streben nach unterschiedlichen Formen von Könnerschaft anerkannt. Wie James Murphy betont,[16] ist die Verbindung von Intellekt und Praxis ein wichtiges Element in Aristoteles' Konzeption von Arbeit: es ist eine Einheit von Konzeption und Ausführung, die nur erreicht werden kann, wenn ausreichend Zeit zur Verfügung steht.[17] Die Bedeutung von Könnerschaft für viele Individuen wird von

15 In Diskussionen über ›sinnvolle Arbeit‹ liegt ein Schwerpunkt auf der »Passung« von Individuen und Jobs (siehe z. B. Muirhead 2004, besonders Kapitel 3). Da es uns hier um institutionelle Arrangements geht, diskutieren wir dieses Thema nicht, außer in dem indirekten Sinne, dass wir finden, dass Individuen hinreichende Gelegenheiten haben sollten, einen Job mit einer guten »Passung« zu finden.

16 Murphy 1993. Wie er zugibt, liest er Aristoteles gegen dessen eigene Absichten, denn Aristoteles verachtete (zumindest manche Formen von) Arbeit. Murphy bezieht sich v. a. auf Met. 1032b15 und übernimmt die Begriff ›Konzeption‹ (noesis) und ›Ausführung‹ (poiesis).

17 Andere moderne Aristoteliker, die die Bedeutung von Könnerschaft betont haben, sind unter anderem MacIntyre (1984, Kap. 14) und Solomon (1993). Derartige »Aristotelische« Ideen, die ein rotes Tuch für viele moderne Liberale sind, spielen in unserem Argument eine indirekte Rolle, indem wir dafür argumentieren, dass viele Individuen derartige Positionen vertreten und nach derartigen Idealen streben; auf diese Weise können sie auch aus einer nicht-Aristotelischen Perspektive berücksichtigt werden.

der Tatsache unterstrichen, dass »Meisterschaft« eine wichtige Arbeitsmotivation ist. Psychologische Forschung zeigt, dass die richtige Balance zwischen den eigenen Fähigkeiten und den Herausforderungen, denen man in der eigenen Arbeit begegnet – und somit die Möglichkeit, die eigenen Fähigkeiten zu entwickeln – für viele Individuen intrinsisch motivierend ist, und oft zu Erfahrungen führt, die Csikszentmihalyi ›*flow*‹ genannt hat, in denen Individuen vollständig in einer Tätigkeit absorbiert sind.[18] Hackman und Oldham argumentieren in ihrem klassischen ›Job Characteristics Model‹ (1975), das von zahlreichen Studien validiert wurde,[19] dass Jobs, die Eigenschaften wie Variabilität der Fähigkeiten, Aufgabenidentität (die Möglichkeit, Aufgaben zu vollenden) und Feedback aufweisen – Eigenschaften, die es Individuen ermöglichen, Könnerschaft in dem zu erlangen, was sie tun – mit zahlreichen positiven Variablen assoziiert sind, z. B. höherer Jobzufriedenheit und Motivation. Könnerschaft erreichen zu können, hat viel mit den zeitlichen Dimensionen von Arbeit zu tun: Erhalten die Beschäftigten z. B. genügend Zeit, um solide Fähigkeiten zu erwerben, und haben sie Aussichten auf eine Laufbahn, in deren Verlauf sie bestehende Fähigkeiten weiterentwickeln und neue Fähigkeiten erlernen können?

Die Unterscheidbarkeit von Könnerschaft von anderen Gütern der Arbeit lässt sich leicht zeigen: Man nehme z. B. den jungen Marx, der mit komplizierten Ideen rang, dabei aber einsam war, keine soziale Anerkennung erhielt, und völlig im Unklaren darüber war, ob er einen gesellschaftlichen Beitrag leisten würde. Andererseits kann man all diese Güter verwirklichen – gesellschaftliche Beiträge, Gemeinschaft, soziale Anerkennung, und ein Einkommen – aber nicht Könnerschaft, wie z. B. jemand, der einen Beruf angenommen hat, der nicht zu den eigenen Talenten passt. Darüber hinaus kann die Gestaltung von Jobs die Fähigkeit von Menschen unterminieren, in *anderen* Bereichen des Lebens Könnerschaft zu erwerben, z. B. wenn sie so ausgelaugt werden, dass sie keine Energie für irgendwelche ausgedehnteren Freizeitbeschäftigungen übrig haben.

3.2 Gesellschaftliche Beiträge

Oft arbeiten Menschen, weil sie einen gesellschaftlichen Beitrag leisten wollen. Während einige gesellschaftliche Beiträge durch gut ausgebildete Fähigkeiten und das Verfolgen von Könnerschaft hergestellt werden, sind letztere weder notwendig noch hinreichend, um einen Beitrag zur Gesellschaft zu leisten; unqualifizierte Arbeit, z. B. in der Müllabfuhr, ist oft am notwendigsten, um eine Gesellschaft am Laufen zu halten.

Bezahlte Arbeit ist ein naheliegender Kontext, in dem man gesellschaftliche Beiträge leisten kann, weil wir so viel Zeit in ihr verbringen und weil sie typischerweise auf die Erzeugung von Nutzen ausgerichtet ist. Idealerweise sollten Märkte diejenigen Beiträge monetär belohnen, die am notwendigsten für das Leben einer Gesellschaft sind. Aber in heutigen Gesellschaften werden Teile dessen, was unter gesellschaftlichen Beiträgen gefasst werden kann, z. B. Fürsorgearbeit, durch freiwillige statt durch bezahlte Arbeit geleistet. Die Aufspaltung in Märkte ›für Gewinn‹ (*for profit*) und ›für Sinn‹ (*for purpose*)

18 Csikzentmihalyi 2000; siehe auch Pink (2011, Kap. 5) für eine Zusammenfassung von unterschiedlichen Forschungsrichtungen zu »Meisterschaft« als einer Motivationsquelle. Arneson erwähnt ein Element sinnvoller Arbeit, das unserem Gut der Könnerschaft ähnelt: das richtige Maß an Schwierigkeit; »auf halben Weg zwischen langweilig und überwältigend schwierig« (1997, 522).

19 Für einen Überblick siehe Fried & Ferris 1987.

wird von vielen als eine Anomalie betrachtet, aber es ist schwierig zu sehen, wie sie innerhalb des bestehenden theoretischen Verständnisses und der Institutionalisierung von Arbeitsmärkten, die beide auf die monetäre Dimension hin ausgerichtet sind, überwunden werden könnte.

Nachdem er eine große soziologische Studie dazu abgeschlossen hatte, wie Leute in verschiedenen Berufen über ihre Arbeit denken, fasste Studs Terkel seine Ergebnisse zusammen, indem er behauptete, Menschen »[...] suchten nach täglichem Sinn ebenso wie nach täglichem Brot« (1972, xi, eigene Übersetzung). Für viele Menschen ist eine wichtige Quelle von Sinn, den gesellschaftlichen Beitrag zu sehen, den ihre Arbeit leistet. Eine kürzlich durchgeführte Studie ergab, dass die Möglichkeit, ›Sinn und Bedeutung‹ aus der Arbeit ziehen zu können, einen starken Einfluss darauf hat, ob Leute in einer Organisation bleiben und wie zufrieden mit und engagiert im Job sie sind.[20]

Das Gut, einen gesellschaftlichen Beitrag zu leisten, kann abwesend sein, während andere Güter von Arbeit anwesend sind oder umgekehrt. Ein einsamer Totengräber kann sehen, dass seine Arbeit einen wichtigen gesellschaftlichen Beitrag leistet, während sie weder das Erwerben von Könnerschaft noch den Erhalt von sozialer Anerkennung oder die Erfahrung von Gemeinschaft ermöglicht. Der umgekehrte Fall liegt vor, wenn jemand all diese Güter verwirklicht, aber dabei sozial nutzlose oder sogar schädliche Arbeit verrichtet. Einige derjenigen, die vor dem Crash von 2008 in der Finanzindustrie gearbeitet haben, hatten möglicherweise geahnt, dass ihre Arbeit wenig oder gar keinen gesellschaftlichen Beitrag geleistet hat oder sogar destruktiv war.[21]

3.3 Gemeinschaft

Drittens sind viele Leute durch das Bedürfnis, Gemeinschaft zu erleben, motiviert, zu arbeiten. Wir verstehen Gemeinschaft hier als die Erfahrung, Dinge gemeinsam mit anderen Menschen zu tun, mit denen man in relativ freien und gleichen Beziehungen steht. Natürlich wird Gemeinschaft in vielen Kontexten wertgeschätzt. Aber es ist eine spezifische Erfahrung, gemeinsam zu *arbeiten*, denn es bedeutet, Teil eines Projekts kol-

20 Schwartz & Porath 2014. Dies ist wohlgemerkt Forschung von Seiten der Arbeitgeber, mit dem Ziel, die Produktivität zu verbessern. Dennoch reflektieren viele Variablen dieser Studie die Vor- und Nachteile von Arbeit, die wir hier diskutieren.

21 Man nehme z. B. diesen Bericht einer ehemaligen Beschäftigten eines Hedgefonds: »Wenn Sie zum ersten Mal zu einem Hedgefonds gehen, denken Sie vielleicht – wenn Sie wirklich naiv sind – dass ein Hedgefonds die Funktion hat, den richtigen Marktpreis zu finden. Dass wir also eine Dienstleistung bereitstellen, und dass der Grund dafür, dass wir so viel Geld verdienen, ist, dass wir eine Dienstleistung bereitstellen. [...] Oder, dass wir mithelfen – eine andere Sache, die Sie hören, ist, dass wir mithelfen – [...] wir helfen mit, dass das Geld dorthin kommt, wo es hin soll. [...] In den zwei Jahren, die ich bei dem Hedgefonds war, habe ich, denke ich, nie jemand sagen hören: Lasst uns das Kapital besser allozieren. Es ging nur darum: Lasst uns antizipieren, was dumme Leute machen werden, so dass wir damit Geld verdienen können.« (http://www.econtalk.org/archives/2013/02/cathy_oneil_on.html, eigene Übersetzung). Neulich schriebe David Graeber ein Essay über ›bullshit jobs‹: Jobs, die aus Sicht derjenigen, die sie haben, ›nicht existieren sollten‹ (http://www.strikemag.org/bullshit-jobs/). Dieser Punkt bezieht sich vor allem auf ihren fragwürdigen gesellschaftlichen Beitrag, obwohl auch Fragen nach Könnerschaft eine Rolle spielen mögen. Graebers These, dass viele Jobs ›bullshit jobs‹ seien, schien bei vielen Lesern Anklang zu finden; leider wird sie nicht von wissenschaftlichen Daten unterstützt. Aber man muss seine These nicht teilen, um den Punkt zu verteidigen, dass die Fähigkeit, einen gesellschaftlichen Beitrag zu leisten, ein Gut der Arbeit ist, wie wir es hier verstehen.

lektiven Handelns zu sein. Gemeinschaft in der Arbeit kann mit dem zusätzlichen Bonus gemeinsam erbrachter Leistungen verbunden sein, die auf langfristigen gemeinsamen Anstrengungen beruhen. Das gemeinsame Verfolgen von Hobbies oder bürgerschaftlichen Engagements sind alternative Möglichkeiten, Gemeinschaft zu erleben, aber, wie schon oben argumentiert, sollte in einer Welt, in der Menschen einen großen Teil ihrer Zeit mit bezahlter Arbeit verbringen, diese als ein Ort, an dem dieses Gut verwirklicht werden kann, nicht außer Acht gelassen werden.

Psychologen beschäftigen sich seit langem mit dem menschlichen Bedürfnis nach Zugehörigkeit, dem »tiefgreifenden Antrieb, wenigstens ein Minimum an langandauernden, positiven, und bedeutsamen persönlichen Beziehungen zu anderen zu bilden und aufrecht zu erhalten« (Baumeister & Leary 1995, 497, eigene Übersetzung). Es ist nicht überraschend, dass dieser Antrieb auch am Arbeitsplatz wirksam ist. Wie Cynthia Estlund es formuliert: »Der Arbeitsplatz ist für erwachsene Bürger der wichtigste Ort von kooperativer Interaktion und sozialem Austausch außerhalb der Familie« (2003, 7, eigene Übersetzung). Die Psychologen Ashfort und Kreiner (1999) argumentieren dafür, dass starke soziale Bindungen und eine gemeinsame Kultur am Arbeitsplatz besonders für Individuen, die ›schmutzige Arbeit‹ verrichten, eine wichtige Rolle spielen, um gemeinsam eine ›ansehenssteigernde soziale Identität‹ (›*esteem-enhancing social identity*‹) zu formen. Aber die Bedeutung von Gemeinschaft ist nicht auf ›schmutzige Arbeit‹ beschränkt, sondern spielt für alle Arten von Arbeit eine Rolle.

Unterschiedliche Organisationskulturen beeinflussen, wie wahrscheinlich es ist, dass Beschäftigte am Arbeitsplatz Gemeinschaft erleben können.[22] Konventionelle kapitalistische Firmen sind hierarchisch strukturiert, was bedeutet, dass viele Beziehungen in ihnen nicht egalitär sind. Diese Hierarchien sind oft eine Mischung aus unterschiedlichen Arten von Autorität. Manche davon beruhen auf guten Gründen, wie z. B. der Notwendigkeit von Koordination oder auch höherer Expertise; sie können, zumindest dem Prinzip nach, auch von Individuen, die sich als moralisch Gleiche betrachten, untereinander gerechtfertigt werden.[23] Aber derartige legitime Formen von Autorität sind oft verschränkt mit Formen der Ungleichheit, die auf bloßer Macht beruhen – typischerweise deswegen, weil die Beschäftigten stärker auf ihren Job, der für sie ein Einkommen bedeutet, angewiesen sind, als Firmen auf einzelne Beschäftigte. Die sich hieraus ergebenden Machtungleichgewichte sind sehr viel schwieriger zu rechtfertigen und müssen als eine ernsthafte Bedrohung der Erfahrung von Gemeinschaft am Arbeitsplatz gesehen werden. Sogar diejenigen, die bessere Ausstiegsoptionen haben – zum Beispiel, weil sie Fähigkeiten besitzen, die auf dem Arbeitsmarkt gefragt sind – sind davon betroffen, denn gerade die Tatsache, dass sie mit Ausstieg drohen müssen, um ihre Position innerhalb der Firma zu behaupten, kann schädlich für die Entwicklung einer Gemeinschaft sein.

Um das Gut der Gemeinschaft zu verwirklichen, scheinen andere Organisationsstrukturen, z. B. Arbeitergenossenschaften oder andere Formen demokratisch gestalteter Firmen, vorzugswürdig. Das steigende Interesse und die Beliebtheit demokratischer oder den Beschäftigten gehörenden Firmen zeigt möglicherweise (neben anderen Dingen)

22 Wir danken einem anonymen Reviewer, der hier auf Klärung insistiert hat.

23 Für eine Diskussion siehe z. B. MacMahon 1994, Teil II. MacMahon schließt mit einem Plädoyer für demokratisch organisierte Firmen (siehe besonders Kapitel 9).

auch die Suche nach dem Gut der Gemeinschaft in der Arbeit.[24] Aber formale Gleichheit ist nicht unbedingt gleichbedeutend mit anderen relevanten Formen von Gleichheit. Wie Jane Mansbridge in ihren empirischen Forschungen zu einem städtischen Hilfezentrum herausfand, gab es auch in dieser Organisation, deren Mitglieder sich egalitären Werten verpflichtet sahen, Unterschiede in der politischen Macht. Aber in einer derartig ›einheitlichen‹ Situation – mit geteilten Interessen und Überzeugungen – verwirklichten die Beschäftigten dennoch Prinzipien wie den gleichen Schutz von Interessen, gleichen Respekt, und Teilhabe auf eine Weise, die persönliche Entwicklung unterstützte (Mansbridge 1983, Teil III). Das Verhältnis von organisationalen Strukturen und egalitären sozialen Beziehungen kann also durchaus komplex sein. Was zusätzlich zu formalen Strukturen eine Rolle spielt, ist eine geteilte egalitäre Kultur, die eine Festlegung auf gleichen Respekt für alle Mitglieder der Organisation, die als gemeinsames Unterfangen gesehen wird, enthält.

Arbeitergenossenschaften oder andere Strukturen, die demokratische Elemente enthalten, sind somit vermutlich die ideale organisationale Struktur im Hinblick auf Gemeinschaft. Aber das bedeutet nicht, dass Gemeinschaft und eine Kultur, in der die Individuen sich als moralisch Gleiche sehen, in anderen Strukturen unmöglich zu verwirklichen wären. Gerechtfertigte Autorität ist weniger schädlich für Gemeinschaft als Autorität, die auf schierer Macht basiert. In den meisten konventionellen Unternehmen gibt es auch Beschäftigte, die jeweils auf dem gleichen Hierarchielevel stehen, und für die es möglicherweise leichter ist, untereinander Gemeinschaft aufzubauen. Aber diese Formen von Gemeinschaft können durch hierarchische Führungsstile und die sich daraus ergebende Kultur unterminiert werden, ebenso durch übermäßigen Wettbewerb am Arbeitsplatz oder ein hohes Maß an Mikromanagement. Für Beschäftigte, die ständig an ihre niedrige Stellung in den organisationalen Hierarchien erinnert werden, oder die ›ge-micro-managt‹ und herumkommandiert werden, kann es sehr schwer oder sogar unmöglich sein, die sozialen Beziehungen am Arbeitsplatz als eine Form von Gemeinschaft zu erleben.[25]

Es ist klar, dass Gemeinschaft unabhängig von anderen Gütern der Arbeit an- oder abwesend sein kann. Zum Beispiel kann sie in manchen Formen niedrig bezahlter Arbeit sehr stark ausgeprägt sein. Eine Gruppe halbindustrieller Arbeiter, die gesellschaftlich irrelevante Produkte wie z. B. billige Dekorationsartikel herstellen, was weder ihre Könnerschaft entwickelt noch soziale Anerkennung bringt, kann untereinander dennoch Gemeinschaft verwirklichen, besonders wenn sie etwas Raum für die gemeinsame Gestaltung der Arbeitsprozesse haben. Andererseits kann Individuen in Führungspositionen in übermäßig hierarchischen Organisationen das Gemeinschaftserlebnis fehlen, während sie alle anderen Güter von Arbeit verwirklichen. Und es ist auch vorstellbar, dass die Notwendigkeit, in einem gemeinschaftsfeindlichen Umfeld zu arbeiten, die Fähigkeit angreift, Gemeinschaft in anderen Lebensbereichen zu verwirklichen, wenn z. B. die lebens-

---

24 In einem neulich erschienenen Beitrag wird Gemeinschaft in diesem Sinne als notwendige Bedingung für sinnvolle Arbeit beschrieben (Yeoman 2014b).

25 Sicherlich können Formen der Gemeinschaft auch aus dem Widerstand gegen Unterdrückung heraus entstehen. Aber selbst diese können sich nur entwickeln, wenn es einen gewissen Raum für soziale Kontakte zwischen denjenigen gibt, die die Erfahrung der Unterdrückung teilen. Firmen mit unterdrückerischen Führungsstilen versuchen oft, derartige Entwicklungen zu ersticken, zum Beispiel, indem sie Angestellte entlassen, die sich für andere einsetzen.

lange Erfahrung stark kompetitiver oder hierarchischer Beziehungen die psychologische Fähigkeit unterminiert, egalitäre Beziehungen zu bilden und aufrechtzuerhalten.

3.4 Soziale Anerkennung

Menschen arbeiten auch, um Anerkennung von anderen zu erhalten. Soziale Anerkennung wird freilich oft über andere Güter von Arbeit vermittelt: Könnerschaft, gesellschaftliche Beiträge, oder sogar hohe Gehälter können einem das Ansehen anderer einbringen. Für viele Menschen stellt bezahlte Arbeit heutzutage bei weitem die meisten Gelegenheiten für den Erhalt sozialer Anerkennung bereit.

Die Bedeutung sozialer Anerkennung wurde von den Philosophen des Idealismus, und besonders Hegel,[26] betont, der davon ausging, dass berufliche Identität eine wichtige Quelle sozialer Anerkennung sein kann.[27] Axel Honneth versteht Arbeit als einen notwendigen Kontext für eine spezifische Form der Anerkennung: der Anerkennung für die eigene Leistung (2011, III.2.c). Die empirische Forschung stützt ebenfalls die Aussage, dass Beschäftigte nach sozialer Anerkennung streben. Terkel merkt an, dass die zahlreichen Euphemismen für Jobbeschreibungen – wenn z. B. ein Hausmeister ›Gebäudemanager‹ genannt wird – auf das Bedürfnis nach Status hindeuten (1972, xvi f.). Aber soziale Anerkennung hängt nicht nur von der Art der Arbeit, die man verrichtet, ab, sondern auch von der eigenen Position in der beruflichen Hierarchie. Angesichts der Rolle, die Arbeit in zeitgenössischen kapitalistischen Gesellschaften spielt, lässt sich ihre Verbindung zu sozialer Anerkennung kaum leugnen.

Hier sind ein paar Beispiele, die die Unterscheidbarkeit sozialer Anerkennung von anderen Gütern der Arbeit zeigen: Ein einsamer Stand-up-Komiker kann sie erhalten, obwohl er billige sexistische Witze reißt, die er selbst nicht besonders gut findet. Andererseits kann man sich ein Team an Versicherungsmaklern vorstellen, die ein neues Geschäftsmodell entwickeln, das den Kunden echten Nutzen bringen und ausbeuterische Versicherungsverträge ersetzen soll. Sie sind gut in ihrem Job und entwickeln ihre Könnerschaft, sie sehen den gesellschaftlichen Beitrag dessen, was sie tun, und sie genießen ihre Gemeinschaft. Aber der schlechte Ruf der Versicherungsbranche und die Komplexitäten des neuen Geschäftsmodells, die der breiteren Öffentlichkeit nicht leicht zu vermitteln sind, berauben sie der sozialen Anerkennung.

Eine minimale Forderung der Gerechtigkeit in Hinsicht auf soziale Anerkennung ist, dass man nicht in einem Job arbeiten müssen sollte, der die Fähigkeit unterminiert, soziale Anerkennung zu erhalten. Dies ist relevant für Jobs, die sozial stigmatisiert sind, wie z. B. in der Sexarbeit oder in einem Schlachthof. In manchen derartigen Fällen sollte die Stigmatisierung bekämpft werden, in anderen sollte stigmatisierende Arbeit vielleicht gleicher verteilt werden.

---

26 Siehe besonders die Herrschafts-Knechtschafts-Dialektik in der *Phänomenologie des Geistes* (Hegel 1987 [1820/21], B.IV.A).

27 Für eine Diskussion siehe z. B. Herzog 2013, Kapitel IV.

4 Warum sind die *Güter* der Arbeit relevant für Verteilungsgerechtigkeit?

Ein Großteil der Debatte über Verteilungsgerechtigkeit in den vergangenen Jahrzehnten konzentrierte sich auf Fairness in der Verteilung von Vorteilen, die oft monetär verstanden (oder überhaupt nicht genauer konkretisiert) wurden. Es ist allgemein anerkannt, dass sich Gerechtigkeitstheoretiker mit der Verteilung und der Sicherheit des Einkommens beschäftigen müssen, außerdem mit dem Verhältnis zwischen bezahlten und anderen Formen von Arbeit und mit Lohndiskriminierung zwischen verschiedenen sozialen Gruppen. Aber angesichts der Tatsache, dass bezahlte Arbeit eine der wichtigsten Formen sozialer Kooperation und auch eine der wichtigsten unvermeidbaren Lasten ist, müssen sich Gerechtigkeitsfragen in Bezug auf Arbeitsmärkte mit mehr beschäftigen als nur mit monetären Ergebnissen. Gerechtigkeit im Arbeitsmarkt muss im Hinblick auf die *Vielzahl* der Güter von Arbeit diskutiert werden.

Wir haben im zweiten Abschnitt einen ersten – und am wenigsten kontroversen – Punkt bezüglich der *Nachteile* von Arbeit diskutiert. Unser zweiter und dritter Punkt beziehen sich auf die nicht-monetären *Güter* von Arbeit. Diese Forderungen sind weniger minimal und deshalb wahrscheinlich kontroverser. Der zweite Punkt ist, dass in einer Gesellschaft, in der die meisten Menschen arbeiten müssen, um ihren Lebensunterhalt zu verdienen, das ökonomische System insgesamt und auch bestimmte Arbeitsplätze als ungerecht kritisiert werden können, wenn sie Menschen daran hindern, Güter zu realisieren, auf die die folgenden beiden Kriterien zutreffen:

1. *Sie haben einen klaren Wert, denn sie werden von vielen Individuen als nicht-ersetzbare Elemente ihrer Konzeption des guten Lebens begehrt.*
2. *Sie können nicht mit Geld gekauft werden.*

Die erste Bedingung dürfte klar sein: Jede institutionelle Struktur, die Leute daran hindert, Güter zu genießen, die wesentlich zu ihren (moralisch rechtfertigbaren) Lebensplänen gehören, ist verdächtig, zumindest dann, wenn die entsprechende Gesellschaft wohlhabend genug ist, all ihre Mitglieder mit lebensnotwendigen Gütern zu versorgen. Dies betrifft auch die institutionellen Strukturen, die die Verteilung der Güter von Arbeit regeln, die eine zentrale Rolle in den Vorstellungen vieler Menschen vom guten Leben spielen, und die sie oft gerade zum Arbeiten motivieren. Die zweite Bedingung spezifiziert, dass diese Forderung Fälle betrifft, in denen die entsprechenden Güter nicht mit Geld gekauft werden können. Im Gegensatz dazu ist es unproblematisch, wenn Güter, die einfach durch Geld ersetzt werden können, z. B. Kleidung, im Arbeitsprozess beschädigt werden, denn in diesem Fall kann man für den Verlust vollständig entschädigt werden. Aber wenn Beschäftigte daran gehindert werden, die Güter von Arbeit zu verwirklichen, die wir beschrieben haben – wenn sie sie also weder innerhalb ihrer bezahlten Arbeit noch anderweitig verwirklichen können – erleiden sie die spezifische Ungerechtigkeit, dass es ihnen unmöglich gemacht wird, ihre Konzeption des Guten zu verfolgen, und dafür können sie nicht mit Geldzahlungen entschädigt werden. Natürlich sind die Güter von Arbeit nicht Teil der Konzeption des guten Lebens *jedes* Individuums. Aber die meisten Menschen schließen vermutlich die eine oder andere Version von mindestens einigen dieser Güter in ihren Lebensplan ein. Deswegen ist es *ceteris paribus* ungerecht, wenn der Arbeitsmarkt insgesamt oder spezifische Arbeitsplätze so gestaltet sind, dass die Fähigkeit, diese Güter zu verwirklichen, systematisch unterminiert wird, zumindest dann, wenn alternative Gestaltungen möglich wären.

Eine Art und Weise, wie Arbeitsmärkte oder spezifische Arbeitsplätze Beschäftigte daran hindern können, die Güter von Arbeit zu verwirklichen, ist, dass sie ihnen nicht genug verfügbare Zeit lassen, um diese Güter in ihrer Freizeit zu verwirklichen. In solchen Fällen ist bezahlte Arbeit der einzige Kontext, in dem die Individuen darauf hoffen können, diese zu verwirklichen. Unser dritter Punkt ist, dass – außer wenn die soziale Organisation der Arbeit den Individuen genügend verfügbare Zeit lässt, diese Güter außerhalb ihrer Jobs zu verwirklichen – Gerechtigkeit im Arbeitsmarkt eine faire Verteilung der Gelegenheiten verlangt, diese Güter *in der bezahlten Arbeit* zu verwirklichen. Wenn es wahr ist, dass die Güter der Arbeit zentral für ein gelingendes Leben der Individuen sind, und solange wir in Gesellschaften leben, in denen ihre Verwirklichung eng an die Natur bezahlter Arbeit gekoppelt ist, dann macht die Gleichberechtigung, die allen Individuen geschuldet wird, diese Verteilung zu einer Frage der Gerechtigkeit.[28]

Die Fragen nach der verfügbaren Zeit von Beschäftigten und ihr Angewiesensein auf bezahlte Arbeit, um ihren Lebensunterhalt zu sichern, sind wesentliche Aspekte, wenn man über Gerechtigkeit in der Verteilung der Güter der Arbeit nachdenkt. Wir hätten weniger, und vielleicht gar keinen, Grund, uns mit der Verteilung der nicht-monetären Güter von Arbeit zu beschäftigen, wenn unser Beschäftigungssystem so reformiert würde, dass Menschen weniger Zeit mit bezahlter Arbeit verbringen würden und mehr zeitliche Flexibilität besäßen.[29] In noch stärkerem Maß würde die Einführung eines bedingungslosen Grundeinkommens die Bedeutung einer fairen Verteilung der Gelegenheiten, die Güter der Arbeit im Job zu verwirklichen, reduzieren. Manche Ökonomen, die sich für sinnvolle Arbeit interessieren, sehen deren Bedeutung als ein Argument für die Einführung eines Grundeinkommens (z. B. Standing 2011). Und es wurde auch dahingehend argumentiert, dass die Bereitstellung eines Grundeinkommens gleichbedeutend damit wäre, den Bürgerinnen und Bürgern eine vernünftige Option zu geben, sinnvoller Arbeit nachzugehen (Hsieh 2008). Wir beziehen hier keine Position, was die generelle Bewertung eines Grundeinkommens oder dessen Realisierbarkeit angeht.[30] Aber wenn es insgesamt wünschenswert und realisierbar wäre, würde ein Grundeinkommen das Argument für eine Verteilung der Güter von Arbeit im Kontext bezahlter Arbeit erheblich schwächen, und ebenso das Argument für Regulierung gegen die Nachteile von Arbeit, denn die Menschen wären nicht auf den Arbeitsmarkt angewiesen und könnten es sich leisten, nicht zu arbeiten. Umgekehrt ist die Bedeutung der Güter von Arbeit (jenseits des Geldes) für die Gerechtigkeit einer Gesellschaft ein *pro tanto*-Argument für

---

28 Das bedeutet nicht, dass Individuen einen Gerechtigkeitsanspruch auf einen ganz bestimmten Job, mit einer ganz bestimmten Kombination der Verwirklichung der Güter von Arbeit, haben; insbesondere kann niemand einen Gerechtigkeitsanspruch auf einen Job haben, für den ihm oder ihr wesentliche Qualifikationen fehlen, wenn dies Risiken für Dritte schafft.

29 Wir danken einem anonymen Gutachter für diesen Hinweis.

30 Interessanterweise ist ein Mangel an zeitlicher Flexibilität, und überhaupt an Zeit, wichtig für die Verwirklichung von Geschlechtergerechtigkeit: Flexibilität ist nötig, um es sowohl Frauen als auch Männern zu ermöglichen, eine faire Kombination von Lohnarbeit und Fürsorgearbeit zu finden. Dies ist eines der feministischen Argumente für ein Grundeinkommen. Andere Feministinnen befürchten eher, dass ein Grundeinkommen ungleiche Geschlechternormen verfestigen könnte, siehe Gheaus 2008.

ein unbedingtes Grundeinkommen, falls es sich als schwierig erweisen sollte, deren faire Verteilung innerhalb bezahlter Arbeit auf andere Weise sicherzustellen.

Solange es kein Grundeinkommen gibt und die Arbeitszeiten vieler Menschen lang sind, ergibt sich aus der Frage nach der Verteilung der nicht-monetären Güter von Arbeit innerhalb von bezahlter Arbeit eine Gerechtigkeitsfrage. Eine Möglichkeit, dieses Thema anzugehen, könnte die breitflächige Einführung von demokratischer Mitbestimmung am Arbeitsplatz sein (Yeoman 2014b), die den Beschäftigten erhebliche Freiheit darin geben würde, ihre Jobs mitzugestalten. Solange derart radikale Reformen – von denen wir nicht glauben, dass sie in absehbarer Zeit implementiert werden – ausbleiben, bleiben Fragen nach der Verteilung der Güter von Arbeit relevant für die Regulierung von Arbeitsmärkten.

5 Unregulierte Arbeitsmärkte und staatliche Neutralität

Marktliberale, z. B. Robert Nozick oder John Tomasi, würden auf unseren Ansatz vielleicht mit der Behauptung antworten, dass ein unregulierter Arbeitsmarkt den Menschen genau die Bündel von Gütern anbieten kann, die sie erstreben, und dass er deswegen das beste Arrangement ist, um Beschäftigten die Gelegenheit zu geben, sowohl monetäre als auch nicht-monetäre Güter von Arbeit zu berücksichtigen. Wenn jemandem zum Beispiel Gemeinschaft am Arbeitsplatz wichtig sei, könne diese Person sich dafür entscheiden, einen schlechter bezahlten Job anzunehmen, der ihr eine großartige Gemeinschaftserfahrung ermögliche.[31] Einige Ökonomen, angefangen mit Adam Smith, haben dafür argumentiert, dass die Attraktivität von Jobs insgesamt sich umgekehrt zu dem Einkommen verhält, das man mit ihnen verdienen kann (1976 [1776], I.X), denn wenn ein Job attraktiv ist, ist die Nachfrage nach ihm hoch und der Lohn sinkt, und wenn es umgekehrt ist, sinkt die Nachfrage und der Lohn muss steigen, um weiterhin Bewerber anziehen zu können.[32]

Selbst wenn dies eine angemessene Beschreibung real existierender Arbeitsmärkte wäre, würde es nicht bedeuten, dass Arbeitsmärkte den Zugang zu den Gütern von Arbeit automatisch sichern können. Manche Güter von Arbeit sind unvermeidbarerweise knapp, weil es nicht genügend Konsumentennachfrage gibt. Die Verteilung knapper, begehrter Güter ist eine Frage der Gerechtigkeit, und es ist alles andere als klar, dass ein unregulierter Arbeitsmarkt am besten in der Lage ist, eine faire Allokation sicherzustellen. Außerdem gibt es Probleme, die in realen Arbeitsmärkten – im Gegensatz zu den Modellen in Ökonomie-Lehrbüchern – auftreten. Anne Philipps (2008) hat neulich vor den Gefahren gewarnt, die entstehen, wenn man in Gerechtigkeitstheorien idealisierte

31 Nozick 1974, 248. Tomasi (2012) argumentiert dafür, dass ökonomische Freiheiten den Bürgerinnen und Bürgern helfen, ein sinnvolles Leben zu führen, und impliziert damit, dass unregulierte, oder nur minimal regulierte, Arbeitsmärkte ihnen ausreichend Gelegenheit geben, sinnvolle Arbeit zu finden, aber er geht auch davon aus, dass den Individuen wirtschaftliches Wachstum wichtiger ist als ›sinnvolle Arbeit‹ (siehe insbesondere 180–191).

32 Es ist zu beachten, dass dieses Argument voraussetzen, dass die anderen Güter *kommensurabel* mit Geld sind. Wir haben argumentiert, dass die zentralen Güter von Arbeit nicht mit Geld *gekauft* werden können, aber dies ist nicht das gleiche wie Inkommensurabilität. Es scheint wahrscheinlich, dass die Güter der Arbeit, die wir diskutieren, nicht einmal mit Geld kommensurabel sind, aber die Punkte, die wir machen, hängen nicht davon ab, wie man diese Frage beantwortet.

Bilder von Märkten verwendet. Diese Warnung ist besonders relevant für die Diskussion von Arbeitsmärkten. Hier sind nicht nur die Verhandlungspositionen der Individuen extrem unterschiedlich, ihre Verhandlungspositionen *im Zeitverlauf* unterscheiden sich ebenfalls, auch dann, wenn niemand in eine Situation existenziellen Risikos gerät.[33] Man nehme z. B. die materiellen und immateriellen Kosten eines Jobverlusts für jemanden, der eine Familie ernähren muss, ein Haus gekauft hat und in einer Gemeinde verwurzelt ist. Dadurch erhalten Arbeitgeber erhebliche Marktmacht, die sie verwenden können, um die Löhne zu senken oder die Qualität von Arbeitsplätzen anderweitig zu reduzieren. Die Unterschiede in den Ausstiegsoptionen aus den Verträgen schaffen ein Machtungleichgewicht – ein Problem, das schon Adam Smith in Bezug auf das Verhältnis von Kapitalbesitzern und Arbeitern andeutete (1976 [1776], I.VIII.12). Angesichts der Bedrohung durch Arbeitslosigkeit genießen viele Beschäftigte (besonders diejenigen, die am schlechtesten ausgebildet und am wenigsten gesund sind oder die als sozial ungeeignet gelten) wenig oder überhaupt keine Freiheit in der Wahl ihres Jobs. Tatsächlich sind die am schlechtesten bezahlten Jobs oft auch in immaterieller Hinsicht die unattraktivsten, weil sie keines der Güter, die wir hier diskutiert haben, bereitstellen. Die Option, sich selbstständig zu machen, die als Alternative vorgeschlagen werden könnte, setzt die Verfügbarkeit von Kapital und ausreichende Nachfrage nach den Dienstleistungen, die man als Selbstständiger anbieten kann, voraus; diese Bedingungen sind oft nicht erfüllt.

Die Idee, dass unregulierte Arbeitsmärkte genau auf die Präferenzen der Menschen reagieren könnten und dass Löhne somit den Wert des Bündels an immateriellen Gütern, die Menschen von ihren Jobs bekommen, widerspiegeln, ist so idealisiert, dass es kaum gerechtfertigt erscheint, sie als generelles Prinzip auf Arbeitsmärkte in der echten Welt anzuwenden. Sie mag auf manche Untergruppen zutreffen, z. B. auf Ingenieure, die in großen Firmen arbeiten, versus Ingenieure, die in Forschungseinrichtungen arbeiten. Aber sogar in solchen Kontexten ist es wahrscheinlich, dass die Arbeitsmärkte von vielen anderen Faktoren verzerrt werden, inklusive reinem Zufall. Zum Beispiel zeigen Forschungsergebnisse, dass es das gesamte Lebenseinkommen beeinflussen kann, ob man seine berufliche Laufbahn während eines ökonomischen Auf- oder Abschwungs begonnen hat (Schoar & Zuo 2012). Ein weiterer problematischer Faktor sind kulturell geprägte Vorurteile, die zu einer niedrigen Bezahlung für bestimmte Jobs führen, z. B. von Jobs, die traditionell von Frauen erledigt wurden.[34]

Insgesamt also lässt sich sagen, dass Arbeitsmärkte oft nicht in der Lage sind, Individuen ein Menü an Optionen bereitzustellen, aus dem sie das Bündel wählen können, das ihnen Zugang zu wenigstens einem Minimum an nicht-monetären Gütern der Arbeit gibt. Dies gilt insbesondere für Menschen in der Mitte ihrer beruflichen Laufbahn: Oft ändert sich der Charakter des eigenen Arbeitsplatzes auf unvorhersehbare Weise, so dass andere Jobs attraktiver wären, aber zu diesem Zeitpunkt ist es für die Menschen zu kostspielig, den Arbeitsplatz zu wechseln. Die Unzulänglichkeiten und Machtungleichgewichte im Arbeitsmarkt bedeuten, dass Individuen in Jobs feststecken können, die in Bezug auf viele relevante Güter der Arbeit schlecht abschneiden. Arbeitsmärkte hinsicht-

33 Diese Einschränkung gilt natürlich für viele Menschen in vielen Ländern der Welt nicht.

34 Siehe z. B. Nancy Frasers Position, in Fraser & Honneth 2003, 140 ff. In solchen Fällen kann das Argument von der angeblichen inversen Relation zwischen der Attraktivität von Jobs und Löhnen ideologisch missbraucht werden, indem niedrige Löhne damit gerechtfertigt werden, dass diese Jobs von vielen Menschen angestrebt werden.

lich nicht-monetärer Güter unreguliert zu lassen, gibt denjenigen Individuen unverhältnismäßig viel Verhandlungsmacht, die über gewisse moralisch willkürliche Eigenschaften wie Gesundheit, Jugend oder geographische Mobilität verfügen, während es andere Individuen fast ohne Verhandlungsmacht lässt.

Ein zweiter Einwand gegen unseren Ansatz rührt von dem liberalen Prinzip der staatlichen Neutralität her. Arneson (1987), einer der wenigen liberal-egalitären Denker, die das Thema der Gerechtigkeit in der Produktion aufgegriffen haben, argumentierte ursprünglich, dass, wenn Staaten die Bereitstellung von Jobs mit bestimmten Eigenschaften unterstützen, dies eine Bevorzugung bestimmter Konzeptionen des Guten darstelle: »das Recht auf sinnvolle Arbeit umzusetzen hebt eine bestimmte Kategorie des Guten, nämlich intrinsische Freude an der Arbeit, hervor, und bevorzugt willkürlich dieses Gut und diejenigen Leute, denen es wichtiger als andere ebenso erstrebenswerte Güter und die Leute, die diese anstreben« (ibid., 524 f., eigene Übersetzung). Später aber hat Arneson selbst diese Kritik verworfen; er vertritt jetzt die Position, dass aus Gerechtigkeitsgründen die Bereitstellung sinnvoller Arbeit für alle gefordert werden kann (2009). Wie Arneson[35] stellen wir Gründe bereit, die staatliche Interventionen rechtfertigen, um Menschen vor den Nachteilen von Arbeit zu schützen – oder auch, was kontroverser ist, die Güter von Arbeit zu fördern –, die nicht von einer bestimmten Konzeption des guten Lebens abhängen. Wir nehmen eine »milde« Version des Perfektionismus an, derzufolge die Güter der Arbeit, zumindest bei denjenigen, die sie begehren, einen objektiven Beitrag zum guten Leben leisten. Deswegen sollten *alle* Beschäftigten, deren Konzeptionen des guten Lebens einige dieser Güter einschließen, hinreichende Gelegenheiten haben, diese zu verwirklichen.[36]

In dieser Hinsicht unregulierte Arbeitsmärkte privilegieren diejenigen Individuen, deren Konzeption des guten Lebens die hier diskutierten Güter der Arbeit *ausschließt*. Arbeitsmärkte werden von Regeln und Regularien strukturiert, die, wie minimal sie auch immer sein mögen, vom Staat gesetzt und sanktioniert werden. Diese Regeln und Regularien machen es für Individuen einfacher oder schwerer, bestimmte Konzeptionen des guten Lebens zu verfolgen, und sie schließen manche vom Zugang zu den Gütern der Arbeit aus. Die Konzeptionen, die die Regeln des Arbeitsmarktes bevorzugen, beruhen typischerweise auf der Annahme eines Hauptverdieners pro Familie (was auf der Annahme beruht, dass Beschäftigte keine dringenden Fürsorgepflichten zu erledigen haben) und sie nehmen typischerweise an, dass Geld das wichtigste Gut ist, das mit der Arbeit angestrebt wird (was möglicherweise vom Einfluss ökonomischer Modelle herrührt, in denen die Nutzenfunktionen nur Geld und Arbeitszeit umfassen). Sie schließen damit praktisch eine Großzahl der Beschäftigten vom Zugang zu (vielen der) zentralen Güter der Arbeit aus.

Aus unserer ›mild‹ perfektionistischen Perspektive ist dies eine Ungerechtigkeit, die ein völlig neutraler Staat (wenn ein solcher Staat überhaupt möglich ist) nicht adressieren kann. Ob ein Staat neutral ist oder nicht, hängt nicht davon ab, ob de facto die Konzeptionen des Guten einiger Bürger vom institutionellen Rahmenwerk begünstigt werden. Vielmehr hängt es von den *Gründen* für dieses institutionelle Design ab. Ein neutraler

35 Arnesons Gründe sind prioritärer Natur und haben mit der Verbesserung der Lage ungelernter Arbeiter zu tun.

36 Siehe ähnlich auch Muirhead (2004, 21–26, der ›sinnvolle Arbeit‹ als ›regulatives Ideal‹ in liberalen Gesellschaften verteidigt.

Staat sollte gleichen Respekt für die Konzeptionen des Guten all seiner Bürgerinnen und Bürger zeigen, indem er Verteilungspolitiken anhand von Mitteln durchführt, die für unterschiedliche Zwecke genutzt werden können. Aber wie wir argumentiert haben, können die Güter der Arbeit nicht für Geld gekauft werden und lange Arbeitszeiten machen es schwierig oder unmöglich, sie außerhalb der Arbeit zu verwirklichen. Das bedeutet, dass gerechte – im Gegensatz zu den gegenwärtig existierenden – Verteilungen von Ressourcen wie Geld und Einkommen nicht ausreichend dafür sind, jedermanns Zugang zu den zentralen Gütern der Arbeit sicherzustellen, es sei denn, weitergehende Regulierung findet statt.

6 Schluss

In einer gerechten Gesellschaft sollten Beschäftigte echte, nicht nur formale, Optionen in Bezug auf die Güter haben, die sie in ihrer Arbeit verwirklichen wollen; diese Forderung ergänzt Forderungen nach der Vermeidung der Nachteile von Arbeit, aber geht auch über sie hinaus. Weil es verschiedene Güter von Arbeit gibt, ist Ungleichheit in Bezug auf Arbeit mehrdimensional. Eine Minimalforderung ist, dass das Arbeitsleben der Individuen so gestaltet sein sollte, dass die Verwirklichung dieser Güter in anderen Bereichen nicht unterminiert wird. Aber angesichts der Tatsache, wie viel Zeit die meisten Individuen mit Arbeiten verbringen, lassen sich auch weitergehende Forderungen bezüglich der Realisierbarkeit dieser Güter *innerhalb* bezahlter Arbeit und bezüglich der Verteilung des Zugangs zu diesen Gütern verteidigen.

Viele derzeitige Arbeitsmärkte werden diesem Ideal nicht gerecht, oft als Folge der ungleichen Verhandlungsmacht zwischen Arbeitgebern und Arbeitnehmern. Daraus ergibt sich, dass manche Jobs gut bezahlt, interessant, interaktiv, herausfordernd und hoch angesehen sind, während andere Jobs in vielen oder allen diesen Hinsichten schlecht abschneiden. Deshalb haben viele Beschäftigte wenig Gelegenheit, die Güter der Arbeit, die wir hier diskutiert haben, zu verwirklichen.

Was sind die praktischen Implikationen unseres Ansatzes? Wir können hier nur ein paar allgemeine Vorschläge machen. Ein Teil der Herausforderung liegt in der Operationalisierung der begrifflichen Vorschläge, die wir angeboten haben: Es ist möglicherweise schwierig, die Güter von Arbeit zu messen und ihre Verteilung zu bewerten, besonders deswegen, weil verschiedene Arten von Arbeit von unterschiedlichen Individuen mit unterschiedlichen Talenten und Interessen unterschiedlich bewertet werden. Diese Schwierigkeit stellt möglicherweise ein Argument dafür dar, nicht zu versuchen, den Arbeitsmarkt direkt zu regulieren, sondern stattdessen ein Grundeinkommen, demokratische Arbeitsorganisationen, oder beides, für die angemessensten Reformen im Hinblick auf eine faire Verteilung der Güter von Arbeit zu halten. Aber direkte Regulierung könnte die realistischere Option sein, und die Probleme der Operationalisierung lassen sich möglicherweise lösen, wenn man sich darauf konzentriert, Extremfälle zu verhindern, in denen Arbeitsplätze unter einen minimalen Schwellenwert im Hinblick auf eines oder mehrere Güter der Arbeit fallen.

Die praktischen Anwendungen unseres Ansatzes sind wahrscheinlich am relevantesten für Beschäftigte, die weder hochqualifiziert, noch jung, gesund, oder geographisch mobil sind – mit einem Wort, für diejenigen, für die es am kostenträchtigsten ist, einen Job zu verlassen, in dem sie die Güter der Arbeit, die für ihre Konzeption des guten

Lebens wichtig sind, nicht verwirklichen können. Der offensichtlichste Anwendungsfall sind Situationen, in denen das Maß, in dem Beschäftigte die Güter von Arbeit verwirklichen können, unter einen bestimmten Schwellenwert fällt, oder in denen sie überhaupt keine Gelegenheit dazu haben. Ein konkretes Politikfeld in diesem Kontext ist die Art und Weise, wie Arbeitsagenturen Individuen behandeln, die keinen Job finden und denen mit der Kürzung der Arbeitslosenleistungen gedroht wird. Anstatt Individuen zu helfen, *irgendeinen* Job zu finden, mit dem sie ein Einkommen verdienen können, sollten die Arbeitsagenturen eine gewisse Sensibilität bezüglich der Präferenzen der Individuen für die Güter der Arbeit, die sie verwirklichen wollen, zeigen. Aber natürlich kann dies nur ein Teil einer Lösung sein, denn dadurch alleine wird nicht sichergestellt, dass solche Jobs überhaupt verfügbar sind.

Eine detailliertere Diskussion von Anwendungen müsste nicht nur die konkreten sozialen Umstände, sondern auch Fragen der Realisierbarkeit – z. B. Tradeoffs mit ökonomischer Effizienz – und die Bedeutung anderer Werte, z. B. Geschlechtergerechtigkeit oder ökologische Nachhaltigkeit, berücksichtigen. Eine Arbeitsmarktpolitik, die unseren zweiten und dritten Punkt wirklich ernstnimmt, müsste vermutlich sehr anders aussehen als die, die derzeit existiert. Obwohl die Beispielmaßnahmen, die wir unten vorschlagen, relativ einfach in der gegenwärtigen Situation verwirklicht werden könnten, könnte eine konsistente Anwendung dieser Prinzipien zu sehr viel radikaleren Veränderungen führen.

Man kann zwei Arten praktischer Implikationen unterscheiden, die zu verschiedenen, aber kompatiblen, Strategien zur Verbesserung der gegenwärtigen Situation führen. Die erste betrifft die Frage, wie der Staat Individuen unterstützen kann, die nicht in der Lage sind, wichtige Güter der Arbeit im Rahmen bezahlter Arbeit zu verwirklichen. Die zweite betrifft die Verfügbarkeit einer größeren Bandbreite von Jobs mit unterschiedlichen Eigenschaften, wobei sich zwei Unterarten unterscheiden lassen: Regulierungen des Arbeitsmarkts in Bezug auf nicht-monetäre Dimensionen und die Bereitstellung und der Charakter öffentlicher Beschäftigung.

Die erste Strategie betrifft Schritte, die eine Gesellschaft unternehmen kann, um Individuen zu unterstützen, die die zentralen Güter der Arbeit nicht in ihren Jobs verwirklichen können, sie aber gerne anderweitig verwirklichen würden. Ein wichtiges Thema ist hier das Verhältnis von Arbeit und Freizeit. Zum Beispiel haben verschiedene westliche Länder unterschiedliche Regelungen bezüglich der gesetzlichen Urlaubstage. Mehr Urlaubstage könnten auf Kosten der ökonomischen Effizienz gehen (oder auch nicht), aber man darf vermuten, dass sie *nicht* auf Kosten der Realisierung einer gerechten Gesellschaft gehen, angesichts der Tatsache, dass viele Arbeitsplätze keine angemessene Verwirklichung einiger oder aller Güter der Arbeit erlauben. In einer Gesellschaft mit längeren Urlaubszeiten haben die Individuen mehr Gelegenheiten, ihre Konzeption des Guten zu verwirklichen, weil sie mehr Zugang zu einigen der Güter der Arbeit *außerhalb* ihrer bezahlten Arbeit haben. Das Gleiche gilt für Gesellschaften, in denen es möglich ist, mit vergleichsweise weniger Wochenstunden ein Einkommen zu verdienen. Die Verteilung von frei verfügbarer Zeit ist selbst eine Frage der Gerechtigkeit;[37] *sie ist von besonderer Bedeutung für diejenigen, die die Güter der Arbeit nicht in ihren Jobs verwirklichen können.*

37 Siehe Goodin 2010. Für ein Argument, warum Zeit nicht durch Geld ersetzbar ist, siehe Rose 2014.

Ein weiteres Element der ersten Strategie betrifft Individuen, die ihre derzeitigen Jobs verlassen wollen, weil sie darin die Güter der Arbeit nur in sehr geringem Grad verwirklichen können oder ihre Fähigkeit, diese Güter zu verwirklichen, sogar unterminiert wird. Zum Beispiel kann die Tätigkeit als Sexarbeiter die Gelegenheiten für soziale Anerkennung nicht nur innerhalb des Jobs, sondern auch in anderen sozialen Kontexten unterminieren. Angesichts der Tatsache, wie schwerwiegend das Fehlen sozialer Anerkennung für manche Jobs sein kann, sollte der Staat Beschäftigen in diesen Jobs praktische Mittel zur Verfügung stellen, diese Jobs zu verlassen. Es ist gerechtfertigt, ihnen mithilfe von Steuergeldern Ausstiegsoptionen und Weiterbildung in anderen Berufen anzubieten, selbst wenn Beschäftigte in diesen Jobs andere Nachteile, z. B. Bedrohungen ihrer physischen oder geistigen Gesundheit, vermeiden können. In manchen Fällen dagegen, wenn der soziale Status von Jobs ungerechtfertigt ist, ist es angemessener, wenn Staaten Maßnahmen unternehmen, um die Vorurteile gegen sie zu bekämpfen.

In Bezug auf die zweite Strategie bedeutet unser Ansatz, auf dem allgemeinsten Betrachtungsniveau, dass eine Gesellschaft ihren Arbeitsmarkt als *multidimensionalen* Raum gerechter und ungerechter Arrangements betrachten sollte, und dass sich dies in seiner Regulierung widerspiegeln sollte. Tatsächlich lassen sich viele existierende Debatten über Arbeitsmärkte nur unter der Annahme einer Vielzahl von Gütern der Arbeit verstehen. Zum Beispiel geht es in Debatten um die Regulierung von Zeitarbeit, die parallel zu festangestellter Arbeit stattfindet, nicht nur um finanzielle Fragen, sondern auch um Fragen der sozialen Anerkennung und um das Fehlen sozialer Inklusion. Debatten über verschiedene Management-Stile führen zu Fragen darüber, wie kompetitiv und hierarchisch eine Organisationskultur sein darf; wie wir angemerkt haben, stehen Wettbewerb und ein Mangel an Autonomie oft in Spannung mit der Erfahrung von Gemeinschaft.

Derartige Diskussionen zeigen, dass Gesellschaften nicht nur in Bezug auf materielle Ungleichheit Entscheidungen treffen müssen. Sie müssen auch Entscheidungen darüber treffen, wie verschiedene nicht-monetäre Güter gegen Einkommen und Vermögen abgewogen werden, z. B. in Hinsicht auf den Charakter der verfügbaren Jobs. Indem sie gute öffentliche Bildungseinrichtungen bereitstellen, können Gesellschaften sich von einem Gleichgewicht mit vielen niedrig-qualifizierten Jobs zu einem Gleichgewicht mit mehr anspruchsvollen Jobs bewegen, in denen die Individuen Könnerschaft erlangen können. Mit gut ausgebildeten Beschäftigten können z. B. High-Tech Firmen gegründet werden, und besser ausgebildete Beschäftigte sind auch eher in der Lage, ein selbst-gemanagtes Unternehmen zu führen, in dem sie größere Chancen auf die Verwirklichung der Güter von Gemeinschaft und gesellschaftlichen Beiträgen haben. Ein weiterer Aspekt dieses Themas ist die Art der Arbeitsplätze, die im öffentlichen Dienst angeboten werden. Diese können anders zugeschnitten sein als die Arbeitsplätze, die typischerweise in der Privatwirtschaft angeboten werden, so dass sich die insgesamt zur Verfügung stehende Vielfalt an Jobs erhöht. Außerdem hat die Leichtigkeit, mit der Leute entlassen werden können, einen Einfluss auf die Möglichkeit, am Arbeitsplatz Gemeinschaften aufzubauen – wenn die Einzelnen wissen, dass sie mit hoher Wahrscheinlichkeit länger in einem Job bleiben, dann ist es eher die Anstrengung wert, gemeinschaftliche Bande zu knüpfen und zu erhalten. Deswegen hat Kündigungsschutz nicht nur eine finanzielle Dimension, sondern auch Einfluss auf die sozialen Beziehungen am Arbeitsplatz. Derartige Argumente werden oft in politischen Kämpfen über die Regulierung von Arbeitsmärkten vorgetragen, aber sie lassen sich nur schwer innerhalb des gängigen Diskurses über Arbeit verstehen, in dem es vor allem um faire Bezahlung geht und andere Güter der Arbeit außen vor gelassen werden.

Wir hoffen, einen ersten Schritt hin zu einer engeren Verbindung von Gerechtigkeitstheorien zu diesen laufenden politischen Kämpfen gemacht zu haben, indem wir einen Ansatz zur Kategorisierung der Güter von Arbeit vorgestellt haben und für deren Relevanz für einen gerechten Arbeitsmarkt argumentiert haben. Ob Verletzungen der Gerechtigkeit in diesem Bereich groß genug sind, um Zwangsmaßnahmen zu rechtfertigen, oder ob nicht-zwangsbasierte Maßnahmen – z. B. ›Nudging‹ – vorzuziehen sind, muss im Einzelfall beurteilt werden. Auf jeden Fall sollten Jobs, die unter eine gewissen Schwellenwert in Bezug auf ein oder mehrere Güter der Arbeit fallen, unter besonderer Beobachtung stehen – auch dann, wenn den Beschäftigten keine ernsthaften Nachteile, z. B. Gesundheitsrisiken, drohen – um sicherzustellen, dass die Beschäftigten sie freiwillig gewählt haben. Obwohl einige Fälle vermutlich kontrovers sein werden, dürften sich extreme Fälle leicht erkennen und übereinstimmend beurteilen lassen. Gerechtigkeit in Arbeitsmärkten verlangt von uns, dass wir über alle Güter der Arbeit (auch jenseits des Geldes) nachdenken!

Literatur

Arneson, Richard: Meaningful Work and Market Socialism. In: *Ethics* 97/3 (1987), 517–545.

Arneson, Richard: Luck Egalitarianism and Prioritarianism. In: *Ethics* 110/2 (2000), 339–349.

Anreson, Richard: Meaningful Work and Market Socialism Revisited. In: *Analyse & Kritik* 1 (2009), 139–151.

Ashforth, Blake E./Kreiner, Glen E.: How Can You Do It? Dirty Work and the challenge of constructing a positive identity. In: *Academy of Management Review* 99/24 (1999), 413–434.

Baumeister, Roy F./Leary, Mark R.: The need to belong: Desire for interpersonal attachments as a fundamental human motivation. In: *Psychological Bulletin* 117/3 (1995), 497–529.

Csikzentmihalyi, Mihalyi: *Beyond Boredom and Anxiety: Experiencing Flow in Work and Play, 25th anniversary edition.* San Francisco 2000.

Engster, Daniel: *The Heart of Justice.* Oxford 2007.

Estlund, Cynthia: *Working Together. How Workplace Bonds Strengthen a Diverse Democracy.* New York 2003.

Fraser, Nancy/Honneth, Axel: *Redistribution or Recognition? A Political-Philosophical Exchange.* London 2003.

Fried, Yitzhak/Ferris, Gerald R.: The validity of the job characteristics model: A review and meta-analysis. In: *Personnel Psychology* 40 (1987), 287–322.

Gheaus, Anca: Basic income, gender justice and the costs of gender-symmetrical Lifestyles. In: *Basic Income Studies* 3/3 (2008), 1932–0183.

Gheaus, Anca: Hikers in Flip-Flops: Luck Egalitarianism, Democratic Equality and the Distribuenda of Justice. In: *Journal of Applied Philosophy,* 2016.

Goodin, Robert: Temporal Justice. In: *Journal of Social Policy* 39/1(2010), 1–16.

Hackman, J. Richard/Oldham, Greg R.: Development of the Job Diagnostic Survey. In: *Journal of Applied Psychology* 60 (1975), 159–170.

Hegel, Georg Wilhelm Friedrich: *Phänomenologie des Geistes* [1820/21]. Stuttgart 1987.

Herzog, Lisa: *Inventing the Market. Smith, Hegel, and Political Theory.* Oxford 2013.

Honneth, Axel: *Das Recht der Freiheit: Grundriß einer demokratischen Sittlichkeit.* Berlin 2011.

Hsieh, Nien-He: Survey Article: Justice in Production. In: *The Journal of Political Philosophy* 16/1 (2008), 72–100.

Keat Russel: Marktökonomien als moralische Ökonomien. In: *Deutsche Zeitschrift für Philosophie* 60/4 (2012), 535–556.

MacIntyre, Alasdair: *After Virtue. A Study in Moral Theory,* 2nd edition. Notre Dame 1984.

MacMahon, Christopher: *Authority and Democracy. A General Theory of Government and Management.* Princeton 1994.

Mansbridge, Jane: *Beyond Adversary Democracy.* Chicago 1983.

Moriarty, Jeffrey: Rawls, self-respect, and the opportunity for meaningful work. In: *Social Theory and Practice* 35/3 (2009), 441–459.
Muirhead, Russell: *Just Work*. Cambridge/London 2004.
Murphy, James Bernard: *The moral economy of labor: Aristotelian themes in economic theory*. New Haven 1993.
Nozick, Robert: *Anarchy, State, and Utopia*. New York 1974.
Philips, Ann: Egalitarians and the Market: Dangerous Ideals. In: *Social Theory and Practice* 34/3 (2008), 439–462.
Pink, Dan: *Drive. The Surprising Truth About What Motivates Us*. New York 2011.
Rawls, John: *Justice as Fairness: A Restatement*. Cambridge 2001.
Rose, Julie L.: Money Does Not Guarantee Time: Discretionary Time as a Distinct Object of Distributive Justice. In: *Journal of Political Philosophy* 22/4 (2014), 438–457.
Rösler, Beate: Sinnvolle Arbeit und Autonomie. In: *Deutsche Zeitschrift für Philosophie* 60/4 (2012), 513–534.
Schoar, Antoinette/Zuo, Luo: *Shaped by Booms and Busts: How the Economy Impacts CEO Careers and Management Styles*. Working Paper, National Bureau of Economic Research, 2012.
Schultheis, Franz/Vogel, Berthold/Gemperle, Michael (Hg.): *Ein halbes Leben: biografische Zeugnisse aus einer Arbeitswelt im Umbruch*. Konstanz 2010.
Schwartz, Adina: Meaningful Work. In: *Ethics* 92/4 (1982), 634–646.
Schwartz, Tony/Porath, Christian: Why You Hate Work. In: *The New York Times*, 1.6.2014.
Smith, Adam: *An Inquiry into the Nature and Causes of the Wealth of Nations* [1776]. Oxford 1976.
Solomon, Robert C.: *Ethics and Excellence: Cooperation and Integrity in Business*. New York 1993.
Standing, Guy: *The Precariat*. London 2011.
Tomasi, John: *Free Market Fairness*. Princeton 2012.
Terkel, Studs: *Working: People Talk About What They Do All Day and How They Feel About What They Do*. New York 1972.
Walsh Adrian: Meaningful Work as a Distributive Good. In: *Southern Journal of Philosophy* 32/2 (1994), 233–250.
Yeoman, Ruth: Conceptualising Meaningful Work as a Fundamental Human Need. In: *Journal of Business Ethics* 125/2 (2014a), 235–251.
Yeoman, Ruth: *Meaningful Work and Workplace Democracy: A Philosophy of Work and a Politics of Meaningfulness*. New York 2014b.

13 Gerechte Teilhabe durch Arbeit? Die Decent Work Agenda für eine weltweit inklusive gesellschaftliche Entwicklung

Eva Senghaas-Knobloch

1 Einleitung

Im September 2015 verabschiedeten die 193 Mitgliedsstaaten der Vereinten Nationen die neuen globalen Zukunftsziele für nachhaltige Entwicklung in der *Agenda 2030* und lösten so die sogenannten *Milleniumsziele* des Jahres 2000 ab.[1] Dem war nicht nur ein breiter, in vielen Ländern die Zivilgesellschaft einbeziehender Konsultationsprozess vorausgegangen. Im Hintergrund stand auch die Erfahrung der großen menschenrechtlich orientierten Weltkonferenzen in den 1990er Jahren: zu dem Recht auf Entwicklung und den wirtschaftlichen, sozialen und kulturellen Menschenrechten (Wien 1993), zu den sozialen Rechten der Beschäftigten bei der Arbeit (Kopenhagen 1995), zur Nichtdiskriminierung der Geschlechter (Peking 1995) und zum Recht auf Nahrung (Rom 1996). Der daraus resultierenden Verantwortung der Staaten und der internationalen Gemeinschaft für eine widerspruchsfreie, entwicklungsorientierte Gesellschaftspolitik standen allerdings marktradikale Politikkonzepte entgegen, die seit den 1980er Jahren in den USA und England sowie in der internationalen Wirtschafts- und Finanzpolitik dominant geworden sind. Angesichts der längst nicht ausgestandenen Folgen der Finanzkrise von 2008, die nun die Länder des Nordens selbst trifft, sowie der sich ausbreitenden Gewaltkonflikte innerhalb der Staaten, besonders im Süden, und angesichts der historisch beispiellosen großen Flüchtlingsbewegungen stellt jetzt die *Agenda 2030* einen neuen Versuch dar, längst bekannte Einsichten politikrelevant zu machen, indem die Aufgaben einer nachhaltigen gesellschaftlichen Entwicklung auf alle Länder, nicht nur die des Südens bezogen werden.

Ziel 16 der 17 Ziele der Agenda 2030 lautet:

> »Friedliche und inklusive Gesellschaften für eine nachhaltige Entwicklung fördern, allen Menschen Zugang zur Justiz ermöglichen und leistungsfähige und inklusive Institutionen auf allen Ebenen aufbauen.«

Dass Frieden und gerechte gesellschaftliche Verhältnisse zusammenhängen, ist eine Einsicht, die in der internationalen Staatengemeinschaft eine längere Geschichte hat. Schon in der Verfassung der vor fast 100 Jahren am Ende des Ersten Weltkriegs gegründeten Internationalen Arbeitsorganisation (IAO, englisch ILO) heißt es im ersten Satz der Präambel: »Der Weltfriede kann auf die Dauer nur auf sozialer Gerechtigkeit aufgebaut werden.« (Internationales Arbeitsamt 1997, 7) Auf dem Grundstein des ersten Gebäudes der IAO in Genf sind die Worte gemeißelt: »Si vis pacem cole justitiam« (wenn du Frieden willst, sorge für Gerechtigkeit). Und im Zweiten Weltkrieg wurde 1944 in der

1 Siehe UN General Assembly 2015. Zur 2030-Agenda siehe einführend und grundlegend Martens/Obenland 2016. Hier findet sich auch die deutschsprachige Formulierung der Agenda 2030.

Erklärung von Philadelphia über die Ziele und Zwecke der Internationalen Arbeitsorganisation[2] verkündet:

> »Die Konferenz ist davon überzeugt, daß die Erfahrung die Richtigkeit der in der Verfassung der Internationalen Arbeitsorganisation enthaltenen Erklärung voll erwiesen hat, wonach der Friede auf die Dauer nur auf sozialer Gerechtigkeit aufgebaut werden kann, und bestätigt folgendes: a) Alle Menschen, ungeachtet ihrer Rasse, ihres Glaubens und ihres Geschlechts, haben das Recht, materiellen Wohlstand und geistige Entwicklung in Freiheit und Würde, in wirtschaftlicher Sicherheit und unter gleich günstigen Bedingungen zu erstreben« (Internationales Arbeitsamt 1997, 25).

Wenig später wurden entsprechende Ziele in der Charta der Vereinten Nationen und in der Allgemeinen Erklärung der Menschenrechte formuliert. Dieser Zusammenhang von friedensgeneigter und gerechter Gesellschaft wird in der neuen Agenda 2030 für eine nachhaltige Entwicklung wieder aufgegriffen, wobei Inklusivität auf der Ebene der Gesellschaft und der Institutionen jetzt eigens benannt wird. Dem liegt zugrunde, dass die lange Zeit vorherrschende allein oder vorrangig auf Wirtschaftswachstum setzende Politik keineswegs dazu führte, die allgemeinen Lebensverhältnisse im Sinne inklusiver gesellschaftlicher Entwicklung zu verbessern. Vielmehr bedarf es dazu der ausdrücklichen Zielsetzung. Der Begriff ›inklusiv‹ bezieht sich hier auf politische Strategien, gesellschaftliche Strukturen und Institutionen, die einen sozialen Zusammenhalt auf Basis menschenrechtlicher Gleichstellung in den Ländern und zwischen den Ländern anstreben. Zu dieser Neuorientierung hat das Konzept der ›menschlichen Entwicklung‹, mit dem das Entwicklungsprogramm der Vereinten Nationen (UNDP) seit 1990 seine Kritik an einem auf Wirtschaftswachstum reduziertes Verständnis von Entwicklungspolitik übt, beigetragen.

Was in dem eingangs zitierten Nachhaltigkeitsziel 16 allgemein angesprochen ist, wird in den vorstehenden 15 Zielen der *Agenda 2030* im Einzelnen ausgeführt. So wird neben der Zielsetzung 1: »Armut in allen ihren Formen und überall beenden« und dem Ziel 5: »Geschlechtergleichstellung erreichen und alle Frauen und Mädchen zur Selbstbestimmung befähigen« in Ziel 8 darauf orientiert: »dauerhaftes, breitenwirksames und nachhaltiges Wirtschaftswachstum, produktive Vollbeschäftigung und menschenwürdige Arbeit für alle [zu] fördern.«[3] Dass es darauf ankommt, die lebensnotwendigen Arbeitstätigkeiten in ihrer Gesamtheit in den Blick zu nehmen und menschenwürdig zu gestalten, wird auch im *Bericht über die menschliche Entwicklung 2015* hervorgehoben, in dem die enge Verbindung von Arbeit und menschlicher Entwicklung im Mittelpunkt steht (UNDP 2015).

Wenn heute in Deutschland von einer gerechten gesellschaftlichen Teilhabe durch Teilhabe in der Arbeitswelt die Rede ist, muss das breite Spektrum höchst unterschiedlicher Arbeit und Arbeitsverhältnisse sowohl hierzulande als auch in der Welt der Arbeit

---

2 Diese Erklärung von Philadelphia ist Teil der Verfassung der IAO.

3 Das Kompromisshafte dieser Formulierung kommt besonders in den Attributen für das Wirtschaftswachstum zum Ausdruck, das ja in einer planetarischen oder Erd-Perspektive gerade problematisiert wird. Auf die ausdifferenzierte Postwachstumsdebatte kann hier aber nicht eingegangen werden. Siehe auch den Bericht des IAO-Generaldirektors (ILO 2016a), in dem das Programm der IAO zur Reduzierung der Armut in einen engen Zusammenhang mit der 2030 Nachhaltigkeitsagenda gestellt wird.

insgesamt in den Blick genommen werden. Es reicht von gefährlicher Kinderarbeit z. B. in indischen Steinbrüchen und im bolivianischen Bergbau, über Zwangsarbeit vielerorts – auch hierzulande – bis hin zu hoch technisierten Arbeitsaufgaben in Krankenhäusern und professionellen Tätigkeiten im IT-Bereich unter einengenden ökonomischen Rahmenbedingungen. Die sehr verschiedenen Verhältnisse in der Welt der Arbeit müssen in ihren wechselseitigen Beziehungen und den dahinter stehenden Antriebskräften verstanden werden, damit Wege zu weltweit menschenwürdiger oder guter Arbeit in den Blick kommen.[4]

Der Generaldirektor der IAO hatte 1999, an der Wende zum 21. Jahrhundert, eine Agenda für *Decent Work Worldwide* vorgestellt. Diese Agenda wurde in der *IAO-Erklärung über soziale Gerechtigkeit für eine faire Globalisierung* der von Regierungen, Arbeitgebervertretern und Gewerkschaften beschickten Internationalen Arbeitskonferenz im Jahr 2008 politisch verankert (ILO 2008a). Nachdem noch im Jahr 2000 in den *Milleniumszielen* der Vereinten Nationen das Ziel der Armutsbekämpfung erreicht werden sollte, ohne die Bedeutung von Arbeit und Beschäftigung auch nur anzusprechen, war 2006 *Decent Work* immerhin als Unterziel der Armutsbekämpfung aufgenommen worden. Tatsächlich war es der über Jahrzehnte im politischen Diskurs eher marginalisierten IAO seit der Weltfinanzkrise von 2008 gelungen, international wieder Gehör zu gewinnen.

Dass Arbeit eine entscheidende Rolle für jedwede gesellschaftliche und damit auch für individuelle Entwicklungsmöglichkeiten spielt, ist jetzt also auf normativer Ebene breit anerkannt. In der Praxis zeigt sich demgegenüber noch immer eine auffallende Zwiespältigkeit: Von einer Förderung guter oder menschenwürdiger Arbeit ist zwar neuerdings manchmal die Rede[5], häufiger aber davon, dass Menschen in Arbeit – ohne Qualitätszusatz – gebracht werden müssten. Was steht hinter dieser Zwiespältigkeit?

Im Folgenden geht es zunächst darum, die Vielfalt von Tätigkeiten und die Bedeutung von Arbeit historisch-kontextuell zu skizzieren (Kap. 2), sodann die Unterordnung von Arbeit in der globalisierten Ökonomie (Kap. 3) sowie die großen Entwicklungstrends in unserer hiesigen Arbeitsgesellschaft (Kap. 4) nachzuzeichnen und aufzuweisen, was es heißt, weltweit menschenwürdige Arbeit zu gestalten (Kap. 5).

2 Zur Bedeutung von Arbeit

Die Bedeutung von Arbeit ist je vom gesellschaftlichen Kontext abhängig. Doch, dass gesellschaftliche Teilhabe immer auch gleichberechtigte Teilhabe an der Arbeitswelt ist, gilt heute übergreifend. Für die europäischen Länder wird damit eine historische Entwicklungslinie angesprochen: Erst mit der Heraufkunft der bürgerlichen Gesellschaft und des Industriekapitalismus sind in Europa Arbeitstätigkeiten zu Ansehen und Ehre gekommen und ist der Begriff Arbeit überhaupt zu der allgemeinen Bezeichnung gewor-

---

4 Dazu gehört auch die Beachtung der verschiedenen Lebenssituationen von Menschen, also die Gegebenheiten von Menschen mit Behinderungen. Die IAO hat sich in diesem Zusammenhang eine »*Disability Inclusion Strategy*« mit Aktionsplan 2014–2017 gegeben. (ILO 2015c).

5 Siehe z. B. den Beschluss des Deutschen Bundestages vom März 2016 (Drucksache 18/7363) zu einer innovativen Arbeitsforschung für die Humanisierung unserer Arbeitswelt und mehr Beschäftigung, der mit dem Begriff ›Humanisierung der Arbeitswelt‹ an ein großes Programm der 1970er Jahre anschließt.

den, die heute vorherrscht. Dazu trug in der frühen Neuzeit u. a. Martin Luther bei, für den jedweder »Beruf«, wenn er nur im richtigen Geist ausgeübt würde, als gottgefälliges Tun aufgewertet wurde (Wegner 2014). An der Wende zum 19. Jahrhundert hieß es dann emphatisch in Friedrich Schillers *Lied von der Glocke*: »Arbeit ist des Bürgers Zierde«.

Seit der Epoche der Industrialisierung und der mit ihr einhergehenden großen gesellschaftlichen Transformation kämpften Arbeiter- und Gewerkschaftsbewegung für Menschenwürde und Menschenrechte der Lohnarbeitenden. Erst nach dem Zweiten Weltkrieg kam es aber zu einer breiteren Anerkennung von Gewerkschaften und auf Basis der Kombination von industrieller Massenproduktion und Massenkonsum im Rahmen der ›fordistischen Gesellschaftsformation‹ zu einem sozialstaatlichen Einvernehmen. Was Henry Ford in dieser Hinsicht für die USA bedeutete, stellte Heinrich Nordhoff von Volkswagen, der sich als Unternehmensvater vor seiner Belegschaft fotografieren ließ, für die Bundesrepublik Deutschland dar. Seit der Epoche des Fordismus wird umgangssprachlich Arbeit mit Erwerbsarbeit und Arbeitswelt mit der Welt der Erwerbsarbeit gleichgesetzt.

Objektive Bedeutung hatte Erwerbsarbeit jetzt nicht nur wie bisher als hauptsächliches Mittel zum Lebensunterhalt gewonnen, sondern auch als Weg zu Anrechten auf sozialen Schutz in Zeiten von Erwerbsminderung oder Nichterwerbsfähigkeit in der Kindheit und im Alter, bei Krankheit, Invalidität und Arbeitslosigkeit. Für verheiratete Frauen in der Familie galt dies allerdings nur in abgeleiteter Weise, denn im Fordismus wurde arbeits-, sozial- und familienpolitisch der männliche Familienernährer zum Ideal. Dabei blieb die historische Tatsache, dass Erwerbsarbeit zuvor für Frauen außerhalb der Oberschicht in deutschen Landen selbstverständlich war und weiterhin auch für viele Frauen ein Muss darstellte, außer Betracht.[6] Dass zudem die berufliche Arbeit oder Erwerbsarbeit nur einen Teil der gesellschaftlichen und lebensnotwendigen Arbeit ausmacht, dass das Bruttosozialprodukt also ein unvollständiges Bild geleisteter Arbeit abgibt, wurde erst von der neuen Frauenbewegung in den USA und in Westeuropa der 1960er und 1970er Jahre wieder auf die gesellschaftliche Agenda gebracht – etwa mit dem Titel des Buches: *Weil nur zählt, was Geld bringt ...* von Sylvia Kontos und Karin Walser (1979).

Zur bürgerschaftlichen Integration trägt Erwerbsarbeit bei, weil sie mit dem gesellschaftlich anerkannten Tauschmittel Geld für Leistungen verbunden ist. Auch wenn die Arbeit in Unternehmen keineswegs zum Hort der Öffentlichkeit gehörte oder gehört, wurde und wird Erwerbsarbeit mit Öffentlichkeit bzw. öffentlichem Raum verbunden. Und ihr kommen wichtige psychosoziale Funktionen zu, die schon 1930 Marie Jahoda und ihre Kollegen in ihrer klassischen Studie über die subjektiven Folgen von Arbeitslosigkeit im österreichischen Marienthal (Jahoda et al. 1980) beschrieben hatten: Eigene Erwerbsarbeit verschafft einen eigenen, nicht nur abgeleiteten Sozialstatus. Sie ermöglicht Erfahrungen der Zusammenarbeit mit und Zugehörigkeit zu Menschen außerhalb der Familie und sie wirkt als ein Zeitgerüst im Alltag – ein Zeitgerüst, das zwar innerhalb von Arbeits- und Beschäftigungsverhältnissen oft als Zwang erlebt wird. Fällt es allerdings weg, so wird dies als gravierender Mangel an psychosozialer Stützung erlebt, denn dann fehlen Anreize, um überhaupt aktiv zu werden, sowie Anerkennung, Geselligkeit und außerfamiliäre Kooperation.[7]

6 Zur Situation der Frauen im 19. Jahrhundert siehe Gerhard 1979.

7 Dies hatte sich auch in den Forschungen zum subjektiven Arbeitserleben von Arbeiterinnen gezeigt. Siehe Becker-Schmidt et al. 1986 sowie Volmerg et al. 1986.

Die konkreten Anforderungen in der Erwerbsarbeit haben sich seit Beginn der Industrialisierung ständig weiter verändert; von Land zu Land verschieden wurden sie auch sozialpolitisch eingebettet. Seit Beginn der 1980er Jahre, vor allem nach dem Ende des ordnungspolitischen Ost-West-Konflikts, hat aber die beispiellose Globalisierungsdynamik zu weltweiten Verflechtungen geführt, ohne dass durch diesen verdichteten wirtschaftlichen Austausch auch globale Mindestsozialstandards auf breiter Ebene bei der Arbeit befördert wurden.

3 Arbeit als untergeordnete Größe in der globalisierten Ökonomie

Trotz der bestehenden internationalen Mindestnormen der IAO und anderer Sonderorganisationen der Vereinten Nationen hat sich in den letzten dreißig Jahren die ökonomische und soziale Zerklüftung in der Welt der Arbeit in den meisten Ländern deutlich akzentuiert. Dazu trugen neben den höchst unterschiedlichen Ausgangslagen der jetzt über 190 Mitgliedsstaaten[8] der Vereinten Nationen neue technische Möglichkeiten, kultureller Wandel und vor allem dominante Strategien der Welt-Wirtschaftspolitik bei. Nach dem zweiten Öl-Schock, durch den in den Industriestaaten Stagflation (Nullwachstum bei steigender Inflation) und ein dramatischer Anstieg von Arbeitslosigkeit ausgelöst wurde, zerbrach in den Industrieländern der über Jahrzehnte bewahrte politische Konsens über Grundprinzipen von Sozialstaatlichkeit (Sengenberger 2002). Mit den Regierungen von Ronald Reagan in den USA sowie Margret Thatcher im Vereinigten Königreich und ihrer Rhetorik zum freien Spiel von Marktkräften wurde in der Ökonomie in Wissenschaft und auch Politik die neoliberale Schule dominant. Diese setzt auf rein wirtschaftliche Anreize als Grundlage von Wachstum und Beschäftigung und sieht tendenziell in jeglicher Regulierung des Arbeitsmarkts schädliche Verzerrungen. Dementsprechend wurden (und werden) Strategien der Privatisierung, der Rückbau des öffentlichen Beschäftigungssektors, die Liberalisierung von Handel und Finanzen und eine restriktive Geld- und Steuerpolitik als angemessene Politik für jeden Ort der Welt propagiert.

In den verschuldeten Drittweltländern der 1980er Jahre in Lateinamerika, Afrika und einigen asiatischen Ländern wurde eine solche Politik im Rahmen des ›Washingtoner Konsens‹ von Internationalem Währungsfonds und Weltbank in Gestalt von sogenannten Strukturanpassungsplänen, also von strikten Bedingungen für Kreditgewährung, mit eiserner Hand durchgesetzt.[9] Als sich die Sowjetunion auflöste und ein epochaler sozioökonomischer Umbruch in Zentral- und Osteuropa begann, kamen im Rahmen der von der Weltbankgruppe lancierten Transformationsstrategien auch in dieser Region ähnliche Strategien als sogenannte Schocktherapien zum Einsatz. Auch in den EU-Ländern und in der EU-Kommission fanden, wenngleich teilweise durch tradierte Politikkulturen gedämpft, neoliberale Rezepte Anwendung.

In den meisten Ländern, auch denjenigen der EU, sank aufgrund der vorherrschenden Politik das Steueraufkommen; entsprechend sanken öffentliche Ausgaben für Bildung, Gesundheit und andere soziale Aufgaben. Infolgedessen stieg der Anteil der Menschen in

---

8 Dazu kommen mehr als 10 zehn Staaten oder Territorien, deren Staatlichkeit umstritten ist.

9 Interessanterweise ist der Internationale Währungsfonds in jüngster Zeit zumindest auf Ebene der Deklarationen von seiner bisherigen Auffassung abgerückt.

absoluter Armut in Afrika, Osteuropa und Zentralasien, Lateinamerika und Mittelasien (Weltkommission über die soziale Dimension der Globalisierung 2004, 38 ff.). Und es stieg der Anteil der relativ Armen in den Industrieländern. Nach den neuesten Daten besitzen die reichsten zehn Prozent 30 bis 40 Prozent des Welteinkommens, während auf die ärmsten zehn Prozent nur zwei Prozent entfallen (ILO 2015a, 2). In Deutschland erhöhte sich die Ungleichheit der Einkommen gemessen am Gini-Koeffizienten[10] von 0,26 im Jahr 1991 auf 0,27 im Jahr 2011. Bezieht man die Ungleichheit auf Vermögen, so weist Deutschland in dieser Hinsicht mit einem Gini-Koeffizienten vom 0,78 im Jahr 2012 den höchsten Wert in der Euro-Zone auf (Martens/Obenland 2015, 84).

Zudem haben sich die transnationalen Wirtschaftsaktivitäten verändert. Während noch vor einigen Jahrzehnten multinationale Konzerne durch Direktinvestitionen Produktionskapazitäten in Ländern des Südens aufbauten (z. B. VW in Brasilien) und Eigentümer oder Miteigentümer dieser Werke waren, überwiegen heute Modelle des sogenannten *International Sourcing*, bei dem große Markenunternehmen Verträge an Zulieferer zu festen Bedingungen und Vorgaben vergeben, die nicht selten von diesen an Unter- und Unterunterzulieferer weitergereicht werden. Produktion und Dienstleistungen großer (nicht nur) westlicher Konzerne werden auf diese Weise in sogenannten *globalen Wertschöpfungsketten* dezentralisiert, also auf Standorte an völlig verschiedenen Orten der Welt je nach Maßgabe von profitorientierten Investitionsimperativen verlagert, zurückverlagert oder auch aufgegeben (ILO 2016).

Große Unternehmen investieren überdies einen Teil ihrer Gewinne in spekulative Geschäfte, weil die sogenannten neuen Finanzinstrumente in einem deregulierten Finanzmarkt derzeit viel höhere Rendite versprechen als realwirtschaftliche Prozesse. Diese spekulativen Transaktionen haben gegenwärtig trotz einiger Neuregulierungen als Antwort auf die Weltfinanz- und Wirtschaftskrise seit 2008 wieder Konjunktur. Schon im Jahre 2010 betrug der tägliche Umsatz im internationalen Devisenhandel durchschnittlich unvorstellbare 4000 Milliarden bzw. 4 Billionen US Dollar. Das ist mehr als das 80fache des Welthandels mit Gütern und Dienstleistungen. Die Finanzwelt führt trotz verschiedener Bemühungen um politische Neuregulierung nach wie vor ein von der Realwirtschaft abgekoppeltes Eigenleben. Eine politische Einigung für eine internationale Finanztransaktionssteuer zur Dämpfung des Devisenhandels (wie schon in den 1970er Jahren von dem amerikanischen Ökonomen James Tobin vorgeschlagen) und zur Vorbeugung neuer Währungskrisen kam bis zum Jahre 2016 auch in der EU nicht zustande.

Die transnationalen Aktivitäten haben zu einer wachsenden Macht der multinationalen bzw. transnationalen Unternehmen beigetragen. Der Umsatz der sechs größten übertrifft das Sozialprodukt von 64 Ländern, in denen 3/5 der Weltbevölkerung leben. Gleichzeitig hat sich die existenzielle Abhängigkeit von den *Volatilitäten* (Schwankungsbreite der Wertpapierkurse) des Weltfinanzmarkts für viele Menschen erhöht. Die weltweiten Investitionen und Desinvestitionen sind mit einer *Arbeitsarbitrage* verbunden, also dem Ausnutzen von Preisunterschieden der Arbeitskraft, vergleichbar dem Ausnutzen von Währungsunterschieden im Wertpapierhandel.

Unternehmen werden in den politischen Strategien, die diesen Entwicklungen zugrunde liegen, als Kapitalanlagen begriffen, nicht als soziale Gebilde. Der menschlichen Arbeit wird das Attribut eines bloßen Produktionsfaktors zugemessen. Dass Arbeitskraft

10 Dem Gini-Index zufolge wird Ungleichheit auf einer Skala von 0 (vollkommene Gleichheit) bis 1 (vollkommene Ungleichheit) gemessen.

jedoch nicht ohne die Person, zu der sie gehört, zu haben ist, dass also jede Behandlung menschlicher Arbeitskraft die Würde des Menschen tangiert, bleibt unthematisiert. Die Bedürfnisse und Interessen arbeitender Menschen wurden betriebswirtschaftlichen Kalkülen untergeordnet. Vergessen bzw. verdrängt wurde die Einsicht, die in der IAO Verfassungsrang hat: ›Arbeit ist keine Ware‹. Die Art und Weise, wie Beschäftigung und Arbeit gesellschaftlich organisiert wird, ist aber von zentraler Bedeutung für die Lebensqualität der Menschen.

Die Zahl der Arbeitslosen erhöhte sich nach Schätzungen der IAO im Jahre 2014 weltweit auf 201 Millionen; sie war damit um 30 Millionen größer als vor dem Ausbruch der globalen Finanz- und Staatsverschuldungskrise. Aber noch wichtiger ist, dass in vielen Regionen in Afrika südlich der Sahara und in Südasien nur etwa jede fünfte erwerbstätige Person überhaupt in einem klassischen, also abhängigen Beschäftigungsverhältnis tätig ist und die entsprechende Zahl auch in vielen Industrieländern rückläufig ist (ILO 2015b, 3). In dieser Hinsicht ist von Belang, dass – anders als in der dominanten Wirtschaftspolitik propagiert – weltweit eine Zunahme der *informellen Ökonomie* und *informellen Beschäftigung* zu verzeichnen ist, d. h. von Beschäftigungsformen außerhalb staatlicher Registrierung und damit verbundenen Schutzaspekten (Senghaas-Knobloch 2011). Dies zeigt sich nicht nur in Ländern, in denen informelle Arbeit seit Langem schon die weit überwiegende Quelle aller Einkommensmöglichkeiten ausmacht (wie in Schwarzafrika), sondern auch in anderen Kontexten, vor allem in Lateinamerika, aber auch in hochindustrialisierten Ländern. Kontextübergreifend finden sich besonders häufig Frauen in solchen Beschäftigungsformen.

Im Gegensatz zur propagierten Ideologie des Freihandels, der den Entwicklungsländern aufgedrängt wurde, drücken Industrieländer wie die USA oder die EU ihre subventionierten landwirtschaftlichen Produkte in die lokalen Märkte Afrikas und verdrängen auf diese Weise die – nicht selten zuvor mit Entwicklungshilfe aufgebauten oder technisch verbesserten – lokalen Existenzen. Ähnliches gilt für die Vernichtung kleiner Fischereikooperativen durch den industrialisierten Fischfang großer Konzerne vor den Küsten Afrikas, z. B. am Horn von Afrika (Martens/Obenland 2016, 114 ff.).[11]

Aber auch vielen der etwa 1,5 Milliarden registrierten Lohnabhängigen mit Arbeitsverträgen hatte das Wirtschaftswachstum in den Jahren bis zur Weltfinanz- und -wirtschaftskrise von 2008 keinen erhöhten Wohlstand gebracht. Die Lohnquote, d. h. der Anteil der Löhne am Bruttoinlandsprodukt, war in drei Vierteln aller Länder geschrumpft. Für jedes Prozent Wachstums des Bruttoinlandsprodukts waren die Löhne durchschnittlich nur um 0,75 Prozent gestiegen. In Phasen des Wirtschaftsabschwungs waren die Löhne demgegenüber für jedes Prozent Rückgang durchschnittlich um 1,55 Prozent (ILO 2008b) gefallen. Der ILO-Bericht zur Lohnentwicklung von 2014/15 verdeutlicht, dass auch weiterhin eine Divergenz zwischen Produktivitätserhöhung und Lohnniveau in den Industrieländern besteht (ILO 2015a). In Deutschland äußert sich die Kluft zwischen Löhnen und Produktivität unverändert in einem abnehmenden Anteil der Arbeitsein-

11 Es ist diese Problematik, gegen die das Nachhaltigkeitsmittel 2b für das Ziel 2 (den Hunger beenden, Ernährungssicherheit und eine bessere Ernährung erreichen und eine nachhaltige Landwirtschaft fördern) gerichtet ist, in dem die Abschaffung aller Formen von Agrarexportsubventionen gefordert wird. Entsprechend geht es im Nachhaltigkeitsziel 12.6 darum, bestimmte Fischereisubventionen zu untersagen. So sollen Handelsverzerrungen korrigiert oder verhindert sowie die Meeresökosysteme und lokale Existenzen geschützt werden.

künfte am Bruttosozialprodukt gegenüber dem Anteil der Kapitaleinkünfte, trotz partieller Verbesserungen seit 2007 (ILO 2015a). Erst in jüngster Zeit wurden hierzulande bei den Tarifverhandlungen wieder deutliche Erhöhungen erzielt. 2015 wurde ein gesetzlicher Mindestlohn eingeführt, der greift, wenn keine Tarifverträge existieren.

Von Arbeit als Mittel inklusiver Entwicklung weltweit kann also im Rückblick auf die letzten Jahrzehnte nicht gesprochen werden. Das gilt auch für Deutschland – trotz des starken Anstiegs der allgemeinen Beschäftigungsquote auf etwa 75 Prozent.

4 Entwicklungstrends in der Arbeitsgesellschaft Deutschlands

Sechs aufeinander einwirkende sozio-ökonomische Trends müssen für Deutschland besonders hervorgehoben werden: die starke Zunahme der Dienstleistungsbeschäftigung, die Veränderung der tradierten geschlechtsspezifischen Arbeitsteilung, die Flexibilisierung von Arbeitskraft, das Vordringen digitaler Technologien in Verbindung mit globaler Wertschöpfung, neue Managementkonzepte und neue Gesundheitsprobleme bei der Arbeit angesichts der Alterung der Gesellschaft (Senghaas-Knobloch 2008).

1. Seit den 1960er Jahren ist ein erheblicher Rückgang der Beschäftigten in der industriellen Produktion zu verzeichnen. Seit den 1970er Jahren übertrafen die Dienstleistungen den sekundären industriellen Sektor, bewirkt vor allem durch Rationalisierung, Automatisierung und Auslagerungen, jetzt stark unterstützt durch die Digitalisierung. Zwischen 2004 und 2014 ist der Anteil der in der industriellen Produktion Beschäftigten auf etwa ein Fünftel aller Erwerbstätigen gesunken und der im Dienstleistungssektor Beschäftigten auf ca. 74 Prozent der Erwerbstätigen gestiegen. Die meisten Beschäftigten sind hierzulande mit Dienstleistungen beschäftigt, u. a. industrienah im Hightechbereich und personennah im ›Hightouchbereich‹ des Gesundheits- oder Sozialwesens (Crößmann/Schüller 2016; Becke/Bleses 2015).
2. Mit dem Anstieg der Dienstleistungstätigkeiten stieg die Erwerbstätigkeit von Frauen. Es veränderte sich die überkommene, industriegesellschaftlich induzierte Arbeitsteilung zwischen den Geschlechtern, bei der den Frauen die häuslichen Sorgetätigkeiten und den Männern die außerhäusliche Erwerbsarbeit zugewiesen war. Die starke Zunahme der Frauenerwerbstätigkeit hat sowohl mit emanzipativen und geschlechterkulturellen als auch mit politischen Veränderungen zu tun. Seit dem Gipfel von Lissabon im Jahre 2000 vertritt die EU aus Wettbewerbsgründen erhöhte gesellschaftliche Beschäftigungsquoten, vor allem auch eine starke Erhöhung der Frauenerwerbsarbeit. Das industriegesellschaftliche männliche Alleinverdienermodell, das allerdings in den sich früher sozialistisch nennenden Ländern keine Rolle spielte, soll durch ein Zweiverdienermodell (*adult worker model*) ersetzt werden, das auf individualisierten Erwerbsbiographien aller erwachsenen Personen beruht. Dass das neue Modell eine umfassende Defamiliarisierung, Professionalisierung und Vermarktlichung der bisher – vor allem von Frauen – unbezahlt erbrachten Sorgetätigkeiten voraussetzt, für die bisher keine politische und ökonomische Basis sichtbar sind, wird dabei verkannt und ebenso, dass die Flexibilitätsanforderungen häuslicher Sorge wenig kompatibel sind mit den immer umfassender gewordenen Flexibilitätsanforderungen in der bezahlten Beschäftigung. In der Folge waren hierzulande beispielsweise im Jahre 2011 36 Prozent aller beschäftigten Frauen, aber nur 6,5 Prozent aller Männer in sozialversicherungspflichtiger

Teilzeit tätig.[12] Faktisch wurde also das Alleinverdienermodell durch eine verbreitete Anderthalbverdienst-Praxis ersetzt. Die Einbeziehung von Frauen in den Arbeitsmarkt hat erheblich zugenommen, aber die Kluft der Entgelte für Männer und Frauen hat – auch wenn die Teilzeitarbeit von Frauen rechnerisch berücksichtigt wird – nicht abgenommen.

Die unzureichende Beachtung der unbezahlten lebensnotwendigen Sorgetätigkeiten in Verbindung mit der weltweiten Ungleichheit hat zudem in den hoch entwickelten europäischen Gesellschaften (mit Ausnahme skandinavischer Länder) zum wachsenden Einsatz von informell beschäftigten Migrantinnen in Privathaushalten geführt, also zur Verschiebung der gesellschaftlichen Aufgabe sozialer Reproduktion hierzulande auf Menschen, die der Not oder Chancenlosigkeit ihrer eigenen weltwirtschaftlich benachteiligten Gesellschaften entfliehen wollen. So wächst der Anteil informeller, ungeschützter Arbeit hierzulande, aber auch eine Sorgelücke in den Herkunftsländern (Senghaas-Knobloch 2014).

3. In dem allgemeinen Trend zum Rückbau der sozialen Sicherungssysteme und damit zu einer Politik der Warenförmigkeit von Arbeitskraft (einer ›Re-Kommodifizierung‹) zeigt sich, dass die soziale Zerklüftung in der Weltwirtschaft heute auf die hoch-industrialisierten Länder zurück wirkt, von denen die herrschende Globalisierungsstrategie ausging: Im Rahmen der Flexibilisierung von Arbeitskraft nehmen dort formale, aber atypische Beschäftigungsverhältnisse, die nicht dem klassischen Referenzrahmen für Arbeits- und Sozialschutz entsprechen, zu. Dazu gehören u. a. befristete Beschäftigung, sozialversicherte Teilzeit, nicht sozialversicherte geringfügige Beschäftigung, Leiharbeit und Alleinselbstständigkeit. Alle diese Beschäftigungsformen sind mit einem erhöhten Risiko mit Blick auf Einkommen, Sozialschutz, Mitsprache, Arbeitsbedingungen und Ruhestand verbunden. Der starke Anstieg der Beschäftigung in Deutschland ist vor allem auf die Ausweitung dieser Formen zurückzuführen. Nach einem Absinken des anteilmäßigen Niveaus sozialversicherter Beschäftigung von 1992 bis 2006 kam es zu einem Wiederanstieg der sozialversicherten Beschäftigung vor allem durch sozialversicherte Teilzeitarbeit. Da auch hier niedrig entlohnte Beschäftigungsverhältnisse enthalten sind, ist damit Altersarmut, besonders von Frauen, vorprogrammiert.

   Der Anteil des Beschäftigtenanteils im Niedriglohn (die Schwelle liegt bei zwei Dritteln des mittleren Stundenlohns) erhöhte sich zwischen 1995 und 2012 von 18,8 Prozent (7,59 Euro) auf 24,3 Prozent (9,30 Euro) (Kalina/Weinkopf 2014). Die Quote befristeter Beschäftigung ist zwischen 1992 und 2009 von 10,5 Prozent auf 14,5 Prozent gestiegen. Der entsprechende Anteil bei neuen Beschäftigungsverhältnissen wuchs im ersten Jahrzehnt dieses Jahrhunderts gemäß den vom Nürnberger Institut für Arbeitsmarkt- und Berufsforschung erhobenen Betriebspanel-Daten von 32 Prozent sogar auf 47 Prozent.

4. Das Vordringen digitaler Technologien hat die ökonomische Globalisierung außerordentlich befördert. Sie gehen mit neuen Rationalisierungsmöglichkeiten und

---

12 Siehe Bundeszentrale für politische Bildung: http://www.bpb.de/nachschlagen/zahlen-und-fakten/soziale-situation-in-deutschland/61705/teilzeitbeschaeftigte, abgerufen am 13. Juni 2016. Hinzu kommen knapp 15 Prozent erwerbstätige Frauen in geringfügiger Beschäftigung (ohne Sozialversicherung).

neuen Anforderungen an die Beschäftigten einher.[13] Im industriellen Entwicklungs- und Forschungsbereich gehören dazu projektförmige Arbeitsaufgaben, zeitversetzte Kooperationsnotwendigkeiten und damit verbundene, entstandardisierte Arbeitszeiten sowie die Notwendigkeit zu der – in diesem Bereich bisher wenig bekannten – Interaktionsarbeit, also Kommunikationsaufgaben, um die digital entbetteten, also kontextlosen Informationen wieder kontextspezifisch einzubetten (Böhle et al. 2014). Da mit einer entgrenzten Erreichbarkeit der Beschäftigten auch die Grenzen zwischen beruflicher Arbeit und anderen Lebensbereichen verschwimmen, kommt es zu neuartigen psychischen Belastungen und Gesundheitsgefährdungen.

5. Im Zuge der Globalisierung setzten sich in den Unternehmen zunehmend auch neue Managementstrategien und Konzepte der Arbeitsorganisation durch. Dazu gehört vor allem eine organisationsinterne (Quasi-)Vermarktlichung der Beziehungen zwischen Abteilungen. Anstelle hierarchischer Weisungen müssen die jetzt wirtschaftlich eigenverantwortlichen ›Center‹ nach ökonomischen Vorgaben des Managements Ziele erfüllen. Dies geht mit einer veränderten betrieblichen Leistungspolitik einher (Sauer 2013), in der das persönliche Engagement der einzelnen Beschäftigten gefordert ist, aber das Entgelt sich nicht oder wenig an Arbeitsaufwand und Mühe, sondern am ökonomischen Erfolg bemisst. Dieser ist aber von den Beschäftigten oft kaum beeinflussbar. Und damit haben sich Anerkennungsformen bei der Arbeit verändert (Voswinkel et al. 2013). Insgesamt ist die Entwicklung der Arbeitsbedingungen uneinheitlich: Für viele Menschen, die z. B. in der Fast Food Gastronomie und in solchen Call-Centern beschäftigt sind, wo die Arbeit tayloristisch organisiert ist, wird minutiös vorgeschrieben, was in welcher Zeit zu tun ist. Hier sind die klassischen arbeitswissenschaftlichen Kriterien humaner Arbeit nach wie vor nicht erfüllt: D. h., es mangelt u. a. an Freiheitsspielräumen, Abwechslung und Lernmöglichkeiten bei der Arbeit. Demgegenüber finden sich in vielen Bereichen hochqualifizierter Arbeit in der Industrie und im Dienstleistungsbereich durchaus große Handlungsspielräume, oft auch verbunden mit großer Verantwortung. Hier sind es vor allem mangelnde Ressourcen, insbesondere notwendige Zeitspielräume und Möglichkeiten der Weiterbildung sowie widersprüchliche Arbeitsanforderungen, die zu neuen Belastungen im Sinn von Stressoren beitragen. So ist es beispielsweise für die Fachkräfte im IT-Bereich problematisch, gleichzeitig den vorgegebenen Zielen der Termintreue und der Erfüllung wechselnder Kundenwünsche Rechnung tragen zu sollen. Und im Bereich personennaher Dienstleistungen vermindert die Ökonomisierung in Kombination mit neuen Dokumentationspflichten die Chance, dass sich Pflegekräfte auf die Patienten entsprechend ihren Vorstellungen von guter Pflege wirklich einlassen können. So verringert sich die Chance, ein positives Feedback zu erhalten, welches für die Pflegebeziehung und psychische Gesundheit der Pflegekräfte von so außerordentlicher Bedeutung ist (Kumbruck et al. 2010). Zahl und Dauer von Erschöpfungserkrankungen steigen nach allen Erhebungen langsam, doch stetig.

6. Die gravierenden, neuen arbeitsbezogenen Gesundheitsprobleme treffen auf eine Situation, in der die in den letzten Jahrzehnten zur deren Prävention und Bearbeitung aufgebauten Institutionen an Boden verlieren. Denn flexible Arbeitsformen und örtlich versetzte Arbeitszeiten verwischen die Grenzen zwischen Erwerbsarbeit und

13 Siehe dazu das ganze Heft 18–19 *Aus Politik und Zeitgeschichte* 2016, Beilage zu der Zeitschrift *Das Parlament*.

Privatleben, wobei fachspezifische Leistungskulturen besonders in wissenschaftlich basierten Branchen wie dem IT-Sektor eine betriebliche Thematisierung erschweren; ohnehin ist eine formale kollektive Belegschaftsvertretung hier eher selten vorhanden. Die Bedeutung dieser Entwicklungen angesichts einer alternden Gesellschaft beginnt gerade erst, ins öffentliche Bewusstsein zu kommen.
Die sozial gespaltene Situation in Deutschland und anderen Industrieländern erinnert an jene im Jahre 1919, in der von Seiten der Gewerkschaften formuliert wurde, dass Arbeit keine Ware ist und dass die Einführung menschenwürdiger Arbeitsbedingungen internationale Kooperation erfordert.

5 *Decent Work* als Voraussetzung für eine weltweit gerechte gesellschaftliche Teilhabe

Eine gleichberechtigte gesellschaftliche Teilhabe durch Arbeit bedarf offenbar einer konsequenten Umsetzung des *IAO-Programms für Decent Work.* In der Staatenwelt geht es dabei um stimmige nationale und internationale Rahmenbedingungen und kohärente Politik. Die EU hat sich erst seit 2006 das Begriffspaar *Decent Work* auf die Fahnen geschrieben, nachdem sie noch im Rahmen ihrer Lissabon-Strategie von 2000 zwar deklaratorisch für mehr und bessere Jobs geworben, faktisch aber auf bloße Beschäftigungszunahme gesetzt hatte.

Der damalige chilenische IAO-Generaldirektor Juan Somavía hatte 1999 in seiner programmatischen »Agenda für weltweit menschenwürdige Arbeit« (*Decent Work Worldwide*) als Ziel der IAO formuliert, »Möglichkeiten zu fördern, die Frauen und Männern eine menschenwürdige und produktive Arbeit in Freiheit, Sicherheit und Würde und unter gleichen Bedingungen bieten« (Internationales Arbeitsamt 1999, 4). Der IAO müsse es deshalb »auch um Erwerbstätige außerhalb des formellen Arbeitsmarktes gehen, um die Arbeitnehmer in ungeregelten Verhältnissen, um Selbständige und Heimarbeiter« (ebd.).[14] So sollte der Bedeutungsverlust der über viele Jahrzehnte ausgehandelten und beschlossenen, international geltenden Arbeits- und Sozialstandards der IAO aufgehalten werden. Denn in Ländern des Südens fanden diese aufgrund der strukturellen Zerklüftung praktisch kaum Anwendung, auch wenn sie ratifiziert waren; und in den Ländern des Nordens und in den Transformationsländern wurde unterschätzt, dass die neuen wirtschaftlichen Verflechtungen die strukturelle Heterogenität globalisieren und vertiefen, das Arbeitsrecht in Frage stellen und seine Umsetzung weiter erschweren würden. Die weiterhin ansteigende Zahl von wirtschaftlichen Sonderzonen in den Ländern des Südens, in denen nicht nur Steuererleichterungen aller Art gewährt werden, sondern auch das nationale Arbeitsrecht keine Geltung hat, verweist auf die Brisanz der Problematik.

Demgegenüber setzt die *Decent-Work-Agenda* der IAO seit 1999 auf die Förderung von vier Politikfeldern, um zu Lebensbedingungen beizutragen, in denen sich Menschen und Gesellschaften entwickeln können. Das sind: 1. produktive Beschäftigung, also Arbeit, die über die unmittelbaren Subsistenzbedürfnisse hinaus Bedürfnisse erfüllen kann; 2. Rechte bei der Arbeit; 3. Sozialschutz in solchen biographischen Phasen, in denen

14 Die Zeitschrift *International Labour Review* widmet sich in Heft 2 ihres Bandes 142, 2003 der Diskussion dieser Problematik.

der eigene Unterhalt nicht durch Arbeit gesichert werden kann (Kindheit, Krankheit/Invalidität, Beschäftigungslosigkeit und Alter) und 4. Sozialdialog, also das Recht der Arbeitenden, bei allen Entscheidungen, in denen sie betroffen sind, ihre Stimme zu Gehör zu bringen.[15]

1. Die Förderung existenzsichernder Beschäftigung wurde schon 1964 mit dem IAO-Übereinkommen 122 angestrebt. In vielen Ländern des Südens fand damals eine Marginalisierung bäuerlicher Existenzen statt, ohne dass die Menschen in einer entstehenden Industrie in Lohn kamen. Prekäre Wirtschaftsformen entwickelten sich in den schnell wachsenden urbanen Zentren, die durch einen Mangel an Ressourcen, an Recht und an Schutz gekennzeichnet waren und in den peripheren Ökonomien einen marginalen Pol bildeten (Quijano 1974). Mit ihrem Weltbeschäftigungsprogramm hatte die IAO, die bei ihrer Gründung 1919 von den Problemen und Sichtweisen der Industrieländer geleitet war, in der Zeit der Dekolonisierung der 1960er Jahre die Arena der Entwicklungspolitik betreten. Es ging um die Beförderung einer beschäftigungsintensive Wirtschaftspolitik – und zwar gegen die herrschende Auffassung, der zufolge Entwicklung mit Wirtschaftswachstum gleichgesetzt wurde. Die IAO entwickelte in empirischen Länderstudien die Konzepte der informellen Ökonomie und informellen Beschäftigung, die in jüngster Zeit auch in Aktionspläne und IAO-Normen zum Übergang von informeller in formale Beschäftigung Eingang gefunden haben.[16]
2. Von besonderer Bedeutung sind die Rechte bei der Arbeit, in denen es um die Menschenwürde geht. Da das Arbeitsrecht rechtssystematisch nicht zum öffentlichen Recht gezählt wird, gab es lange Zeit kaum Verbindungen zwischen arbeitsrechtlichen und menschenrechtlichen Diskursen. Dabei war schon in der IAO-Erklärung von Philadelphia aus dem Jahre 1944 eine an Rechten orientierte Sprache gewählt worden, die sich auch in der Allgemeinen Erklärung der Menschenrechte von 1949 sowie in den beiden internationalen Menschenrechtspakten (Zivilpakt und Sozialpakt) von 1966 fand. Vier grundlegende Prinzipien und Rechte bei der Arbeit (*core labour standards)* wurden schon während des Sozialgipfels 1995 in Kopenhagen hervorgehoben: Vereinigungsfreiheit und Recht auf kollektive Verhandlungen, Verbot der Kinderarbeit, Verbot der Diskriminierung und Verbot der Zwangsarbeit. Die prinzipielle Geltung dieser fundamentalen universalen Arbeitsstandards (auch ohne förmliche Ratifizierung der acht IAO-Übereinkommen, die ihnen entsprechen) wurde in einer feierlichen *Erklärung über grundlegende Prinzipien und Rechte bei der Arbeit und ihre Folgemaßnahmen* während der dreigliedrigen Arbeitskonferenz der IAO im Jahre 1998 ohne Gegenstimmen bestätigt.

Übereinkommen Nr. 87 über die Vereinigungsfreiheit und den Schutz des Vereinigungsrechts
Übereinkommen Nr. 98 über die Anwendung der Grundsätze des Vereinigungsrechtes und des Rechtes zu Kollektivverhandlungen

15 Zur Diskussion der wechselseitigen Beziehungen der vier Komponenten von *Decent Work* siehe Ghai 2006.

16 Dazu gehört die jüngste *IAO-Empfehlung 204 über Wege aus der Informalität*. Alle Dokumente und die Normen (ratifizierungsbedürftige *Übereinkommen* und nicht ratifizierungsbedürftige *Empfehlungen*) finden sich auf der Homepage der IAO: http://www.ilo.org.

Übereinkommen Nr. 29 über Zwangs- oder Pflichtarbeit
Übereinkommen Nr. 105 über die Abschaffung der Zwangsarbeit
Übereinkommen Nr. 138 über das Mindestalter für die Zulassung zur Beschäftigung
Übereinkommen Nr. 182 über die Abschaffung der schlimmsten Formen von Kinderarbeit
Übereinkommen Nr. 100 über die Gleichheit des Entgelts männlicher und weiblicher Arbeitskräfte für gleichwertige Arbeit
Übereinkommen Nr. 111 über die Diskriminierung in Beschäftigung und Beruf

Die acht grundlegenden (Kern-)Übereinkommen der IAO

Es sind dies liberale Rechte, die nur als Ermöglichungsrechte wirken; sie stellen noch keine substantielle Verbesserung der konkreten Arbeits- und Lebensbedingungen dar, zu denen z. B. Regelungen der Arbeitszeit, des Lohns oder des Gesundheitsschutzes bei der Arbeit gehören.
Aber selbst von diesen acht Kernarbeitsnormen sind gerade in den aufstrebenden Ländern der Weltwirtschaft, wie China und Indien, nur einige der entsprechenden IAO-Übereinkommen ratifiziert worden: So hat beispielsweise Indien die Übereinkommen zur Kinderarbeit und zur Zwangsarbeit nicht ratifiziert und China hat die Übereinkommen zur Vereinigungsfreiheit und zur Zwangsarbeit nicht ratifiziert. Allerdings haben auch die USA als klassisches Industrieland von den acht Kernarbeitsnormen nur je eines der Übereinkommen zur Nichtdiskriminierung und eines der Übereinkommen zu Kinderarbeit ratifiziert, also keines zur Zwangsarbeit und keines zu Vereinigungsfreiheit. Schon die formale Verpflichtung auf die absolut grundlegenden Normen ist also bei wichtigen Staaten der Weltwirtschaft (noch immer) nicht gegeben.
Dass gerade die Übereinkommen zu Vereinigungsfreiheit und zu Kollektivverhandlungen von allen grundlegenden Kernarbeitsrechten weltweit am wenigsten ratifiziert wurden, also die Welt der Staaten gerade bei diesem sozio-politischen Grundrecht wenig bereit ist, Verpflichtungen einzugehen, trägt unmittelbar zur Schwächung der Stimmen von Beschäftigten bei. Und es führt zu Lücken bei der zivilgesellschaftlichen Überprüfung der regelmäßigen Berichte an das Internationale Arbeitsamt, in denen Regierungen der Mitgliedsländer über die Umsetzung ihrer eingegangenen Verpflichtungen Rechenschaft ablegen müssen. Denn der Biss im Aufsichtssystem der IAO liegt ja in der gewerkschaftlichen Kommentierung von Staatenberichten und in ihren Beschwerdemöglichkeiten bei der IAO. Die Zahl der jährlich ermordeten Gewerkschafter und Gewerkschafterinnen, an die in jeder Internationalen Arbeitskonferenz erinnert wird, ist erschreckend. Und noch immer werden ausländische Investoren mit der Einrichtung von Sonderwirtschaftszonen in Länder gelockt, in denen das oftmals ohnehin brüchige, geltende nationale Arbeitsrecht und Gewerkschaftsrechte, außer Kraft gesetzt oder nicht umgesetzt werden.

3. Sozialschutz ist der dritte Bestandteil der Agenda für menschenwürdige Arbeit weltweit. In den meisten klassischen *Industrieländern*, so auch in Deutschland, waren und sind herkömmlicherweise erhebliche Teile der sozialen Sicherung an das Bestehen eines formalen Beschäftigungsverhältnisses gebunden. Neben dieser beitragsgebundenen sozialen Sicherung existiert ein bedürftigkeitsbezogenes zweites

Netz auf geringerem Niveau. Die Zunahme unsicherer Beschäftigungsverhältnisse (befristet, Werkverträge) schafft eine neue Armutsproblematik, zu deren Lösung es neuer inklusiver Regelungen bedarf. Im Kontext vieler *Transformationsländer* ist der früher geltende Sozialschutz abgebaut worden, ohne dass ausreichende neue Sicherungsstrukturen aufgebaut wurden. Offene Arbeitslosigkeit, Armut und mangelnder Sozialschutz sind stark verbreitet.

Besonders dringlich ist die Frage, wie die Vielzahl der Menschen in den *Entwicklungsländern*, in denen formale Beschäftigungsverhältnisse nur den geringsten Anteil aller arbeitenden Menschen ausmachen, vor jenen Lebensgefährdungen geschützt werden können, die entstehen, wenn Menschen durch Erwerbslosigkeit, Krankheiten, im Alter oder durch anderes Unbill nicht vom Ertrag eigener Arbeit leben können (Saith 2006). Die IAO hat für verschiedene Länder errechnen lassen, dass nur geringe Mittel des Bruttosozialprodukts aufgewendet werden müssten, um eine erhebliche Verbesserung der Lage einer großen Anzahl von Menschen zu bewirken; in Modellrechnungen und Feldstudien wurde dargelegt, wie ein Basisschutz in armen Ländern aufgebracht werden kann (Cichon/Hegemejer 2007). Dabei spielt auch die Unterstützung von Selbsthilfegruppen und Genossenschaften eine große Rolle. Insgesamt geht es um ein Umdenken im Verständnis von Sozialschutz als einem zu vermeidenden Kostenfaktor hin zu einem Verständnis von Sozialschutz als bedeutender Zukunftsinvestition für die Gemeinschaft.

4. Die vierte strategische Zielsetzung der IAO besteht im Sozialdialog. Bei allen die Arbeit betreffenden Entscheidungen sollen vor Ort die Betroffenen in Gestalt der Vertreter beschäftigter Personen (Gewerkschaften) und der Arbeitgeber beteiligt werden und in internationalen Verhandlungen neben den Regierungen mitsprechen. Diese zumindest partielle Einbeziehung gesellschaftlicher Interessengruppen ist bis heute einzigartig im Kontext internationaler Beziehungen und internationaler Verträge. Die Dreigliedrigkeit findet sich in den beratenden und beschlussfassenden Gremien, in Inhalten der IAO-Normen und in der Art und Weise, wie technische Hilfe und Zusammenarbeit von der IAO praktiziert wird. Der Sozialdialog ist allerdings unabdingbar auf praktizierte Vereinigungsfreiheit als ein grundlegendes Recht zur Förderung und zum Schutz kollektiver Interessen bei der Arbeit angewiesen. Heute bedarf es einer Einbeziehung weiterer zivilgesellschaftlicher Gruppen, auch wegen der zunehmenden Macht großer transnationaler Unternehmen.

   Die transnationalen Unternehmen stellen seit Jahrzehnten eine starke eigene Handlungsmacht dar, die die staatlichen und zwischenstaatlichen Akteure unter Druck setzt. Angesichts dieser Problematik hatte die IAO schon 1977 die *Dreigliedrige Grundsatzerklärung über multinationale Unternehmen und Sozialpolitik* verabschiedet – ein Jahr, nachdem die Organisation für wirtschaftliche Zusammenarbeit und Entwicklung (OECD) bereits 1976 Leitsätze über Arbeitsstandards als Teil der *OECD-Erklärung über internationale Investitionen und multinationale Unternehmen* aufgestellt hatte. In beiden Regelungswerken werden aber Mitgliedsstaaten, und nicht die multi- und transnationalen Unternehmen direkt, verpflichtet. Die transnationalen Produktionsketten bzw. globalen Wertschöpfungsketten haben das Problem noch einmal verschärft.

   Die skandalösen Katastrophen in z. B. asiatischen Zulieferfabriken, in denen zahlreiche Arbeiterinnen und Arbeitern durch eingestürzte Fabrikgebäude zu Tode kamen (Textilfabrik Rana Plaza in Bangladesch, April 2013), Fluchtwege versperrt und an-

dere Schutzmaßnahmen unterlassen oder gar verboten waren (Brand in Ali Enterprise in Pakistan im September 2012), haben dazu beigetragen, die großen transnational operierenden Markenfirmen verbindlicher für die Zustände in den globalen Zulieferketten zur Verantwortung zu ziehen. Das Fehlen von Arbeitsverträgen als einem fundamentalen Recht ist auch bei chinesischen Zulieferfabriken für große westliche IT-Konzerne dokumentiert,[17] in denen vor allem Wanderarbeiterinnen aus den ländlichen Regionen arbeiten. Das Vorbild einiger Unternehmen, die sich unter dem Label *Corporate Social Responsibility* (CSR) um das eine oder andere durchaus interessante Projekt bemühen, hat keinerlei Ausstrahlungskraft, solange die Weichen falsch gestellt sind, nämlich auf eine Rechenschaftslegung zu Gunsten von Aktien- und Wertpapierbesitzern anstelle einer Rechenschaftslegung mit Blick auf Menschenrechtsverletzungen und soziale Folgen. Dies gilt umso mehr, als von den größten transnationalen Unternehmen ein überaus starker direkter und – eher verdeckt über Stiftungen oder Stellung von Personal für Ministerien, bzw. in Stäben der EU oder UN – indirekter, massiver Einfluss auf politische Entscheidungsträger ausgeübt wird, die mit Unternehmensstandards zu tun haben (Martens/Seitz 2016).[18]
Für das reine Prinzip freiwilliger Verpflichtung zur Einhaltung grundlegender Normen steht der vom UN-Generalsekretär Kofi Annan ins Leben gerufene Globale Pakt zwischen UN und multinationalen Konzernen (*United Nations Global Compact*), die sich mit ihrer Mitgliedschaft im Pakt verpflichten, zehn Prinzipien, darunter auch die Einhaltung der IAO-Kernarbeitsnormen, zu gewährleisten. Auch die später eingeführte Berichtspflicht der Mitgliedsunternehmen zur Fortschrittsentwicklung hat nichts daran geändert, dass dieser Pakt sein Ziel nicht erreicht hat. Eine etwas zukunftsträchtigere Verbindung zwischen freiwilligen Verhaltenskodizes und rechtsförmigen Vereinbarungen stellen die mehr als 60 kollektiven Rahmenvereinbarungen (*Collective Framework Agreements*) dar, die seit Beginn des neuen Jahrhunderts zwischen großen multinationalen Unternehmen auf der einen Seite und internationalen Branchengewerkschaften, Gewerkschaftsbünden und Weltkonzernräten auf der anderen Seite abgeschlossen wurden (Lang 2006). Diese Rahmenvereinbarungen über die Einhaltung von IAO-Kernarbeitsnormen können von Gewerkschaften an den einzelnen Standortbetrieben in diversen Ländern genutzt werden, um vor Ort Tarifverträge abzuschließen, die sich auf die IAO-Normen, die in den Rahmenvereinbarungen fixiert werden, direkt beziehen. Die zwar wachsende, aber äußerst geringe Zahl dieser verbindlichen Rahmenvereinbarungen weist allerdings auf das grundlegende Problem hin, dass Vereinigungsfreiheit und gewerkschaftliche Verhandlungsmacht als Kernarbeitsnorm und Herzstück des sozialen Dialogs von vielen multinational tätigen Unternehmen abgelehnt werden.
Durch einen vom UN-Sonderbeauftragten John Ruggie moderierten Prozess zwischen 2005 und 2011 ist das Regelwerk von *UN-Leitprinzipien für Wirtschaft und Menschenrechte* entstanden. Es beschreibt die Pflichten der Staaten und der Unter-

17 Nach Auskunft von May Wong, Aktivistin aus China, siehe Weltwirtschaft Ökologie und Entwicklung e. V. (WEED e. V.) 2007, 33.

18 Der von Misereor, Brot für die Welt und dem Global Policy Forum herausgegebene Band enthält u. a. Beiträge aus zivilgesellschaftlichen Organisationen zu der Einflussnahme großer Unternehmen und Verbände auf die Klimaverhandlungen sowie die Verhandlungen über TTIP der EU mit den USA. Zudem wird aus Deutschland zu den Dialogformaten ›Textilforum‹ und zum neuen ›Nationalen Aktionsplan für Wirtschaft und Menschenrechte‹ berichtet.

nehmen. Die Pflichten der Unternehmen werden als *Sorgfaltspflichten* (*due diligence*) zur Risikovermeidung von Menschenrechtsverletzungen und gegebenenfalls zur Wiedergutmachung eingeführt. Trebilcock (2015) hat verdeutlicht, dass diese kategoriale Zuordnung im Zusammenhang mit dem Börsencrash von 1929 entstand und als Risikomanagement von Haftungsvermeidungen nicht ohne weiteres geeignet ist, eine positive Verantwortungsübernahme für die Achtung der Menschenrechte zu befördern.

6 Schlussfolgerungen

Inzwischen sind auch die alten Industrieländer von den Folgen ihrer Außenwirtschafts- und Deregulierungspolitik eingeholt worden. Dabei ist zunächst nicht an die Millionen Flüchtlinge zu denken, die 2015 nach Europa kamen. Auch zuvor haben Hunderttausende von nicht gemeldeten Männern und Frauen, die ihr Heimatland zur puren Existenzerhaltung oder auch zur Verbesserung eigener Lebensbedingungen verlassen haben, neben und innerhalb der ohnehin bestehenden Schattenwirtschaft ein Reservoir von höchst verwundbaren Arbeitskräften gebildet. Ein Beispiel sind die in der Regel weiblichen Haushalts- und Pflegehilfen in Privathaushalten, die nur in seltenen Fällen regulär beschäftigt werden. Finden sich in den USA und in den Golfstaaten besonders häufig Frauen aus den Philippinen und anderen asiatischen Ländern, die die alltäglichen Aufgaben in den dortigen Haushalten übernehmen, so gibt es ähnliche Beziehungen zwischen Italien und Nordafrika (Sarti 2006) und zwischen Deutschland und Polen (Rerrich 2006). ›*Care-chains*‹ bilden sich, wenn die notwendige Tätigkeit in der eigenen Familie der migrierten Arbeitskräfte im jeweiligen Heimatland von Personen getan wird, die ihrerseits bezahlt werden und die wiederum ihre eigenen Care-Aufgaben weiter delegieren. Dass auf diese Weise gut ausgebildete Menschen in den Herkunftsländern fehlen und dort hilfsbedürftige Angehörige und Kinder nicht selten auch verwaist zurückgelassen werden, ist bekannt. Die IAO hat 2011 das viel beachtete *Übereinkommen 189 über menschenwürdige Arbeit für Hausangestellte* angenommen, das bis Mitte 2016 überraschend schnell von 22 Ländern, darunter auch Deutschland, ratifiziert wurde. Es hat den Anspruch, Wege aus der Informalität aufzuzeigen und durchzusetzen. Ähnlich dem Ziel 5 der Geschlechtergleichstellung in der Nachhaltigkeitsagenda 2030 strebt auch das IAO-Übereinkommen 189 an, die noch vorherrschende Blindheit der Weltökonomie für Fragen der sozialen Reproduktion und des sozialen Zusammenhalts zu überwinden (Floro/Meurs 2009).

Rechtlosigkeit der nicht regulären ArbeitsmigrantInnen, die aus ihren perspektivlosen, nicht selten auch von Gewaltkonflikten zerfressenen Herkunftsländern in die OECD-Länder flüchten, unterhöhlt auch die bestehenden Rechte der dort regulär Beschäftigten. Denn die Doppelwirklichkeit von bestehendem, aber nicht allgemein umgesetztem Recht hierzulande wirkt sich auf die Rechtswirklichkeit aus. Der Anstieg der ungesicherten Beschäftigungsverhältnisse und des Anteils niedriger Löhne in den altindustrialisierten Länder zeigt, dass die Industrieländer heute wie am Anfang des 20. Jahrhunderts auch im Eigeninteresse vor der Aufgabe stehen, die Rückwirkungen der Folgen eigenen Handelns zu beachten und eine solidarische Politik für menschenwürdige Arbeit kooperativ zu gestalten. Eine Weltwirtschaft ohne *weltweite* Beachtung der sozialen Reproduktionsbedürfnisse und der natürlichen Lebensgrundlagen ist nicht zukunftsfähig.

Decent Work ist folglich vor allem eine politische Aufgabe in sowie für Deutschland.

Autorin: Prof. Dr. Eva Senghaas-Knobloch lehrte bis 2008 Arbeitswissenschaft an der Universität Bremen, derzeit Senior Researcher im Forschungszentrum Nachhaltigkeit (artec) der Universität Bremen.

Literatur

Becke, Guido/Bleses, Peter (Hg.): *Interaktion und Koordination. Das Feld sozialer Dienstleistungen.* Wiesbaden 2015.

Becker-Schmidt, Regina/Axeli-Knapp, Gudrun/Schmidt, Beate: *Eines ist zuwenig – beides ist zuviel. Erfahrungen von Arbeiterfrauen zwischen Familie und Fabrik.* Bonn 1985.

Böhle, Fritz/Stöger, Ursula/Weihrich, Margit: *Interaktionsarbeit gestalten. Vorschläge für humane Dienstleistungsarbeit.* Berlin 2014.

Cichon, Michael/Hegemejer, Krzystof: Changing the Development Policy Paradigm. Investing in a Social Security Floor for All. In: *International Social Security Review* 60 (2007), 169–196.

Crößmann, Anja/Schüller, Frank: Erwerbstätige nach Wirtschaftsbereichen. In: *Datenreport 2016*, http://www.bpb.de/nachschlagen/datenreport-2016/225 970/erwerbstaetige-nach-wirtschafts bereichen (abgerufen 13. Juni 2016).

Floro, Maria S./Meurs, Mieke: *Global Trends in Women's Access to ›Decent Work‹*. In: Friedrich-Ebert-Stiftung/ILO (Hg.): Occasional Papers Nr. 43, Genf 2009.

Gerhard, Ute: *Verhältnisse und Verhinderungen.* Frankfurt a. M. 1979.

Ghai, Dharam (Hg.): *Decent Work. Objectives and Strategies.* Genf 2006.

ILO: *Declaration on Social Justice for a Fair Globalization.* International Labour Conference. 97th Session, Genf 2008a.

ILO: *Global Wage Report.* Genf 2008b.

ILO: *Global Wage Report 2014/2015.* Genf 2015a; Pressemitteilung in deutscher Sprache: http://www.ilo.org/berlin/presseinformationen/WCMS_325 226/lang--de/index.htm.

ILO: *World Employment and Social Outlook*, Genf 2015b, Zusammenfassung in deutscher Sprache.

ILO: *Disability Inclusion Strategy and Action Plan 2014–2017.* Genf 2015c.

ILO: *Decent Work in Global Supply Chains*, Report IV, International Labour Conference, 105 Session. Genf 2016.

ILO: *The End to Poverty Initiative. The ILO and the 2030 Agenda.* International Labour Conference, 105th Session. Genf 2016a.

Internationales Arbeitsamt: *Verfassung.* Genf 1997.

Internationales Arbeitsamt: *Menschenwürdige Arbeit.* Bericht des Generaldirektors an die Internationale Arbeitskonferenz, 87. Tagung, Genf 1999.

Jahoda, Marie/Lazarsfeld, Paul F./Zeisel, Hans: *Die Arbeitslosen von Marienthal. Ein soziographischer Versuch* [1933]. Frankfurt a. M. 1980.

Kalina, Thorsten/Weinkopf, Claudia: *Niedriglohnbeschäftigung 2012 und was ein gesetzlicher Mindestlohn von 8 Euro 50 verändert könnte.* IAQ Report 2/2014.

Kontos, Silvia/Walser, Karin: *... weil nur zählt, was Geld bringt.* Gelnhausen/Berlin/Stein Mfr. 1979.

Kumbruck, Christel/Rumpf, Mechthild/Senghaas-Knobloch, Eva: *Unsichtbare Pflegearbeit. Fürsorgliche Praxis auf der Suche nach Anerkennung.* Berlin 2010.

Lang, Klaus: Gewerkschaften, Unternehmen und internationale Sozialstandards. In: *Jahrbuch Menschenrechte 2007*, 218–230.

Martens, Jens/Obenland, Wolfgang: *Die 2030-Agenda. Globale Zukunftsziele für nachhaltige Entwicklung.* Bonn/Osnabrück 2016.

Martens, Jens/Seitz, Karolin (Redaktion): *Wirtschaft Macht Politik. Einfluss privatwirtschaftlicher Akteure in internationalen Politikprozessen.* Aachen/Berlin/Bonn 2016.

Nussbaum, Martha: Women and Equality. The Capabilities Approach. In: *International Labour Review* 138 (1999), 227–245.

Rerrich, Maria S.: *Die ganze Welt zu Hause. Cosmobile Putzfrauen in privaten Haushalten.* Hamburg 2006.

Quijano, Aníbal: Marginalisierter Pol der Wirtschaft und marginalisierte Arbeitskraft. In: Dieter Senghaas (Hg.): *Peripherer Kapitalismus.* Frankfurt a. M. 1974, 298–341.

Saith, Ashwani: Social Protection, Decent Work and Development. In: Dharam Ghai (Hg.): *Decent Work. Objectives and Strategies.* Genf 2006, 127–173.

Sarti, Raffaella: »Die meisten von uns haben sogar eine höhere Bildung ...«. Neue DienstbotInnen in Südeuropa im Zeitalter der Globalisierung. In: *L'Homme. Zeitschrift für feministische Geschichtswissenschaft* 17 (2006), 107–117.
Sauer, Dieter: *Die organisatorische Revolution. Umbrüche in der Arbeitswelt – Ursachen, Auswirkungen und arbeitspolitische Antworten.* Hamburg 2013.
Sengenberger, Werner: *Globalization and Social Progress. The Role and Impact of International Labour Standards.* Bonn 2002.
Senghaas-Knobloch, Eva: *Wohin driftet die Arbeitswelt.* Wiesbaden 2008.
Senghaas-Knobloch, Eva: Von informeller Ökonomie bis zu atypischer Beschäftigung – weltweite Herausforderung für die Gestaltung menschenwürdiger Arbeit. In: Wallacher, Johannes/Müller, Johannes/Reder, Michael (Koordination): *Weltprobleme.* München 2013, 235–255.
Senghaas-Knobloch, Eva: Die Care-Lücke in der Arbeitsgesellschaft – Herausforderungen für ein ›soziales Europa‹. In: *Jahrbuch Sozialer Protestantismus* 2014, 99–124.
Trebilcock, Anne: Due Diligence on Labour Issues – Opportunities and Limits of the UN Guiding Principles on Business and Human Rights. In: Adelle Blackett/Anne Trebilcock (Hg.): *Research Handbook on Transnational Labour Law.* Cheltenham, UK/Northampton, USA 2015, 93–107.
UNDP: *Bericht über die menschliche Entwicklung 2015. Arbeit und menschliche Entwicklung.* Berlin 2015.
UN General Assembly: *Transforming our World. The 2030 Agenda for Sustainable Development.* UN Doc. A/RES/70/1, New York 2015.
Volmerg, Birgit/Senghaas-Knobloch, Eva/Leithäuser, Thomas: *Betriebliche Lebenswelt.* Opladen 1986.
Voswinkel, Stephan/Honneth, Axel/Lindemann, Ophelia (Hg.). *Strukturwandel der Anerkennung im 21. Jahrhundert. Paradoxien sozialer Integration in der Gegenwart.* Frankfurt a. M./New York 2013.
Wegner, Gerhard: *Beruf.* Reformation heute. Hannover 2014.
Weltkommission über die soziale Dimension der Globalisierung: Eine faire Globalisierung. Genf 2004.
Weltwirtschaft Ökologie und Entwicklung e. V. (WEED e. V.): *High-Tech-Sweatshops in China. Arbeitsrechte im internationalen Standortwettbewerb und die Perspektiven Corporate Social Responsibility.* Berlin 2007.

14 Arbeit, Exklusion und Ungerechtigkeit

Martin Kronauer

1 Einleitung

Die Verbindung der Begriffe ›Arbeit‹, ›Gerechtigkeit‹ und ›Inklusion‹ ist nur denkbar im Rahmen eines historischen Bewusstseins, für das Arbeit bereits zu einer zentralen Quelle von Gerechtigkeitserwartungen geworden ist, und zugleich als wesentliche Vermittlungsinstanz des sozialen Zusammenhalts gilt. Beidem liegt eine Aufwertung der Arbeit zugrunde, die auf die Ursprünge und Entwicklung der bürgerlich-kapitalistischen Gesellschaft zurückgeht, in der Menschheitsgeschichte also jungen Datums ist. Die Kehrseite dieser Aufwertung besteht allerdings in neuen Formen der Exklusion und der Ungerechtigkeit, die ihrerseits durch Arbeit, genauer: durch die seither vorherrschenden Formen der Erwerbsarbeit, erzeugt werden.

Ich will im Folgenden in groben Strichen das Argument umreißen, dass die Aufwertung der Arbeit zu einem zentralen Maßstab von Gerechtigkeit und der entscheidenden Quelle des gesellschaftlichen Zusammenhalts in der bürgerlich-kapitalistischen Gesellschaft geradezu zwangsläufig ihre Gegenseite, Ungerechtigkeit und soziale Exklusion, hervorbringt; dass somit die Versöhnung der drei Elemente Arbeit – Gerechtigkeit – Inklusion unter diesen Bedingungen, wenn überhaupt, allenfalls partiell und immer nur vom Scheitern bedroht gelingen kann.

Mit dem Verweis auf die junge Geschichte der Aufwertung der Arbeit soll selbstverständlich nicht gesagt sein, dass Arbeit vor der bürgerlich-kapitalistischen Gesellschaftsformation unerheblich gewesen sei. Arbeit in ihren unterschiedlichsten Ausprägungen im sozialen Verband und Regeln zur Verteilung der Früchte der Arbeit bildeten schon immer die Grundlage für das Überleben und die Entwicklung der Spezies Mensch. Gerade weil die Arbeit lebensnotwendige Mühe ist, stellte die Befreiung von ihr immer ein Privileg der Herrschenden dar. Körperliche Arbeit hingegen galt jahrhundertelang als entwürdigende Plackerei. Ebenso gehört die soziale Missachtung bestimmter Tätigkeiten, besonders der am stärksten fremder Kontrolle unterworfenen, der körperlich schweren, schmutzigen und ekelerregenden zur Geschichte der Arbeit von Anfang an (Moore 1987, 59).

Mit Aufwertung der Arbeit ist hier gemeint, dass nicht mehr die Freiheit von Arbeit, also Politik und Kontemplation, Kriegsführung und höfischer Zeitvertreib, den Rang höchster gesellschaftlicher Anerkennung einnehmen, sondern, insbesondere seit der Reformation, Beruf, Berufung und Unternehmertum ihnen den Rang ablaufen und mit religiös-moralischer Grundierung unterlegt werden (Zimmermann 2006, 31). Damit ändern sich zugleich aber auch die Maßstäbe weltlicher Gerechtigkeit und des Umgangs mit Nicht-Arbeit. Nicht-Arbeit wird in einer besonderen Weise zum ausgrenzenden Stigma. Und die an der Arbeit ausgerichteten Gerechtigkeitsvorstellungen geraten immer wieder mit der marktförmigen Organisation von Erwerbsarbeit und deren inneren Herrschaftsverhältnissen in Konflikt. Ich möchte dies zunächst an der Verbindung von Exklusion in ihren typischen Formwandlungen mit der Aufwertung der Arbeit verdeutlichen. Danach gehe ich exemplarisch auf zwei mit der Aufwertung der Arbeit besonders eng verbundene Gerechtigkeitsvorstellungen ein, die zugleich in einem unauflösbaren Widerspruch zur Lohnarbeit stehen.

2 Erwerbsarbeit und Exklusion

Im religiösen Weltbild des späten Mittelalters nahm der Arme, der sich durch eigner Hände Arbeit nicht am Leben erhalten konnte, noch eine zwiespältige Position ein. »Das Christentum macht es zu einem Teil seiner Lehre, ›die Armen und Krüppel und Lahmen und Blinden‹ einzuladen und sogar zu ›nötigen hereinzukommen‹ (Lukas 14, 21 u. 23). Damit wurde die Armut zum Gegenstand einer neuen Interpretation und in mancher Hinsicht zum Impuls eines neuen, sozialen Verhaltens« (Starobinski 1994, 93). In gewisser Weise ›adelte‹ das Christentum geradezu die Armut und dadurch auch die den Armen erwiesenen Wohltaten. Diese Wertschätzung galt aber vor allem der selbstgewählten Armut, also denjenigen, die dem weltlichen Leben entsagten, um sich dem Dienst an Gott zu widmen. Ihre problematische Kehrseite zeigte die moralische Erhöhung der Armut, sobald es um die wirklich bedürftigen Armen ging. Denn der spirituelle Wert der wohltätigen Gabe hing von der Tugendhaftigkeit des Empfängers ab, der vor Gott Zeugnis über den Wohltäter ablegen sollte. »Daraus folgt«, schreibt Starobinski weiter, »eine notwendige Unterscheidung. Tatsächlich macht die Rolle, die ›der Arme‹ in der Heilsökonomie barmherziger Seelen spielen soll, die Unterscheidung zwischen guten und bösen Armen unausweichlich – würdige Arme, die ihre Bedürftigkeit verbergen, die ihre ehrlichen Existenzmittel verloren haben, und unwürdige Arme, Faulpelze, Simulanten, Trunkenbolde, Spieler und Wüstlinge« (ebenda, 98; vgl. auch Castel 2000, 43 f.).

Woran aber ließ sich der ›gute‹ Arme erkennen? Neben der Duldsamkeit, in der er sich seinem Schicksal unterwarf, zunächst an den offensichtlichsten Merkmalen körperlicher Gebrechen. Implizit ist darin aber bereits ein weiteres Kriterium enthalten – das der Unfähigkeit, zu arbeiten. Schon seit dem 14. Jahrhundert (Castel 2000, 31), aber verstärkt seit der reformatorischen Aufwertung der Arbeit liegt über dem bettelnden Armen der Verdacht, arbeitsscheu zu sein.

Wer weder Arbeit fand noch als ›guter‹ Armer auf Unterstützung in der Heimatgemeinde rechnen konnte, war im Übergang zur Neuzeit, als das Arbeitsethos zur vorherrschenden Ideologie wurde, institutioneller Ausgrenzung in ihrer schärfsten Form ausgesetzt: der Rechtlosigkeit. Diese betraf in aller Härte den Landstreicher, der seiner Existenzgrundlage auf dem Land verlustig gegangen war, seine Heimatgemeinde verlassen hatte, um in der Stadt Arbeit zu finden, und dort als Bettler aufgegriffen wurde. Robert Castel sieht in ihm die unzeitgemäße Vorform des Lohnarbeiters, entstanden als Folge der Auflösung der traditionellen Produktionsweisen auf dem Land, noch bevor sich aufnahmebereite Arbeitsmärkte in den Städten herausgebildet hatten (Castel 2000, 100 f.). Der entwurzelte ›Vagabund‹, nicht der Lohnarbeiter, repräsentierte noch bis in die Mitte des 19. Jahrhunderts die ›soziale Frage‹ (vgl. Kaufmann 2003, 260 f.).

Im Unterschied zum Vagabunden, der den *Niedergang* einer Epoche der gesellschaftlichen Organisation von Arbeit repräsentierte, entstand der Typus des *Paupers* im *Zentrum* der neuen, sich gerade etablierenden städtisch-industriekapitalistischen Ordnung. Deren Grundlage bildete der doppelt freie Lohnarbeiter, wie Marx ihn charakterisierte, befreit von den Fesseln der Bindung an Grund und Boden, aber auch abgeschnitten von jeder materiellen Voraussetzung, für den eigenen Lebensunterhalt selbständig sorgen zu können; somit frei und gezwungen zugleich, die eigene Arbeitskraft auf dem dafür erst eigens geschaffenen Markt zu verkaufen. Ökonomisch war diese Arbeiterschaft eingebunden in die nun vorherrschende Warenproduktion und den verallgemeinerten Geldverkehr, wenngleich immer prekär und besonders seit der zweiten Hälfte des 19. Jahrhunderts dem Diktat der Fabrikdisziplin unterworfen. In nahezu jeder anderen Hinsicht jedoch blieb sie für lange Zeit von den Rechten und Privilegien von Bürgertum und Adel ausgeschlossen.

Deshalb stellte die organisierte Arbeiterbewegung den Institutionen und Organisationen des Bürgertums die Gegenwelt ihrer eigenen Institutionen und Organisationen spiegelbildlich gegenüber: dem Kartell der Unternehmer die Gewerkschaft und die gewerkschaftlichen Hilfskassen, der höheren Bildungsanstalt den Arbeiterbildungsverein, dem bürgerlichen Sportverein den proletarischen. So wurden die Klassenkämpfe des 19. und frühen 20. Jahrhunderts über weite Strecken auch und vielleicht vor allem als Kämpfe gegen die soziale und politische Ausgrenzung aus der bürgerlichen Gesellschaft geführt. Die soziale Frage wurde zur Arbeiterfrage.

Diese Gegenmilieus der Arbeiterbewegung stützten sich in erster Linie auf Handwerker und Facharbeiter. Marginalisiert blieben die ungelernten Arbeiterinnen und Arbeiter, die am Arbeitsmarkt deutlich höheren Risiken ausgesetzt waren. Bereits im Begriff ›Arbeiter‹, wie er im Allgemeinen Arbeiterkongress von 1848 als einigende Kategorie verwendet wurde, findet sich eine »doppelte Abgrenzung: über die Ausbildung nach unten mit Ausschluss der Tagelöhner, nach oben über den Lohn mit Ausschluss selbständiger Arbeiter unter Ablehnung der Zunftordnung« (Zimmermann 2006, 37). Völlig ausgegrenzt selbst noch von den Kämpfen gegen die Ausgrenzung aber waren die bereits am Arbeitsmarkt Gescheiterten. Gegen sie richtete sich das jahrhundertealte Verdikt, unwürdige Arme zu sein, in aller Schärfe. Nach der englischen Armengesetzgebung verloren sie persönliche Rechte, wenn sie um Unterstützung nachsuchten. In Deutschland wurde ihnen das Wahlrecht entzogen. Für den bürgerlichen Sozialreformer Charles Booth, der gegen Ende des 19. Jahrhunderts eine der ersten Untersuchungen über das Leben der arbeitenden Bevölkerung in London durchführte, galt diese niedrigste Klasse nicht einmal mehr als arm, sondern nur noch als ein Hort der Unordnung (Booth 1969, 33; 131). Ausgeschlossen aus der Welt der Bürger, fanden die *Paupers* aber auch in der Gegenwelt der Arbeiterbewegung keinen Platz. Auch in der Arbeiterschaft war es die Identifizierung mit der Disziplin der Arbeit, die die Trennungslinie zu den Deklassierten zog, denen diese Disziplin fehlte.

Die Einbindung – um nicht zu sagen: Inklusion – der lohnabhängigen Klassen in die bürgerliche Gesellschaft erfolgte erst im 20. Jahrhundert. Sie wurde vermittelt über die Ausweitung des Spektrums bürgerlicher Rechte über die persönlichen und politischen Rechte hinaus durch die Einführung sozialer Rechte. Dazu gehörte insbesondere der sozialversicherungsrechtlich gewährte Schutz vor den Risiken des Einkommensverlusts durch Krankheit, Arbeitslosigkeit und Alter. Erste Anfänge gingen auf das späte 19. Jahrhundert zurück, aber sie blieben bis in die zweite Hälfte des 20. Jahrhunderts fragmentiert und rudimentär.

Robert Castel spricht von den Sozialversicherungen als einem »Sozialeigentum« (Castel 2011, 208). Es musste den besitzenden Klassen in sozialen Kämpfen erst abgerungen werden, oft als Kompromiss, wenn weiterreichende revolutionäre Ziele (wie ein Recht auf Arbeit) nicht erreicht wurden, aber die herrschenden Kräfte bereits in Bedrängnis geraten waren. Die Anfänge der französischen Sozialversicherung am Ende des 19. Jahrhunderts zeugen ebenso davon wie die bismarckschen Versuche, die Sozialdemokratie mit den ersten Ansätzen einer Arbeitersozialversicherung politisch zu schwächen.

Eine besondere Bedeutung kam den Kämpfen um die Arbeitslosenversicherung zu (vgl. Zimmermann 2006). Denn in ihnen ging es darum, Arbeitslosigkeit als ein gesellschaftlich erzeugtes, dem Lohnarbeitsverhältnis immanentes Risiko anzuerkennen und dementsprechend abzusichern, somit den Arbeitslosen grundsätzlich vom Armen zu unterscheiden, der immer unter dem Verdacht des individuellen Fehlverhaltens stand. Die Unterscheidung zwischen den unterstützungswürdigen und unwürdigen Armen war damit zwar nicht außer Kraft gesetzt, sie wurde aber in den der Versicherung nachgelagerten Bereich der Fürsorge abgedrängt. Dort galten und gelten bis heute die diskriminierende Bedürftigkeitsprüfung und die mit der Androhung von Sanktionen eingeforderte Pflicht zur Arbeitsaufnahme. Eine nationale Arbeitslosenversicherung wurde in Deutschland erst in der Weimarer Republik, in einem Kompromiss zwischen bürgerlichen Parteien, Sozialdemokratie und Gewerkschaften eingeführt, sie hatte allerdings zunächst nur kurzen Bestand.

Zu einem weiteren Durchbruch verhalfen den sozialen Rechten schließlich die Erfahrungen mit Weltwirtschaftskrise und Zweitem Weltkrieg. Der niederländische Wohlfahrtsstaatstheoretiker Abram de Swaan führt dies auf die Ausbreitung eines »sozialen Bewusstseins« zurück, das aus der Anerkennung wechselseitiger Abhängigkeit nicht zuletzt in den Krisen- und Kriegsjahren erwuchs und mit der »Bereitschaft, kollektive Vorsorgemaßnahmen zu unterstützen«, verbunden war (de Swaan 1993, 277). Im Hinblick auf England, dessen Labour-Regierung nach dem Zweiten Weltkrieg eine Vorreiterrolle in der Ausbildung einer auf soziale Rechte gegründeten Sozialstaatlichkeit spielte, schreibt der Historiker Hans-Christoph Schröder (2017, 71): »Unter dem Einfluss des Krieges vollzog sich eine Ausweitung des Freiheits- und Demokratiebegriffs ins Wirtschaftlich-Soziale«.

Erst dieser ausgeweitete Freiheits- und Demokratiebergriff schloss die Arbeiterschaft auf der Grundlage sozialer Rechte mit ein. Dem »Sozialeigentum« kam dabei eine wesentliche Rolle zu. Es bildete, wie Castel (2011, 204–211) ausführt, ein Gegengewicht, zugleich aber auch ein Gegenstück zum privaten Eigentum, insbesondere dem Eigentum an Land, Produktionsmitteln und Kapital, auf das sich seit dem 18. Jahrhundert der Bürgerstatus gründete. Als Bürger war lange Zeit nur anerkannt, wer durch sein Eigentum über eine gesicherte Existenzgrundlage verfügte und somit von niemandem abhängig war. Er und Seinesgleichen allein konstituierten die Bürgerschaft. Angehörige der besitzlosen Klassen konnten schon aus diesem Grund keine Bürger sein, und selbst wenn ihnen im 19. Jahrhundert das Wahlrecht zugestanden wurde, galten sie nicht als vollwertige Bürger.

Mit den gesetzlichen Sozialversicherungen erlangten nun die Lohnabhängigen in der zweiten Hälfte des 20. Jahrhunderts einen rechtlich gestützten Anspruch auf ein Mindestmaß an Existenzsicherung, auch ohne auf privates Eigentum zurückgreifen zu können. Dieser Anspruch gilt für die ›typischen‹ Fälle, in denen abhängig Beschäftigte durch eigene Erwerbsarbeit kein Einkommen mehr erzielen können. Zusammen mit den steuerlich finanzierten öffentlichen Dienstleistungen (u. a. weiten Teilen des Bildungssystems, der medizinischen Versorgung) bildet das ›Sozialeigentum‹ der Versicherten die Grundlage für ›*social citizenship*‹ – den sozialen Bürgerstatus.

Im Zusammenhang unseres Themas ist es wichtig, darauf hinzuweisen, wie stark dieser soziale Bürgerstatus von der Verankerung in Erwerbsarbeit, insbesondere in Lohnarbeit, beeinflusst wird. Dies gilt unmittelbar für die jeweiligen Anteile am ›Sozialeigentum‹, denn der Umfang der Versicherungsleistungen hängt in vielen Ländern (darunter Deutschland) von der Dauer und Höhe der im Erwerbsverlauf eingezahlten Beiträge ab. Darauf komme ich zurück.

Nur vor dem Hintergrund der angesprochenen »Ausweitung des Freiheits- und Demokratiebegriffs ins Wirtschaftlich-Soziale«, die nach dem Zweiten Weltkrieg in vielen europäischen Ländern übernommen worden war, wird der Skandal verständlich, der seit dem Ende der 1980er Jahre europaweit mit dem neuen und alarmierenden Begriff ›Exklusion‹ thematisiert wird. Denn mit der Rückkehr und Verfestigung von Arbeitslosigkeit und Armut, die ein vierteljahrhundertlang, in der Periode relativer Vollbeschäftigung seit den 1950er Jahren, ein für alle Mal besiegt zu sein schienen, kehrten auch die ›Überflüssigen‹, aus der Erwerbsarbeit Ausgestoßenen wieder zurück. Aber diesmal widersprach ihre unübersehbare Existenz zum ersten Mal dem ausgeweiteten Freiheits- und Demokratieverständnis, das zugleich die fortbestehenden kapitalistischen Wirtschafts- und Gesellschaftsverhältnisse legitimieren sollte.

Als analytischer Begriff verweist ›Exklusion‹ auf den Tatbestand, dass die Verbindung von Lohnarbeit – oder allgemeiner gesprochen, abhängiger Erwerbsarbeit – mit sozialen Rechten und damit dem Bürgerstatus zwar nie gesichert war, aber nun offenbar brüchig geworden ist. Auf diese Verbindung aber nimmt der ausgeweitete Freiheits- und Demokratiebegriff Bezug. Als Begriff mit einer zusätzlichen normativen Konnotation verweist ›Exklusion‹ zudem auf die Verletzung grundlegender und als legitim geltender Gerechtigkeitsansprüche. Beidem, der Brüchigkeit in der Verbindung von Lohnarbeit, sozialen Rechten und Bürgerstatus sowie der darin zu Tage tretenden Verletzbarkeit von Gerechtigkeitsansprüchen, wende ich mich im Folgenden zu.

3 Erwerbsarbeit und Ungerechtigkeit

Der französische Soziologe François Dubet charakterisiert die Prinzipien der Gerechtigkeit als »›notwenige Fiktionen‹ [...], als unverzichtbare Überzeugungen für das Handeln, ohne die man nicht mit anderen agieren könnte« (Dubet 2008, 35). Dies gilt auch und gerade für die beiden Gerechtigkeitsprinzipien, die besonders eng mit der Arbeit, genauer: der Lohnarbeit verbunden sind, das Prinzip der Gleichheit der Vertragsparteien im Arbeitsvertrag und das Leistungsprinzip.

Die rechtliche *Gleichheit* der Vertragspartner im Arbeitsvertrag stellt gewissermaßen die notwendige Grundfiktion bürgerlich-kapitalistischer Gesellschaften dar. Denn sie verdeckt die Ungleichheit in den Machtverhältnissen, die diese Wirtschafts- und Gesellschaftsform kennzeichnet. Die Vertragsparteien im Arbeitsvertrag unterscheiden sich grundlegend in den Voraussetzungen, unter denen sie einander gegenübertreten. Für die eine Partei besteht der Zwang, die eigene Arbeitskraft zeitnah zu verkaufen, um überleben zu können, während die andere aufgrund ihrer Ressourcen in der Lage ist, den Kaufakt zu verzögern, Bedingungen zu diktieren, Verträge aufzulösen, wenn die Gewinnmargen des Unternehmens und strategische Umorientierungen es nahelegen. All dies ist bekannt, und die Machtasymmetrie wird in Sozialstaaten folgerichtig durch Koalitionsrecht, Tarifrecht und Arbeitsrecht konterkariert, allerdings nicht ausgeglichen.

Für die Frage der Inklusion durch Arbeit hat dies weitreichende Konsequenzen. Denn als abhängige Erwerbsarbeit muss sie durch das Nadelöhr von Arbeitsverträgen gehen, die unter der Fiktion von Gleichheit stehen, aber auf ungleichen Abhängigkeiten beruhen und weitere Ungleichheiten in der Verfügung über das Arbeitsvermögen zur Folge haben. Ein einklagbares Recht auf Arbeit kann es unter diesen Umständen für Lohn- und Gehaltsabhängige nicht geben, selbst wenn es in einer Verfassung niedergeschrieben sein mag. Damit fehlt aber ein entscheidendes Bindeglied zwischen dem Lohnabhängigenstatus und dem Bürgerstatus. Ich hatte darauf hingewiesen, dass die Einbindung der lohnabhängigen Klassen in die bürgerliche Gesellschaft auf der Verknüpfung der Lohnarbeit nicht nur mit politischen, sondern vor allem auch mit sozialen Rechten beruhte. Die Verknüpfung bleibt aber unvollständig und deshalb notwendigerweise brüchig, wenn sie kein soziales Recht auf Arbeit, auf das die Individuen einen Anspruch erheben können, einschließt.

Die Folgen lassen sich besonders deutlich am Beispiel von sozialen Sicherungssystemen zeigen, die in ihren Leistungen stark an die Erwerbsbiografie gebunden sind und zudem aus Lohneinkommen finanziert werden. Dies gilt für Deutschland, aber ebenso für eine Reihe weiterer europäischer Länder. Die gesetzlichen, betragsfinanzierten Sozialversicherungen stellen eine Solidargemeinschaft der Lohnabhängigen (im umfassenden, die Gehaltsempfängerinnen und Gehaltsempfänger einbeziehenden Sinn) dar, denn auch der so genannte Arbeitgeberanteil bildet ja ökonomisch genau genommen noch einen Lohnbestandteil. Allenfalls bei Finanzierungslücken springt der Staat mit Steuermitteln ein. Die Höhe der Renten und Arbeitslosengeldbezüge richten sich an den geleisteten Beiträgen, somit der Kontinuität des Erwerbsverlaufs und der Höhe der Einkommen aus. Auch der Schutz im Krankheitsfall wird davon berührt. Wer im Erwerbsleben stabil verankert ist, der (und dessen mitversicherte Familienangehörigen) genießt unter diesen institutionalisierten Sozialverhältnissen zusätzlichen Schutz, eine Art Matthäuseffekt also: Wer (eingezahlt) hat, dem wird gegeben. Umgekehrt gilt aber auch: Unterbrochene Erwerbsverläufe, zumal in mindergeschützten und gering entlohnten Beschäftigungsverhältnissen, ziehen den Verlust von sozialen Absicherungen auch in anderen Bereichen nach sich. Die Komplementarität der mit der Lohnarbeit verbundenen Institutionen, um einen Begriff der Institutionenökonomie aufzugreifen, wirkt also in beide Richtungen: inkludierend (über einen Matthäuseffekt) und exkludierend (über einen Teufelskreiseffekt) (Kronauer 2014).

Niedriglöhner, prekär Beschäftigte und Langzeitarbeitslose sind daher einem besonders hohen Risiko ausgesetzt, in den Teufelskreis der Exklusion zu geraten, bei dem die Marginalisierung oder gar Ausgrenzung am Arbeitsmarkt auf andere Lebensbereiche überspringt und sich die Dynamik wechselseitig verstärkt. Erst dann kann im strengen Sinn von ›*sozialer Exklusion*‹ die Rede sein, weil sie das Individuum in verschiedenen Dimensionen seiner sozialen Existenz zugleich erfasst.

An dieser Stelle ist nicht Raum genug, ausführen, wie die neuerliche »Schockwelle« (Castel 2011, 38) des gesellschaftlichen Wandels ausgelöst wurde, die an der Arbeit ansetzte und an der aufgezeigten Schwachstelle der Verbindung von Lohnabhängigkeit und sozialen Rechten Prozesse der Exklusion anstieß (dazu im einzelnen Castel 2000; Kronauer 2010). Aber es erscheint angebracht, die Nähe und zugleich die Differenz des ›Überflüssigen‹ von heute vom *Pauper* und Vagabunden der früheren Epochen zu kennzeichnen.

Die *Überflüssigen* von heute teilen mit Vagabund und *Pauper* das Los, aus der gesellschaftlichen Ordnung der Arbeit herausgefallen zu sein. Und dennoch haben sich die Formen der Ausgrenzung grundlegend verändert. Vagabund und *Pauper* waren in dem Sinne *aus* der Gesellschaft ausgegrenzt, als sie durch informelle Regeln, ausdrückliche Gesetze und schiere Gewalt von den zentralen Institutionen der damaligen Gesellschaften, die Lebenschancen und Status vermittelten, ausgeschlossen wurden. Auch für die städtische Arbeiterschaft insgesamt galt, dass sie noch lange Zeit politisch und sozial aus der von Bürgertum und Adel beherrschten Gesellschaft ausgegrenzt blieb, wenngleich in der zwiespältigen Position, als Grundlage der neuen Produktionsweise ökonomisch unverzichtbar zu sein.

Mit der Durchsetzung des sozialstaatlich moderierten Kapitalismus im Westen und Norden Europas nach dem Zweiten Weltkrieg kann Ausgrenzung heute weniger denn je als Ausgrenzung *aus* der Gesellschaft begriffen werden. Vielmehr nimmt sie als Ausgrenzung *in* der Gesellschaft die paradoxe Gestalt der *Gleichzeitigkeit* des »Drinnen« und des »Draußen« an, um eine Formulierung Georg Simmels (1983, 368) aufzugreifen.

Selbst die Arbeitslosigkeit ist mittlerweile institutionalisiert. Langzeitarbeitslose, denen die Rückkehr in Erwerbsarbeit versperrt ist und deren Versicherungsansprüche ausgelaufen sind, werden wieder in die diskriminierenden Zwänge der Bedürftigkeitsprüfung und Verpflichtung zur Arbeitsaufnahme um jeden Preis eingespannt. Ihr Lebensunterhalt wird auf ein soziales Minimum herabgestuft, sie unterliegen Meldepflicht und Sanktionsdrohung. Auch noch als Ausgeschlossene von Erwerbsarbeit bleiben sie Gefangene der »Arbeitsgesellschaft«, aus der es für sie kein Entrinnen gibt. Gerade in der Unmöglichkeit, sich aus der »Arbeitsgesellschaft« zu lösen, die sie gleichwohl nicht akzeptiert, besteht für die Betroffenen der quälende Widerspruch der Exklusion am Arbeitsmarkt heute.

Auch Armut bedeutet nicht mehr allein und zuvörderst Mangel, sondern die Erfahrung, an den inzwischen über Klassengrenzen hinweg generalisierten Erwartungen zu scheitern, ein vor sich selbst und anderen nicht zuletzt durch Konsum ausgewiesenes, respektables Leben zu führen. Auch in dieser Hinsicht bedeutet Exklusion heute Teil sein ohne teilzuhaben.

Langzeitarbeitslosigkeit und Armut führen formal nicht zum Verlust politischer Rechte oder gar der Staatsbürgerschaft. Aber der Gedanke, das politische Gemeinwesen beeinflussen zu können verliert für diejenigen seinen Sinn, die nicht einmal mehr über Widerstandspotenziale in der Arbeit verfügen und kaum über ihren eigenen Alltag bestimmen können. Exklusion bedeutet zuallererst Machtlosigkeit. Sie ist eine radikal individualisierende und individualisierte Erfahrung. Kollektive Deutungen, wie sie die Arbeiterkultur bereitstellte, stehen seit der Auflösung städtischer Arbeitermilieus in der zurückliegenden Phase von Aufstiegsmobilität und sozialstaatlicher Einbindung nicht mehr zur Verfügung. In einer Gesellschaft, die mehr denn je ihren Klassencharakter leugnet und der individuellen Entfaltung freie Bahn zu geben verspricht, diese aber auch als Bringschuld in der Form verwertbarer Arbeitsleistung und Konsumverhaltens einfordert, ist es den daran Scheiternden auch noch versagt, jemandem oder etwas anderem eine Schuld zuzuweisen als sich selbst.

Es gibt gute Gründe dafür, Exklusion als den Extremfall der Ungerechtigkeit anzusehen, da sie auf fundamentale Weise das *Gleichheitsprinzip* verletzt. Letzteres fordert nicht eine absolute Gleichheit, wohl aber eine Gleichheit als anerkannte Mitglieder eines Gemeinwesens, das individuelle Entfaltungsmöglichkeiten ebenso zulässt wie *legitime* Formen der Ungleichheit. Exklusion steht dazu im äußersten Gegensatz: »Die größte Ungerechtigkeit ist dann diejenige, die das Individuum zerstört, die es daran hindert, Subjekt seine Lebens zu sein, die es ihm verbietet, sich angesichts oder trotz der Ungerechtigkeiten zu entwickeln« (Dubet 2008, 488).

Dieser extreme Fall ist jedoch mit der notwendigen Fiktion der Vertragsfreiheit und der Gleichheit der Parteien im Arbeitsvertrag durchaus vereinbar, ja er entspringt geradezu aus ihr, aus der angesprochenen Machtasymmetrie zwischen den Vertragsparteien.

Die Folgen dieser Machtasymmetrie aber breiten sich über alle Lebensbereiche hinweg aus, vermittelt über die komplementäre Verknüpfung von Institutionen, die aus dem Scheitern am Arbeitsmarkt ein soziales Scheitern werden lassen.

Dass Exklusion von Erwerbsarbeit ungerecht sei, lässt sich auch mit dem zweiten hier in Frage stehenden Gerechtigkeitsprinzip begründen, der *Leistungsgerechtigkeit*. Denn sie verwehrt es den Betroffenen, an diesem für bürgerlich-kapitalistische Gesellschaften nicht weniger grundlegenden Gerechtigkeitsprinzip überhaupt zu partizipieren. Als sich an der Wende vom 19. zum 20. Jahrhundert Sozialreformer für eine Arbeitslosenversicherung einsetzten, argumentierten sie, Arbeitslosigkeit stelle eine Enteignung dar. Sie beraube die Arbeiter der Möglichkeit, ihr einziges Eigentum, ihre Arbeitskraft, zu nutzen (Zimmermann 2006, 33; 42). Mit diesem Argument stellten sie sich auf den Boden der Rechtfertigung der bürgerlichen Gesellschaft, der postulierten Freiheit im Umgang mit dem privaten Eigentum, um es gegen die Unternehmerseite zu wenden. Ähnlich ließe sich argumentieren, Arbeitslosigkeit verstoße gegen den fairen Zugang zum Leistungswettbewerb und damit gegen das bürgerliche Prinzip der Leistungsgerechtigkeit selbst. Aber auch hier zeigt sich, dass dem Prinzip ein Widerspruch innewohnt, der es ebenso erlaubt, Arbeitslosigkeit und Exklusion zu kritisieren wie zu rechtfertigen.

Es muss nicht eigens betont werden, dass auch das Prinzip der Leistungsgerechtigkeit nichts mehr, aber auch nichts weniger als eine »notwendige Fiktion« darstellt. Notwendig deshalb, weil es die Rechtfertigung der *differentia specifica* der bürgerlichen Gesellschaft von all ihren Vorgängern enthält. Nicht mehr nach Geburt, Rang und Namen sollen gesellschaftliche Achtung und Anerkennung verteilt werden, sondern entsprechend der individuellen Leistung. Ungleichheiten des Einkommens und der gesellschaftlichen Stellung müssen ›verdient‹ werden und sich dadurch rechtfertigen.

Fiktion bleibt die Leistungsgerechtigkeit aber schon deshalb, weil es überaus schwierig ist, Leistung zu messen und zu bewerten, sei es in quantitativen (Geld) wie qualitativen (Anerkennung) Größen. Beides ist und bleibt Gegenstand gesellschaftlicher Auseinandersetzungen. Unmöglich ist die individuelle Zurechnung von Leistung, wenn sie, was meist der Fall ist, gemeinschaftlich erbracht wurde. Zudem entscheidet Organisationsmacht über Entlohnungsunterschiede mindestens so sehr wie Leistungsdifferenzen. Gesellschaftliche Wertschätzung, gemessen in Prestigeskalen, folgt wiederum einer Logik, die sich nicht mit denen der Einkommensverteilung decken muss.

Dennoch gibt es einen Fixpunkt, an dem sich alle Bemühungen, Leistung zu fassen, orientieren: Es ist der Fixpunkt der verausgabten Arbeit, ihrer Qualifikation, Qualität, Intensität, Produktivität, Nützlichkeit, Verantwortlichkeit. Dieser Fixpunkt enthält zugleich eine individuelle wie eine soziale Komponente. Wir unterstellen, dass sich Leistungen in irgendeiner Weise, wie schwer sie auch im Einzelnen zu bestimmen sein mag, »an ihrem Beitrag [...] zum Wohlergehen *aller* Gesellschaftsglieder« ausweisen müssen (Kronauer 2007, 366).

Und hier zeigt sich in aller Schärfe der innere Widerspruch im Prinzip der Leistungsgerechtigkeit. Denn die in der Erwerbsarbeit erbrachte Leistung zählt bekanntlich nur, wenn sie eine zahlungskräftige Nachfrage findet. Marktergebnisse aber können durch individuelle Leistung nicht kontrolliert, nicht gesteuert werden. Darauf haben sowohl Gerechtigkeitstheoretiker und -empiriker wie Dworkin (2011) und Miller (2008) wie auch radikale Verfechter der Marktwirtschaft wie Friedrich Hayek, wenn auch mit entgegengesetzten Konsequenzen, immer wieder hingewiesen. Selbst die eigene Qualifikation entscheidet über das damit erzielte Einkommen nur in einem beschränkten Maße. So lässt sich lediglich ein Drittel der Verdienstunterschiede auf unterschiedliche Bildungsniveaus zurückführen (Kronauer/Schmid 2011, 157). Über Märkte und zahlungskräftige Nachfrage lässt sich aber auch nicht sicherstellen, dass Leistung dem Wohlergehen aller Gesellschaftsmitglieder zugutekommt.

Hier liegt auch der eigentliche Grund für den fiktiven Charakter der Leistungsgerechtigkeit: Leistung und Markterfolg stehen in einem unaufhebbaren Konflikt miteinander. Beide sind jedoch im Prinzip der Leistungsgerechtigkeit, da es sich auf Erwerbsarbeit bezieht, gleichermaßen enthalten. Ohne diese Fiktion wiederum ließen sich Menschen kaum dazu motivieren, trotz ihrer Lohnabhängigkeit Leistung zu erbringen. Der Anspruch auf Leistungsgerechtigkeit ist auch heute noch bei den abhängig Erwerbstätigen in den unterschiedlichsten Tätigkeits- und Beschäftigungsfeldern stark verankert und seine Verletzung eine stetige Quelle von Ungerechtigkeitserfahrung (vgl. hierzu die Beiträge in WSI Mitteilungen 2016; Dubet 2008). Gerade deshalb ist die Leistungsgerechtigkeit *notwendige* Fiktion, allerdings mit zwiespältigen Folgen. Sie kann, wie ausgeführt, kritisch gegen Exklusion in Anschlag gebracht werden. Denn um gesellschaftlich anerkannte Leistung erbringen zu können, ist in kapitalistischen Marktwirtschaften die Inklusion in Erwerbsarbeit eine Mindestvoraussetzung, die allen zugänglich sein muss. Sie kann aber auch im Gegenteil herangezogen werden, um Exklusion zu rechtfertigen: Wer am Markt scheitert und in die Exklusionsspirale gerät, hat dann als Leistungsträger versagt, muss sich den sozialen Ausschluss selbst zurechnen und steht, wie die Bezieher von Hartz IV-Leistungen, unter dem institutionalisierten Generalverdacht, Arbeitsverweigerer zu sein.

4 Zum Schluss

Wer Arbeit mit Gerechtigkeit und Inklusion verbinden möchte, wird nicht umhin kommen, sich zunächst vom Gegenteil Rechenschaft abzulegen: von der Ungerechtigkeit und Exklusion, die in der gegenwärtig vorherrschenden gesellschaftlichen Form der Arbeit, der abhängigen Erwerbsarbeit, wesentlich angelegt sind. Denn nur dann wird sichtbar, woran die Verbindung bislang scheiterte: an dem noch immer nicht aufgelösten Widerspruch zwischen Lohnabhängigkeit und Bürgerstatus.

Literatur

Booth, Charles: *Life and Labour of the People in London. First Series: Poverty. East, Central and South London* [1902]. New York 1969.

Castel, Robert: *Die Metamorphosen der sozialen Frage. Eine Chronik der Lohnarbeit.* Konstanz 2000.

Castel, Robert: Was ist soziale Sicherheit?. In: Ders.: *Die Krise der Arbeit. Neue Unsicherheiten und die Zukunft des Individuums.* Hamburg 2011, 199–218.

de Swaan, Abram: *Der sorgende Staat. Wohlfahrt, Gesundheit und Bildung in Europa und den USA der Neuzeit.* Frankfurt a. M./New York 1993.

Dubet, François: *Ungerechtigkeiten. Zum subjektiven Ungerechtigkeitsempfinden am Arbeitsplatz.* Hamburg 2008.

Dworkin, Ronald: *Was ist Gleichheit?* Frankfurt a. M. 2011.

Kaufmann, Franz-Xaver: *Varianten des Wohlfahrtsstaats.* Frankfurt a. M. 2003.

Kronauer, Martin: Neue soziale Ungleichheiten und Ungerechtigkeitserfahrungen: Herausforderungen für eine Politik des Sozialen. In: *WSI Mitteilungen* 60/7 (2007), 365–372.

Kronauer, Martin: *Exklusion. Die Gefährdung des Sozialen im hoch entwickelten Kapitalismus.* Frankfurt a. M./New York 2010.

Kronauer, Martin: Matthäuseffekt und Teufelskreis. Inklusion und Exklusion in kapitalistischen Gesellschaften. In: *Mittelweg* 36 23/2 (2014), 79–96.

Kronauer, Martin/Schmid, Günther: Ein selbstbestimmtes Leben für alle. Gesellschaftliche Voraussetzungen von Autonomie. In: *WSI Mitteilungen* 64/4 (2011), 155–162.

Miller, David: *Grundsätze sozialer Gerechtigkeit*. Frankfurt a. M./New York 2008.

Moore, Barrington: *Ungerechtigkeit. Die sozialen Ursachen von Unterordnung und Widerstand*. Frankfurt a. M. 1987.

Schröder, Hans-Christoph: *Englische Geschichte*. München 2010.

Simmel, Georg: *Soziologie. Untersuchungen über die Formen der Vergesellschaftung* [1908]. Berlin 1983.

Starobinski, Jean: *Gute Gaben, schlimme Gaben. Die Ambivalenz sozialer Gesten*. Frankfurt a. M. 1994.

WSI Mitteilungen: *Gerechtigkeitsansprüche und Arbeitnehmerbewusstsein heute – neue Ansätze, neue Befunde*. Schwerpunktheft 69/7 (2016).

Zimmermann, Bénédicte: *Arbeitslosigkeit in Deutschland. Zur Entstehung einer sozialen Kategorie*. Frankfurt a. M./New York 2006.

Autorinnen und Autoren

Andreas Arndt, Prof. Dr., Seniorprofessor für Philosophie an der Humboldt-Universität zu Berlin.

Hauke Behrendt, MA, Wissenschaftlicher Mitarbeiter am Lehrstuhl für Wissenschaftstheorie und Technikphilosophie an der Universität Stuttgart.

Klaus Dörre, Prof. Dr., Professor für Arbeits-, Industrie-und Wirtschaftssoziologie an der Friedrich-Schiller Universität Jena.

Franziska Felder, Dr., Oberassistentin am Lehrstuhl für Sonderpädagogik: Bildung und Integration an der Universität Zürich.

Volker Gerhardt, Prof. Dr. Dr. h.c., Seniorprofessor für Praktische Philosophie, Rechts- und Sozialphilosophie an der Humboldt-Universität zu Berlin.

Anca Gheaus, Dr., Ramón y Cajal Fellow am Institut für Rechtsphilosophie an der Pompeu Fabra Universität Barcelona.

Lisa Herzog, Prof. Dr., Professorin für Politische Philosophie und Theorie an der Hochschule für Politik München.

Martin Kronauer, Prof. Dr., Professor für Strukturwandel und Wohlfahrtsstaat in internationaler Perspektive an der Hochschule für Wirtschaft und Recht Berlin.

Catrin Misselhorn, Prof. Dr., Inhaberin des Lehrstuhls für Wissenschaftstheorie und Technikphilosophie und Direktorin des Instituts für Philosophie der Universität Stuttgart.

Oskar Negt, Prof. Dr., emeritierter Professor für Soziologie an der Universität Hannover.

Miklas Schulz, Dr. des., Wissenschaftlicher Mitarbeiter am Institut für Diversitätsforschung an der Georg-August-Universität Göttingen.

Eva Senghaas-Knobloch, Prof. Dr., emeritierte Professorin für Arbeitswissenschaft mit dem Schwerpunkt sozialwissenschaftliche Humanisierungsforschung sowie Senior Researcher im Forschungszentrum Nachhaltigkeit (artec) an der Universität Bremen.

Katja Stoppenbrink, Dr., LL. M., Wissenschaftliche Mitarbeiterin der (DFG-) Kolleg-Forschergruppe »Theoretische Grundfragen der Normenbegründung in Medizinethik und Biopolitik« an der Westfälischen Wilhelms-Universität Münster.

Felix Welti, Prof. Dr., Professor für Sozial- und Gesundheitsrecht, Recht der Rehabilitation und Behinderung an der Universität Kassel.

Gerd Weimer, bis 2016 Beauftragter der Landesregierung von Baden-Württemberg für die Belange von Menschen mit Behinderungen.

Personenregister

A
Actons, Lord 8
Alexy, Robert 71
Anders, Günther 10
Annan, Kofi 225
Arendt, Hannah 10f., 15, 19, 174
Aristoteles 17, 195
Arndt, Andreas 19
Arneson, Richard 190, 192, 196, 205
Ashfort, Blake E. 198

B
Baumeister, Roy F. 198
Becke, Guido 218
Berger, Peter 59
Berlin, Isaiah 115
Bieri, Peter 48
Bleses, Peter 218
Bloemers, Wolf 52
Böhle, Fritz 220
Boltanski, Luc 82
Booth, Charles 231
Bourdieu, Pierre 79–83, 87, 90f.
Bracke, Wilhelm 11
Brandom, Robert 166
Burchardt, Tania 101, 116

C
Castel, Robert 81f., 104, 230–232, 234
Chiapello, Eve 82
Cichon, Michael 224
Comte, Auguste 4
Crößmann, Anja 218
Csikszentmihalyi, Mihalyi 196

D
Darwall, Stephen L. 170f.
De Swaan, Abram 232
Dewey, John 115
Disraeli, Benjamin 4
Dubet, François 233, 235
Durkheim, Emile 4, 25
Dworkin, Ronald 236

E
Engels, Friedrich 11, 70
Engster, Daniel 194
Eribon, Didier 77, 94
Estlund, Cynthia 198

F
Feinberg, Joel 108
Felder, Franziska 168, 172
Floro, Maria 226
Ford, Henry 214
Forst, Rainer 53, 68
Frankena, William 67
Frankfurt, Harry G. 69, 114
Fraser, Nancy 204
Fratzscher, Marcel 85

G
Ganten, Detlev 40
Gehlen, Arnold 40
Gerhardt, Volker 59f., 70
Glotz, Peter 3
Goethe, Johann Wolfgang von 8
Goffman, Alice 88
Gorz, André 6
Gosepath, Stefan 53, 68f.
Graeber, David 197
Gröschke, Dieter 54

H
Hackman, J. Richard 196
Hahn, Harlan 117
Hart, H. L. A. 53
Harvey, David 83
Hayek, Friedrich 236
Hegel, Georg Wilhelm Friedrich 4, 9, 12, 24, 200
Hegemejer, Krzystof 224
Heidegger, Martin 10f.
Honneth, Axel 25, 61, 108, 115f., 170, 178, 200, 204
Humboldt, Wilhelm von 39

I
Ikäheimo, Heikki 65, 72, 108f.

J
Jaeggi, Rahel 59, 61f., 69
Jagoda, Bernhard 5
Jahoda, Marie 214
Jünger, Ernst 10f., 17

K
Kalina, Thorsten 219
Kambartel, Friedrich 22f.
Kant, Immanuel 11, 39, 48
Kaufmann, Franz-Xaver 230
Kellershohn, Helmuth 94
Kern, Horst 7
Keynes, John Maynard 10
Kontos, Sylvia 214
Korpi, Walter 96
Korsgaard, Christine 56, 68
Kreiner, Glen E. 198
Kronauer, Martin 101–104, 234
Krysmanski, Hans-Jürgen 85
Kuklys, Wiebke 100
Kumbruck, Christel 220
Kurz, Constanze 31
Kymlicka, Will 28

L
Leary, Mark R. 198
Luckmann, Thomas 59
Luhmann, Niklas 103
Lukrez 48
Luther, Martin 214
Lutz, Burkhart 81, 83
Luxemburg, Rosa 84

M
MacIntyre, Alsdair 195
MacMahon, Christopher 198
Mansbridge, Jane 199
Marshall, Thomas H. 108
Martens, Jens 211, 216f., 225
Marx, Karl 10–12, 14–16, 19f., 70, 79, 174, 196, 230
Meurs, Mieke 226
Miller, David 236
Misselhorn, Catrin 135
Moore, Barrington 229
Muirhead, Russel 205
Murphy, James 195

N
Nida-Rümelin, Julian 40
Nordhoff, Heinrich 214
Nozick, Robert 203
Nussbaum, Martha 65, 110–112

O
Obenland, Wolfgang 211, 216f.
Offe, Claus 6
Oldham, Georg R. 196

P
Philipps, Anne 203
Piketty, Thomas 85
Platon 2, 8
Plessner, Helmuth 41
Postone, Moishe 15
Promberger, Markus 179
Putnam, Hilary 53

Q
Quijano, Aníbal 222

R
Rawls, John 29, 35, 53, 189, 193
Reagan, Ronald 215
Rerrich, Maria 226
Rifkin, Jeremy 21, 26, 28
Robeyns, Ingrid 112
Rösler, Beate 27
Ruggie, John 225

S
Sachs, Hans 19
Saith, Ashwani 224
Salomo 13
Sarrazin, Thilo 78
Sarti, Raffaella 226
Sauer, Dieter 220
Scanlon, Thomas 57
Schäuble, Wolfgang 144
Schiller, Friedrich 19, 214
Schmetkamp, Susanne 108
Schröder, Hans-Christoph 232
Schüller, Frank 218
Schumann, Michael 7
Schwartz, Adina 28, 194
Searle, John 62f., 72
Seitz, Karolin 225
Sen, Amartya 111f.
Sengenberger, Werner 215
Senghaas-Knobloch, Eva 28, 217–219
Simmel, Georg 102, 235
Smith, Adam 204
Solga, Heike 101
Solomon, Robert C. 195
Somavía, Juan 221
Sombart, Werner 80
Sombetzki, Janina 54
Spencer, Herbert 4
Stahl, Titus 62
Standing, Guy 82
Starobinski, Jean 230

Stichweh, Rudolf 57
Stirner, Max 10

T
Taguieff, Pierre-Andre 88
Terkel, Studs 194, 197, 200
Thatcher, Margret 215
Tobin, James 216
Tomasello, Michael 113f.
Tomasi, John 192, 203
Tönnies, Ferdinand 4
Trebilcock, Anne 226
Tugendhat, Ernst 69
Tuomela, Raimo 72

V
Van Parijs, Philippe 26
Veltman, Andrea 175
Von der Leyen, Ursula 136
Voswinkel, Stephan 109, 220

W
Walser, Karin 214
Walsh, Adrian J. 190
Wansing, Gudrun 169
Weber, Max 105
Wegner, Gerhard 214
Weinkopf, Claudia 219
Wilson, John 69

Y
Yeoman, Ruth 190

Z
Zimmermann, Bénédicte 229, 231, 236

Printed by Printforce, the Netherlands